农产品冷链运输管理

主　编　杨宇平　刘禹璐　梁海波
副主编　杨　旋

中华工商联合出版社

图书在版编目（CIP）数据

农产品冷链运输管理 / 杨宇平，刘禹璐，梁海波主编 . -- 北京 : 中华工商联合出版社，2021.9
ISBN 978-7-5158-3148-0

Ⅰ. ①农… Ⅱ. ①杨… ②刘… ③梁… Ⅲ. ①农产品—冷藏货物运输 Ⅳ. ①F252.8

中国版本图书馆 CIP 数据核字(2021)第 196321 号

农产品冷链运输管理

作　　者：杨宇平　刘禹璐　梁海波
出 品 人：李　梁
责任编辑：于建廷　效慧辉
封面设计：书海之舟
责任审读：傅德华
责任印制：迈致红
出版发行：中华工商联合出版社有限责任公司
印　　刷：北京毅峰迅捷印刷有限公司
版　　次：2022 年 1 月第 1 版
印　　次：2022 年 6 月第 1 次印刷
开　　本：710mm×1000 mm　1/16
字　　数：410 千字
印　　张：17.25
书　　号：ISBN 978-7-5158-3148-0
定　　价：78.00 元

服务热线：010－58301130-0（前台）
销售热线：010－58301132（发行部）
　　　　　010－58302977（网络部）
　　　　　010－58302837（馆配部、新媒体部）
　　　　　010－58302813（团购部）
地址邮编：北京市西城区西环广场 A 座
　　　　　19－20 层，100044
http://www.chgslcbs.cn
投稿热线：010－58302907（总编室）
投稿邮箱：1621239583@qq.com

工商联版图书

前　言

农产品物流是以农业产出物为对象，通过对农产品进行加工、包装、储存、运输和配送等物流环节，做到农产品保值增值，最终送到消费者手中的活动。在农产品物流中，农产品运输和农产品仓储是两大关键环节。做好农产品的仓储与运输，对于改善和发展农产品物流、完善农产品流通体制、发挥农产品物流的作用、增加农产品的附加值、更好地实现农产品应有的价值以及提高广大农民的收入等意义重大。

随着经济的发展和人民生活水平的提高，食品的安全卫生和营养日渐受到消费者的关注。目前，肉类食品、豆制品、乳制品及水产品等食品，非冷链条件下储藏、运输和销售现象相当严重，导致这些食品的营养成分发生变化，甚至变质，食品安全无法得到有效保障。运用冷链物流设备进行易腐食品的储藏、运输和销售主要就是为了使食品保持比较适宜的温度，从而达到保鲜的目的，由此物流系统的一个分支——冷链物流也日益受到关注。农产品的冷链物流的发展关系到人民生命安全和生活水平的提高，而频发的食品质量安全问题对食品冷链物流提出了新的要求。

冷链运输是一个复杂的系统工程。实践表明，冷链运输需要明确的重要问题是，易腐货物理化性质、制冷系统与制冷原理、冷链运输装备、冷链运输组织、冷链运输条件，冷链运输安全、风险及追溯技术。本书从冷链物流的基础理论出发，对农产品的冷链物流的运输路径选择和方式分析，并且从果蔬，肉类，乳制品、禽蛋以及水产品的冷链运输进行分别阐述，最后对中国农产品冷链物流产业发展对策及发展趋势进行论述。

本书由广西物资学院杨宇平、刘禹璐、梁海波担任主编，贵州电子科技职业学院杨旋担任副主编。其中杨宇平负责项目一至项目三的编写（共计11万字），刘禹璐负责项目四和项目五的编写（共计10万字），梁海波负责项目九和项目十的编写（共计10万字），杨旋负责项目六至项目八的编写（共计10万字），杨宇平负责全书的统稿和修改。

本书的编写参考了大量的文献，已尽可能地列在书后的参考文献中，但难免有所遗漏，特别是一些资料经过反复引用难以查实其原始出处，这里特向未被列出文献的作者表示歉意，并向所有作者表示诚挚的谢意！

目 录

项目一　冷链物流概述

任务导入

　　冷链物流作为物流产业一个特殊和重要的组成部分，开始引起人们的重视。这一切源于冷链食品的大量增长、食品流通过程越来越复杂和人们对产品质量安全的认识逐步提高。通过本章学习将了解到什么是冷链物流，如何全面、正确理解冷链物流的内涵，以及冷链物流具有什么特征等基本问题。

学习大纲

　　1. 学习冷链物流基本概念。
　　2. 了解冷链物流系统。
　　3. 理解冷链物流需求特点。
　　4. 了解冷链物流发展特征。

任务一　冷链物流基本概念

一、冷链物流的定义

　　国家标准《物流术语》中，对"冷链"的定义是："根据物品特性，为保持其品质而采用的从生产到消费的过程中始终处于低温状态的物流网络。"其含义主要如下：第一，冷链物流的对象主要是指易腐食品。易腐食品需要在低温下保管和运输，以防止细菌的生长给产品的品质带来负面影响。保持食品的鲜度是低温物流的根本。第二，冷链物流是一个连续不可逆过程，中间不能发生中断，需要稳定的温度环境，温度控制是低温物流的关键。冷链物流需要冷藏运输和保管设施设备以及专门的冷藏技术。第三，冷链物流是一个系统，在这个低温流通系统动力的驱动下，易腐食品完成从生产地到消费者的空间转移。

　　为了对冷链物流作更加全面地研究，在此，对物流概念做一点深入分析。"物流"概念本身包含多重含义，一般来说，可以从三个角度观察物流：第一，从具有作业性质的生产活动的角度观察物流。物流是一种生产活动，物流生产活动的输出是"服务"，物流服务的效用体现在缩小商品实体在空间、时间和品种、规模，以及使用上的适应性等方面存在的差距，相对应的物流活动是运输、保管、集散、拣选、流通加工等。第二，从支撑对象产品物理性流动的系统的角度观察物流。物流是一个系统，就如同一个管道输送系统一样，将对象产品送达目的地。第三，从对物流生产活动进行科学管理的角度观察物流。物流体现的是运用系统的观点、科学的管理方法，对物流生产活动和物流系统进行规划、组织、协调，使之更富有效率和效益的物流管理活动。

结合上述定义，为使冷链概念进一步清晰，可将冷链物流细分为三个概念，即冷链物流活动、冷链物流系统、冷链物流管理，分别对其进行描述。

（一）冷链物流活动

在规定的低温环境下（含温度、湿度、通风、卫生环境等）所完成的易腐食品（生鲜食品和冷冻食品）和医药等产品，从生产加工到分销、零售环节的包装、装卸搬运、储存、运输、流通加工等系列活动（见图1-1）。

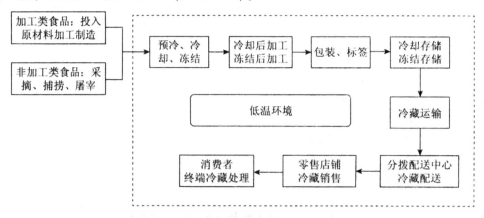

图1-1 冷链物流过程示意

（二）冷链物流系统

为实现冷链物流的目的，由低温贮藏和运输设备与低温贮藏和运输技术方法以及管理手段相互结合，上下游各个环节有机衔接，有效完成易腐食品、医药等冷链物流商品储存、运输等物流活动的供应保障系统。

（三）冷链物流管理

规划设计层面的冷链物流管理：按照物流一体化的要求，规划设计和优化冷链物流系统的一系列活动。

组织协调层面的冷链物流管理：对冷链物流过程中的低温环境、物流作业以及上下游环节的衔接等进行监测、控制和协调的过程。

二、冷链物流对象

冷链物流对象主要包括以下几类：

（一）初级农产品

蔬菜、水果、肉、禽、蛋、水产品、花卉产品。

（二）加工食品

速冻食品；禽、肉、水产等包装熟食；冰激凌和奶制品；巧克力；快餐原料。

（三）其他产品

药品、生物制品等。

不同的对象商品，依其自身的品质、投放市场的层次、流通区域等的不同，对于冷链物流的要求也各不相同。例如，在品质要求方面，国际市场或高档市场一般比国内市场或低档市场要求更为严格；远地市场由于距离长，运输、温度等因素使产品品质容易受到影响，所以对作业要求较高；延迟消费的产品要做好保鲜加工、冷藏，以便这些产品可以适时供应消费市场或加工原料市场。

不同的对象商品所要求的温度各不相同，冻畜禽肉、一般水产品、速冻食品、冰激凌要求的温度在 -18℃以下；有个别产品（例如，多脂鱼类）要求的温度为 -30℃以下。多数的根茎、叶菜类蔬菜都适宜贮藏于接近冰点的温度，原产于温带、寒带的多数蔬菜水果要求的贮藏温度为 0℃左右，例如，苹果、梨、桃、菜花、芹菜等；原产于热带和亚热带的蔬菜水果多数温度要求高于 0℃，例如，香蕉为 13℃，芒果为 10℃，黄瓜为 12℃ ~ 13℃，青椒为 9℃ ~12℃等；即使是同一品种由于成熟度不同，所要求的温度也不同，比如青西红柿要求的运输温度是 13℃ ~21℃，红色西红柿要求的运输温度是 7℃ ~10℃。各种花卉的贮藏温度不同。一般来说；起源于温带的花卉适合的温度为 0℃ ~1℃，起源于热带及亚热带的花卉适合的冷藏温度分别为 7℃ ~15℃和 4℃ ~7℃。药品要求的温度在 0℃ ~10℃。

三、冷链物流分类

（一）按温度适用范围划分

按照温度从低到高，冷链物流通常划分为超低温物流、冷冻物流、冰温物流、冷藏物流、恒温物流五种类型。（如图 1 -2）

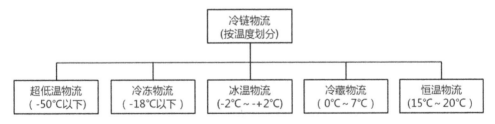

图 1 -2　冷链物流温度分类示意

第一，超低温物流适用温度范围一般要求在 -50℃以下。
第二，冷冻物流适用温度范围一般要求在 -18℃以下。
第三，冰温物流适用温度范围一般要求在 -2℃ ~ +2℃。
第四，冷藏物流适用温度范围一般要求在 0℃ ~7℃。

第五，恒温物流适用温度范围一般要求在 15℃~20℃。

（二）按对象产品品类划分

根据对象产品类别，通常可划分为：肉及肉制品冷链物流；水产品及其制品冷链物流；禽蛋及其制品冷链物流；果蔬产品冷链物流；乳及乳制品冷链物流；糕点、糖果类食品冷链物流；油脂品冷链物流；速冻食品冷链物流；冷冻饮品冷链物流；药品冷链物流。

（三）按冷链物流环节或领域划分

生产加工冷链物流；批发（市场）冷链销售物流；零售（店铺）冷链销售物流；冷链运输、配送（干线、末端）；冷链储存（冷库）。

四、冷链物流运作流程

冷链商品从产出到消费，要经过较多环节，冷链物流的效率取决于冷链物流各个环节的有效衔接。不同产品由于生产、流通等过程存在差异，导致其冷链物流涉及不同的环节。以果蔬类食品为例，一般经过采后预冷、冷藏运输与配送、冷藏和冷藏销售等冷链物流过程；而肉禽类产品一般经过冷冻加工、冷藏运输与配送、冷藏和冷藏销售等冷链物流过程。一般冷链物流主要包括以下几个环节。

（一）采后预冷环节

果蔬采后预冷是指利用一定的设备和技术将产品的田间热迅速除去，冷却到果蔬适宜运输或贮藏的温度，减缓呼吸作用和蒸腾作用，最大限度地保持其鲜度等品质指标，延长贮藏期，同时减少入贮后制冷机械的能耗。采后预冷是果蔬类产品冷链物流的第一个环节，其质量的高低在很大程度上决定了整个冷链的质量。因此在果蔬采摘后应根据果实采后的用途、与消费地的距离、贮藏和销售时间及产品的生理特点来进行有效的预冷。

（二）冷冻加工环节

该环节包括肉类、禽类、鱼类、蛋类的冷却与冻结，以及在低温状态下的加工作业过程；也包括挑选分级、包装等处理作业过程。在加工过程中对温度进行有效控制是不容易的，通常在这个过程中会涉及各类冷藏库、冷藏柜和最终消费者所使用的冰箱等。

（三）冷藏环节

冷藏指冷链商品保持在冷却或冻结温度的条件下，将冷链商品贮藏一定时间。根据食品冷却或冻结加工温度的不同，冷藏又可以分为冷却物冷藏和冻结物冷藏。冷却冷藏是指食品贮藏的温度低于环境温度但不低于食品汁液的冻结点，即食品内的水分不会结冰，这种冷藏叫作食品的冷却冷藏。冻结冷藏是指食品贮藏在其温度远低于食品汁液的冻结点的环境里，一般贮藏温度规定为 -18℃，即食品内的大部分水分都结成了冰，这种冷藏叫作食品的冻结冷藏。例如肉制品冷却、冷冻后可以马上入库贮藏，冷却贮藏温度和湿度条件分别为 0℃~1℃、相对湿度 85%~90%，冷冻贮藏温度和湿度条件分别为 -21℃~-18℃、相对湿度95%～98%。冷藏环节主要涉及冷库及制冷等配套设备、冷却、冻结和速冻设备。

（四）冷藏运输与配送环节

冷藏运输有多种形式，如公路冷藏运输、铁路冷藏运输、水路冷藏运输和航空冷藏运输等，用到的运输工具主要有冷藏车、冷藏集装箱以及其他保温运输工具。在冷藏运输环节中，任何一点温度的波动都极易造成产品质量的下降。因此，一条完整高效的冷链需要专业运输工具作为保证。以果蔬为例，国际制冷学会大部分果蔬的推荐温度为1～2天的运输温度是0℃～4℃，2～3天的储运温度大致是0℃～2℃，相对湿度为95%～100%。

（五）冷藏销售环节

产品从配送中心出来之后就进入了批发零售环节，一般在各零售柜台上进行销售，这是由生产商、批发商和零售商共同来完成的。在这种冷链的销售终端，冷藏库、冷冻陈列柜以及贮藏库开始成为整个冷链中越来越重要的环节。以肉类为例，在冷藏销售环节需要解冻作业，使肉中的冰晶融化成水，肉恢复到冻前的新鲜状态，以便于加工。解冻方法有自然解冻、流动空气解冻、水解冻法、微波解冻、蒸汽解冻。其中空气解冻一般14℃～15℃，风速2米/秒，相对湿度95%～98%，水解冻水的温度在10℃左右。

五、冷链物流操作原则

冷链物流的核心即为保持低温环境，以确保生鲜食品的安全与品质。与常规的物流系统相比，冷链物流有其自身的特点，在操作过程中需要遵从以下原则。

（一）3P原则

原料品质（Product）、处理工艺（Process）和货物包装（Package），要求原料品质好、处理工艺质量高、包装符合货物特性，这是货物进入冷链时早期质量控制的根本。

（二）3C原则

在整个加工和流通过程中，对产品的保护爱护（Care）、保持清洁卫生的条件（Clean）以及低温的环境（Cool），这是保证产品"流通质量"的基本条件。

（三）3T原则

即物流的最终质量取决于冷链的贮藏温度（Temperature）、流通时间（Time）和产品本身的耐贮藏性（Tolerance）。冷藏物品在流通过程中质量随着温度和时间的变化而变化，不同的产品都必须要有对应的温度控制和贮藏时间。

（四）3Q原则

即冷链中设备的数量协调（Quantity）、设备的质量标准一致性（Quality）和快速的作业组织（Quick）。冷链设备数量和质量标准的协调能力能够保证货物总是处在适应的环境中，并能提高各项设备的利用率。快速的作业组织是指加工部门的生产过程、经营者的货物组织、运输部门的车辆准备与途中服务、换装作业的衔接等。

（五）3M 原则

即保鲜工具与手段（Means）、保鲜方法（Methods）和管理措施（Management），在冷链中所用的储运工具及保鲜方法要适合食品的特性，并能保证既经济，又取得最佳的保鲜效果。

六、冷链物流影响因素

（一）冷链物流需求因素

对冷链物流的需求主要来自生产、流通和生活消费三个方面。如前所述，随着对食品特别是生鲜食品"鲜度"要求程度的提高，对于食品口感和营养价值的重视以及对食品食用方便性的追求，使在生产和流通环节利用低温环境完成食品的运输、保管、加工等冷链物流需求不断增长。低温食品的消费规模与消费者的购买力密切相关。一般来说，采用冷链物流的生鲜食品由于物流及加工成本高，相应价格也比较高，在高收入人群中消费量较大。

目前，食品超市中普遍使用冷气货架和冰柜存放果蔬、乳制品、饮料以及冷冻加工食品、肉类产品等，批发流通环节使用冷库贮藏低温食品，运输环节使用冷藏车辆运输低温食品。

除了低温食品运输、保管和加工过程中对冷链物流有需求外，一些非低温食品在生产加工过程中对于原材料和半成品的运输和保管也需要低温环境。例如，汉堡包在送到消费者手中时不属于低温食品，但在生产加工过程中对汉堡包的原料和半成品的保管和运送需要在冷链环境下进行。

在生活消费领域，新鲜食品包裹的冷链递送也会随着对服务需求的升级而日益增加。在欧美、日本等国家，生鲜食品的冷链速递服务已相当普遍。

（二）冷链物流能力因素

冷链物流需要冷库、冷柜、冷藏车辆等硬件设施和设备，以及涵盖上下游完整的冷链物流网络或者说冷链物流系统。冷链物流的连续性特点，对网络节点间的有序连接显得尤其重要，冷链物流网络的能力决定冷链物流的质量。

（三）冷链物流技术因素

冷藏技术、保鲜技术、冷藏运输、保管设施设备技术，在很大程度上决定或影响着冷链物流运作的效率和服务质量。节能高效的冷藏运输和保管设施设备技术的开发和运用、现代信息技术在冷链物流领域的运用是提高物流技术水平，进而提升冷链物流运作和服务水平的重要因素。

（四）政策环境因素

目前，发展冷链物流得到政府层面的高度重视，我国要发展农产品冷冻贮藏、分级包装、电子结算，健全覆盖农产品收集、加工、运输、销售各环节的冷链物流体系。

冷链物流设施建设、新技术的采用、冷链物流运营方面的绿色通道等政策层面的因素，也会直接影响到冷链物流的发展速度和运营质量。

任务二　冷链物流系统

研究冷链物流管理体系，首先要对研究的对象——食品冷链物流系统进行研究，对冷链物流系统构成要素全面分析是研究其管理体系的基础。冷链物流系统由具有不同功能但有着共同目标的子系统构成，各子系统之间相互协调发展，并需要不断完善升级。冷链物流系统是一个体系，由技术、政策、组织、运营等构成，运营体系和支撑体系不断地完善配套。依据系统论思想，本部分分析冷链物流系统构成要素和系统特性，在此基础上进一步提出冷链物流管理体系构成以及运行机理。

一、冷链物流系统构成要素

系统是由若干个相互作用、相互依赖的元素组成的一个具有特定功能的有机整体。冷链物流系统是一个复杂的社会经济系统，它由许多要素组成。可将冷链物流系统的构成要素分为环境要素、主体要素、客体要素和技术要素四大类进行分析。环境要素主要包括社会环境、政策环境、经济环境和技术环境；主体要素一般包括服务供应主体（例如，冷链物流服务商、冷库企业、加工配送企业等）、服务需求主体（例如，原材料供应商、加工制造商、批发及零售商、消费者）、监管主体（例如，冷链物流行政管理部门、行业协会等）等主要主体。客体要素主要包括蔬菜、水果；肉、禽、蛋；水产品等鲜活农产品。技术要素主要包括软技术（例如，信息技术、管理技术等）和硬技术（例如，冷链运输设备、储存设施等）。

（一）环境要素

1. 社会环境要素

包括人口规模、年龄结构、种族结构、收入分布、消费结构和水平、人口流动性等。其中人口规模直接影响着一个国家或地区冷链物流市场的容量，消费结构和水平直接影响着食品供需结构，年龄结构则决定冷链食品的种类及推广方式。

2. 政策环境要素

包括政府或行业协会制定的对企业经营具有约束力的法律、法规和标准等，这些相关的法律和政策能够影响到各个行业的运作和利润。

3. 经济环境要素

包括 GDP 的变化发展趋势、居民可支配收入水平、市场机制的完善程度、市场需求状况等。由于冷链物流主体企业是处于宏观大环境中的微观个体，经济环境决定和影响其自身经营环境和战略。

4. 技术环境要素

包括与冷链物流主体企业生产有关的新技术、新工艺、新材料的出现和发展趋势以及应用前景。

(二) 主体要素

1. 服务供给主体

冷链物流企业作为专业化的第三方物流公司，可以承担所有或部分冷链物流活动，运用先进的低温冷藏技术在从原材料供应商、加工商、批发零售商一直到最终消费者整个物流流程中，通过提供专业的冷链物流服务，保证生鲜食品始终处于适宜的温度和湿度环境下，确保食品的质量。

2. 服务需求主体

(1) 原材料供应商

原材料供应商是冷链物流的源头，蔬菜、水果；肉、禽、蛋；水产品等鲜活农产品主要由农林牧渔业的种植养殖企业或个体农民等来提供，供应商构成上具有特殊性。个体农民作为食品原材料的供应商，生产规模小而且非常分散。部分以企业形式存在的果蔬、禽畜生产基地同样是食品原材料供应主体的重要组成部分。企业化的组织形式易于制定标准化的生产流程和操作标准，保证食品品质的一致性，信息收集的规范化也方便实现食品的可追溯。

(2) 冷链加工制造商

肉禽等食品需要加工制造才能食用，在相应的温度和湿度环境中进行加工制造才能保持食品的品质。食品的加工制造是保障食品安全非常重要的一环，为保证食品质量，多数食品加工制造商自营物流业务。加工制造商的正向物流业务主要包括供应物流、生产物流和销售物流。在冷链物流系统中，供应物流和销售物流是和其他企业相关联的，而多数大型食品加工制造商处于核心位置，为确保食品安全，供应物流和销售物流业务多数也是自营的。

(3) 冷链批发与零售商

批发商以少品种大批量食品，物流简单量大为特征，连接制造商与零售商。零售商以多品种小批量，物流复杂量小为特征，连接批发商与最终消费者。随着经济的发展，越来越多的连锁食品零售商与制造商直接交易，而一些食品批发商也直接销售给最终消费者。食品批发零售商是食品物流过程中的重要一环，是连接食品加工制造商和消费者的桥梁和纽带，主要包括连锁超市和农贸市场等。大型连锁零售商一般情况下自营食品冷链物流，农贸市场的物流以供应商提供物流服务为主。

(4) 冷链食品消费者

处于整个食品冷链末端的消费者是冷链物流系统不可或缺的组成部分。消费者的饮食结构、食品需求等方面的变化，对于食品冷链物流的运作也将产生决定性的影响。例如，随着人们对健康饮食的逐渐重视，绿色食品、有机农业等悄然兴起；同样人们生活节奏的加快以及对食品安全的关注，对于冷冻冷藏食品需求量的增加，带动了冷链物流业的发展，这一切都来源于消费者食品需求特点的变化，消费者是食品冷链物流的重要驱动力量。

3. 监管主体

现代食品冷链物流不仅是一种企业行为，也是关系到食品卫生和人民健康的大事，加强对冷链物流的质量监管，是全社会共同的责任，需要企业与政府相关部门共同努力。

（三）客体要素

鲜活农产品是人类生活的主要来源，如蔬菜、水果、肉类、鱼类，也是加工食品的主要工业原料，如可加工成为肉制品、奶制品等。鲜活农产品具有易腐属性，随着采摘后的时间和温度的变化，品质会急剧变化，失去食用价值。这样的食品经冷却后，可适当延长它的贮藏期，并能保持新鲜状态，以增加其经济价值。一般将食品的温度下降到食品冻结点以上的某一合适温度，通常其物流过程的温度上限为7℃，下限为0℃～4℃。经过预冷的蔬菜、水果、水产品、乳制品等都可以采用这种方式。但是在这种温度下，细菌等微生物还能继续生长，因此这种方式只能用于食品的短期储存。

（四）技术要素

冷链物流功能的实现也需要多种软硬件资源的支撑。但食品的特殊性决定了食品冷链物流所需的资源有不同于其他物流活动之处。实现食品冷链物流全程无缝衔接除了设施设备和物流信息设备等硬技术外，还需要食品冷链物流企业具备一定的信息技术和管理技术等软技术。

1. 硬技术

所谓的硬技术是指食品冷链物流活动中使用的各种设施、设备、工具等物质手段，主要包括运输设备、冷库等。

（1）运输设备

运输设备主要是实现冷冻冷藏食品的位置转移。由于整个冷链物流活动中要始终保持食品处于合适的温度，因此相应的运输设备需要具有制冷、保温的功能。冷链中冷藏运输是非常重要的环节，运输设备的选择和使用是冷藏运输顺利运作的关键。冷链物流中使用的主要运输设备有：冷藏汽车、铁路冷藏车、冷藏船、冷藏集装箱、冷藏飞机等。

冷链食品运输设备应具备一定的制冷能力以及良好的隔热保温性能，确保运输期间厢体达到规定的温度要求。运输设备应无毒、无害、无异味、无污染，并符合相关食品卫生要求。运输设备厢体应配备温度自动记录装置，以记录厢体内部温度；该装置应安装在厢体外部容易看见的位置，设定的记录点时间间隔不应超过30分钟。厢体内不宜放置具有尖角、棱角或突状物等设施或物品，以免损伤食品，造成污染。如果运输设备制冷系统使用对人体健康有危害的冷媒，必须设置警告标志或安全规程。

（2）储存设施

在食品冷链物流中，储存设施是延长食品保质期、保证食品质量等工作的主要承担者。储存资源的主要基础设施是冷库。冷库内应设温度自动记录仪或温度湿度计；根据需要可设温度湿度自动控制装置。仓储作业工具应根据冷链食品的种类作以区分，防止交叉污染。冷库应符合食品卫生场所要求，应有足够的容量和适当的制冷设备，保证冷库温度达到规定要求，冷库温度波动控制在±2℃以内。冷库设计符合相关规定，宜建有能控制温度在15℃以下的封闭式站台，并配有与运输车辆对接的密封装置。冷库门应配有电动空气幕、塑料门帘或回笼间等隔热隔湿装置。

图 1-3　食品冷链物流中的储存设施

2. 软技术

软技术即自然科学与社会科学方面的理论、方法应用于食品冷链物流领域形成的各种方法、支撑技术、作业技能和程序等，主要包括管理技术、信息技术等。

二、冷链物流系统特性

消费品位的提高要求生产者和商业经营者不断提高和保持食品的品质。冷链物流过程不会改变食品的品质，但可以保持食品的品质。目前消费者不仅关心食品生产出来时的品质状态，更关心到达消费者手中时的品质状态。保质期、货架期的严格区分，对新鲜度的苛刻要求，成为生鲜食品实施低温运输和储存销售的推动力。

在冷链物流系统下流通的生鲜食品，由于保持了良好的品质，提高了食品的档次，延长了销售期，对于生产者和流通者来说，可以获得由于采用冷链物流服务产生的"附加价值"带来的超额利润，提高了流通领域满足消费者需求的程度。

在农产品流通过程中，由于没有较好的运输和保管条件，浪费现象十分严重。减少农产品流通过程浪费的一种有效方式是采用冷链物流。从这个意义上讲，减少流通领域的损耗也是冷链物流的重要作用之一。当然，采用低温运输和贮藏本身也需要资源的投入，也要发生费用，无论作为生产者还是经销者都要考虑投入与产出的关系。冷链的采用由收益与成本的关系决定，当冷链投入成本能通过市场价格合理得到补偿时，会考虑采取冷链。

冷链物流系统的本质是一个面向市场、面向消费者的低温食品及药品的供应保障系统，担负着低温（生鲜）食品及药品从生产地到达消费者的空间转移和时间调整。低温食品的物流活动，在技术要求、作业组织、环节衔接等方面有别于一般常温食品，表现出以下特点。

（一）温度控制严格

冷链物流对象产品包括鲜活农产品、生鲜加工食品以及药品等，这些产品均属于在常温下容易腐蚀和变质的易腐性产品，"温度"是影响其品质最重要的因素。冷链物流也称为低温物流，就是要在低温环境下完成易腐产品的物流和销售全过程。

冷链物流是一个低温物流过程，必须遵循"3T"原则，即产品最终质量取决于冷链的贮藏与流通的时间（Time）、温度（Temperature）和产品耐藏性（Tolerance）。①冻结食品在低温流通过程中所发生的质量下降与运输时间存在很大的关系，可以说，时间就是冷链食品的生命；②在整个流通过程中，由于温度变化引起的质量下降是不可避免的，也是逐渐性的和积累性的，当达到一定的程度就失去了商品的价值。因而冷链物流中的商品温度需要进行控制；③冻结食品的温度越低，其质量下降相对越慢，保质期也就会相应地延长。

（二）时效性要求高

鲜活农产品和生鲜食品即便在低温环境下保质期也较短，在物流和销售过程中，由于温度变化容易发生腐蚀和变质，需要在规定的时间内进行贮藏和送达销售场所，销售环节的货架期也需要严格掌控。因此，在贮藏、流通加工、运输以及销售等各个环节必须考虑鲜活农产品和生鲜食品在品质保障下的时效性要求。

（三）专用性强

为保持食品的品质，在整个冷链物流过程中，需要使用冷库和冷藏保温车进行预冷、冷却冷冻贮藏和运输，在低温环境下完成分拣、流通加工等物流作业活动，进入到零售环节的冷链食品也需要低温冷藏设备保管。使用低温贮藏和运输物流特殊设备是冷链物流的一个重要特性，这个特性导致冷链物流技术含量较高，设备专用性强，作业难度较大。

（四）物流成本高

由于冷链物流要使用特殊的低温物流设施设备，设备投资大，而且在贮藏和运输过程中要消耗较多的能源，因此运营成本较高，物流费用占食品成本或销售额的比重相对较高。

（五）冷链上下游各环节协调性要求高

冷链物流需要各环节之间无缝衔接，以保证冷链商品在适宜的温度、湿度、卫生的通道中顺畅地流通。冷链物流的特殊性使其过程组织具有较高的协调性，需要完善冷链信息系统功能，充分发挥有效的信息导向作用，保证冷链产品流向的顺畅。

冷链物流的上述特点，决定了冷链物流系统除了要具备一般物流系统的特征之外，还要在设施装备、组织协调、标准化运作等方面优于一般物流系统。

第一，在设备设施方面，需要冷藏车、冷库、低温理货场以及销售场所的冷藏柜、保鲜货架等冷链设施设备支撑冷链系统运营。

第二，在组织协调方面，为保证冷链的完整性，上下游相关节点之间需要密切配合，实现时间上的顺畅对接。

第三，在标准化方面，需要有严格的标准规范冷链物流的运作，既包括设施标准，也包括作业标准和服务标准。

（六）食品冷链物流空间分散性

食品冷链物流的空间特性主要体现在供给与需求之间的空间差。食品供给与食品冷链物流系统分析需求之间的空间差是由社会分工和地理条件决定的。食品冷链物流通过其运输等功能要素改变食品空间位置，创造"空间价值"。

首先，作为多数食品原材料的农产品生产地的分散与消费地相对集中的空间差异。在我国，农产品的生产地分散在广大农村，而城市才是这些农产品的主要消费地。这些农产品或是由商业机构直接收购，或是由合作经济组织代为收购，或是由产业化经营的龙头企业收购，然后再经过加工、冷冻、冷藏储运、批发等环节到零售商。

其次，食品由一个地区向另一个地区的大规模转移。农业生产的一切活动都是在一定区域内进行的，而各地的自然条件、社会经济条件和技术条件都各不相同，致使农业生产在地理分布上呈现出明显的地域差异。珠江三角洲有"水果之乡"之称，尤以荔枝、柑橘、香蕉、菠萝品质最佳，数量最多。每年采收季节，大量南方的水果通过各种运输方式向北方地区不断输入；而东部沿海的大量鱼虾蟹等水产品也不断地流入中西部等内陆地区。正是这种空间差异为食品冷链物流创造了利润的来源。

最后，从食品的集中地向分散需求场所流入创造价值。食品经集结运送至食品配送中心后，经流通加工，然后通过冷藏车等配送到城市各个位置的超市、便利店等零售商，最终达到千家万户的厨房里，整个过程具有强发散性。

任务三　冷链物流需求特点

一、冷链物流需求多样化

随着社会的进步和经济的发展，人们不再单纯满足于解决温饱问题，开始追求更高层次的生活质量，更加关注饮食的营养、卫生，追求精神上的享受。随着生活水平的提高，居民食品消费理念和行为发生显著变化，更加注重新鲜度、安全性、便利性、营养性，由此产生了对冷链物流的多样化需求。

（一）更加重视食品的新鲜度

冷链的作用由延长产品的保质期为主，转变成以保持产品的鲜度、提高产品的品质为主。以前冷链主要用于冷冻冷藏食品的生产加工以及储存等，是保证产品质量的重要手段；另外，还用于肉禽类和果蔬类食品的国家战略储备和商业储备，以延长产品的保质期和销售期。随着消费者质量意识的改变和提高，居民不但要求产品的种类丰富、配送及时，还对食品质量、安全和新鲜度提出更高的要求。为了满足消费者对鲜度的要求、保持

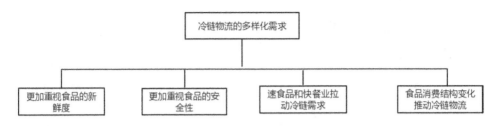

图1-4 冷链物流的多样化需求

产品的鲜度、提高产品的附加价值，对鲜度更加重视的冷链物流快速发展。

生鲜水果蔬菜并非都需要采用冷藏运输和低温贮藏，在农贸市场和超市出售的生鲜水果和蔬菜绝大部分并未采用冷藏运输和低温贮藏，采用冷藏运输的一般是远距离运输的、对温度极为敏感的蔬菜果品，如樱桃、香蕉、蒜苗等，以及进口的蔬菜果品。10年来，随着进口水果和高档蔬菜不断推向市场，利用冷藏运输、在店铺采用冷气货柜销售的蔬菜果品数量不断增加，特别是高收入人群比重较大的一线城市。这类采用低温运储和上架销售的蔬菜果品，属于蔬菜果品里的高档奢侈品，在价格上也远远高于一般蔬菜果品。

（二）更加重视食品的安全性

食品放心工程的推进以及全程温控和可追溯系统的运行，实现了肉类食品从生产到销售的全程冷链，提高了冷链的安全性，使全程监控冷链物流服务需求进一步增加。食品冷链信息追溯系统，不是对单一节点的监控，而是对整个产品从生产地到运输、销售，最后到消费者手中的全程监控。

（三）速食品和快餐业拉动冷链需求

随着工作节奏和生活方式的变化，人们逐渐倾向于节省"厨房时间"、给生活带来省时和便利的速食品，速食蔬菜等常温速食品受到广大消费者欢迎，销售量持续增加。家庭规模的进一步缩小、生活节奏的加快、休闲时间的增加及娱乐方式的丰富，居民多数情况下选择在外就餐，特别青睐于吉野家、肯德基、麦当劳等经济快捷的快餐。

速食品和快餐均是工厂化生产的食品，这些产品的原材料在生产加工过程中以及产成品的保管、从工厂到销售店铺的运输配送过程等都需要在低温环境下进行。如速食品，消费者购买后只需简单加热即可食用；而快餐，销售店铺简单加热后即可出售。速食品和快餐等产品的流通、生产、保管等对冷链物流提出新的要求，支撑速食品和快餐业的冷链物流得以快速发展。

（四）食品消费结构变化推动冷链物流

随着消费水平的提高，居民食品消费从注重量的满足到追求质的提高，消费质量和消费结构都发生了明显变化，特别是农村居民食品消费结构中生鲜食品占比显著增加。对蔬菜、肉禽类、水产品、瓜果类及乳制品等冷链食品需求增加，必然带动食品冷链物流行业的发展。

二、冷链物流需求量持续增加

食品冷链物流需求总量是城乡居民人均食品消费量、人口规模、各类食品的冷链流通率以及冷链环节等变量共同作用的结果，任意一个变量的变化均会带动食品冷链物流需求总量的变化。居民收入水平的提高，直接推动了食品消费升级，对生鲜食品的人均消费需求增加，与不断扩大的城市人口总规模共同作用，使冷链物流需求总量持续增加。

任务四　冷链物流发展特征

一、冷链物流规模持续扩大

由于冷链物流不仅仅是物流领域的事情，它涉及生产、流通和消费多个领域，站在什么样的角度，如何提出冷链物流发展目标是一个值得深入研究的问题，但是，就目前国家提出的食品冷链物流发展目标来看，其中以下几个动向将影响未来冷链物流的发展。

在实际中，根据产品品质定位不同，可以使用相对成本支出较小的方式保持生鲜食品鲜度，例如，进口、有机、绿色、无公害等高档产品采用冷藏车运输、冷库储存、冷藏货柜销售，实现全程冷链和追溯；中档产品使用低成本的冷藏手段来延长货架期，如采用加冰运输、冰柜储存等；大众化的低档产品，除长期保管外，在什么环节采用冷链是由经营成本决定的，当冷链投入成本可以弥补损失成本时，考虑使用冷链；运销量小、稀缺的果蔬类食品，由于资源的稀缺性以及产品的价值高，为了减少损失，会采用冷链。冷链的采用由收益与成本的关系决定，当冷链投入成本能通过市场价格得到合理补偿时，才会采取冷链。如第三方物流企业采用更多先进技术的动力是生产厂家对食品质量的要求，而生产企业需要给出较高的价格，物流企业才能够采用良好的温控系统。

二、冷链物流服务稳步发展

为了适应低能耗、低成本的冷链处理技术的广泛推广，以水产品和反季节果蔬为代表的高价值农产品产业链迅速兴起，进一步促进冷链物流企业的不断涌现。中外运、安得等企业通过强化与上下游企业的战略合作与资源整合，积极拓展冷链物流业务；光明乳业、双汇等食品生产企业，均加快物流业务与资产重组，组建独立核算的冷链物流公司，积极完善冷链网络，逐步向成熟的第三方冷链物流企业转变，成为冷链行业的主力军；大型连锁商业企业完善终端销售环节的冷链管理，加快发展生鲜食品配送，在做好企业内部配送的基础上逐步发展为为社会提供公共服务的第三方冷链物流中心。

冷链物流企业呈现出网络化、标准化、规模化、集团化发展态势。根据冷链食品生产、流通、消费格局，为了提高冷链效率和满足不同用户的需求，冷链物流企业由传统的仓储型企业向流通型企业转变。如东方友谊集团冷链配送公司通过对原二商集团仓储型冷库进行改造，主要为北京市的 250 多家商超门店进行 0℃ ~4℃ 冷藏食品的配送。

随着社会和企业对冷链物流认识的增强，对冷链物流服务质量的要求越来越高，冷链行业竞争压力不断增加，冷链物流企业为保持其竞争优势，通过不断创新物流服务模式、整合资源等全面提升自身服务质量和水平，冷链服务由单一的仓储、运输等向跨行业、跨区域的一体化服务转变，专业化的冷链服务稳步发展。

三、冷链城市共同配送取得进展

高水平的商贸流通产业体系以及居民多元化消费方式，为城市冷链物流配送带来巨大潜力。完善的冷链物流配送节点设施和配送网络，使城市冷链物流配送快速发展，冷链配送能力不断提升。物流行业是一个存在显著规模经济效应的行业，只有通过不断整合各种资源，实现高度集约化才能降低企业和社会成本。共同配送是实现高度集约化的首选，也是城市冷链物流配送发展的最高阶段。

目前，政府积极推进城市冷链配送，鼓励企业以多种形式搭建共同配送平台，整合商贸企业物流需求和社会物流资源，优化共同配送管理运行模式，提高冷链食品配送的社会化、集约化水平。

冷链物流共同配送是指在当前冷链物流基础薄弱，在较长一段时期内难以缩小与发达国家差距的情况下，一方面，充分整合现有冷链资源，建立以区域为核心的统一物流配送中心；另一方面，共同配送模式既包括一家第三方物流公司为多个客户提供服务，也包括多个配送企业联合一起进行配送，还包括多家工商企业联合投资兴建冷链物流设施，即物流配送共同化、物流资源利用共同化、物流设施设备利用共同化以及物流管理共同化。

从微观角度看，实现冷链物流的多温共配，能够提高冷链物流运作的效率，降低企业运营成本，可以节省大量资金、设备、土地、人力等。企业可以集中精力经营核心业务，促进企业的成长与扩展，扩大市场范围，消除有封闭性的销售网络，共建共存共享的环境。

从整个社会角度来讲，实现冷链物流的多温共配可以减少社会冷藏车的总量，减少因卸货妨碍城市交通的现象，改善交通运输状况；通过冷链物流集中化处理，可以有效提高冷链车辆的装载率，节省冷链物流处理空间和人力资源，提升冷链商业物流环境，进而提高整个社会生活品质。

四、冷链物流运营网络化

近年来，我国各级政府对农产品物流业的发展给予充分的重视与支持，重点加强了农产品物流网络的建设。我国已基本建成全国农产品流通"五纵二横绿色通道"网络和贯穿全国的"绿色通道"框架，为农产品运输提供了快速便捷的通道以及低成本的运输网络，加快了冷链物流在我国的发展。

以蔬菜为例，从全国范围看，我国已基本形成了华南冬春蔬菜、黄淮海与环渤海等八大蔬菜重点生产区域。季节性蔬菜运销基本可以概括为"五圈""两基地"，其中"五圈"是以"天津—北京"为中心的山东、河北、辽宁、内蒙古蔬菜供应圈；以"沈阳—大连"为中心的辽宁、河北、内蒙古、山东蔬菜供应圈；以"上海—杭州—南京"为中心的河南、安徽、山东、江苏、浙江蔬菜供应圈；以"中国香港—广东—深圳"为中心的湖南、湖北、广东、广西蔬菜供应圈；西安、成都在内陆的运销圈中处于中心地位，围绕这两大中心形成了内陆蔬菜供应圈。"两基地"是山东蔬菜集散基地和"河北—北京"蔬菜集散基地。这两大基地依靠强大的吞吐能力，对其他运销圈发挥调剂作用。

生鲜食品供应的地域性、远距离运销、反季节性的特点，对冷链物流服务规模和效率提出了更高的要求，特别是跨地区冷链干线运输和网络化的城市冷链配送服务。冷链物流区域性网络化运作体系已逐渐成熟，一是实现全程冷链的高价值特色果蔬跨区域、跨国家长途调运的一体化冷链物流体系；二是实现苹果、香梨、热带水果等特色水果产区冷藏，有计划地冷藏运输至销售地的区域性冷链物流体系；三是实现蒜苔、芦笋等反季节蔬菜和特色蔬菜的南菜北运、东菜西输的网络化冷链物流体系。

五、冷链物流设备技术转向高效节能

（一）冷链物流设备技术不断升级

由于冷链物流发展前景良好，一些零售企业和大型农业企业积极投资建设低温供应链配送系统及生鲜食品配送中心；一些大型连锁企业着手建立技术难度较高的生鲜食品、果蔬等配送中心；同时，政府也在积极筹备战略储备冷库的建设，这些大力推进了冷链物流基础设施的发展，初步构建了生鲜食品供应链及物流体系，为实现农产品冷链物流体系的运作创造了重要的物质条件。

鲜活农产品冷链物流涉及原材料采购、加工、运输、贮藏直至销售等多个环节。当前，各个环节均形成较为完善的技术体系，为冷链物流发展提供了保障。采购环节的绿色养殖、栽培技术和有害物质检测技术，从源头上保证了冷链物流质量；信息控制环节的GPS（全球定位系统）、GIS（地理信息系统）、EDI（电子数据交换）、条码、MIS（管理信息系统）、温湿度红外遥感技术，实现了全程控制；产地加工环节的真空预冷技术、冰温预冷技术，提高了产品质量，延长了保鲜期；贮藏环节的自动化冷库、气调库、多温冷库等技术，有效延长了储存保鲜期；运输环节的冷藏集装箱、"三段式"冷藏运输车等技术，实现了"门对门"服务。

（二）冷链技术设备注重节能环保

在鲜活农产品冷链物流基础设施不断升级、日趋完善的同时，冷链技术设备逐渐转向高效、节能、环保。目前，适应现代都市节能环保要求的低能耗、低成本的冷链处理技术被广泛推广，生鲜食品加工配送企业、龙头生产企业、专业冷链物流企业以及批发市场和连锁超市等，在技术改造和充分利用现有低温贮藏设施的基础上，加大了先进、节能环保、高效适用的冷藏设施设备的投资力度。另外，国内外各种新型传导材料和冷链物流技术的研发成果得到有效转化，促使经济适用的预冷设施、移动式冷却装置、节能环保的冷链运输工具、先进的陈列销售货柜等冷链设施设备不断推陈出新。例如，为了实现低碳环保的绿色经济，以节电、节水为主要特点的蒸发式冷凝器正在逐步推广应用；同时，随着食品结构和包装形式的变革，尤其是小包装冷冻食品业的快速发展，食品冻结技术有了快速的进步，其主要采用快速、连续式冻结装置，加快了冻结速度，并提高了冻品的质量；

另外，供液方式和制冷系统逐步趋于多样化发展。

（三）农产品冷链物流园区建设力度加大

随着《农产品冷链物流发展规划》将建设冷链物流园区工程列入"重点工程"后，我国各级政府均加大了对农产品物流园区的支持力度。近年来各地已经建成了不少大型的农产品冷链物流园区，其中主要有配套八大功能区、拥有 2 万吨大型冷库的深圳国际农产品物流园；配套六大功能区的中国寿光农产品物流园以及以果蔬深加工及仓储物流为主的福建永安农产品物流园。

农产品冷链物流园区建设呈现以下特点：一是冷链物流园区数量明显增长，主要集中在沿海地区以及中部经济较为发达的地区；二是目前在建农产品冷链物流园区占比较高，各地纷纷规划和投资兴建农产品冷链物流园区；三是农产品冷链物流园区地域性特点明显，主要依托于果蔬类、肉禽类以及水产品等农产品主产地；四是目前农产品冷链物流园区主要依赖于政府规划、企业主导开发的模式，其服务呈现多元化特点；五是区域性冷链物流园区网络已形成，初步实现区域经济规模效应，如以山东—天津—大连为节点的水产品冷链物流园区形成的一体化冷链物流服务网络，已经覆盖了整个环渤海地区，辐射京津冀地区以及东北地区。

六、冷链物流运作模式多元化

鲜活农产品冷链物流运作模式如图 1 - 5 所示，鲜活农产品由生产企业产出后，经批发企业和零售企业最终到达消费者，各环节均可能有冷链物流企业或生鲜加工配送企业参与。鲜活农产品的不同流通模式决定冷链环节数量，而不同运作主体主导的流通模式其冷链发展水平存在很大的差异，需要视产品的品质定位决定是否采取冷链措施。

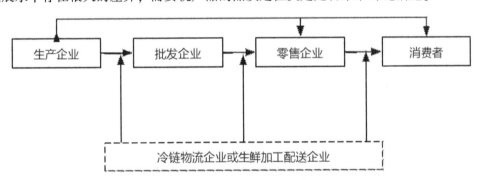

图 1 - 5 鲜活农产品流通模式示意

冷链在批发环节主要通过批发市场建设配送冷库发挥作用，服务进驻商家的临时产品存储；在零售环节主要以冷藏货柜和超市生鲜配送中心发挥作用，保证产品质量和品质，减少损耗；在流通加工环节主要以蔬菜、水果等加工配送中心发挥作用；在城市末端配送环节主要通过冷链物流城市配送企业冷藏储存和冷藏配送进行，冷链是企业实现专业化服务的必备手段。

鲜活农产品冷链物流的运作模式大体可分为以下四类：第一，以农副产品批发市场为主导的冷链物流模式；第二，以大型连锁超市为主导的冷链物流模式；第三，以生鲜加工配送企业为主导的冷链物流模式；第四，以第三方冷链物流企业为主导的冷链物流模式。目前，以农副产品批发市场为主导的冷链物流模式所占比重较大，并且在未来的一定时间内，该模式仍占主导地位。但随着农业产业化的不断发展，国家对农超对接政策支持，以大型连锁超市为主导的冷链物流模式的比重将不断增加。

（一）批发市场主导的冷链需求

大型生鲜食品批发市场通过建设冷库发挥作用，服务进驻商家的临时产品存储，使生鲜食品的储存保鲜更加专业化、规模化，有利于控制批发零售环节，为消费者提供新鲜、安全的食品。根据对北京市主要批发市场的调查，各大批发市场都自建一定的冷库，并围绕冷库资源向食品冷链上下游延伸，提供冷链加工和冷藏运输及冷储服务。批发企业对批发市场内冷库控制力较弱，但对两端控制力较强，常出现上下游不协调现象。

从有关支持农产品批发市场的政策文件来看，都涉及完善冷链系统的内容，具体包括：加强冷链物流加工配送中心建设，配置农产品预选、分级、包装、配送等设施设备，建设改造冷库等仓储设施；加强对交易厅、棚的温控改造，配置电动拖车或叉车等设备。

（二）连锁超市主导的冷链需求

随着市场格局变化，零售企业特别是大型连锁超市逐渐成为市场主导力量，地位日渐上升。连锁零售集团和大型超市拥有先进的冷藏设备，使冷链产品质量和卫生能够得到有效保障；冷链产品在这里可以发挥品牌效应，得到全程质量监控。超市冷柜的出现将果蔬、禽、蛋等销售从农贸市场带进了干净卫生的冷藏柜，实现生鲜食品、速冻食品和冷冻食品等产品在终端的冷藏销售，使连锁超市主要的冷链需求增加。

连锁超市对冷链的需求不仅仅通过冷藏销售体现，还通过超市生鲜食品配送中心得以体现。连锁经营企业向生鲜食品冷链物流上游延伸，同生鲜食品经销商、批发商、生产基地及加工企业联合，或与规模大、货源充足的生鲜食品供应商进行长期合作，或者企业自己投资建立生鲜食品生产基地，通过建设生鲜配送中心向连锁超市及其他业态的店铺进行小批量、多批次、多品种配送新鲜安全的生鲜食品。如易初莲花、京客隆等超市自建生鲜食品配送中心，通过产地合作、食品检测、全程冷链化管理和统一配送，保证食品在冷链环境下流通。

超市生鲜食品配送中心有利于保障生鲜食品质量，统一加工和管理标准，有助于实现店铺"零库存"及减少生鲜食品的损耗，提高了生鲜食品物流效率，确保生鲜食品在整个供应链上始终处在低温状态，形成连锁经营企业自创品牌，并树立良好的企业形象。

相对于常温运输、简单存储的供应链过程，经由超市生鲜物流配送中心的食品冷链水平相对较好，保证生鲜食品品质的同时降低了生鲜食品的损耗。现代化的连锁超市配送中心的功能，不仅包括商品的储存、配送，还包括对初级生鲜产品的再加工。超市生鲜物流配送中心对于冷链物流的需求主要体现在冷藏库、冷冻库以及低温加工车间、封闭式低温分拣区和装卸月台以及冷藏车等设施设备。

（三）生鲜加工配送企业主导的冷链需求

为促进蔬菜等生鲜食品现代流通体系建设、带动农民增收、保障市场供应安全，近年来各地从政策、项目、技术、资金等方面加大了对生鲜食品加工配送企业支持力度，使生鲜加工配送企业以及社区便民菜店有了较快发展，促进了蔬菜等生鲜食品流通体系建设，带动了订单生鲜食品、品牌生鲜食品的生产。

生鲜加工配送企业主要以市内直销业务为主，主要客户包括企业和事业单位的公共食堂、连锁超市等零售企业、各种社区零售小店等团体消费者。其中，北京市生鲜加工配送企业大体上可分为三种类型：

第一，由农业推广部门、示范农场或科技示范园区发展起来的集技术推广、生产和销售于一体的配送企业。

第二，依托于批发市场由流通企业发展起来的配送合作经济组织，其有一定的市场基础，并且市场开发能力较强，企业效益较好。如位于新发地批发市场内的北京市路路通生鲜加工配送中心，与广东、海南、东北、河北、山东、内蒙古等地长年合作并建有基地，发展蔬菜配送业务。

第三，在各区、乡政府的支持下成立的配送企业，一般都与各村农民专业经济合作组织建立紧密或松散的合作，此类企业数量较多，正逐步发展壮大，其特点是与菜农联系比较紧密。

（四）第三方冷链物流企业主导的冷链需求

所谓第三方冷链物流是指独立于生鲜食品的生产商、加工商、批发商及零售商以外，为冷链物流需求方提供高效和完备的冷链解决方案，实现冷链物流的全程监控，具有整合冷链产品供应链能力的服务模式。生鲜食品的生产商、加工商、批发商及零售商将一部分或全部的生鲜食品物流活动委托给专业的第三方冷链物流企业来完成，并与之签订契约，建立利益共享、风险共担的长期合作伙伴关系。在整个生鲜食品供应链中，第三方冷链物流企业是连接生鲜食品供销的桥梁纽带，将生产者、加工企业、批发市场、零售商和最终消费者紧密地衔接起来。

第三方冷链物流专业化和规模化冷链运作，能够降低冷链物流系统成本，提高冷链运作效率，有效保证生鲜食品的新鲜度，更好地满足消费者的需求。目前北京市第三方冷链物流企业以传统的单一仓储和运输服务为主，对冷链的需求体现在冷藏运输车辆和仓储型冷库两方面。而专业的第三方冷链物流城市配送企业，业务范围还较窄，主要针对冷冻冷藏食品城市配送等，再加工能力较弱，对冷链的需求体现在带低温理货区和封闭式月台的流通型冷库以及冷藏运输车辆。

知识链接：

东方友谊集团冷链配送系统通过对原二商集团冷库进行改造，现有配送终端主要为北京市的几百家商超门店进行0℃~4℃冷藏食品的配送，包括华普全部门店，京客隆、家乐福、物美、沃尔玛、欧尚等企业的部分门店。

本章练习

一、单选题

1. 下面产品是初级农产品的是(　　)

A. 药品

B. 生物制品

C. 蔬菜

D. 冰激凌和奶制品

2. 芒果的储藏温度是(　　)

A. 16℃

B. 20℃

C. 0℃

D. 10℃

3. "3T"理论认为，冻结食品在低温流通过程中所发生的质量下降与所需时间存在着一定的关系。在一定限度内，如果冻结食品的温度越低，其质量下降也会(　　)，保质期会相应(　　)

A. 越少　延长

B. 越少　缩短

C. 越多　延长

D. 越多　缩短

4. 储存冻肉的冷藏库温度应在(　　)以下，不宜高于(　　)。

A. −20℃　　−18℃

B. −25℃　　−20℃

C. −18℃　　−15℃

D. 以上都不是

二、多选题

1. 冷链物流的经济社会意义是(　　)

A. 保障易腐食品安全，减少营养流失

B. 解决产供销不一致的矛盾

C. 减少食物腐烂损失造成的浪费

D. 解决城市交通拥堵问题

2. 冷链物流的特点有(　　)

A. 系统性

B. 协调性

C. 全程温控

D. 成本高昂

3. 随着生活水平的提高，居民食品消费理念和行为发生显著变化，居民食品消费更加注重(　　)性，由此产生了对冷链物流的多样化需求。

A. 新鲜度

B. 安全性

C. 便利性

D. 营养性

三、思考题

1. 简述冷链物流的概念。

2. 冷链物流的运作流程是什么？

3. 冷链物流的构成要素？

4. 冷链物流需求的特点有哪些？

5. 冷链物流的发展特征有哪些？

项目二　农产品冷链运输设备和方式的选择

任务导入

　　农产品冷链运输是冷链物流的一个重要内容，随着经济社会的高速发展，人们生活水平的不断提高，人们对农产品的需求质量越来越高，农产品冷链运输在物流中起到的作用将越来越重要。冷链运输方式运输设备有多重选择，农产品运输方式也多种多样。通过本章学习可了解农产品冷链运输设备和方式的选择。

学习大纲

　　1. 了解农产品冷链运输概念和特点。
　　2. 学习汽车，铁路，水路冷藏运输的货物范围。
　　3. 理解冷链运输的温度跟踪与监控。

任务一　农产品冷链运输概述

一、农产品冷链运输概念

　　农产品冷链运输是指在运输全过程中，无论是装卸搬运、变更运输方式、更换包装设备等环节，都使所运输的农产品始终保持一定温度的运输。农产品冷链运输是冷链物流的一个重要内容，随着经济社会的高速发展，人们生活水平的不断提高，人们对农产品的需求质量水涨船高，农产品从田间地头到消费者餐桌的转移急需一种适宜的运输方式来承载，所以，农产品冷链运输在物流中起到的作用将越来越引人注目。

二、农产品冷链运输方式及选择

（一）农产品冷链运输方式特点

　　普通货物运输方式分为公路运输、铁路运输、水路运输、航空运输和管道运输。和普通货物运输方式相似，农产品运输方式有公路运输、铁路运输、水路运输、航空运输，也可以是多种运输方式组成的综合运输方式。

　　1. 公路冷链运输
　　（1）机动灵活，适应性强
　　由于公路运输网一般比铁路、水路网的密度要大很多倍，分布面也广，因此公路冷链

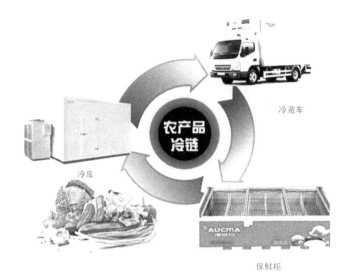

冷藏车

冷库

保鲜柜

图2-1　农产品冷链运输流程

运输车辆可以"无处不到、无时不有"。公路冷链运输在时间方面的机动性也比较大，车辆可随时调度、装运，各环节之间的衔接时间较短。尤其是公路冷链运输对货运量的数量具有很强的适应性，汽车的载重吨位可小（0.25~1吨）可大（200~300吨），既可以单个车辆独立运输，也可以由若干车辆组成车队同时运输，这一点对大量农产品及时运输具有特别重要的意义。

（2）可实现"门到门"直达运输

由于冷链运输汽车体积较小，中途一般也不需要换装，除了可沿分布较广的路网运行外，还可离开路网深入到工厂企业、农村田间、城市居民住宅等地，即可以把冷藏货物从始发地门口直接运送到目的地门口，实现"门到门"直达运输。这是其他运输方式无法与公路运输比拟的特点之一。

（3）在中、短途冷链运输中，运送速度较快

在中、短途冷链运输中，由于公路冷链运输可以实现"门到门"直达运输，中途不需要倒运、转乘就可以直接将客货运达目的地，因此，与其他运输方式相比，其所运货物在途时间较短，运送速度较快。

（4）原始投资少，资金周转快

公路冷链运输与铁、水、航冷链运输方式相比，所需固定设施简单，冷链车辆购置费用一般也比较低，因此，投资兴办容易，投资回收期短。据有关资料表明，在正常经营情况下，公路冷链运输的投资每年可周转1~3次，而铁路冷链运输则需要3~4年才能周转一次。

（5）掌握冷链车辆驾驶技术较易

相对于火车司机或飞机驾驶员的培训要求来说，冷链汽车驾驶技术比较容易掌握，对驾驶员的各方面素质要求相对也比较低。

（6）运量较小，运输成本较高

冷藏汽车运量比火车、轮船少得多，由于汽车载重量小，行驶阻力比铁路大9~14

倍，所消耗的燃料又是价格较高的液体汽油或柴油，因此，除了航空运输外，汽车运输成本最高。

2. 铁路冷链运输方式

铁路运输是我国的经济大动脉，是物流运输方式的重要组成部分。与其他运输工具比较，铁路冷链运输有如下特点。

（1）准确性和连续性强

铁路冷链运输几乎不受气候影响，一年四季可以不分昼夜地进行定期的、有规律的、准确的运转。

（2）运输速度比较快

铁路货运速度每昼夜可达几百千米，一般货车可达 100 千米/小时左右，远远高于海上运输，也比公路运输速度稳定可靠。

（3）运输量比较大

一列铁路冷链货物列车一般能运送 3 000 ~ 5 000 吨货物，远远高于航空冷链运输和汽车冷链运输。

（4）运输成本较低

铁路冷链运输费用仅为汽车冷链运输费用的几分之一到十几分之一，运输耗油约是汽车冷链运输的 1/20。

（5）初期投资大

铁路冷链运输需要铺设轨道、建造桥梁和隧道，建路工程艰巨复杂；需要消耗大量钢材、木材；需要占用大量土地，其初期投资大大超过其他运输方式。

（6）对技术要求高

铁路冷链运输由运输、机务、车辆、工务、电务等业务部门组成，要具备较强的准确性和连贯性，各业务部门之间必须协调一致，这就要求在运输指挥方面实行统筹安排，统一领导。

3. 水路冷链运输

水路冷链运输与其他几种冷链运输方式相比，主要有运量大、成本低、效率高、能耗少、投资省的优点，同时也存在速度慢、环节多、自然条件影响大、机动灵活性差等缺点。其特点如下。

第一，水运可以实现大吨位、大容量、长距离的冷链运输。我国常用的大吨位的冷藏船，一艘船就相当于 12 列火车或上万辆汽车的运载货量。

第二，能源消耗低。运输 1 吨货物至同样距离而言，水运所消耗的能源最少。

第三，运输成本低。水上冷链运输工具主要在自然水道上航行，航路是天然的，只需花少量资金对其进行整治，维护船标设施和管理，就可供船舶行驶。水运冷链运输成本约为铁路冷链运输的 1/25 ~ 1/20，公路冷链运输的 1/100。

第四，水运冷链运输在整个综合运输系统中通常是一个中间运输环节，它在两端港口必须依赖于其他冷链运输方式的衔接和配合，为其聚集和疏运货物。

第五，水运冷链运输的运输速度较其他运输方式要慢。一方面因为船舶航行于水中时的阻力较大；另一方面是因为要实现大运量运输，货物的集中和疏散所需时间也长。

第六，水运冷链运输的外界营运条件复杂且变化无常。海运航线大都较长，要经过不同的地理区域和不同的气候地带，内河水道的水位和水流速度随季节不同变化很大，有些河段还有暗礁险滩，因而水运冷链运输受自然因素的影响较大。而且水运冷链运输具有多环节性，需要港口、船舶、供应、通信导航、船舶修造和代理等企业，以及国家有关职能部门等多方面的密切配合才能顺利完成。因而，水运冷链运输管理工作是较为复杂和严密的。

第七，海运具有国际性。一是冷链运输商船有权和平航行于公海和各国领海而不受他国管辖和限制，有权进入各国对外开放的、可供安全系泊的港口，故使海运在国际交通中极为方便；二是各国的冷链运输商船可在国际海运上进行竞争。当然，海运是世界性的商务活动，除必须遵守各国的海运法规外，也要尊重国际法律。

4. 航空冷链运输

第一，航空冷链运输破损率低、安全性好。由于本身航空货物的价格比较高，操作流程的环节比其他运输方式严格得多，破损的情况大大减少，冷藏货物装上飞机之后，在空中货物很难导致损坏。因此，在整个货物冷链运输环节之中，货物的破损率低、安全性好。

第二，航空运输时效性高，运输速度快。由于航空货运所采用的运送工具是飞机，飞机的飞行时速大约都在每小时 600 千米到 800 千米，比其他的交通工具要快得多。航空货运的这个特点特别适应一些特种冷链货物的需求，如海鲜、活动物等鲜活易腐的货物，由于货物本身的性质导致这一类货物对时间的要求特别高，只能采用航空运输；另外，在现代社会，需要企业及时对市场的变化作出非常灵敏的反应，企业考虑的不仅仅是生产成本，时间成本也成为成本中很重要的一项因素。例如特色农产品的订单生产，在非原产地及时上市将获取更高的利润等情况，这都需要航空运输的有力支持才可以实现。

第三，由于航空运输的快捷性，可加快冷链农产品的流通速度，从而节省农产品的仓储费、保险费和利息支出等，另一方面农产品的流通速度加快，也加快了资金的周转速度，可大大增加资金的利用率。航空货运代理公司对航空运输环节和有关规章制度十分熟悉，并与各航空公司、机场、海关、商检、卫检、动植检及其他运输部门有着广泛而密切的联系，具有代办航空货运的各种设施和必备条件。同时，各航空货运代理公司在世界各地或有分支机构，或有代理网络，能够及时联络、掌握货物运输的全过程，因此，委托航空货运代理公司办理进出口货物运输比较便利。

第四，航空运输空间跨度大。在有限的时间内，飞机的空间跨度是最大的，有的宽体飞机一次可以飞 7 000 千米左右，从中国飞到美国西海岸，只需 13 个小时左右，这对于某些农产品货物的运输是非常大的优点。如活动物，如果跨洋运输，采用海运通常需要半个月左右，只有采用航空运输，才能在短时间内保证动物的存活。

（二）农产品冷链运输方式的选择

由于农产品冷链各种运输方式和运输工具都有各自的特点，而且不同特性的冷链运输货物对运输的要求也不一样，冷链货物运输方式的选择受运输物品的种类、运输量、运输距离、运输时间、运输成本等五个因素影响。这些因素不是互相独立的，而是紧密相连、互相决定的。

1. 农产品性能特征

这是影响企业选择运输工具的重要因素。冷冻肉、冷冻禽类，既可采用冷藏汽车运输，也可采用铁路冷藏运输，但是液体奶一般只能采用冷藏汽车运输，水产品多采用冷藏船运输。

2. 运输速度和路程

运输速度的快慢、运输路程的远近决定了货物运送时间的长短。而在途运输货物犹如企业的库存商品，会形成资金占用。一般来讲，批量大、价值低、运距长、保质期长的农产品适宜选择水路冷链或铁路冷链运输；而批量小、价值高、运距长、保质期短的农产品适宜选择航空冷链运输；批量小、距离近的农产品适宜选择公路冷链运输。

3. 运输的可得性

不同冷链运输方式的可得性也很大的差异，公路冷链运输适应性最强，其次是铁路冷链运输，水路冷链运输与航空冷链运输只有在港口城市与航空港所在地才能正常运行。

4. 运输的可靠性

运输的可靠性涉及运输服务的质量属性。对质量来说，关键是要精确衡量运输可得性和一致性，这样才有可能确定总的运输服务质量是否达到所期望的服务目标。运输企业如要持续不断地满足顾客的期望，最基本的是要承诺不断地改善。运输质量来之不易，它是经仔细计划，并得到培训、全面衡量和不断改善支持的产物。在顾客期望和顾客需求方面，基本的运输服务水平应该现实一点。必须意识到顾客是不同的，所提供的服务必须与之相匹配。对于没有能力始终如一地满足的不现实的过高的服务目标必须取消，因为对不现实的全方位服务轻易地做出承诺会极大地损害企业的信誉。

5. 运输费用

企业开展农产品运输工作，必然要支出一定的财力、物力和人力，各种冷链运输工具的运用都要企业支出一定的费用。因此，企业进行冷链运输方式决策时，要受其经济实力以及运输费用的制约。例如，企业经济实力弱，就不可能使用运费高的运输工具，如航空冷链运输，也不能自设一套运输机构来进行农产品运输工作。

6. 市场需求的缓急程度

在某些情况下，市场需求的缓急程度也决定着企业应当选择何种冷链运输工具。例如市场急需的农产品须选择速度快的冷链运输工具，如航空或汽车直达运输，以免贻误时机，反之则可选择成本较低而速度较慢的运输工具。

（三）农产品冷链运输的要求

由于农产品的组织结构等方面的不同，不同食品都有一定的贮藏温、湿度条件的要求。在冷链运输中应满足食品贮藏条件的要求，并保持其稳定性。因此在冷链运输过程中，必须控制载体内部的环境，使运输工具的环境尽量与所运输农产品的最佳要求一致，载体内部各处温度分布要均匀，并且在运输过程中尽量避免温度波动，降低温度波动幅度和减少波动持续时间。考虑以上对农产品贮藏过程的要求，冷链运输应该满足以下条件。

1. 形成低温环境

易腐食品在进行低温运输前应将其温度调到其适宜的贮藏温度，冷链运输过程中，载体内只是有效的平衡环境传入的热负荷，维持产品的温度不超过所要求保持的最高温度。为维持这一低温环境，运输载体上应当具有适当的冷源，如干冰、冰盐混合物、碎冰、液氮或机械制冷系统。例如果蔬类在运输过程中，为防止车内温度上升，应及时排除呼吸热，而且要有合理的空气循环，使得冷量分布均匀，保证各点的温度均匀一致并保持稳定，最大温差不超过3℃。有些食品怕冻，在寒冷季节里运输还需要用加温设备如电热器等，使车内保持高于外界气温的适当温度。

2. 有良好的隔热性能

冷链运输工具的货运仓应当具有良好的隔热性能，总的传热系数要求小于0.4 W/ (m² · K)，甚至小于0.2 W/ (m² · K)，能够有效地减少外界传入的热量，避免运输工具内温度的波动和防止设备过早老化。一般来说，传热系数平均每年要递增5%左右。车辆或集装箱的隔热板外侧面应采用反射性材料，并应保持其表面的清洁，以降低对辐射热的吸收。在车辆或集装箱的整个使用期间应避免箱体结构部分的损坏，特别是箱体的边和角，以保持隔热层的气密性，并且应该定期对冷藏门的密封条、跨式制冷机组的密封、排水洞和其他空洞等进行检查，以防止因空气渗漏而影响隔热性能。

3. 可根据农产品种类或环境变化进行温度调节

在长距离的冷链运输过程中，农产品可能会经过不同的环境外部温度，比如从南方运到北方的水果，因此冷链运输的载体内部空间内必须有温度检测和控制设备。温度检测仪必须能够准确连续地记录货物间的温度，温度控制器的精度要求高，为±0.25℃，以满足易腐食品在运输过程中的冷藏工艺要求，防止食品温度过分波动。

4. 制冷设备所占空间尽量小

在长途冷链运输过程中，为了减小单位货物的运输成本，要求在尽可能的空间内装载尽可能多的货物，因此要求制冷设备所占空间尽量小。

5. 冷链运输工具的卫生与安全

冷链运输工具内有可能接触食品的所有内壁必须采用对食品味道和气体无影响的安全材料。冷链运输工具内壁包括顶板和地板，必须光滑、防腐蚀、不受清洁剂影响，不渗漏、无腐烂，便于清洁和消毒。冷链运输工具内设备不应有尖角和褶皱，使进出困难，赃物和水分不易清除。在使用中，冷链运输工具内碎渣屑应及早清扫干净，防止异味污染货物并阻碍空气循环。对冷板采用的低温共熔液的成分及其在渗漏时的毒性程度应予以足够重视。

6. 良好的组织管理

冷链运输的组织管理工作是一项复杂细致而又责任重大的工作，必须对各种冷链运输工具的特性、易腐货物的冷藏条件、货源的组织、装车方法、调度工作等问题十分熟悉，加强运输过程中各个环节的管理，保证农产品高品质而又快速地到达目的地。

任务二　汽车冷藏运输

随着社会经济的飞速发展和人民生活水平的不断提高，人们对食品的保鲜要求越来越高，对冷藏食品的需求不断增多，冷链运输应运而生。冷藏车主要用于生鲜农副产品和食品饮料的储运，由于其具有冷藏、保温的特殊功能，能满足生鲜食品冷藏运输中的保鲜和冷冻要求，使其在冷链物流中起着重要的作用，成为冷链物流中非常重要的一个环节。

一、冷藏汽车运输货物

冷藏汽车主要运输的是易腐货物，其按农产品货物物理性质分类如下。

（一）生鲜蔬菜类

包括菠菜、白菜、黄瓜、茄子、生菜、豆角、辣椒等刚采摘而需要短距离运输与配送的农产品。

（二）生鲜水果类

包括苹果、梨、柑橘、龙眼、荔枝等刚采摘极易腐烂变质的农产品。

（三）新鲜动物肉类

包括刚屠宰准备就近配送上市的猪肉、鸭肉、鸡肉、鹅肉、牛肉、羊肉等食用农产品。

（四）活动物类

包括淡水鱼、淡水虾、淡水蟹、海产鱼、海产虾、海产蟹等捕捞时间不长，需要带水注氧冷藏运输的农产品。

（五）新鲜蛋奶类

包括新鲜鸭蛋、鸡蛋、鹅蛋、鹌鹑蛋、鲜牛奶、鲜羊奶等农产品。

（六）活植物类

包括花、草、植物苗等小型农产品。

（七）冷藏易腐货物类

包括以上农产品的冷藏鲜产品和加工制造品。

图 2-2　汽车冷链物流

二、冷藏汽车货物运输管理

(一) 冷藏汽车货物装载技术

在装载货物前必须对隔热车厢内进行预冷，使厢内温度达到货物运输的适宜温度。因待装货物储藏在冷库内，其温度较低，如货箱内温度较高，则会使货物温度上升，容易变质。在装货时，必须先测量所装货物的温度。如果制冷机组的设定点温度高于或低于货物温度，车厢内的货物温度都很难达到运输所必要的温度。货物的储存温度与运输温度必须一致，如果货物温度经常变化，水分就会流失，就会导致货物发生品质变化，从而导致货物的货架期缩短。

在装运货物时，应分清类别，防止相互污染。不同温度的货物严禁存放在同一车厢空间内。应该用隔板分开摆放。由于冷冻机是用来维持货物温度，而不是降温用的，因此混装不同温度的货物，会波及物品的温度，导致货品质量受到影响。

必须充分注意货物的堆放，使冷库内温度保持均一，使冷气在货物间通畅地循环。不能将货物堆至车顶或在冷气的出气口或入气口堆放货物。良好的空气流通，能够保证货物在合适的温度要求下运输。冷冻机组吹出的冷（热）气体将外界进入车厢的冷（热）源与货物隔绝开来，从而保护了货物。如果某一位置发生阻塞，该部分的冷（热）源就会直接进入物品，导致货物温度发生变化。确保回气遮板状况良好；不要阻塞蒸发器的入口（回风）；回风不足会产生冷风不规则循环及造成顶部货物结冰。

装载蔬菜水果时应特别注意，蔬菜水果等由于会产生呼吸热量，如果冷气的循环不好，车厢中央部分的温度便会上升，从而影响货物品质。此外，距离冷气出口较近的上部货物会因冷气而造成冻伤，因此，请事先盖上盖罩布等予以保护。

不要将货物堆得太高。一定要保证装货高度不高于出风口的平面高度。如果出风口前面被货物挡住或离货物太近，不但会波及货物的储运温度，还会波及冷冻机组的正常工作。由于出风口被货物堵死，冷气（或热气）不能正常在车厢内循环，因而使货物局部温度升高。另一方面，由于冷冻机组的除霜设计有些是采用空气感应除霜。当货物与出风口太近，机组蒸发器内的盘管会快速结霜（或冰），空气感应开关随即动作，机组会迅速进入除霜状态；当盘管温度回升至9℃（设计温度）左右，除霜立即结束。于是机组就会出现循环往复的上述操作，从而出现厢体内温度降不下来的现象，给人的直观感觉就是机组频繁除霜，其实是由于货物装的太高（多）所致。

（二）冷藏汽车货物包装技术

1. 对冷冻货用不通风包装箱

因为冷冻货物不允许有风从外表吹过，否则会使货物中的水分损失，从而导致货物质量下降。

2. 对生鲜货用侧壁通风的包装箱

包装箱必须是抗压的。生鲜物品由于其自身特点，产品在储运过程中仍然处在呼吸状态，如果不能够很好的通风，货物就会变质损坏。因此必须保证这类货物有很好的通风和换气。

（三）冷藏汽车运输保养技术

第一，在运输过程中，由于热量交换一直存在，因此应注意对厢内进行冷却，使整个冷藏运输链不中断。

第二，运输过程中尽量减少冷藏保温车货厢的开启时间。由于中途卸货，必然要打开冷藏厢，时间过长，则厢内升温快，增加了对制冷量的需要，使能耗增加，也易使货物变质。所以在装载时，后卸的货物先装，先卸的货物后装，尽量减少卸货时间。另外，进行货物搬运作业时要停止冷冻机组的运转。

第三，使汽车及制冷设备处于完好的技术状态。在运输过程中，为了达到货物保鲜的目的，整个冷藏运输链是不允许中断的，一旦设备发生故障要立即修复。

第四，请保持冷库内清洁卫生。运输食品时必须保持清洁。如果盐分、脂肪等附着在内壁或门的密封条上，不仅不卫生，还会腐蚀车厢，缩短冷冻车的寿命。车厢内部必须保持洁净，地面不应留有包装纸和纸屑，碎屑会阻碍空气流动或被蒸发器吸入。

知识链接：

我国冷藏汽车主要生产企业有以下几家。

（1）中集车辆（山东）有限公司。原济南汽车改装厂与德国考格尔公司合资组建，后为中集集团收购。引进德国考格尔车厢生产技术和意大利生产线，采用全封闭聚氨酯隔热厢体，性能达到我国A级和国际先进水平。

（2）河南冰熊冷藏汽车有限公司。军转民企业，上市公司，后为格林柯尔集团兼并。曾投资6 000万元引进意大利PLASTBLOCK的隔热厢体生产技术和设备工装。厢体为全封闭聚氨酯结构，隔热性能达到我国A级和国际水平。

（3）镇江飞驰汽车集团有限责任公司。原镇江冷藏汽车厂。1977年引进罗曼冷藏车技术，80年代引进美国维纳斯FRP厢板生产设备，厢体有真空负压"三明治"式生产工艺和高压灌注发泡工艺，聚氨酯隔热车厢性能达到我国A级和国际先进水平。还建有符合国际标准的冷藏汽车试验室。

（4）郑州红宇专用汽车有限公司。原名河南红宇机械厂，军转民企业。引进意大利车厢生产技术和部分设备，车厢隔热层为聚氨酯发泡厢板组装，隔热性能达到我国 A 级和国际水平。

（5）河南新飞专用汽车有限责任公司。由以生产冰箱和空调机等制冷空调设备为主体的新飞集团组建的冷藏汽车、厢式汽车等专用汽车生产企业。凭借其雄厚的资金和技术力量，市场覆盖面不断扩大，其隔热车厢性能达到我国 A 级和国际水平。

（6）北京北铃专用汽车有限公司。中日合资企业。引进日本隔热厢体生产技术，采用聚氨酯发泡工艺，隔热性能达到我国 A 级和国际水平。

（7）北京晨光天云特种车辆有限责任公司。原北京天云汽车改装厂，军转民企业。引进德国 SCHMITY 厢板制造技术和工艺装备，厢体隔热性能达到我国 A 级。

任务三　铁路冷藏运输

我国的铁路运输长期以来一直是肉、鱼、水果、蔬菜等易腐货物的主要运输方式，在保障供给、调剂余缺、满足市场需求上起着举足轻重的作用。我国铁路冷藏运输工具主要有铁路冷藏车和铁路冷藏集装箱。

一、我国铁路冷藏运输的发展趋势

（一）发展适应市场需求的新设备

针对当前易腐货物运输趋势，我国铁路将积极发展适应小批量、多品种的单节和具有单辆与多辆连挂运用技术条件的小编组机冷车，满足市场对多品种小批量货源运送的需要，同时积极发展机械冷板冷藏车。此外，还将借鉴国外经验，积极发展冷藏集装箱。冷藏集装箱改变了易腐货物依靠冷藏车的状况，单独供电制冷，可以使用集装箱平车和敞车装运，既有冷藏车的制冷作用，又有集装箱的灵活、安全，便于实现计算机管理，便于多种运输方式交接等特点，是冷藏运输的发展方向。

（二）使用符合市场需要的新技术

优化资源配置，改革管理模式，创建新的机制；对现有冷藏车在 5 年内逐步报废一批，淘汰一批，加装改造一批；新造一批新品种、高性能的冷藏车辆，从国外适当引进一部分车辆，使冷藏车辆合理配置，在数量、品种、技术性能上满足国内外市场的需要。针对当前鲜活货物运输趋势，我国铁路应从以下几个方面发展冷藏运输设备：第一，对现有设备进行改进。第二，积极发展机械冷板冷藏车和冷藏集装箱。第三，采用气调储运技术。第四，适当发展隔热车。第五，发展冷藏货运站及其冷藏设备。

（三）采用信息技术改革冷藏运输组织方式

发达国家在大规模使用冷藏箱的同时，采用先进的信息技术，对冷藏运输实施全过程控制。如美国、日本的计算机联网管理系统和欧洲利用的电子数据交换系统，都在冷藏运输的过程控制中发挥了很好的作用。我国铁路也将利用铁路运输管理信息系统所提供的资源,对各种冷藏车的运用进行全面的动态监控,真正做到对冷藏货物运输优先组织;简化冷藏运输的计划审批手续和空车调配环节,针对市场需求推出定点、定线、定车次、定时、定价的鲜活易腐货物的"五定班列",建立"绿色通道";还将根据铁路运输的业务流程,利用铁路综合运营管理信息系统,积极建立与公路、水路及海关、代理、堆场等相关部门配套的,有统一标准数据的计算机管理信息系统和电子数据交换系统。

(四)缩短冷藏运输的运到期限

冷藏运输的运到期限是确保冷藏运输质量的关键所在。运到期限过长,极易发生货损事故。因此,要加大对装卸冷藏运输车辆的停时、中时的考核力度,严格冷藏运输车辆在途时间的考核标准,加大对冷藏运输管理的力度。同时,运输指挥及机、工、电、辆各部门都要提高对铁路货物运输合同严肃性、责任性的认识,认真履行职责。

二、铁路冷藏运输货物

铁路冷藏运输货物主要为鲜活货物。鲜活货物在铁路运输中需要采取特殊措施(冷藏、保温、加温等),以防止腐烂变质或病残死亡的货物。鲜活货物分为易腐货物和活动物两大类,其中占比例最大的是易腐货物。

(一)易腐货物

指在一般条件下保管和运输时,极易受到外界气温及湿度的影响而腐败变质的货物。易腐货物按温度状态(热状态)的不同分为冻结货物、冷却货物、未冷却货物三类。

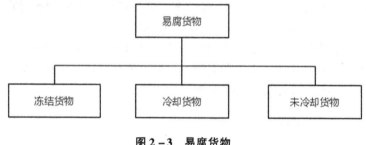

图2-3　易腐货物

1. 冻结货物

冻结货物指冷藏货物时,将货物内所含水大部分冻结成冰,其温度范围约为-8~-18℃以下的货物(冰除外,冰的温度在-1℃以下),称为冻结货物。

2. 冷却货物

冷却货物指用人工或天然降温,将食品的温度降低到某一指定的较低的度数,但不低于食品液汁的冰点。对大多数易腐货物来说,冷却的温度范围为0~4℃。

3. 未冷却货物

未冷却货物指未经过任何冷却加工处理的、完全处于自然状态的易腐货物。例如,采摘后未经冷却的水果、蔬菜等。

（二）活动物

铁路冷藏运输的活动物包括禽、畜、兽、蜜蜂、活鱼和鱼苗等。

三、冷藏铁路货物运输管理

（一）冷藏铁路货物装载技术

易腐货物装车时，应根据货物的性质、热状态、包装、运输方式及使用的车种，采用相应的装载方法。易腐货物的装载方法基本上可以分为两类。

1. 紧密堆码装载法

紧密堆码装载，可减少货物间的空隙，减缓货物本身冷量的散失，有利于保证货物质量和有效利用货车装载量。主要适用于冻肉、冻鱼、冰激凌、雪糕等冻结货物和夹冰鱼虾、贝类等冷却货物。

2. 留通风空隙装载法

留通风空隙的装载方法是在货物或货件间留有通风间隙和通风道，以保证空气流通，利于货物散热和车内空气循环，适用于具有包装且有热量散发的冷却货物和未冷却货物或者有呼吸作用的货物。例如水果、蔬菜采用留空隙的装载方法，可增大货物的散热面积，以利车内冷空气在货件或货物间通畅循环，散发货物的田间热和呼吸热。

（1）"品字形"装载法

品字形堆码适用于箱装货物。一般在热季要求冷却或通风运输，或在寒季要求加温运输的货物。这种堆码方法货件的纵向形成通风道，但上下无通风道，因此对一般水果、蔬菜使用机械冷藏车冷藏运输时采用。

（2）"一二三、三二一"装载法

一般冬季装运柑橘等使用较多的一种堆码方法。这种堆码车内空气只能在车内纵向的三条通风道中流通，因此空气循环较差，但车内货物装载量可以提高，适用于运输较坚实的水果、蔬菜。

（3）"井字形"装载法

井字形堆码使各层货物纵横交错，空气在各个井字中上下流动，并通过井字串入货件的缝隙，因此车内空气循环较品字形好，装载也较品字牢固。

（4）筐口对装法

筐口对装法适用于竹筐、柳条筐等包装的水果、蔬菜。因货物包装的形状和特点，货件之间自然形成一定的间隙，便于空气流通。

（二）冷藏铁路货物运输与包装技术

冷藏铁路货物包装因货物不同有不同要求，具体要求如下。

1. 未冷却货物中水果运输

经铁路运输的水果主要有柑橘、苹果、香蕉、梨、葡萄、桃等。其运输具有以下特点。

第一，全年各季度都有水果运输，但四季度运量最大。

第二，水果怕冷又怕热，储运条件复杂。

第三，水果成熟度、机械伤、病虫害和运输环境的湿度、温度、通风等影响水果的呼吸作用。

为保证水果运输质量，运输的水果包装应满足以下基本要求：第一，成熟度不宜过高，一般以七八成熟为好。凡干瘪、腐烂、破裂、虫伤、污损的水果不宜运输。第二，娇嫩水果的包装不宜过大，强度要好，内部平滑、坚实。水果包装可稍微大一些，包装应留有孔隙，以便水果散发呼吸热或有害气体。

现将部分水果包装要求分别介绍如下。

（1）苹果

运输的苹果应新鲜、无腐烂、变质、过熟等现象。可选用箱、筐包装。货物每件重量不得超过35千克，最好20～25千克，苹果适宜的运输温度为0～32℃。除热季冷藏运输外，一般可用棚车、敞车或冷藏车保温、防寒或通风运输。

（2）梨

因梨汁多，肉脆不耐贮运，运输的梨不应有腐烂、破裂、过熟等现象。可选用纸箱、钙塑箱或条筐做包装，且有足够的强度。每件重量不得超过35千克，最好在15～20千克。梨较耐寒，适宜的运输温度为－1.5～0℃，规定的运输温度为2～6℃。因此热季冷藏运输，温季视外温高低情况使用冷藏车、棚车冷藏或通风运输，寒季则需采取防寒运输。梨的代谢作用会散发乙烯，乙烯能促使水果成熟，所以梨在运输中应注意通风换气，并且不可以与其他水果混装。

（3）桔

柑橘运输主要在四季度。运输的柑橘质量必须良好，成熟度不应高于8成，色泽新鲜，无腐烂、水肿及机械伤。可选用木箱、纸箱、筐、篓的包装，且有足够的强度，每件重量不得超过30千克，最好在15～20千克。根据柑橘适宜的运输温度，机械冷藏车控制在4～8℃时柑橘的运输质量最好。热季应冷藏运输，温季视外温高低冷藏或通风运输，寒季则应防寒运输。柑橘对低温比较敏感，温度过低会产生水肿病。

（4）香蕉

香蕉对低温敏感，当低于11℃易产生生理病害，高于20℃对香蕉起催熟作用。适宜的运输温度为11.7℃。运输的香蕉成熟度应低于85%，果皮为青绿色，不应有机械伤、破裂、折断、黄熟、腐烂的现象（一筐中有一个黄熟香蕉也不行，因黄熟香蕉放出乙烯对香蕉有催熟作用）。包装要有足够强度，每件重量不应超过25千克。香蕉主要在10月份前后运输，其他季节也有运输。热季运输时应用冷藏车冷藏运输，温季视外温情况使用冷藏车、棚车和敞车冷藏、保温或通风运输，寒季则应保温或防寒运输。

（5）葡萄

葡萄一般使用冷藏车冷藏运输。适宜的运输温度为0～3℃。运输的葡萄不应过熟，不掉粒，无腐败、霉烂、机械伤等现象。包装必须耐压、通风，每件重量不超过20千克。葡萄比较耐冷，用加冰冷藏车装运时，冰内掺盐量可达10%～15%。

（6）桃

桃属娇嫩水果，含水量高达85%，贮运中容易破烂、腐败。运输的桃成熟度以七八成为宜，有机械伤、软化现象的不宜承运。包装应坚固、耐压，最好是木板条箱，每件重量不得超过20千克，最好是10千克左右。包装内有柔软的衬垫材料，以利于通风换气。装载时应留有通风道，要堆码稳固防止倒塌。适宜的运输温度为0～3℃。热季最好使用机械冷藏车装运。使用加冰冷藏车装运时，由于车内无强制通风装置，货堆中部的呼吸热不易散发，因此可以考虑在货堆中放置一定数量的冰。

2. 冻结货物运输

（1）冻肉

经铁路运输的冻肉主要有冻牛肉、冻羊肉、冻猪肉以及冻副产品。其运输特点为：

①全年各季度都有运输，其装车作业一般在专用线内进行；②运输全程要求较低的温度（−8℃以下）；③除出口冻肉采用包装外，国内运输一般不加包装。

运输的冻肉应肉体坚硬，用硬物敲击时能发出清脆的响声，肌肉有光泽，红色均匀，脂肪洁白或淡黄。外表用手指或温热物体接触时能由玫瑰色转为红色，血管呈石灰光泽，气味正常。发现有皮发软、色暗褐或有霉斑、气味杂腥等现象的冻肉不能承运。承运温度低于−8℃。应使用冷藏车装运。装载方法采用头尾交错、腹背相连、长短搭配，紧密装载不留空隙。机械冷藏车装运，车内应保持−9～−12℃。加冰冷藏车装运时，冰中加盐热季20%～25%，温季15%～20%，寒季10%～15%。

（2）冻鱼

铁路承运的鱼应坚硬，鱼鳞明亮或稍微暗淡，眼睛凸出或稍有凹陷，鲤鲜红。冻鱼温度在−8℃以下。可不包装，也可用箱、筐等进行包装。使用冷藏车装运，车内保持−9～−12℃。加冰冷藏车冰中掺盐15%～25%，车内码放采用紧密装载方法。

（3）冰蛋

冰蛋货温应低于−8℃。外包装应使用坚实的纸箱、钙塑箱，并且有完好的内包装。

冰蛋应使用冷藏车装运，装车前车辆应预冷，装载方法应采用紧密装载。用机械冷藏车装运，车内保持−9～−12℃；加冰冷藏车冰中掺盐15%～25%。

（三）冷藏铁路运输保养技术

1. 加冰冷藏车途中加冰加盐

始发加冰应加足冰箱定量、并应在冷藏车调离装车地点前再次补足冰、盐，以保证冷藏车运行到下一加冰所时，冰箱内存冰不少于20%。当冷藏车运行到前方加冰所时，经检查，如发现托运人在始发站应加冰而没有加冰或加冰不足时，应该补足冰、盐。

2. 机械冷藏车控温

运输途中，机械冷藏车乘务组应按易腐货物运输条件表的规定或运输协议商定的运输条件保持车内温度。为及时了解温度变化，正确调控车内温度，应每隔2小时记录一次各车内的温度，每6小时填写一次机械冷藏车作业单。

3. 通风作业

全程或部分区段需通风运输的易腐货物，或运输一段距离后需要对车内通风换气的易腐货物，应根据外界气温情况进行适当的通风。通风分为停站通风和在途通风。

任务四　冷藏船运输

冷藏船是指利用低温运输易腐货物的船只。冷藏船主要用于渔业，尤其是远洋渔业。远洋渔业的作业时间很长，有时长达半年以上，必须用冷藏船将捕获物及时冷冻加工和冷藏。此外由海路运输易腐食品必须用冷藏船。冷藏船运输是所有运输方式中成本最低的冷藏运输方式，但是在过去，由于冷藏船运输的速度最慢，而且受气候影响，运输时间长，装卸很麻烦，因而使用受到限制。现在随着冷藏船技术性能的提高，船速加快，运输批量加大，装卸集装箱化，冷藏船运输量逐年增加，成为国际易腐食品贸易中主要的运输工具。

图 2-4　冷藏船

一、冷藏船运输货物

船舶运输的冷藏货物有以下两种分类方法。

（一）按储藏温度分类

1. 冷冻货物

这类货物包括：肉类、鱼类、黄油。

2. 冷却货物

这类货物包括：生鲜肉、鲜鱼、鲜蛋、果蔬等。

3. 凉温货物

这类货物包括：部分水果、蔬菜、干肉、熏肉、咸肉、鱼干、熏鱼、咸鱼等。

（二）按通风情况进行分类

1. 不需通风货物

不需通风货物系指因呼吸作用微弱，具有易吸湿特性，在运输中需关闭冷藏舱通风装置的部分水果和蔬菜。例如，甜菜、芋头、椰子。

2. 一般通风货物

一般通风货物系指在运输中要求设置冷藏舱，通风量少的一类果蔬。例如，白菜、青豆、苹果和梨等。

3. 旺盛通风货物

旺盛通风货物系指在运输中要求设置冷藏舱，通风量大的一类果蔬。例如，小白菜、油菜、菠菜、黄豆、豆芽和花叶生菜等。

二、冷藏船货物运输管理

（一）冷藏船货物装载技术

1. 冷藏货装船前准备工作

（1）检查

对货舱的检查包括：隔热材料是否存在问题；隔热板、舱底板、舱口梁有无损坏；排水孔是否渗漏海水；管道连接处有无渗漏现象。对制冷机的检查：制冷机是否工作正常，能否达到要求的工作负荷。

（2）清理

要求货舱清洁、卫生；舱内的碎木渣、锯末、残留的货物底角要清扫干净；舱内所有表面应清洁干净；先用加入清洁剂的高压水冲洗船舱，再用淡水冲净，污水沟要彻底打扫干净。

（3）除臭

若冷藏舱内存有异味，可采用臭氧发生器、粗茶熏舱及醋酸水喷洒除臭。

（4）预冷

冷藏舱的空舱在装货前应进行预冷，其冷却温度应比货物所需的冷藏温度低 2～3℃，以便货物装入后就具有较适宜的舱温。

（5）验舱

在货舱预冷等工作做好后，经验舱师检验合格，则取得验舱证书，证明冷藏舱已适合装货。

2. 货物配载

冷藏货物的配装除与一般杂货配装的若干原则相似外，也有一些不同之处。由于在配载时必须留出通风道，一般通风道约有 10～30 厘米不等，因而亏舱率较大，一般可达 10%～20%，同时还应注意以下几点。

第一，散发气味的货物及易感染气味的货物都应单独配舱，避免相互污染，牛羊肉和猪肉一般不得混装。

第二，对舱温要求不同的货物不允许同舱配装，不同目的港口货物应配装在不同舱室，以免卸载过程中因舱温升高影响其他卸货港货物。

第三，合理混装不同包装的冷藏货物。一般应避免多种保鲜水果和蔬菜混装。

3. 冷冻货的堆积方式

货物堆积时留出合适的通风道，一般距舱壁10～20厘米，以便避免冷气短路和下层箱被上层箱压损。为确保冷风在货物间水平方向的畅通，纸箱间每隔数层用衬垫材料隔开，形成水平方向的空气通道。

（二）冷藏船货物运输与包装技术

第一，包装有足够强度，能够保障货物长距离运输过程中不发生损坏。

第二，包装能够承受冷藏船在长运输途中发生的海浪冲击。

第三，适合于国际通用的标准的外形尺寸，适于货盘或直接装入舱内。

第四，包装材料能够阻止货物脱水或降低水汽散失速度。

第五，包装材料起到阻止氧气的氧化作用。

（三）冷藏船运输保养技术

1. 避免货物干耗

冷冻货运输过程中均会发生不同程度的干耗，使其重量减轻，质量下降。所以冷冻货在运输的过程中，要保持较好的品质，最主要就是控制它的冻结时间和冻结后的温度。因此，对于冷藏舱内的冷却方式，应尽量提高冷藏舱的热流，减少食品表面与空气的接触面积。

2. 避免货物冻伤

冻伤造成冷藏货形态枯萎，水分不断从冷藏货表面升华出去，冷藏货内部的水分却不能向表面补充，使冷藏货表面呈多孔层，这种多孔层大大地增加了冷藏货与空气中氧的接触面积，使脂肪、色素等物质迅速氧化，造成冷藏货变色、变味。发生冻伤的冷藏货，其表面变质层已经失去营养价值和商品价值，只能刮出扔掉。避免冻伤首先在运输过程中要避免干耗，其次运输过程中要在冷藏货中或镀冰衣的水中添加抗氧化剂。

任务五　冷藏集装箱运输

冷藏集装箱是具有良好隔热、气密，且能维持一定低温要求，适用于各类易腐食品的运送、贮存的特殊集装箱，专为运输要求保持一定温度的冷冻货或低温货而设计的集装箱。

一、冷藏集装箱运输货物

冷藏集装箱运输货物主要包括鲜活品、加工食品、生物医药品等。

（一）鲜活品

鲜活品主要包括水果和蔬菜，以及生鲜牛肉、羊肉、猪肉、鸡肉、鸭肉、鹅肉和鱼类等。

（二）加工食品

加工食品主要包括牛肉、羊肉、猪肉、鸡肉、鸭肉、鹅肉加工食品；鱼类加工食品；水果加工食品；以及保质期短的粮食加工食品；冰激凌和奶制品。

（三）生物医药品

生物医药品主要包括植物药、动物药、矿物药及部分化学、生物制品类药物。

图 2-5 冷藏集装箱

二、冷藏集装箱货物运输管理

（一）冷藏集装箱货物装载技术

1. 装载注意事项

（1）货物预冷

对货物应进行预冷处理，并预冷到运输要求的温度，因冷箱设计制冷能力有限，仅能用于保持货物的温度。如果货物温度过高，将使制冷系统超负荷工作，导致该系统出现故障，影响货物安全。

（2）冷箱预冷

一般情况冷箱不应预冷，因为预冷过的冷箱一打开门，外界热空气进入冷箱遇冷将产生水汽凝结，水滴会损坏货物外包装和标签，在蒸发器表面凝结的水滴影响制冷量。但在冷库的温度与冷箱内温度一致，并采用"冷风通道"装货时，可以预冷冷箱。当冷箱装运温度敏感货物时，冷箱应预冷，预冷时应关紧箱门。如冷箱未预冷，可能造成货物温度波动，影响货物质量。

（3）预检测试

每个冷箱在交付使用前应对箱体、制冷系统等进行全面检查，保证冷箱清洁、无损坏、制冷系统处于最佳状态。经检查合格的冷箱应贴有检查合格标签。

（4）装箱前准备工作

根据不同易腐货物应确认下述事项：最佳温度设定；新鲜空气换气量设定；相对湿度设定；运输总时间；货物体积；采用的包装材料和包装尺寸；所需的文件和单证等。

（5）装箱前及装货时应注意

设定的温度应正确；设定的新鲜空气换气量应正确；设定的相对湿度应正确；装箱时制冷系统应停止工作；箱内堆装的货物应低于红色装载线和不超出T型槽的垂直面；箱内堆装的货物应牢固、稳妥；箱内堆装货物的总重量应不超过冷箱最大允许载重量；冷箱装货后总重量（包括附属设备的重量）在运输途中不应超过任一途经国的限制。

冷冻集装箱在装货过程中，冷冻机要停止运转；要选用清洁卫生的衬垫材料，不使它污染货物；不要使用纸、板等材料作衬垫，以免堵塞通风管和通风口；装货后箱顶与货物顶部一定要留出空隙，使冷气能有效地流通；必须注意到冷藏货要比普通杂货更容易滑动，也容易破损，因此对货物要加以固定，固定货物时可以用网等作衬垫材料，这样不会影响冷气的循环和流通；严格禁止已降低鲜度或已变质发臭的货物装进箱内，以避免损坏其他正常货物。

（6）冷藏货物拼箱混装

对低温深冷货物拼箱运输，除了制成食品与食品原料由于卫生情况及不同种类货物串味而受影响外，一般不存在其他重大影响。一般货物在比其推荐设置温度更低的温度下冻藏，更有利于保证质量。

一般应避免多种保鲜水果和蔬菜拼箱混装。由于承运货量、品种和成本等因素需要拼箱装运时应注意下述问题。

①温度

温度是水果和蔬菜拼箱混装的主要条件。拼箱混装的水果和蔬菜，冷藏温度越接近越好，因水果和蔬菜对温度变化特别敏感，低温可降低呼吸强度，但温度过低会造成冻害；高温不仅增加呼吸强度，加快成熟，而且降低抗腐能力，还易发生斑点和变色等。

②相对湿度

相对湿度是水果和蔬菜拼箱混装的重要条件。相对湿度过高造成易腐，相对湿度低又会脱水、变色，失去鲜度。大部分水果和蔬菜一般相对湿度要求为85%～90%。

③呼吸作用

呼吸作用也是水果和蔬菜拼箱混装的重要因素。水果和蔬菜的呼吸可产生少量乙烯（一种催熟剂），可使某些水果和蔬菜早熟、腐烂。不能将产生较多乙烯气体的水果和蔬菜与对乙烯敏感的水果和蔬菜拼箱混装在一起。

④气味

有些水果和蔬菜能发出强烈的气味，而有些水果和蔬菜又能吸收异味，这两类水果和蔬菜不能混装。

2. 冷藏集装箱货物的堆装方式

根据冷冻货物、保鲜货物、一般冷藏货物及危险品等特性的不同，在冷箱内的堆装方式也不同。

（1）冷冻货物、一般冷藏货物及危险品

由于货物自身不会发出热量，而且在装箱前已预冷到设定的运输温度，其堆装方法非常简单，仅需将货物紧密堆装成一个整体即可。在货物外包装之间、货物与箱壁之间不应留有空隙。但所装货物应低于红色装载线，只有这样，冷空气才能均匀地流过货物，保证货物达到要求的温度。

（2）保鲜货物

因有呼吸作用而产生二氧化碳、水汽、少量乙烯及其他微量气体和热量。堆装方式应当使冷空气能在包装材料和整个货物之间循环流动，带走因呼吸产生的气体和热量，补充新鲜空气。有以下两种标准装箱方式。

①无间隙积木式

堆装货物应像堆积木那样堆装成一个整体，货物与箱壁之间不留任何空隙。如果装入的货物无法占满整个冷箱底面，应使用厚纸板或类似材料覆盖剩余面积。这样可防止空气循环"短路"，致使货物冷却不足。箱内堆装的货物应低于红色装载线和不超出 T 型槽的垂直面，以保证冷空气良好循环，不能用塑料薄膜等材料覆盖货物。

②货盘堆装法

除应遵守积木堆装方式要求外，还应做到货盘上堆装箱子的四个角要上下对齐，以便重量均匀分布，箱子顶部和底部的通气孔应上下对齐，使冷空气循环畅通。

（二）冷藏集装箱船货物运输与包装技术

包装是冷藏货物运输的重要组成部分，是防止货物损坏和污染的基础。适当的设计和高质量的包装材料应能承受冷冻和运输全过程。包装应能够做到以下几点。

第一，包装能够在集装箱运输中防止货物发展货损。

第二，能够承受集装箱运输途中发生的各种正常冲击。

第三，能够防止集装箱货物在运输途中发生脱水。

第四，能够阻碍货物发生氧化作用。

第五，在低温和潮湿情况下保持强度。

第六，防止货物之间彼此串味。

第七，经得住 -30℃ 或更低的温度。

第八，能支持堆放高度为 2.3 米的货物。

由于上述原因，不同货物要有不同的设计和达到质量要求的包装材料。易腐烂水果和蔬菜应使用能使空气在货物中间循环并带走因货物呼吸产生的气体、水汽和热量的包装。

（三）冷藏集装箱运输保养技术

1. 避免运输方式交接时脱离制冷时间

各种运输方式之间的交接可能出现短途运输或制冷系统故障，造成停止制冷。对冷冻和冷藏保鲜货物短时间地停止制冷状态是允许的。许多产品出现几小时的停止制冷可以接受，但并非所有货物都如此。对任何冷藏货物均不允许出现长时间地停止制冷。对特种货物和温度敏感货物应保持制冷系统连续工作，避免任何温度波动造成货物质量下降。

2. 运输过程中箱体检查

运输途中应该对冷箱进行箱体检查，并且应在供电运转状态下进行检查，如果已经断电，应根据纸盘记录判断冷箱前一段时间的工作状况。发现故障及损坏应做好检查记录，并立即通知相关人员检查、修理。如损坏严重可能影响货物质量或故障无法排除，应立即卸货保管。箱体检查包括以下内容。

第一，温度记录器纸盘是否装妥；纸盘标注箱号、设定温度是否与实际相符；记录器是否正常工作；记录曲线是否清晰可见；若无记录盘装置，则检查实际温度与设定温度是否相同。

第二，显示器设定温度与箱内温度是否在正常差异范围内。

第三，箱体是否有破损、损坏、箱门是否关严、锁牢、有铅封。

第四，新鲜空气交换窗是否设置在正确位置。冷冻箱应置于关闭位置，保鲜箱按要求设置在适当的百分比开度。

3. 运输过程中箱内检查

运输途中每天早中晚三次检查箱内温度，并做好记录。如冷藏箱内温度不正常，应马上通人员检查，找出问题并且维修。

4. 运输过程中制冷机检查

第一，制冷机组的机械外观、运转及制冷情况。

第二，观察机油情况、压缩机运行时油面情况。

第三，检查制冷剂储量，制冷剂检查应在制冷机组处于冷冻运转状态时进行。制冷剂液面处于观察镜 1/2 以上时，制冷剂充足。如果低于 1/2 或已降至 1/4 以下时，制冷剂不足，急需补充。

第四，制冷剂溶水性能检查，应从观察镜观察其湿度。浅绿色表明干燥，正常黄色表明含有水分，需进行处理。

5. 运输过程中冷藏箱关联设备检查

第一，显示窗显示是否正常。

第二，控制器工作是否正常，能否报警、报警种类，箱内温度是否在正常差异范围内（在除霜阶段显示温度高属正常情况）。

第三，制冷机组电器部件外观及工作情况。

第四，供电电缆、插头是否破损，防止漏电伤人或断路影响供电。

第五，检查纸盘记录判断前段时间机组工作状态。

任务六　冷链运输的温度跟踪与监控

温度是整个冷链运输系统的关键控制点，对运输过程中温度的跟踪和监控是保证食品质量和安全的关键所在。然而，目前我国的冷链系统只是一个早期的冷冻设备市场，掌握的冷链技术在很多食品种类上还不能完全应用，相对于国际先进水平差距很大。由于服务网络和信息系统不够健全，大大影响了食品运输的在途质量、准确性和及时性。据丹佛斯制冷食品冷链部亚太地区及中国区销售总监蒋基建介绍，目前中国有79%的食品零售商对运输中的食品没有温度监控，超过60%的零售商在接收到物品时不进行温度测量，食品流通过程中的安全问题存在很大隐患。因此，利用信息化技术，建立我国冷链运输体系中的温度跟踪与监控系统，实时监控食品运输过程中的温度，对保证食品安全具有重要的意义。

一、冷链运输温度跟踪与监控系统

（一）设计方案

射频识别技术（RFID）是20世纪90年代开始兴起的一种非接触的自动识别技术，它是一项利用射频信号通过空间耦合实现无接触信息传递，并通过所传递的信息达到识别目标的技术。RFID技术具有阅读速度快、无磨损、防水、防磁、防高温、使用寿命长、读取距离大、标签上数据可加密、存储数据容量更大、存储信息更加自如、防冲突、能够同时处理多张卡片等优点。结合有效的数据库系统及网络体系，RFID技术可以帮助实现生鲜农产品从生产源头到最终消费者的监控，被广泛应用于运输、交通监控等领域。现代冷链运输属于控温型运输，RFID技术在该领域的应用，不仅可以发挥其固有的技术优势，而且可以达到对冷链运输进行实时温度监测的目的。

GSM是全球无线通信系统，它能提供短消息、语音通话和数据通信三大功能。GSM短消息具有覆盖区域广、快捷、高效、准确、费用低廉、受环境影响小等特点，被逐渐应用于工业控制、移动作业环境等领域，尤其是分布式远程数据采集和监控系统，可以随时随地通过GSM模块以短消息的方式接收现场的终端设备信息，使采集控制更具有实时性。

因此可以采用RFID系统与GSM模块相结合的方式，充分发挥RFID系统与GSM网络的优势，建立基于GSM网络的食品冷链运输远程温度跟踪与监测系统。

（二）系统功能模块设计

农产品冷链运输中冷链温度监控与预警系统由五个模块组成，如图2-6所示。下面对各模块的主要功能做介绍。

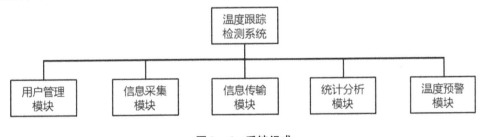

图2-6　系统组成

1. 用户管理模块

系统管理模块包括监控管理和联系人分组信息管理等功能，管理员可以通过系统管理模块设定角色的功能、系统用户的使用权限。

2. 信息采集模块

信息采集模块用于采集冷链运输过程中的温度等信息数据，并把采集到的数据及时准确地传输到温度监控与预警系统，保证食品追溯功能的实现。

3. 信息传输模块

利用移动 GPRS 通信网关，把 SIM 卡接收到的数据以短信的形式发送到数据中心。

4. 统计分析模块

统计分析模块可以一次性读取所有点对点的冷链温度数据，生成静态的温度变化图表，简单地完成对冷链温度变化的监管。

5. 温度预警模块

温度预警模块包括温度超标预警、设备异常预警等功能，温度预警模块可以向联系人发布预警信息，以便及时对预警事件进行处理。

二、农产品冷链运输温度跟踪与监控系统的关键技术

（一）GSM + GPRS 模块

本系统采用了 GSM + GPRS 短消息技术，它提供了一种新的数据传输业务。GPRS 允许用户在端到端分组转移模式下发送和接收数据，而不需要利用电路交换模式的网络资源，从而提供一种高效、低成本的无线分组数据业务，特别适用于间断、突发、频繁和少量的数据传输，也适用于偶尔的大数据量传输。GPRS 模块设备采用的是 GSM 第二代标准的嵌入式调制解调模块，模块上有标准的 SIM 卡读卡器，SIM 卡号作为源端和目的端地址，收发的短消息存储在 SIM 卡内存中。

（二）串口通信技术

系统采用 .NET 2.0 中的串口通信 Serial Port 类来实现串口通信。Serial Port 控件可以采用轮询或事件驱动的方法从端口获取数据，接收到数据时通知程序。另外，系统还采用了串口通信的多线程技术——辅助线程和用户界面线程。用户界面线程用来进行数据处理，提供友好的用户界面；辅助线程主要用来监视串口状态，看有无数据到达，通信有无错误。

（三）实时数据库技术

实时数据库（RTDB）是数据库系统发展的一个分支，是利用数据库技术结合实时处理技术产生的。为了达到实时监控食品运输中的温度，系统在数据管理方面采用了实时数据库技术。系统每 10 秒从 GPRS 终端设备读取数据信息，存入数据库，实时数据库中的数据力求与外部数据相一致，能及时地反映生鲜食品外部环境的状态。

通过采用先进的 RFID 技术、GPRS 技术及温度传感技术，实现生鲜食品冷链中将温度变化记录在"带温度传感器的 RFID 标签"上，实时上传到数据中心平台，提供及时准确的温度数据服务，从而保证了对生鲜食品的温度进行实时监控，并在必要的时候及时发

出预警，有效解决了生鲜食品冷链运输过程中的温度监控问题，保证了在途食物的质量和安全。

三、冷链运输监控管理

民以食为天，农产品的质量安全关系到千家万户。世界各个角落都在关注食品安全，为了保障我国农产品冷链运输健康、持续、快速地发展，政府应积极采取相应措施，提升冷链运输监控管理的力度。

（一）加强冷链运输技术研究，推进基础设施建设

要确保我国农产品安全的良性发展，必须加快冷链物流相关技术的研究，同时广泛推广并加以应用。发展自身优势，改进自身不足，先进的保鲜设备虽然短期投入较高，但要着眼长远。这些先进的设备大多依赖进口，加强科技创新，也有助于物流行业对外输出。温度的稳定在很大程度上决定了农产品的品质及保质期，然而在实际农产品流通过程中，农产品真正可流通期限和其预测的货架期的不一致正是由于温度的不可控性造成的。目前，国外的冷藏链已广泛应用时间——温度指示器（TTI）。TTI是一个质量检测系统，它建立在微生物学、化学等基础上，用来记录农产品储运过程中温度连续变化的过程，通过颜色的变化或物理变形显示可目测的响应，进而估计农产品真实的货架期和农产品的变质范围，加强了模拟该产品保质期的透明度和真实性。发展先进的现代化冷库、冷藏运输设备和公路冷藏运输，应建立有统一标准数据的电子交换系统和计算机管理信息系统，在农产品流通过程中实行全面动态监控，及时了解产品的库龄和质保期。

（二）加快农产品冷链运输标准和法规建设

针对我国目前农产品供应链操作不规范的情况，政府应出台相关的行业标准和法律法规，例如冷库环境温度与冷藏运输温度控制标准、冷链最佳作业操作标准、冷链能耗与效率标准等，具体到各个环节和设备使用标准的规定。食品安全体系的建立是保障食品质量安全的一个基础条件。构建质量管理和安全保证体系，规范食品质量等级，研究添加剂、重金属等有害物质的控制和检测技术，建设配套的国家或地区颁布的强制性生产经营标准，为冷链物流系统的标准化推广工作保驾护航。另外，充分发挥政府相关部门的宏观监控能力。

（三）加强对农产品物流专业人才的培养

任何一个先进管理机制的核心都是对人才的培养和应用，这个软性障碍是限制我国冷链物流发展推广的成因之一。人才的培养在于对教育的重视程度，冷链物流人才培养政策的制定必须引起教育机构和相关政府部门的重视。企业应按照农产品冷链行业标准规定的操作规范，积极开展在岗职工专业技能培训，培养员工掌握农产品流通过程中动态品质检测、安全监控技术，冷链流通与营销信息链质量管理和控制的技能；高校应搭建国内外农产品冷链物流的交流平台，在农产品冷链物流标准研究与整体规划的基础上，积极参与社会实践活动，加强与农产品企业合作，做好冷链领域人才储备工作。

（四）建立和完善农产品冷链运输安全监控体系

要想真正建立健全我国具有可追溯和透明化管理的农产品冷链安全监控体系，必须依靠现代网络信息技术，在农产品流通的过程中建立无缝的集成化物流控制和质量安全信息流。通过使用动态监控冷藏车，实现全程温控，实时跟踪产品情况，连接全国的供需信息网络，确保快速传递物流信息。建立各企业之间在农产品冷链流通过程中的信息交换结构，把条形码和 RFID 射频识别相结合，追溯农产品流通过程中的各类信息，以便能够快速准确地找出农产品安全生产销售问题的根源所在，及时实行产品召回。

（五）建立完善的 HACCP 质量安全管理体系

危害分析和关键控制点（HACCP）是对潜在危害的风险进行评估，从而能够预先制定有效的安全监控机制。目前国外对该管理体系的运用比较成熟，包括食品物流链的各个环节，既有对食品危害因素的定性分析，又有对危害程度的定量分析，目的在于确定危害的类型和产生危害的根源，找到各个环节的关键控制点，积极做好预防，避免危害的发生或把危害降至最低。HACCP 的优点是在危害发生前采取相应的措施以减少损失，而不仅仅靠最终检验来保证食品安全。国内对 HACCP 的运用仅仅局限于食品生产这一环节，我国应加快 HACCP 在食品冷链运输各个环节的推广，各个环节的经济指标要和上游相协调，合理衔接，这样才能做到从生产到消费各个环节全过程的安全监控。

本章练习

一、单选题

1. 具有机动灵活，适应性强的冷藏运输方式属于（   ）。

A. 公路运输

B. 铁路运输

C. 铁路运输

D. 管道运输

2. 可以实现"无处不到、无时不有"以及"门到门"的冷藏运输方式属于（   ）。

A. 公路运输

B. 铁路运输

C. 铁路运输

D. 管道运输

3. 公路的冷链运输方式的缺点是（   ）。

A. 不能实现"门到门"直达运输

B. 资金周转慢

C. 运量较小

D. 运输成本较低

4. 铁路冷链运输方式的特点是（   ）。

A. 铁路冷链运输的准确性和连续性差

B. 铁路冷链运输速度比较慢

C. 运输量比较大

D. 铁路冷链运输对技术要求不强

二、多选题

1. 农产品冷链运输方式有(   )。

A. 公路运输

B. 铁路运输

C. 铁路运输

D. 管道运输

2. 易腐货物按温度状态的不同分为(   )

A. 冻结货物

B. 冷却货物

C. 未冷却货物

D. 鲜活货物

3. 铁路易腐货物的装载方法基本上可以分为(   )。

A. 紧密堆码装载法

B. 留通风空隙装载法

C. 空隙装载法

D. 空间堆码装载法

4. 可以采取空隙装载方法的有(   )。

A. 苹果

B. 白菜

C. 香梨

D. 冻鱼

5. 适合采用"三二一"装载法的货物有(   )。

A. 苹果

B. 土豆

C. 香梨

D. 冻鱼

三、思考题

1. 农产品冷链运输方式的选择受哪些因素的影响?

2. 公路运输的冷链运输方式的缺点是什么?

3. 铁路冷链运输方式的特点是什么?

4. 冷藏船运输保养方法有哪些?

5. 农产品冷链运输中冷链温度监控与预警系统由哪几个模块组成?

项目三　农产品配送管理

任务导入

　　农产品配送管理系统是面向配送、零售或者承包等业务的企业，是专业的蔬菜等农产品配送、零售管理等一体化的软件。在订单处理、配送管理、信息统计汇总等方面，与传统的农产品零售、配送等都有着极大的区别。

学习大纲

　　1. 了解农产品配送概述。

　　2. 了解农产品共同配送。

　　3. 学习农产品配送模式及选择。

　　4. 理解农产品配送流程。

　　5. 熟悉农产品配送组织与运行。

　　6. 学习农产品配送体系优化。

任务一　农产品配送概述

一、配送概述

（一）配送的定义及特点

　　我国国家标准《物流术语》（GB/T 18354 – 2006）中对物流配送的定义是：在经济合理区域范围内，根据用户要求，对物品进行拣选、加工、包装、分割、组配等作业，并按时送达指定地点的物流活动。

　　配送的概念既不同于运输，也不同于旧式送货，它具有以下几个特点。

　　第一，配送是从物流据点至用户的一种特殊送货形式，是以分拣和配货为主要手段，以送货和抵达为主要目的的一种特殊的综合性物流活动。

　　第二，从事送货的是专职流通企业，用户需要什么配送什么，而不是生产企业生产什么送什么。

　　第三，配送不是单纯的运输或输送，而是运输与其他活动共同构成的组合体，及时组织物资订货、签约、进货、分拣、包装、配装等对物资进行分配、供应处理的活动。

　　第四，配送是以供应者送货到户式的服务性供应。从服务方式来讲，是一种"门到门"的服务，可以将货物从物流据点一直送到用户的仓库、营业所、车间乃至生产线的起点或个体消费者手中。

第五，配送是在全面配货基础上，完全按用户要求，包括种类、品种搭配、数量、时间等方面所进行的运送。因此，除了"送"的活动外，还要从事大量分货、配货、配装等工作，是"配"和"送"的有机结合形式。

（二）配送的分类

按不同的分类标准，物流配送有以下分类。

第一，按配送主体所处的行业不同，可以分为制造业配送、物流企业配送、商业配送和农业配送。

第二，按配送时间及数量的不同，可以分为定时配送、定量配送、定时定量配送、定时定线路配送和即时配送。

第三，按照配送商品种类及数量的不同，可以分为少品种大批量配送、多品种少批量配送和配套配送。

第四，根据加工程度不同，可以分为加工配送和集疏配送。

第五，按经营形式不同，可以分为供应配送、销售配送、销售——供应一体化配送和代存——代供配送。

第六，按照配送企业专业化程度，可以分为综合配送和专业配送。

第七，按实施配送的节点组织的不同，可以分为配送中心配送、商店配送、仓库配送和生产企业配送。

（三）配送的目标

目前，很多国家和地区广泛实行物流配送，配送已成为企业经营活动的重要组成部分。配送之所以如此备受青睐，是因为在社会再生产运动中，配送有其特殊的功能。一是实行物流配送能够充分发挥专业流通组织的综合优势。实行配送可以将不同的流通组织联系在一起形成多功能、一体化的物流运动。这种以配送作为媒介所形成的一体化运动比单个专业企业独立运作更能发挥流通组织的整体优势和综合优势，有利于物流活动的高效运转，实现流通过程的高效性和便捷性。二是实行物流配送可以降低物流成本。由于实施物流配送的各项流通要素相对集中，有利于开展规模经营活动，形成规模经济；流通的物资资源也相对集中，便于合理安排物流活动的各个环节，实现货物的合理搭载，最终会减少配送过程的劳动消耗和费用支出。三是实行物流配送有利于整合配置资源。由于实施配送可以将相对分散的库存集中起来进行整合，实现库存的相对集中。因此，在货物集中的前提下，按照消费者的需求，合理分配和使用资源，做到物尽其用，实现配送过程中资源的经济合理利用。

配送的目标就是在满足一定服务水平的前提下，尽可能地降低配送费用，提高物流效率。具体来讲，主要有以下四个目标。

1. 及时性

及时性是配送的生命，如果配送不能达到及时性的要求，企业就会寻求库存的保障，这样配送就没有存在的必要了。

2. 快速性

快速性是物流配送的要求，也是物流配送服务存在的基础。

3. 可靠性

可靠性是物流配送的效果和目标。物流配送不但要快速及时地把货物送到客户手中，还要保证货物的质量，不能在配送中发生货物缺失、损坏等问题，做到可靠配送。

4. 节约性

物流配送的主要利润来源就是节约，物流配送要通过不断简化物流流程，优化配送路线，达到节约物流费用的目的。

总之，物流配送系统管理的核心可以概括为：以较低的库存量和规模化的物流配送来降低物流成本；通过对物流配送系统的规划、组织、指挥、协调、监督和控制，使得配送过程的各个环节实现最佳配合，提高配送服务水平，并为客户创造时空效应，提供最大化的让渡价值。

（四）配送模式

在物流配送过程中，当供应链配送网络确定之后，配送模式的选择就成了减少配送成本，提高服务水平的关键。配送模式对库存有很大影响，因此，正确地选择物流配送模式对改善配送效果，提高物流运作效率有重大意义。

结合国外发展经验及我国的配送理论与实践来看，物流配送主要有自营型物流配送模式、协作型物流配送模式、第三方物流配送模式和第四方物流配送模式。自营型物流配送模式是企业利用自身物流部门进行配送的运作模式，协作型物流配送模式是企业之间以协议的形式共同经营配送中心进行协同配送的运作模式，第三方物流配送模式是在企业自身配送能力不能满足物流需求时而把物流配送作业任务外包给第三方专业物流公司的运作模式，第四方物流配送模式是指集成各商家、企业利用具有互补性的服务供应商所拥有的各种资源来控制、整合客户公司的一整套供应链运作模式。

根据配送节点数量，物流配送又可以分为分散型配送和集中型配送。分散型配送可以更靠近自己的顾客，从而缩短供货时间，运输成本也较低，可以分区设点——区域物流中心。集中型配送可以使企业用更少的库存来达到较高的顾客服务水平，或在相同总库存量的条件下达到更高的顾客服务水平，起到风险吸收池的作用。

（五）配送的业务流程

在市场经济条件下，用户所需要的大量货物大部分都是由销售企业、供应商或者需求企业委托专业配送企业进行配送服务，但货物品种多样，有不同的特征，配送服务形态也各种各样。一般来讲，物流配送的业务流程主要包括备货、储存、订单处理、分拣、配货、补货、送货和装卸搬运八个部分。具体如 3-1 所示。

1. 备货

物流配送的第一环节，一般而言，备货工作包括用户需求测定、筹集货源、订货或购货、集货、进货及对货物质量和数量的检查、结算交接等。

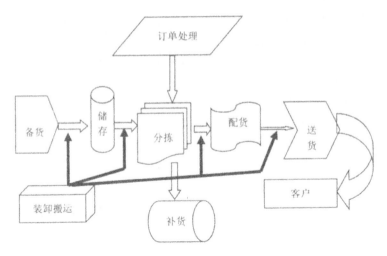

图 3 - 1 物流配送的业务流程图

2. 储存作业

储存作业是指把将来要使用或要出货的物料进行保存。在此过程中我们应注意空间运用的弹性和存量的有效控制。

3. 订单处理

订单处理是指配送企业从接受用户订货或配送要求开始到着手准备拣货之间进行的有关订单信息的工作，通常包括订单资料确认、存货查询、单据处理等内容。

4. 分拣和配货

分拣和配货是同一个工艺流程中的两项有着紧密关系的经济活动，通常，这两项活动是同时进行并完成的。

5. 补货作业

补货作业是将货物从仓库保管区搬运到拣货区的工作，其目的是确保商品能保质保量按时送到指定的拣货区，主要有整箱补货、托盘补货和货架上层——货架下层三种补货方式。

6. 送货

送货是利用配送车辆把用户订购的物品从制造厂、生产基地、批发商、经销商或配送中心，送到用户手中的过程。送货主要包括四项活动：搬运、配装、运输和交货。

7. 装卸搬运

装卸搬运是指为了使货品能适时、适量移至适当的位置或场所，将不同形态的散装、包装或整体的原料、半成品或成品，在平面或垂直方向上加以提起、放下或移动、运送的作业程序。

二、农产品配送的概念及特点

（一）农产品配送的概念

《中华人民共和国国家标准物流术语》将配送定义为：在经济合理区域范围内，根据用户要求，对物品进行拣选、加工、包装、分割、组配等作业，并按时送达指定地点的物流活动。它是一种按照用户的订货要求和时间计划，在配送中心进行分拣、加工和配货等作业，将配好的货物送交用户的过程。配送是在集货、配货基础上，完全依据用户需求，将物品种类和数量进行合理的搭配，然后在指定的时间内将物品送达指定地点，它利用有效的分拣、配货等理货工作，使送货达到一定的规模，以利用规模优势取得较低的送货成本，是"配"和"送"的有机结合形式。从经济学资源配置的角度看，配送是以现代送货形式实现资源配置的经济活动。从实施形态角度看，配送是按用户订货要求，在物流节点进行货物配备，并以最经济合理方式送交消费者的过程。

农产品配送是指按照农产品消费者的需求，在农产品配送中心、农产品批发市场、连锁超市或其他农产品集散地进行加工、整理、分类、配货、配装和末端运输等一系列活动，最后将农产品交给消费者的过程，其外延主要包括农产品供应商配送和超市连锁配送两方面。其中，前者主要包括农产品配送企业、农产品批发市场、农产品生产者的专业协会等配送主体向超市、学校、宾馆和社区家庭等消费终端配送农产品的过程，后者主要是经营农产品的超市由总部配送中心向各连锁分店和其他组织配送农产品的过程。相对于整个物流系统而言，配送是系统的终端，直接面对最终的服务对象。配送系统功能所能达到的质量和服务水平，直接体现了物流系统对顾客需求的满足程度。配送是物品位置转移的一种形式，它与运输的含义不同。通常配送被认为是近距离、小批量、多品种、按用户需求品种和数量进行搭配的服务体系。

（二）农产品配送特点

农产品配送是农产品物流系统中的一个重要环节。农产品配送是在农产品供应链系统目标的指导下，按照下游需求节点的订货要求，在农产品物流各节点组织的同步协调下采用合理的农产品物流配送模式和配送方式，利用各种物流工具，把农产品由上游供应节点准确、及时地运送到下游需求节点的物流活动。

农产品配送具有以下特点。

1. 农产品配送的保鲜性要求越来越高

随着人们生活水平的提高，人们对农产品新鲜度的要求也越来越高。农产品在采摘后仍是鲜活的有机体，因此需要采用冷链运输以降低农产品的呼吸和蒸腾作用，保持农产品的新鲜度。

2. 农产品配送具有易损性

农产品质地鲜嫩，含水量高。在采收、装卸、配送、运输过程中容易受到伤害，受损的农产品容易遭遇病菌的侵袭，造成农产品腐烂。在农产品采摘之后除了对包装、配送运输和装卸过程加强管理之外，还应尽量减少搬运、装卸的次数和缩短运输距离。

3. 农产品配送的及时性要求较高

消费者对农产品的第一要求就是农产品的新鲜度，新鲜的农产品不仅可以赢得消费者的喜爱，而且可以使消费者支付较高的价格。农产品从原产地采摘后应该及时运送到消费者手中，这对农产品物流配送提出了更高的要求。

4. 农产品配送路径的复杂性

因为农产品的生产分散性和农产品消费的普遍性，决定了农产品配送路径的特征模式为强发散性、强收敛性、中度发散性和强发散性。正因为农产品配送路径的这一特征，导致农产品配送控制难度高、管理复杂和物流建设投资巨大。

5. 农产品配送需求的不确定性

随着科技不断进步，人们生活水平的不断提高，农产品品种和品牌日益增多，流通渠道也日益复杂，消费者对农产品价格、品质和服务日渐敏感，购买偏好和习惯更让人捉摸不定，存在很大的不确定性。农产品消费模式也从温饱型转向质量型、服务型，这对农产品流通带来了很大压力，能否准确地把握消费者需求并快速响应，已成为农产品配送成功的关键。

三、发展农产品配送的必要性

发展现代农产品配送，合理组织农产品配送，提高配送效率，可以提高农民的组织化程度和农产品的市场竞争力，使农产品在流通过程中实现增值，有利于保障农民的根本利益，稳定增加农民收入，推动农业的现代化、产业化进程，提高农业生产的整体效益，对开拓农村市场、有效解决"三农"问题、建设社会主义新农村具有重要的现实意义。

第一，发展现代农产品配送是提高农产品物流效率的驱动力。

受传统意识影响，农业单位和农民往往只顾及从生产资料和销售价格环节中寻找利润，却忽略了物流中潜在的利润。随着我国信息化建设加快、农业产业化发展以及人民物质生活水平的提高，人们渐渐意识到物流不仅仅具有在企业生产、供应和产品销售领域提高经济运行效率方面的价值，同时在降低企业生产成本、增加企业盈利和推动企业经营方面同样具有显著的功效。因此，发展农产品物流配送可以完善整个农产品物流系统，驱动农产品管理的集中和强化，促进农工、农业企业与其原料的供应商、农产品加工商和销售商形成战略联盟。物流联盟形成后，众多的农场、农工以及场办企业和个体工商业户都将与物流主体签订契约，形成相互信任、共同受益的集约化物流伙伴关系，从而简化事务，共担风险，减轻用户工作量和负担，减少市场运营过程中的不确定性和盲目性，节省时间，提高准确度，使得分散物流能够获得规模经济效益，成为提高物流效率的驱动力。

第二，发展农产品配送是推进农业现代化、产业化进程，提高农产品竞争力的重要措施。

发展农产品配送有利于推动农业现代化进程。高效的农产品配送发展可提高流通速度，加速价值实现及资金周转，扩大农产品资本积累，进而刺激农产品投资和生产，服务于农产品物流现代化，必然会促进农村工业化、城镇化和农业现代化发展，为我国农业生产和流通从传统农业向现代科技产业化农业，从粗放经营向集约经营提供坚实的基础条件和良好的市场条件。

发展农产品配送有利于推动农业专业化和产业化进程。现代农产品物流产业发展要求农产品种植实现地区专业化和区域化，既便于组织货源及第三方物流产业或流通经纪人的介入和发展，也有利于采选、分拣、包装、加工等农业物流产业的发展。同时，农业生产的专业化和区域化可以充分利用本地地理、气候优势，发展优势农业产业带。

建立农产品配送体系，可以完善高效农业社会化服务体系的内容。缺乏高效、健全的农业综合服务体系，是当前农村经济运行中暴露出来的一个结构性瓶颈，为此，农村迫切需要发展一些专业的农业物流公司，尤其是农业第三方物流，使其一头连市场，一头通农户，根据市场需求实现农用物资的供应、农副产品的储存、包装、流通加工、配送、销售等配套服务，及时获取农用物资、农产品的市场信息，消除农业社会化服务体系发展中的"瓶颈"。这样，农民能够降低流通交易费用和成本投入，达到增产增收，物流企业也实现了物流增值。同时，农业社会化服务体系得以健全和完善，推动了农业与市场经济的接轨。

发展农产品配送有利于农业规模经营，提高农产品竞争力。农业物流产业的发展使农业生产资料供应和产品销售实现了专业化和现代化，更加便于组织单一农户农产品生产、运输、流通加工，使小农户生产与大市场的矛盾得到解决。通过农产品物流组织的协调，把分散的农户联结起来，节约了在农产品交易过程中的信息收集和处理成本、谈判成本、物流成本及合同履行成本。这样，通过农产品的信息流、物流、商流和资金流四流合一的优化整合，实现精确组织生产，降低交易成本，提高农产品竞争力。

第三，发展农产品配送是降低和分散农业经营风险，促进农民增收的有效手段。

农业风险除自然灾害风险之外，还有农副产品的市场风险。要避免和减少上述风险，不仅需要生产适销对路的农产品，采取正确的营销策略，依靠国家有力的农业政策和资金支持，更需要加强"品质经营"，强调"时效性"，其核心在于农业服务的及时性、农副产品供应的及时性、信息获得的及时性和决策反馈的及时性，这些时效性最终只有通过强有力的农产品物流产业活动才能实现。也就是说，物流产业具有配合农业生产，降低和分散风险的功能。在农产品物流配送体系中，各物流部门将根据协议和服务条款，向服务对象分摊不同环节的责任，即经营风险。主要包括种子公司要承担种子发芽不齐的风险，农药公司将承担农药不能发挥正常效力的风险和假药的风险，仓储公司将承担农副产品特别是鲜活产品的质量风险，农产品贸易公司、供销公司将承担市场风险即价格变动的风险，货运公司应承担数量和时间风险等。这样，农业生产者的经营风险就实现了部分转移。

发展农产品配送有利于降低农产品生产和流通成本，促进农民增收。从成本来说，发展农产品物流配送有利于降低农产品经营的质量风险和"实效性"风险，降低生产和流通成本；从效率来说，发展农产品配送创造了时间价值和场所价值，尤其是加工附加值，为顾客提供满意的服务，必然会为农民创造合理的利润。

第四，发展农产品物流配送是促进农村城镇化建设的迫切需要。农产品配送产业的发展会加快城镇的进一步发展和农村城市化的步伐。一方面能吸引更多的农民进城，形成新的社会分工，增加就业渠道，促进农村剩余劳动力的转移；另一方面农村出现的新型盈利的流通产业，必然引发信息流、资金流以及科技等服务进行有机结合，并运用于农村经济发展和农业生产之中，同时又会带动道路交通、运输设备生产、能源供应、修理修配、饮食服务等产业的同步增长与繁荣，进而带动农业农村对建筑、信息、计算机网络、自来水供应、食品、服装等需求结构的调整，促进城乡差别进一步缩小，为农村城镇化建设创造积极条件。

任务二　农产品共同配送

一、农产品共同配送及共同配送系统

共同配送的概念最早在 1977 年由日本学者正式提出。日本学者汤浅和夫曾定义共同配送为提高车辆车载利用率，将单个公司较少的配送量与其他一个或者多个公司集中起来，在单个公司配送合理化的基础上，联合其他公司达到联盟整体配送的进一步合理化的物流形式。尔后我国也对共同配送的定义下发了相关标准，将其定义为由多个企业联合组织实施的配送活动。共同配送概念的提出是为了提高企业之间的资源共享率，在良好的合作基础上对商品进行优化组合后再统一配送，以此降低配送成本，提高物流效率。共同配送不仅仅限于企业间物流配送环节的合作，还包括对物流资源的整合，对物流设备的合作化利用和物流信息管理的实时共享。

农产品共同配送系统是指多个农产品供应商在配送网络与服务上存在优势互补的情况下，各方在基于互相信任、风险共担、利益共享的长期战略合作伙伴关系下，通过协作性信息平台将各方的农产品加工配送中心、冷链运输部门等相关物流服务部门联结成为"虚拟联盟"，通过配送要素之间的双向或多向流动，信息共享以及一系列的决策支持技术，对各方之间的配送业务进行统一调度和管理，如图 3 – 2 所示。

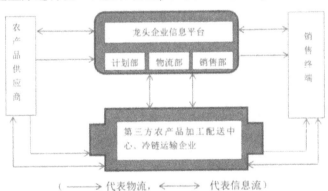

图 3 – 2　农产品共同配送系统图

共同配送系统可以在经营不同农产品的企业之间开展，在这种方式下，参与各方通过对其他方物流配送网络的使用，大大扩展了自己的物流服务半径和货物集散空间，通过资源整合和优化配置来实现物流配送运作的规模化，从而达到降低成本与风险、减少投资、提高顾客服务水平的目标，最终实现参与各方的共赢。

在共同配送系统中，参与各方的协作意愿、各自信息化程度、相互之间的费用分摊机制等都是影响配送运作效率的关键性因素。因此参与这种配送模式的农产品供应商，应注重在以上各方面进行不断创新，在战略合作的基础上通过友好的配送协作来推动整体配送的良性发展。

二、发展农产品共同配送的必要性

（一）降低配送成本，从而降低农产品价格

由于受配送信息不畅、仓储设施不足、自有车辆配送无法实现满载、流通环节多且乱等因素影响，使农产品流通成本、配送成本一直居高不下，导致农产品价格从产地到销地上涨幅度显著、价格波动明显，而农产品供应链的两端——农民和城市消费者利益均受损。可见，建立少环节、低成本、高效率的共同配送模式势在必行。例如，通过发展农产品城市共同配送模式加工农产品，可以降低无效配送成本，蔬菜中毛菜和净菜相比较，平均100吨毛菜可以产生20吨垃圾，由此产生巨额成本（包括垃圾处理、环境保护等方面），而共同配送中心在配送之前对产品进行处理，大大降低了这一阶段的成本，既可以保证商家的合理利润空间，也可以适当降低农产品价格，给市民带来实惠。

（二）完善配送技术设备，减少农产品在途损耗

农产品生产地与最终消费地的空间距离较远，传统农产品供应链中间环节多，并且具有产地集中、消费地分散的明显特点。由于农产品的特殊性，其中有25%需要冷藏和保鲜，奶制品、肉制品、海鲜等生鲜易腐品更是100%需要冷链配送，而我国目前仍以常温和自然物流为主，只有1/4的农产品公路运输、配送达到冷藏水平。发展农产品共同配送模式可以提高农产品配送的物流技术水平，推广应用专业化冷链物流设备工具，包括冷库、冷藏车辆的应用，以提高农产品的配送质量，减少农产品损耗。

（三）提高流通加工水平，提高农产品增值空间

农产品的配送环节仅仅实现了农产品从农户到消费者的等值传递，增值程度一直较低，主要表现在对生鲜农产品的分类与包装、特色农产品的储存与管理的增值服务方面。创新农产品城市共同配送模式，对初级农产品进行多样化加工，既使农产品本身得到梯次开发，还可以提高初级农产品资源的利用率。可见，农产品共同配送模式可以深化农产品流通加工的程度，拓展农产品增值空间。

任务三　农产品配送模式及选择

一、农产品配送模式

通过对农产品配送现状的分析，结合农产品配送的特点，农产品配送模式有四种：自营型农产品配送、协作型农产品配送、第三方农产品配送和第四方农产品配送。

（一）自营型农产品配送模式

自营型农产品配送模式是指供应链上的节点企业资金雄厚，自身筹建、组织、经营和

管理物流配送业务的运作模式。企业可以通过建立全资或控股物流子公司的形式，实现对企业内部及外部的农产品配送。

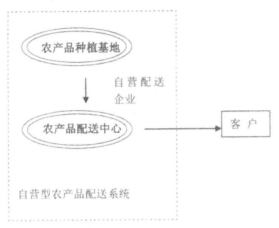

图 3-3　自营型农产品配送模式模型图

自营型农产品配送模式有其自身的优势，主要表现在以下三个方面。

第一，在自营型农产品配送模式下，企业能够实现农产品种植、生产加工和销售的一体化操作，系统化程度较高，能有效地实现资源优化配置，提高企业经营效益。

第二，在自营型农产品配送模式下，能够更大程度地满足客户对农产品物流的准确性和及时性需求，更好地保证农产品质量安全，提高客户服务质量。

第三，在自营型农产品配送模式下，企业可以掌握农产品需求市场的第一手信息，有利于更加准确地制定农产品种植计划和加工生产计划。

自营型农产品配送模式也有其不足之处，比如企业需要投入大量的资金来配置专业的物流设施和配送部门，成本较高，如果企业物流需求达不到规模，该模式将很难运行。

综合考虑，自营型农产品配送模式一般比较适合规模较大、业务发展成熟、资金雄厚的大型农产品企业或集团投资公司。

（二）协作型农产品配送模式

协作型农产品配送模式是在农产品企业自营物流配送模式的基础上，当企业自身的农产品物流配送能力大于企业的物流配送需求时，企业物流资源闲置，在供应链关系协调下，企业可以与农产品供应链节点上的其他农产品企业及当地农产品生产散户联合起来，采用协议的组织方式，形成物流战略联盟，共同解决农产品物流需求不足的问题，从而达到降低农产品物流成本的一种合作配送模式。

实施协作型农产品配送模式符合供应链环境下的物流配送系统整合的思想，农产品供应链中的节点企业采用这种联合的配送模式主要有以下两点优势：第一，实施协作型农产品配送模式能够有效地促进农产品供应链上各节点企业形成战略联盟，达到农产品配送作业的经济规模，提高物流资源的利用率和物流配送作业的效率，降低单位节点成员的物流营运成本；第二，通过实施协作型农产品配送模式，供应链中的节点企业可以集中精力经营农产品研发、种植、生产加工等核心业务，提高核心竞争力，能够更好地适应市场竞争。

但协作型农产品配送模式也有其不足之处，主要表现在以下两点：其一，协作型农产品配送模式在实施的过程中需要成员企业之间信息的充分共享，这将进一步提高农产品供应链信息系统建设的难度；其二，各农产品生产企业在市场上是相互竞争的企业，存在物流配送权的争夺、物流费用的分担、担忧泄露商业机密等问题，往往难以达成协调一致。

（三）第三方物流配送模式

第三方物流配送模式是指农产品供应链系统的参与者属非农产品生产、加工的专业化、综合化的物流企业，以契约的形式向农产品供需双方提供物流配送服务的业务模式。

农产品供应链上的节点企业采用第三方物流配送模式，对提高企业经营效率有着重大意义。具体来说，有以下几点优势：其一，采用第三方物流配送模式，可以使农产品供应链上的各节点企业集中精力发展农产品种植、生产加工等核心业务，而把物流作业等辅助功能交给第三方物流企业，减轻企业的负担；其二，第三方物流配送模式能够灵活运用各种新技术，实现信息共享，进行专业化操作，可以有效地降低物流成本；其三，第三方物流配送模式可以减少农产品企业固定资产投资，加速企业资本周转。自营型农产品物流配送模式需要企业投入大量的财力、物力和人力资源，因此，企业如果采用第三方物流配送模式则可以省去这些投资，加速资本周转。

与自营型农产品配送模式相比，第三方物流配送模式也有缺陷，主要有两点：第一，企业不能直接控制物流职能，不能保证农产品生产与农产品物流配送相协调；第二，企业不是直接与客户发生物流关系，不能保证农产品配送的准确性和及时性，可能影响农产品生产企业的客户服务质量和客户的长期供需关系。

（四）第四方物流配送模式

第四方物流配送模式是一种集成供应链网络的所有可用资源和技术来整合各节点企业，实现物流信息共享，充分利用社会物流资源，为客户提供可评价、持续不断的增值服务的供应链运作模式。

采用第四方物流配送模式，农产品供应链网络中的各节点企业可以充分利用企业自身的资源和优势，更好地发展自身核心业务，从而实现全程化供应链管理。这是当今物流发展的趋势，也将是未来农产品配送发展的方向。

二、农产品配送模式的选择

四种物流配送模式分别代表着农产品物流发展的四个不同阶段，但四种模式之间并不存在完全替代关系，而是在现代农产品配送的实际运作中同时存在，四种模式之间有着互补和相互促进的关系。因此，有必要对前述四种物流配送模式进行比较分析，明确各种配送模式的主要功能、优缺点、适应范围和发展方向，为节点企业对农产品配送模式的选择提供参考，帮助他们做出更优的决策。

在这四种农产品配送模式中，不能说某种物流配送模式在实际运作中占据绝对优势，而是各有优缺点，有不同的适应范围。一个合理的农产品物流配送系统应该构建以其中一

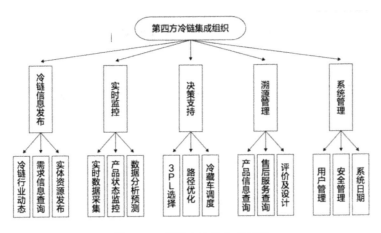

图3-4 第四方冷链集成组织

种配送模式为主，多种配送模式互补、共存的配送格局，这样才能在瞬息万变的市场中立于不败之地。对农产品供应链中的各节点企业来说，在进行物流配送模式的选择时，应根据自身企业所在的供应链的系统目标出发，结合企业的需求以及本企业与关系企业的资源条件进行综合考虑，慎重选择农产品配送模式，以提高物流配送效率和企业的市场竞争力。

对农产品配送模式的选择可以采用矩阵图决策法来分析，以上四种农产品配送模式，为企业在进行农产品配送模式的决策时提供参考。企业在进行矩阵图决策时，选择物流配送对农产品生产企业的重要性和企业本身的配送能力两个指标作为参考因素，根据自身的实际经营情况选择区域进行决策分析。

在实际运作过程中，农产品经营企业在选择物流配送模式时，可以按下面的思路进行决策选择。

若物流配送对农产品经营企业的重要程度相对较大，企业自身也有较强的配送能力，在配送成本较低和地理区域较小但市场相对集中的情况下，可以选择采用自营型农产品配送模式来提高物流配送效率和客户服务水平。

若物流配送对农产品经营企业的重要性相对较大，但企业自身的物流配送能力较弱，在这种情况下，企业可以采取在农产品供应链中需求物流配送伙伴的策略来弥补配送能力的不足。这时，企业可采取以下三种方法来应对：第一种是加大投入，完善物流配送系统，提高物流配送能力，实施自营型物流配送模式；第二种是进行相对投入，强化配送能力，选择供应链合作伙伴，实施协作型物流配送模式；第三是采用第三方物流配送模式，将农产品配送业务完全外包。通常，在企业市场规模较大且相对集中，所需投资量较小的情况下，企业可采用自营型农产品配送模式，反之则采用第三方配送模式。

若物流配送在企业战略中并不占据主要地位，但企业却有较强的配送能力。这时，企业可向外拓展配送业务，提高资金和设备等资源的利用，采用协作型配送模式。

若企业的物流配送能力较弱，而且配送对企业也不重要。这时，可采取第三方物流配送模式。

任务四　农产品配送流程

一、农产品物流的一般配送流程

农产品物流一般配送流程包括进货入库、流通加工、订单处理、分拣配货、配装、送货和回程等环节。

进货入库是指农产品从种植基地采摘后经过搬运、质量检测、入库盘点等作业后进入配送流程的物流环节。其中质量检测是保证农产品质量安全的重要环节，企业需要严格把关，确保安全生产。流通加工环节是指对质量合格的农产品进行清洗、分类、包装等作业程序。订单处理是指配送企业从接受用户订货或配送要求开始到着手准备拣货之间进行的有关订单信息的工作处理，通常包括订单资料确认、存货查询、单据处理等内容。分拣和配货是指根据客户的订单需求分拣各类农产品进行配货的活动。配装就是按客户的订单把客户所需要的农产品进行打包装车的活动。送货是利用配送车辆把用户订购的农产品及时准确地送到客户手中的过程。

因客户对农产品的保鲜时效性要求很高，所以在实际操作过程中，农产品配送一般无须储存环节，只需在配货环节进行暂存或者通过供应链网络上的公共仓储进行储存。回程作业环节，配送车辆完成配送任务后可根据供应链的需要，将用户的产品运送回配送中心，以提高车辆利用效率。

二、基于供应链的农产品配送流程

在供应链环境下，农产品配送系统是连接供应商（农产品生产基地）到广大消费者的集物流、信息流和资金流的增值链，物流配送流程的设计必需实现供应商（农产品生产基地）到广大消费者的无缝链接，形成适时、高效的快速反应系统。根据农产品自身特性，基于供应链对农产品进行分类，设计物流配送流程如图 3-5 所示。

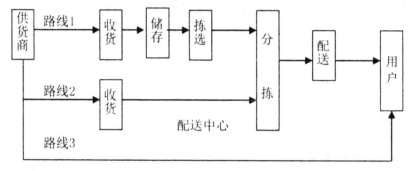

图 3-5　供应链环境下的农产品配送流程

第一类是食用频率高的畅销农产品：收货→储存→拣选→分拣→配送→零售店。

第二类是配送中心按照客户的订货单汇总后统一向农产品生产基地批量订货。收到货后，不需储存，直接进行分拣作业，再配送到零售店、工业用户、大宗用户：收货→分拣

→配送→零售店（工业用户、大宗用户）。

第三类是需要保鲜要求的农产品，通常不经过配送中心，直接从农产品生产基地送往零售店（工业用户、大宗用户）。

路线1：使用频度高的整批进货储存的商品（储存型物流）。

路线2：通过联机系统和商品信息订购的商品，批量进货，分拣零送（中转型物流）。

路线3：从蔬菜生产基地进货后，不经配送中心直接送往商店（直送物流）。

任务五　农产品配送组织与运行

一、农产品配送组织

（一）农产品配送组织的功能

农产品配送组织是实现产销对接，减少农产品流通中间环节，提高配送效率，降低配送成本的介于供应商和用户的中间性组织。农产品配送组织的功能如下。

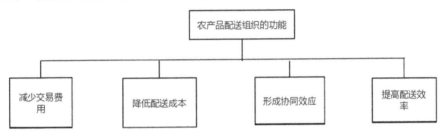

图3－6　农产品配送组织的功能

1. 减少交易费用

中间性组织兼具市场协调机制和企业各层组织的特征，通过建立信任和惩罚机制集成稳固的合作伙伴关系，使双方的交易频率和交易价格保持稳定的水平，减少了签订合约、寻找交易对象等费用。对农产品配送而言，保证城市居民的日常生活是其首要任务，故农产品配送交易量大且分散，交易频率较稳定。当配送企业单独配送时，他们必须花费时间和金钱寻找货源、与货主协商合约、讨价还价并最后确定交易细则。如集成配送组织，则可由组织统一进行上述程序，节省相关的交易费用。

2. 降低配送成本

农产品对配送的时效性要求很高，配送成本易受时间、天气等因素影响。特别是遇上重大节日和雨雪天气时，企业单独配送会由于供给不足和风险增加而抬高配送价格、不愿接收量小的订单，最终造成农产品零售价格的上涨和资源分配的不均。如果集成配送组织开展共同配送，组织会统筹农产品的供给和需求，调度最优的仓库、车辆和路线完成任务。组织内部的交易降低了成本对供给和风险的弹性，从而使配送成本稳定在比较低的状态。

3. 形成协同效应

配送企业集成配送组织能承接更多业务，组织统一支配各盟员手中的供需信息和资源，对订单进行合理的分配，从整体最优的动机调度组织的资源，用相同的资源消耗完成比单独配送更多的业务量，形成规模经济效应。在某个组织中的成员，由于遭遇突发情况而不能按时配送时，组织可临时调整配送方案，将此成员的任务交由其他一个或几个成员完成。这样大大降低了单独配送延时送货的风险，保障农产品配送的时效性，提高了农产品配送企业的服务水平。

4. 提高配送效率

配送企业进行单独配送时，也可将多家货主的货物配载于一辆卡车上，但配送车辆必须沿既定路线进行配送，一辆卡车上货物所属的货主分布越集中，配送的边际效率越高；若有一位货主远离其他货主，则造成配送的边际效率降低。在实际中，并不是所有货主都集中分布，配送企业往往要承担距离较远的货主带来的边际效率降低的风险。

（二）农产品配送组织的业务流程

集成配送组织后，组织统一整合所有成员的供需信息，按区域划分货主所在地，对不同型号的车辆进行合理的配装，调动就近的成员进行定线配送。由于农产品属刚性需求，一般情况下，配送的品种、数量、地点都很稳定，运行稳定后的农产品配送组织要做的只是将不同线路的配送任务分配给最优的成员，而将主要的精力放在成员间的协调和组织的管理上。成员只对近距离密集分配的货主进行配送，这些货主和路线比较固定，盟员清楚地了解自己例行的配送任务，较远单独分布的货主则由组织根据实际情况调用特定的车辆进行配送。通过例行配送和特定配送结合的方式，避免了边际配送效率的降低，提高了组织整体的配送效率。

二、农产品配送运行机制

农产品配送运行过程中，应构建合理的运行机制，保障农产品配送及时、准确及成本最低。构建农产品配送运行机制应从以下三个方面展开。

（一）保证货源明确化

配送中心与供应商签订合同时必须明确要求对方的产品贴有追溯条形码，以实现货源的可溯性。这样，在配送过程中，若出现质量或客户要求退货等问题，容易找到问题的根源，避免因双方纠纷而导致高额成本。

（二）实现信息透明化、及时化

农产品的配送信息是由供应商与用户直接签订订单，但供应商并不能准确了解整个农产品市场的需求状况，而配送中心通过接受多家供应商的配送订单，能更准确更全面把握市场信息，因此作为中间环节的配送组织，应加大信息技术的应用，搜集、处理并及时发布市场信息，保证生产基地和农户根据市场需求安排生产，并及时调整经营决策。这样，既可以稳定和增加配送中心的业务，又可以降低基地经营者搜集市场信息的成本。

（三）加强自身队伍建设

农产品配送作为该模式的中间环节，一旦经营不善，很可能产生连带风险，因此，加强自身队伍建设和经营理念显得尤为重要。例如，鲜活农产品具有易腐的特点，要求其生产后必须实现及时冷冻和配送，而当配送组织接受较多的订单时，出于其自身利益的考虑，很有可能降低服务标准，进而导致上游供应商与客户的矛盾。因此，作为中间环节的配送组织，为保证农产品供应链的正常运行，必须加强对员工素质的教育，并实行"责任制"，提高其风险意识和责任感。另一方面，随着市场经济的不断发展，物流配送行业还应重视专业人才的培养，加大有关物流配送科研工作的投入。

三、农产品配送的运行策略

通过对农产品物流配送模式的构建和分析，下面从农产品经营企业和政府管理部门两个方面简要论述农产品配送的运行策略。

（一）农产品经营企业的物流配送运行策略

根据农产品经营企业的发展状况，把企业分为三个发展阶段：前期建设阶段、中期拓展阶段和后期集团化运作阶段。

在前期建设阶段，企业刚刚成立之初，生产能力和物流配送能力相对较弱，应以农产品基地建设为重点，在农村投资建设农产品种植示范基地。采用"公司＋专业组织＋基地"的组织运作模式，实行规模化、集约化、标准化生产。为保障生产基地的农产品品质，公司统一提供优质种子、农药、化肥，聘请专家到生产基地进行标准化农产品种植技术指导和技术培训。公司对生产基地农产品实行订单收购，优质优价。这一阶段的农产品配送主要采用第三方物流配送或参与农产品供应链节点上其他企业的物流配送网络，采用协作型物流配送模式。

中期拓展阶段，企业发展壮大，业务模式相对成熟，资金实力逐渐雄厚，农产品的销售配送达到一定的规模。这一阶段，企业应在进一步扩大生产能力的基础上重点建设农产品物流配送中心，以提高企业自身物流配送的能力，降低农产品物流配送成本，增加企业利润。企业可在农产品供应链节点上选择物流战略合作伙伴，主导建设农产品物流配送中心，采用协作型农产品配送模式。

集团化运作阶段，企业业务发展成熟，物流配送能力相对较强，物流设施完善，并具备较强的物流服务能力。此时，企业可以在前期协作型农产品配送模式的基础上，剥离企业的物流职能，控股或者全资组建专业第三方物流企业，为企业自身提供更优质的物流服务。企业可以专心发展农产品生产和农产品营销这两项核心业务，注重农产品生产及配送的安全监督和农产品的科研开发，从农产品供应链管理的角度进行农产品"研—产—销"一体化经营，保持企业竞争的领先地位。

（二）政府管理部门的运行策略

政府进一步加大农村物流基础设施的建设投资，加快运输支线的建设、农村道路建设和农村电信（包括互联网）线路建设，强化农产品"绿色通道"建设，为发展农产品物流配送提供基础硬件保障。

政府在政策上加大对农产品物流配送的支持力度，出台相应的政策、法律法规来鼓励发展第三方农产品物流配送。随着我国农业产业的进一步发展成熟，第三方农产品配送将成为市场主流。

政府加强农产品质量监管，进行规范化管理，大力支持安全生产、规范操作的农产品龙头企业发展，鼓励其进行农产品"研—产—销"一体化经营。

政府加强物流公共信息平台的建设，整合社会物流资源，主导发展第四方物流配送。

知识链接：

北京市筹建"农产品统一配送联盟"。北京市9成以上社区菜市场都是从新发地、水屯、八里桥等几大农产品批发市场进货。个体商户每天分头去批发市场进货，彼此间没有协调沟通，既浪费时间，增加运输成本，还造成了交通拥堵。北京市商务委透露，正在整合供需信息和物流配送企业，筹备建立"农产品统一配送联盟"，通过批发市场商户直接对接餐饮企业、社区菜店等，减少二级批发环节。

任务六　农产品配送体系优化

一、农产品市场主体的整合

农产品市场运行的市场主体可以划分为两个部分：一是农业生产者，他们在市场中的活动表现为出售自己生产的农产品；二是收购农产品介入流通的市场主体，包括收购商、出口商、批发商、零售商、用户等，他们在市场中的活动表现为参与农产品在市场中的进一步流通。

在我国参与农产品流通的各类市场主体中，除了传统的国合商业组织外，近年来相继出现了诸多形式的经济组织，形成了多种成分共同发展的格局。首先是农民个体组织，其数量占据了市场主体的绝大部分。从形式上看，既有单个的家庭，也有以亲缘或地缘关系结成的联合体、专业协会等。从性质上看，有的为纯生产型，即农民参与市场流通，仅仅是为了销售自己生产的农产品，主要职业仍是农产品生产者；有的为纯商业型，即农民自己不生产农产品，而是常年从事农产品中介和运销；有的则介于上述两者之间，既从事农产品生产，也参与他人农产品的购销活动。目前各地出现的农民经纪人和运销户基本上属于这一类型。其次是集体组织，主要为各类批发市场、集贸市场，以及龙头企业。此外为各类合作经济组织，包括集体经济组织、集体与其他组织、农民个体之间相互组建的各类股份制、合作制等形式的经营组织。

把众多分散的农户或者签约生产基地供应方进行整合，形成有规模的农业合作化组织，正在改变农产品的供应组织形式。

农业合作社可以找专家进行指导生产、安排农产品的种植品种、数量，提供技术支持。分散的农户加入农业合作社除了可以获得技术支持外，同时降低了市场风险，提高市场地位，保障了自身的利益。因此进行体系优化的第一步就是整合散乱的农户，改善农产品市场供给主体的质量，在各地建立专业的农业合作社。

二、农产品配送节点布局

由于气候、季节、区域等因素的不同，各地农产品物流情况各不相同。为了最大限度地提高农产品物流效率，需要建立多个配送节点，因此需要根据各个地区的具体情况确立配送节点的数量、规模、选址等问题。

（一）确定配送节点的规模及数量

配送点的选择和层次确定主要从农产品的生产情况、各个地区的商业、交通运输、邮电通信等方面来进行分析，具体的指标如下。

第一，农产品生产总量情况，用各城市的蔬菜总产量和水果总产量两个指标来表示。

第二，商业发展水平，用各城市的社会消费品零售总额来表示。

第三，交通运输发展水平，用各城市公路货运量、公路里程两个指标来表示。邮电通信水平，用各城市的邮电业务总量指标来表示。

第四，农产品物流行业发展情况，用农产品物流主营业务收入、农产品物流从业人员工资和福利、农产品物流从业人员数量三个指标来表示。

（二）配送节点选址

选址是否合理对整个农产品物流体系的运转起着至关重要的作用。在确定选址时需要考虑各种因素。

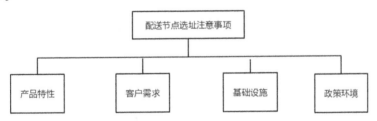

图 3-7 配送节点的选择

1. 产品特性

农产品保鲜期短、易腐变质的特性，决定了在配送节点选址时应尽量靠近产量非常大的地区。这样可以使农产品能尽快进入储藏、加工程序，从而降低农产品的存储费用和运输过程中的损耗费用，也可以节省运输费用。

2. 客户需求

农产品配送的客户主体是批发市场、农贸市场、连锁超市和其他零售等，为了提高服务水平和降低物流成本，配送节点应该建在接近批发市场、农贸市场、连锁超市和其他零售的地区。

3. 基础设施

配送中含选址时，在充分利用当地现有设施设备的基础上，还必须具备充足的水、电、热、燃气的供应能力，对果蔬加工后的废弃物、污水处理设施以及齐备的通信设施。

4. 政策环境

政府的政策指向与物流配送中的选址评估有密切联系。对企业来说，政府能提供用地、减税免税等优惠措施，其投资的积极性会大大提高，从而有助于农产品物流业的发展。

（三）物流配送节点选址方法

目前，配送中心的选址模型有多种，应用较多的有重心法模型、CELP 模型和混合整数规划法模型等。例如，重心法模型是用占物流成本绝大部分的运输费用来代替总物流成本，认为物流运输费用和运输距离成正比，将选址问题转化为配送中心与分布在同一物流网络范围内的若干物流据点之间的距离最小，求解最省物流成本的问题。

三、物流资源有效配置

通过配送平台信息系统对资源池的物流资源进行优化配置，完成配送任务。物流配送任务的实现过程从单一企业运营转向多企业合作经营的方式。在这种运营机制下，企业能够及时调整策略，快速适应市场变化，发挥核心优势，提高自身竞争力。

（一）配送平台下的物流网络资源

企业内部物流资源主要指服务企业生产运营的所有硬件资源和软件资源。硬件资源主要指仓储资源、配送中心、配送车辆等相关设施设备。软件资源主要指物流系统的操作、运营管理人员以及信息资源。企业内部物流资源能否有效利用、合理规划安排，直接关系企业的库存高低、资金周转率以及仓储物流管理费用。这里指的是狭义的物流资源，广义的物流资源主要指物流企业、物流市场上从事运输、仓储、装卸搬运、包装、流通加工等功能的物流设施、设备。

（二）配送平台下物流网络资源配置

配送平台把分布在各地的物流资源整合在一起，通过对物流资源的分析，明确各物流资源的功能及优势，形成一个统一协调、协同运作的物流资源库。同时根据电子商务平台传递过来的一个个配送任务进行汇总、分类。通过物流配送任务的要求搜寻满足条件的物流配送资源，并对这些配送方案进行选择与评价，最后做出配送决策，进行配送任务的执行。在此过程中需要云配送平台对配送任务的执行情况进行监控，直至完成配送任务。最后对这次配送结果进行考核评价。

配送平台下的物流网络资源配置的结果就是配送平台通过对物流资源的管理，能快速地从配送资源中找到满足物流服务需求的资源。最终物流任务在不同区域企业间合作，共同完成配送任务，满足顾客的配送要求。

本章练习

一、单选题

1. 从(　　)角度来看，农产品物流可分为农产品包装、农产品装卸、农产品运输、农产品储藏、农产品加工。

A. 农产品供应链

B. 产品物理特性

C. 物流主题

D. 农产品物流功能

2. 配送中心的基本流程是(　　)

A. 进货—储存—配货—拣货—送货

B. 进货—储存—拣货—配货—送货

C. 进货—拣货—配货—储存—送货

D. 储存—配货—送货—拣货—送货

3. 在进行物品包装时，为了降低成本，采用了轻薄的包装材料，但在运输过程中，可能因此出现很多运输过程中的物品破损，这些破损的成本支出可能会大大高于在包装上节省下来的成本。这种现象属于(　　)现象

A. 物流冰山

B. 效益背反

C. 收益递减

D. 物流延迟

4. 农产品产出时间较为集中，但是人们的消费天天都有，而农产品物流可以通过系统、科学的方法解决这一矛盾，这是农产品物流(　　)

A. 弥补时间创造价值

B. 创造场所价值

C. 实现加工价值

D. 缩短时间创造价值

二、多选题

1. 配送的目标是(　　)

A. 及时性

B. 快速性

C. 可靠性

D. 节约性

2. 根据农产品经营企业的发展状况，把企业分为哪几个发展阶段(　　)。

A. 前期调查阶段

B. 前期建设阶段

C. 中期拓展阶段

D. 后期集团化运作阶段

3. 在确定选址时需要考虑(　　)因素影响。

A. 产品特性

B. 客户需求

C. 基础设施

D. 政策环境

三、思考题

1. 简述农产品配送的概念及特点。

2. 发展农产品共同配送的必要性是什么？

3. 农产品配送模式有哪些？

4. 农产品物流一般配送流程包括哪些？

5. 农产品配送组织的功能是什么？

6. 物流资源有效配置有哪些？

项目四 冷库的使用与管理

任务导入

    冷库是保证新鲜食品长期供应市场、调节食品工业随季节变化而产生的不平衡、提高人民生活水平不可缺少的设施。搞好冷库的建设与分类，进行良好的管理工作，对保证冷藏食品的质量和提高企业的经济效益非常重要。通过本章的学习要让学生对冷库的使用与管理有基础掌握。

学习大纲

1. 了解冷库的含义。
2. 了解冷库的规划与设计。
3. 学习冷库合理使用。
4. 理解冷库的运作与管理。

任务一 冷库概述

一、冷库的分类

    冷库是在低温条件下保藏货物的建筑群，它是以人工制冷的方法，对易腐食品进行冷加工和冷藏的建筑物，以最大限度地保持食品原有质量，供调节淡旺季、保障市场供应、执行出口任务和长期储存之用。

    目前，我国的冷库分布在不同的行业，种类也比较繁多。为了更好地开发、利用和管理冷库，有必要对各种冷库进行分类。冷库分类的方法很多，不同的分类方法可以从不同的角度反映出冷库的特性。

（一）按冷库使用性质分

1. 生产性冷库

生产性冷库主要是建在食品产地附近、货源较集中的地区和渔业基地，通常是鱼品加工厂、肉类联合加工厂、乳品加工厂、禽蛋加工厂、蔬菜加工厂、各类食品加工厂等企业的一个重要组成部分。这类冷库配有相应的屠宰车间、理鱼间、整理间，并且有较大的冷却、冻结能力和一定的冷藏容量，食品在此进行冷加工后经过短期储存便运往销售地区，直接出口或运至分配性冷藏库作较长期的储藏。由于它是从事大批量、连续性的冷加工的

图 4 - 1　低温冷库

生产方式，加工后的物品必须尽快运出，所以要求建在交通便利的地方。为了便于冷冻品外运，商业系统对 1 500 t 以上的生产性冷库均要求配备适当的制冰能力的冰库；水产冷库为了供应渔船用冰，设有较大的制冰能力的冰库。

2. 零售性冷库

这类冷库一般建在工矿企业或者城市的大型副食店、菜场内，供临时储存零售食品用，其特点是库容量小、储存期短，其库温随使用要求不同而异。在库体结构上，大多采用装配式组合冷库。随着人们生活水平的提高，其占有量将越来越多。

3. 中转性冷库

这类冷库主要是指建在渔业基地的水产冷库，它能进行大批量的冷加工，并且可在冷藏车、船的配合下起中间转运作用，向外地调拨或者提供出口。比较大的中转性冷库可发展成冷藏配送中心。

4. 分配性冷库

分配性冷库主要建在大中城市、人口较多的工矿区和水陆交通枢纽，专门储藏经过冷加工的食品，用来调节淡旺季、保证市场供应、提供外贸出口和用做长期储备。它的特点是冷藏容量大并考虑多品种食品的储藏，但是冻结能力较小，仅用于长距离调入冻结食品在运输过程中软化部分的再冻结以及当地小批量生鲜食品的冻结。由于这类冷库的冷藏容量大，进出货比较集中（整进零出或整进整出），故而要求库区能与铁路、主要公路、码头相通，做到运输流畅，吞吐迅速。

5. 综合性冷库

这类冷库设有较大的库容量，有一定的冷却和冻结能力，能起到生产性冷库以及分配性冷库的双重作用，是我国普遍应用的一种冷库类型。

（二）按容量大小分

1. 大型冷库

大型冷库的冷藏容量在 10 000 t 以上，生产性冷库的冻结能力每天在 120 t ~ 160 t 范围内，分配性冷库的冻结能力每天在 40 t ~ 80 t 范围内。

2. 中型冷库

中型冷库的冷藏容量在 1 000 t ~ 10 000 t 的范围内，生产性冷库的冻结能力每天在 40 t ~ 120 t 范围内，分配性冷库的冻结能力每天在 20 t ~ 60 t 范围内。

3. 小型冷库

小型冷库的冷藏容量在 1 000 t 以下，生产性冷库的冻结能力每天在 20 t ~ 40 t 范围内，分配性冷库的冻结能力每天在 20 t 以下。

（三）按使用库温要求分

1. 冷却库

冷却库又称高温库或者保鲜库，库温一般控制在不低于食品汁液的冻结温度。冷却库主要是用来储藏果蔬、种子培育、乳制品、饮料、蛋类、茶叶、烟草加工、药材、医药化工储藏等。冷却库或者冷却间的保持温度通常在 0℃ 左右，并以冷风机进行吹风冷却。

2. 冻结库

冻结库又称低温冷库，一般库温在 – 20℃ 以下，通过冷风机或者专用冻结装置来实现对肉类食品的冻结。

3. 冷藏库

冷藏库即冷却或冻结后食品的储藏库。它把不同温度的冷却食品和冻结食品在不同温度的冷藏间和冻结间内作短期的或长期的储存。通常冷却食品的冷藏间保持库温 2℃ ~ 4℃，主要用来储存果蔬和乳蛋等食品；冻结食品的冷藏间保持库温 – 25℃ ~ – 18℃，用来储存肉、鱼及家禽肉等。

（四）按结构类别分

1. 土建冷库

土建冷库的建筑物主体一般为钢筋混凝土框架结构或者混合结构。土建冷库的围护结构属于重体性结构，热惰性较大，库温易于稳定。土建冷库是目前我国冷库的主要类型。

2. 装配冷库

装配冷库一般为单层库，其库体是钢框架轻质预制隔热板装配结构，其承重构件多为薄壁型钢材制作。因其除地面外所有构件是按统一的标准在专业工厂预制、在工地现场组装，所以施工速度快，建设周期短。装配冷库目前的发展速度很快。

3. 覆土冷库

覆土冷库的洞体多为拱形结构，有单洞体或者连续拱形式。一般为砖石砌体，并以一定厚度的黄土覆盖层作为隔热层。由于它具有因地制宜、就地取材、造价较低、施工简单、坚固耐用等优点，在西北地区得到较大发展。

4. 山洞冷库

山洞冷库的洞体的岩层覆盖厚度一般不小于 20 m，连续使用时间越长，隔热效果越佳，热稳定性能越好。

二、冷库的组成

冷库，尤其是大中型冷库是一个建筑群，这个建筑群的主体我们把它叫做主库，除主库之外，还有其他生产设施和附属建筑。

（一）主库

主库主要由下列单元组成。

1. 冷却间

冷却间主要用来对进库冷藏或需先经预冷后冻结的常温食品进行冷却或者预冷。

水果、蔬菜在进行冷藏前，为除去田间热，防止某些生理病害，应当及时逐步降温冷却。

鲜蛋在冷藏前也需要进行冷却，以免骤然遇冷时，内容物收缩，蛋内压力降低，空气中微生物随空气从蛋壳气孔进入蛋内而使鲜蛋变坏。另外，肉类屠宰后也可加工为冷却肉（中心温度0℃~4℃），能作短期储藏，肉味较冻肉鲜美。对于采用二次冻结工艺的食品，也需要将屠宰处理后的家畜胴体送入冷却间冷却，使品温由35℃降至4℃后再进行冻结。冷却间的室温为 −2℃~0℃，当食品达到冷却要求的温度后称为"冷却物"，则转入冷却物冷藏间。当果蔬、鲜蛋的一次进货量小于冷藏间容量的5%时，可以不经冷却直接进入冷藏间。

2. 冻结间

对于需长期储藏的食品由常温或者冷却状态迅速降至 −18℃~−15℃的冻结状态，达到冻结终温的食品称为"冻结物"。

冻结间是借助冷风机或者专用冻结装置用以冻结食品的冷间，它的室温为 −30℃~−23℃（国外也有采用−40℃或更低的温度）。冻结间也可以移出主库而单独建造。

3. 再冻间

它设置在分配性冷库中，供外地调入冻结食品中品温超过 −8℃的部分在入库前再冻结。再冻间冷冻设备的选用与冻结间相同。

4. 冷却物冷藏间

这种冷藏间又称高温冷藏间，室温为 −2℃~4℃，相对湿度为85%~95%，这因储藏食品的不同而异。它主要用来储藏经过冷却的鲜蛋、果蔬；由于果蔬在储藏中仍然有呼吸作用，库内除保持合适的温度、湿度条件外，还需要引进适量的新鲜空气。如储藏冷却肉，储藏时间不宜超过14~20小时。

5. 冻结物冷藏间

它又称低温冷藏间，室温在 −25℃~−18℃，相对湿度在95%~98%，用来储藏较长期的冻结食品。在国外，有的冻结物冷藏间温度有降至 −30℃~−28℃的趋势，在日本，有些冻结物冷藏间对冻金枪鱼采用了−50℃~−45℃所谓超低温的冷藏间。

以上五类冷间的温度和相对湿度，应当根据各类食品冷加工或冷藏工艺要求确定，一般按冷藏库设计规范的推荐值选取。

6. 两用间（通用间）

它可以兼作冷却物或冻结物的冷藏间，机动性较大，这是通过改变冷间内冷却面积来调节室温的。但由于使用条件经常变化容易造成建筑物的破坏，所以目前国内已很少设置。这种变温冷藏间较适合采用装配式组合冷库。

7. 气调保鲜间

气调保鲜主要是针对水果、蔬菜的储藏而言。果蔬采摘后，仍然保持着旺盛的生命活动能力，例如，呼吸作用即生命活动最明显的表现。在一定范围内，温度越高，其呼吸作用越强，衰老越快，所以多年来生产上一直采用降温的办法来延长果蔬的储藏期。目前国内外正在发展控制气体成分的储藏，简称"CA"储藏，就是在果蔬储藏环境中适当降低氧的含量并提高二氧化碳的浓度，来抑制果蔬的呼吸强度，延缓成熟，达到延长储藏的目的。一般情况下，气体成分的控制为：O_2：2%～5%，CO_2：0%～4%。控制气体成分方法有两种：自然降氧法和机械降氧法。自然降氧法是用配有硅橡胶薄膜的塑料薄膜袋盛装物品，靠果蔬本身的呼吸作用来降低氧气并提高二氧化碳的浓度，并利用薄膜对气体的透性，透出过多的二氧化碳，补入消耗的氧气，起到自发气调的作用；机械降氧法是利用降氧机、二氧化碳脱降机或制氮机来改变室内空气成分，达到气调的作用。

8. 制冰间

它的位置宜靠近设备间，水产冷库常把它设于多层冷库的顶层，以便于冰块的输出。制冰间需要有较好的采光和通风条件，要考虑到冰块入库或者输出的方便，室内高度要考虑到提冰设备运行的方便，并要求排水畅通，以免室内积水和过分潮湿。

9. 冰库

一般设于主库靠制冰间和出冰站台的部位，也有与制冰间一起单独建造的。如果制冰间位于主库顶层，冰库可设在它的下层。冰库的库温为-4℃（盐水制冰）或者-10℃（快速制冰）。冰库内壁敷设竹料或者木料护壁，以保护墙壁不受冰块的撞击。

10. 穿堂

穿堂是食品进出的通道，起到沟通各冷间、便于装卸周转的作用。库内穿堂分为低温穿堂和中温穿堂两种，分属高、低温库房使用。现如今冷库中较多地采用库外常温穿堂，将穿堂布置在常温环境中，通风条件好，改善了工人的操作条件，也能延长穿堂使用年限。

常温穿堂的建筑结构一般与库房结构分开。

11. 电梯间

它设置于多层冷库，作为库内垂直运输之用，它的大小、数量及设置的位置视吞吐量以及工艺要求而定。一般按每千吨冷藏量配0.9 t～1.2 t电梯容量设置，同时应当考虑检修；通常小于5 000 t的冷藏库配3 t货梯两台，5 000 t～9 000 t的冷藏库配3 t货梯2～4台，而10 000 t冷藏库配3 t货梯3～4台。在电梯间上部设有电梯机器间，内装电梯的电动机及滑轮组。

12. 冷库站台

冷库站台供装卸货物之用。有铁路专用线的大中型生产性和分配性冷库均应分别设置铁路站台和公路站台。

铁路站台最普通的形式是罩棚式，在气温高或者多风沙地区宜建封闭式站台。公路站台是汽车用的装卸站台，它可布置在冷库与铁路站台相对的另一面，或者与铁路站台连接。小型冷库只设公路站台。公路站台应当高出路面0.9 m~1.1 m，与进出最多的汽车高度相一致。它的长度按每1 000 t冷藏容量约7 m~10 m设置，宽度由货物周转量的大小、搬运方法不同而定。一般公称容积小于或者等于4 500 m³的冷库的站台宽度为4 m~6 m，公称容积大于4 500 m³的冷库的站台宽度为6 m~8 m；若用手推车作业取4 m~6 m，用电动叉车作业取6 m~8 m。

13. 其他

如挑选间、包装间、分发间、副产品冷藏间、饮品冷藏间、楼梯间等。

（二）制冷压缩机房及设备间

1. 制冷压缩机房

它是冷库主要的动力车间，安装有制冷压缩机、中间冷却器、调节站、仪表屏以及配用设备等。目前国内大多将制冷压缩机房设置在主库邻近，但属于单独建造，一般采用单层建筑。国外的大型冷库常常把制冷压缩机房布置在楼层，以提高底层利用率。对于单层冷库，也有在每个库房外再分设制冷机组，采用分散供液方法，而不设置集中供冷的压缩机房。

2. 设备间

它安装有卧式壳管式冷凝器、气液分离器、储氨器、低压循环储液桶、氨泵等制冷设备，其位置紧靠制冷压缩机房。在小型冷库中，因机器设备不多，压缩机房与设备间可以合为一间，水泵房也包括在设备间内。

3. 变、配电间

它包括高压配电间，低压配电间，变压器间（大型冷库还设有电容器间），变、配电间应当尽量靠近负荷大的机房，当机房为单层建筑时，一般多设在机房的一端。变压器间也可以单独建筑，高度不得小于5 m，要求通风条件良好。在小型冷库中，也可以将变压器放在室外架空搁置。变、配电间内的具体布置视电气工艺要求而定。

4. 锅炉房

锅炉房应当设置在全年主导风向的下风向，并尽可能地接近用气负荷中心。它的容量应当根据生产和生活的用气量（并考虑到同期使用系数、管网热损失等）确定。锅炉房属于丁类生产厂房，其建筑耐火的等级不低于二级。

（三）生产厂房

1. 屠宰车间

它的任务是为宰杀生猪加工成白条肉提供空间，建设规模根据宰杀能力分为四级，是根据建库地区正常资源和产销情况来确定。根据冷库加工对象的不同，还可以设清真车间（或大牲畜车间），宰鸡、宰兔车间。

2. 加工车间

商业冷库常设有食用油加工间、腌腊肉加工间、熟食加工间、副产品加工间、肠衣加工间、制药车间等。

水产冷库常设有腌制车间、鱼粉车间等。

3. 其他

如化验室、冷却塔、水塔、水泵房、一般仓库、汽车库、污水处理场、铁路专用线、修理间等。

（四）办公、生活用房

办公、生活用房包括办公楼、医务室、职工宿舍、俱乐部、托儿所、厕所、浴室、食堂等。

（五）其他

危险品仓库是单独建筑的专储汽油、酒精、丙酮、制冷剂等易燃、易爆物品的库房，它应当距其他建筑 20 m 以上。另外，还有传达室、围墙、出入口、绿化设施等。

三、冷库的特点

（一）冷库建筑的特点

冷库建筑不同于一般的工业与民用建筑，主要表现在它不仅受生产工艺的制约，更主要的是受冷库内外温度差及水蒸气压力差的制约，以及由此引发的温度应力、水蒸气渗透和热量传递的制约。它需要为易腐食品在低温条件下"冷却—保鲜—冻结—冷藏"。为保持食品的色泽、味道及营养价值提供必要条件——"冷"。按冷库的使用性质的不同，库房温度一般相对稳定在 0℃～40℃某一温度，使建筑物的内部经常处于低温条件下，而建筑物外部则随室外环境温度的变化经常处于周期性波动之中（如既有昼夜交替的周期性波动，也有季节交替的周期性波动），再加上冷库生产作业需要经常开门导致库内外的热湿交换等，促使冷库建筑必须采取相应的技术措施，来适应冷库的特点。这也是冷库建筑有别于普通建筑的特点所在，具体体现在以下几个方面。

1. 冷库既是仓库又是工厂

冷库是仓库，要有仓储的功能，且载货量、吞吐量大，库温低；冷库又是工厂，必须要满足各种不同食品冷加工生产工艺流程的合理要求，受生产工艺流程的制约，与库内外运输条件、包装规格、托盘尺寸、货物堆装方式、设备布置等有关。

2. 冷库在"门、窗、洞"方面的特殊性

为了减少库内外温度和湿度变化的影响，冷库库房一般不开窗。孔洞尽量少开，工艺、水、电等设备管道尽量集中使用孔洞。库门是库房货物进出的必要通道，但也是库内外空气热湿交换量最显著的地方，由于热湿交换使门的周围产生凝结水及冰霜，多次冻融交替作用，将使门附近的建筑结构材料受破坏。因此，在满足正常使用的情况下，门的数量也应尽量少。《冷库设计规范》规定，面积在 1 000 m² 以下的冷藏间可只设一个门，在 1 000 m² 以上的可最多设两个门。同时，在门的周围应采取措施，如加设空气幕、电热丝等。

3. 冷库需要减少冷桥现象

冷桥是传递热量的桥梁在相邻但库温不同的库房或者库内与库外之间，由于建筑结构的联系构件或者隔热层中断等都会形成冷桥。若在冷库围护结构的隔热层中，有热导率比隔热材料的热导率大得多的构件（如梁、板、柱、管道、支架等）穿过或者嵌入其中，以及管道穿墙处松散、隔热材料下沉脱空等，都是比较典型的冷桥。由于冷桥的形成，在冷桥处容易出现结冰、霜、露现象，若不及时处理，该现象逐渐加重，会导致冷桥附近隔热层和构件的损坏。所以说，冷桥是冷库土建工程破坏的主要原因之一。因此，为防止热量传递影响库房温度和防止建筑结构的损坏，在设计、施工和使用时应当注意尽量减少冷桥的形成，出现冷桥的地方，必须及时处理。这也是冷库与普通建筑不同的地方。

4. 冷库需要有隔热、隔汽和防潮的结构

隔热冷库库房温度一般较库外环境温度低（北方的高温库在冬季除外），而且受外界环境温度波动的影响，导致库内温度产生波动。这时，需要用制冷的方法来补充库房所需冷量，维持冷加工和储藏所需的低温功能。为了减少冷量的损耗，减少或者阻止外界热量通过库房的围护结构进入库内，需在冷库建筑的围护结构上设置具有隔热性能的隔热层，而且要有一定的厚度和连续性。

围护结构设置隔热层可以减少热量的传递，但水蒸气的渗透以及水分的直接浸入将导致隔热材料受潮，使材料的热导率大大增加，隔热性能降低。因此，在冷库围护结构中应当增设隔汽层以减少蒸汽的渗透，增设防潮层以防止屋面水、地下水、地面水、使用水浸入隔热层。

5. 冷库需要有防热辐射的结构

为减少太阳辐射热的影响，冷库表面的颜色要浅，表面光滑平整，尽量避免大面积的日晒。层顶可采取措施，如架设通风层来减少太阳辐射热直接通过屋面传入库内影响库温。

6. 冷库需要有地坪防冻的措施

冷库地坪虽然铺设了与库温相适应的隔热层，但是它并不能完全隔绝热量的传递，只能降低其传递的速度。当冷库降温后，库温与地坪下土层之间会产生较大的温差，土层中的热量会缓慢地通过隔热层或者冷桥传至库内，也可以说冷量由库内传至土层，使土层温度降低。低温库房的温度常年在0℃以下，如果地坪下土层得不到热量的补充，将使0℃等温线（冰点等温线）逐渐移至土层中，使土层中的水分受冻成冰。由于温差的存在以及冰晶的形成，土壤上、下层之间产生了水蒸气压力差，使下层土壤中的水蒸气不断地向上层移动，导致冰冻体逐渐扩大。随着时间的推移，0℃等温线不断向土层深入，土层中的冰冻体也不断地加大，水分结冰产生的体移膨胀力最终将引起地坪冻臌或者地基冻臌现象，危及建筑结构安全。所以，低温冷库的地坪除了设置隔热层、隔汽层、防潮层之外，还需要采取地坪防冻措施，使地坪下的土层温度保持在0℃以上。冷库地坪冻臌现象还与土壤的结构有关：如粗质土壤（包括砾石、粗沙等）不致引起冻臌的危险；而在细质土壤中（如细沙、黏土、淤泥等）容易引起冻臌现象。

（二）冷库的结构

结构主要是指承担建筑物各部分质量和建筑物本身质量的主要构件，比如屋架、梁、

楼板、柱子、基础等，这些构件构成了建筑的传力系统。

1. 冷库结构类型

按承重部分组成的材料不同，一般可分为以下几种结构类型。

（1）钢结构

主要承重结构构件（如梁、柱、桁架等）是由各类型的钢材组成的叫钢结构，在冷库建筑中多用于大型装配式冷库。

（2）钢筋混凝土结构

主要承重构件是由钢筋混凝土组成，比如钢筋混凝土梁、板、柱、基础等组成的钢筋混凝土框架系统，此类系统多用于单层冷库，而多层冷库多用钢筋混凝土无梁楼盖结构。

（3）砖混结构

主要承重部分由砖、钢筋混凝土梁、板组成，比如砖墙、砖柱、钢筋混凝土梁、钢筋混凝土板等。较大型冷库一般不用此方式，单层小型冷库如采用砖混结构时，应当采取措施防止因冻融循环而损坏结构。

（4）砖木结构

主要承重部分由砖木组成，比如砖墙、砖柱、木楼板、木屋架等。这类结构在冷库中很少使用。

2. 冷库结构的特点

由于冷库库房具有低温的特殊性，因此冷库结构也有与一般建筑不同的特点。

（1）载荷冷库

库房主要用做存放食品，其载荷大，活载荷可达 $1\ t/m^2 \sim 3\ t/m^2$。

（2）温度内力

冷库建筑结构在冷间降温后，由于建筑材料的热胀冷缩，产生垂直或者水平方向的胀缩变形，在构件之间的相互约束作用下产生温度内力，若设计不当，易产生裂缝。所以，必须采取必要的措施，减少温度变化作用对结构引起的破坏。

（3）建筑材料

冷库库房经常处于低温潮湿或者冻融频繁的环境下，因此建筑结构所采用的材料应当耐低温、耐湿、抗冻性能好。一般多采用钢筋混凝土结构。钢筋混凝土构件除应当保证结构上的安全、耐久要求外，还要考虑受冻融、炭化、风化以及化学侵蚀等影响，冷间内钢筋混凝土受力钢筋宜采用Ⅰ、Ⅱ级热轧钢筋；冷间钢结构构件应当按现行国家标准《钢结构设计规范》中的规定选用钢材。

（4）锚系梁的设置

库房外墙与库内承重结构之间每层均应当设置锚系梁。锚系梁间距可为 6m。墙角处不宜设置，且墙角至第一个锚系梁的距离不宜小于 6 m。墙角砖砌体应适当配筋。

（5）钢筋保护层厚度

冷间内钢筋混凝土构件的受力钢筋保护厚度应当符合《冷库设计规范》的规定要求。

（6）伸缩缝的设置

库房现浇钢筋混凝土楼板温度伸缩缝间距不应大于 50 mm，在有充分依据或者可靠措施的情况下，伸缩缝间距可适当增加。

（7）降温要求

钢筋混凝土结构及砖混结构的库房，投产前必须逐步降温，每日降温不得超过 3℃，当库房温度降至 4℃ 时，应保温 3～4 天，然后再继续降温。

任务二　冷库的规划与设计

一、冷库的选址

（一）冷库选址的总体原则

冷库建设的第一步即冷库选址。有时候，新建一个冷库项目，在做可行性分析报告之前就要考虑到冷库选址。库址选择是否合理，关系到工程的建设速度、基建投资和投产后的管理以及经济效益。所以，选择库址要根据冷库的性质、规模、建设投资、发展规划等条件，结合拟选地点的具体情况，审慎从事、择优确定。

按使用性质，冷库可以分为分配性冷库、零售性冷库、生产性冷库三类。生产性冷库建于货源较集中的产区，还需要考虑交通便利、与市场的联系等因素。冷库以建在没有阳光照射以及热风频繁的阴凉处为佳，小型冷库最好建在室内。冷库四周应当有良好的排水条件，地下水位要低，冷库底下最好有隔层，且要保持通风良好、保持干燥。

（二）冷库选址的具体条件

为了正确地选择库址，一般应考虑以下具体条件。

1. 经济依据

首先要考虑当地在原料、材料、能源、用水及其他资源的供应方面，以及在生产协作、货运、销售市场等方面是否具备建库的有利条件。冷库应当根据其使用性质，在产地、货源集中地区或者主要消费区选址，力求符合商品的合理流向。在总体布局上，不应布置在城镇中心区以及其饮用水源的上游，应尽量选在城镇附近。

2. 地形地质

选址时应当对库址的地形、地质、洪水位、地下水位等情况进行认真调查或者做必要的勘测分析。选址应当本着节约用地、少占农田、不占良田的原则，尽可能利用荒地、瘠地和坡地，不应片面地强调库址的平坦。基地面积以能满足使用要求并且适当考虑今后扩展余地为原则，不宜圈地过多，避免多征少用或者早征迟用。同时还应当注意少拆迁或不拆迁民房，力求用地紧凑。库址外形简单，库址要有良好的地质条件，要求土质均匀，多层冷库库址的地耐力应当不小于 15 t/m²；不得在崩塌、滑坡层、流沙层、淤泥层、断层、沼泽、溶洞、古坟、有开采价值的矿藏上、采石场旧址等地选址。地下水位要低，其最高水位应当尽可能在拟建冷库的地下室地坪以下，并且必须在冻结线以下。库址的标高应当高出附近河流的最高洪水位 0.5 m，以便生产废水、生活污水、地面雨水等能自流排放。选址时还应当注意与城镇规划及现有的公路标高相适应，与铁路、河流、码头的标高相适应，避免大填大挖，尽量减少土方的工程量。多层冷库不宜选在烈度9度以上的地震区；若必须在地震区建库时，应当以中小型为主，分散设置，尽量选在对抗震有利的地段，并做好基础处理，采取相应的抗震设防措施。

3. 水源

冷库是用水较多的企业，水源是确定库址的重要条件之一。所以库址附近必须保证有充裕的水源。水源一般取用江河水或者深井水（应当掌握其水量、水质情况），如库址的水源充沛，冷却水可采用一次用水，但大多数情况还是采用循环用水。小型冷库在没有天然水源时可采用自来水循环使用。屠宰和生产加工用水必须符合饮用水的标准。沿海地区的冷库在缺乏淡水的情况下也可以用海水作为冷却水，但应当注意解决设备防腐蚀和管道寄生贝藻类问题。

4. 区域环境

冷库库址周围应当有良好的卫生环境，所以选址时应当考虑当地城市建设的远期发展规划，了解库址周围环境的卫生情况以及今后污染的可能趋势。库址应当远离产生有害气体、烟雾、放射物质、粉尘、臭气或者对地下水有严重污染的厂矿企业，尽量选择在工业区的上风地带，并且宜位于污水处理场排出口的上游，而不应设在受污染河流的下游和传染病院附近。冷库的卫生防护距离，必须符合我国《工业企业设计卫生标准》的规定。另外，还需了解本地区的水利规划，避免选在大型水库（包括拟建者）的下游以及受山洪、内涝或海潮严重威胁的地段。

5. 电源

冷库供电属于第二类负荷，需要有一个可靠的、电压较稳定的电源。应当力求缩短新建高压输电线路至电源接头点的距离。若附近没有电源，一般应另选库址，不考虑自设发电设备供电（边远地区除外）。所以，选址时应当对当地电源及其线路供电量作详细了解，并且与当地电业部门联系，取得供电证明。

6. 交通运输

必须考虑选址附近具有便利的水陆交通运输条件，以便货源调入和调出。对于大中型冷库，要求附近有船舶码头或者有铁路通过，而且接轨方便或可以与附近企业接轨，力求缩短铁路专用线的长度。选址时应当向有关部门了解修建专用线的可能性，并取得可以接轨的证明。中小型冷库主要是以公路运输为主，所以选址应尽量靠近公路，以缩短库外新建道路的长度，并且尽量避免修建桥涵和隧道。

此外，还要了解附近有无热电厂和其他热源可以利用；附近有无居民点、中小学、公用生活设施，工人上下班交通是否方便等。

库址选定后，要尽快取得城建部门同意征地建设以及卫生部门同意污水排放的文件，铁道部门同意接轨及水运部门同意建设码头的文件，水电以及热源供应部门同意供给水、电、热能的文件，并且完成技术勘测，取得水文地质、工程地质、钻探等资料，作出1:500比例的库址地形图，以便完成报批手续及设计工作的开展。

二、冷库的总体设计

冷库的库址一经选定，应当立即根据现有资料拟出总平面布置方案和草图，以供技术勘测、征地以及征求城建部门意见所用。待技术勘测工作全部完成，地形、地质、土壤、水文等资料齐全后，再结合城建等有关部门的意见，修改方案后，绘出正式的总平面布置图。

（一）设计原则

1. 安全防护

冷库中的低温环境对人伤害极大，应当避免长时间在低温下作业，避免面对或者背对风操作。合理设置货架布局以及冷间布局，使操作流程连贯顺畅，加快作业节奏，缩短库内的停留时间。同时防护措施应当配备完善，尤其做好防护服的设计，使之与不同冷库内操作和不同冷间环境相适应。

同时冷库内作业存在很多的危险，诸如库门反锁、制冷剂泄漏、微生物污染等。所以在设计上应当充分考虑这些潜在的因素，为操作人员作业提供安全保障。

2. 通行顺畅

（1）通道入口

所有通道出入口应当尽量保持平整，减少有一定角度的坡面以及台阶的存在。对于冷冻货物的搬运来讲，无坡度与无台阶的出入口是最为便捷的，对于大流量的货物进出尤为重要。

（2）通道

所有通道应当尽量宽敞，便于货车及人员通行。为避免不必要的碰撞，应当减少通道的转弯，如必须使用转弯，应当尽量加大转弯处转角。通道中装有吊轨的，须注意悬挂胴体，避免与通道两侧货架摩擦。通道两侧应当避免放置冷冻设备，防止产生碰撞或者在冷冻过程中对出入通道的人员产生不必要的伤害。

（3）地面

由于库内外温差很大容易产生水汽，最好采用平整防滑的地面，避免局部积水或者地面凹凸不平。对于有坡度的地方，必须安置扶手，并在下坡方向增大摩擦系数。

3. 装卸便利

对于货物装卸，正确地确定货架设施高度具有重要的意义，设计得太高，人在操作时就要抬起上臂，时间久了，会引起肩膀酸痛；设计得太低，操作时就要低头弓背，时间一长，就会颈酸背痛，积劳成疾。对于手动操作来讲，货架的深度设计也很重要。因此，高度和深度的设计必须与操作者人体尺寸相适应。

（1）搁架

搁架的高度应当适中，既适于机械操作又适于操作人员手工装卸货物，对于多数需手工操作的作业来说，供使用的梯子尽量宽大坚固，货架的深度也不宜过深，便于人员手工操作。

（2）吊轨

吊轨的吊钩高度不宜过高，尽量避免作业者举手作业，有条件的可以设置台阶。

4. 标识醒目

库房内外应当尽可能提供多种标志和信息源，以适合操作人员作业。如以各种符号和标志给作业者提供库内环境的信息，使人们最大范围地感知其所处环境的空间状况，减少对于阴冷环境的紧张感和产生危险的可能性。

在标识系统的设计上要醒目明确，注意图案与背景要有清晰的对比度，图形采用粗细对比明显的闭合曲线轮廓，若冷库内冷色调颜色居多，可采用对比强烈的暖色调增加鲜明感。

（二）冷库总体设计的要求

1. 冷库厂区总体设计的依据

冷库厂区总平面布置的依据是冷库要满足所要进行的生产工艺，保证生产流程的连续性。为此，应当将所有建（构）筑物、道路、管线等按生产流程进行联系和组合，尽量避免作业线的交叉和迂回运输。具体来讲，就是要从满足食品冷冻冷藏工艺要求和便利产品运输出发，布置各车间和库房的相互位置。

2. 冷库总体设计的要求

冷库的总平面布置应当按批准的设计任务书进行。这项工作包括对冷库区内所有建（构）筑物、道路、铁路专用线、工程管线、码头、绿化设施等进行总体设计和竖向设计。具体任务是：第一，确定库区建筑物、室外场地、道路、铁路、码头及工程技术管线的标高，并使库区内外各工程的标高能互相衔接；第二，拟定库区的排水方式，包括采取有效的防洪排涝措施；第三，按设定的不同标高平整场地，确定土石方工程量。

在具体做法上要结合城镇规划、库址地形及地质、生产工艺流程、卫生、防火、劳动保护、交通运输等要求研究确定，在满足使用要求及节约用地的原则下，力求做到各建（构）筑物的布置紧凑、生产流程的组织合理、交通运输方便、工程管线最短，有利于施工操作且便于生产管理。

3. 主要技术经济指标

总平面布置要注意近期建设与远期发展相结合，除已确定建筑的第二期工程可在总平面布置中预留用地外，应当避免过早过多地征用土地。总平面布置的主要技术经济指标是：第一，库址占地面积；第二，建筑物占地面积；第三，构筑物占地面积；第四，露天仓库及操作场地占地面积；第五，铁路、道路、人行道占地面积；第六，土石方工程量；第七，库区土地利用系数；第八，建筑系数。

对于生产性冷藏库，库区土地利用系数应当控制在不小于40%，建筑系数应当控制在不小于30%。分配性冷藏库和水产冷藏库库区土地利用系数应当控制在不小于70%，建筑系数则应当控制在不小于50%。

变配电间、机房、锅炉房等建筑物应当尽量布置在负荷中心区附近。厂前区的布置应当与城市规划及周围的环境相协调。

水产冷藏库是渔业基地的一个重要组成部分，它的总平面布置要与基地规划结合考虑。为了缩短运输距离，减少往返运输，其主库位置一般应靠近卸鱼码头。

（三）冷库总体建筑设计

1. 库区划分

冷库厂区各建（构）筑物按使用性质和卫生防护要求可以分为原料区、生产区、行政福利区和隔离区。布置时应注意做到功能分区明确、运输管理方便、协调生产、方便生活。对于生产性冷藏库，应根据库址的自然条件和卫生防护要求，将产生污染的原料区、隔离区、生产区的锅炉房、煤场等布置在库区的边缘或夏季主导风向的下风带。职工住宅区应尽量与生产区分开建设，最好布置在屠宰车间及原料区的上风带。

2. 建筑物的布置

（1）建筑物布置总体要求

为了节约用地，紧凑地布置建（构）筑物、道路、铁路、工程管线的位置，在满足生产、卫生、防火、防震、防尘、防噪声、日照、通风等条件的要求下，应当采取措施合理缩小区与区、房与房之间的距离。如统一规划，防止各区各自留有余地，合理地减少防火、防震、卫生间距等。要充分利用零星边角碎地，布置次要建（构）筑物和堆场。凡是生产性质、防火、安全、卫生要求、动力供应、运输条件相类同或者联系密切的建（构）筑物应当尽可能集中布置或合并向多层发展。

建筑物的布置要符合通风、采光、防尘等要求，如机房、锅炉房以及能产生大量热量、烟尘、噪声的车间应当布置在通风良好的地段，并远离办公楼、居住区，其长轴最好与夏季主导风向垂直或者不小于45°布置。库区内生产车间与办公室生活用房，应当分区规划，避免交错布置，以利于文明生产。办公生活区内各建筑物的布置，要考虑到生产区的噪声干扰以及建筑物高度与日照的关系，并且有供职工文体活动的场地和建造必要的设施。对库区内的环境要进行绿化和美化设计。

（2）各建（构）筑物的卫生防护间距

各建（构）筑物的卫生防护间距必须按照《工业企业设计卫生标准》的有关条文执行，并可结合实际情况。

"三废"处理的设计应当按《工业"三废"排放试行标准》执行。有生产污水排出的屠宰车间宜布置在住宅区下风向；锅炉房要设置集尘器，加高烟囱，以减少烟尘危害；并且采取利用自然地形、种植树木草坪等措施，以减小卫生防护间距。

3. 建筑物及堆场的防火间距

冷库库区内的建筑物及堆场的防火间距应当按照《建筑设计防火规范（试行）》执行。冷库建筑物的耐火等级取决于建筑物构件的材料及做法；现有冷库的各类建筑物，如冷库、机房、变配电间、一般车间、仓库、办公室等，其耐火等级为2~4级。

（四）库区的交通运输设计

冷库库区的铁路专用线、道路、码头设置，应当分别按我国《工业企业标准轨铁路设计规范》《工矿道路设计规范》《港口工程设计技术规范》执行。

1. 铁路专用线的设计

铁路专用线布置既要做到经济合理，又要同库区总平面有良好配合，以便于车间布置，力求做到线路短而且纵坡小、有效直线段长、曲线半径大、弯道短、转折角小、用地省、工程量小。同时，还应该满足以下要求。

第一，进入库区的铁路专用线一般应设机车回车线，其需要的长度为55 m。

第二，站台铁路线股道数，应当根据运输量及具体方式而定，铁路双股线之间标准距离为 5 m，站台宽度为 7 m~9 m；站台边缘顶面应当高出轨顶 1.1 m，站台边缘距铁路中心线的水平距离为 1.75 m；站台长度一般为 220 m。当受地形等条件限制时，可适当缩短，但不应少于 128 m；站台边缘距站台柱的净距不应小于 2m。

第三，库区内铁路作业线的有效长度（即警冲标两点之间的距离），应当能满足货物装卸运输及车辆调度等方面的要求；大型冷藏库，相当于一大列机械保温列车（23 节、410 m）的调车长度，而中型冷藏库则为一小列机械保温列车（12 节、204 m）的调车长度。一小列机械保温列车的作业线长度最小为 250m，用 9 号道岔则从末端警冲标志到线路终点的长度为 107.8 m。铁路专用线进入库区后，应当设在平直的线段上；若受地形限制，允许设在坡度不超过 2.5% 的坡段上。

2. 库区内道路的设计

库区的人行及货运道路应当尽量避免与铁路专用线平面交叉，生活区的行车道路更要注意安全。道路与相邻建（构）筑物的距离应当尽量取小，以节约用地。但库区道路网的布置也应当考虑卫生、防火等方面的要求，使救护车、消防车能开到出事地点，此外还需要考虑工程管线的设置及绿化用地的要求。

库房的公路站台设计最好符合下列规定：第一，公称容积 >4 500 m³ 的冷库的站台宽度为 6 m~8 m；公称容积 ≤4 500 m³ 的冷库的站台宽度为 4 m~6 m；第二，站台边缘顶面高出站台下地面 0.9 m~1.1 m。

对于装卸任务较多的公路站台，其正前方应当设置回车场，以便车辆掉头。回车场可以根据地形，并结合周围场地的情况，做成各种形式（如直角式或斜列式）。大中型冷库回车场的面积应当不小于 20 m×20 m，小型冷库回车场的面积则不小于 15 m×15 m。回车场地坡度以 0.5%~1% 为宜。考虑到防尘、防震等要求，库区内道路以及回车场采用水泥混凝土路面；通道、引道可以采用泥结碎石路面。

3. 冷库专用码头的设计

对于渔业基地的冷库，应当根据地质、水文、气象、潮汐以及停泊渔船和运输船只的吨位等因素，妥善合理地选择码头形式，确定码头泊位及岸线长度。对于有条件利用内河水运的冷库，在选址时应当收集有关水路运输的资料。在总平面设计时，注意把装卸码头的位置布置在河床稳定、河道平直且开阔的河段上，以便船只的回转和停泊。

（五）冷库冷却系统的选择

冷库冷却系统的选择主要是冷库压缩机与蒸发器的选用。一般情况下，小型冷库选用全封闭压缩机为主，因为全封闭压缩机功率小，价格相对便宜；中型冷库一般选用半封闭压缩机为主；大型冷库在选用半封闭压缩机时，也可以考虑选用氨制冷压缩机，因为氨制冷压缩机功率大，并且可一机多用，但是冷库安装及管理比较烦琐。在蒸发器的选用上，高温冷库选用冷风机为蒸发器，其特点是降温速度快，但是易造成冷藏品的水分损耗；中、低温冷库选用无缝钢管制作的蒸发排管为主，它的特点是恒温效果好，并能适时蓄冷。

三、冷库的布置

（一）布置原则

冷库的布置是根据冷库的用途、允许占用土地的面积、生产规模、食品冷加工以及冷藏的工艺流程、库内装卸运输方式、设备与管道的布置要求，来决定冷库的建筑形式（单层或者多层）；确定各冷间、穿堂、楼电梯间等部分的建筑面积与冷库的外形；并且对冷库内各冷间的布置以及穿堂、过道、楼电梯间、站台等部分的具体位置等进行合理的设计。一般来讲，冷库的布置应当满足以下基本要求：第一，工艺流程顺畅，不交叉，生产和进出库运输线路畅通，不干扰，路线较短；第二，符合厂（库）区总平面布局的要求，与其他生产环节和进库物资流向衔接协调；第三，高低温分区明确，尽可能各自分开；第四，在温度分区明确、内部分间和单间使用合理的前提下，缩小绝热围层的面积；第五，适当考虑扩建和维修的可能。

在建筑平面布置中，可以充分运用穿堂作为连接各部分的纽带，衔接前后工序的桥梁与物资流通的渠道。巧妙地运用穿堂，可以使建筑平面布置灵活多变，适应不同客观条件的要求，从而取得有利生产、方便管理、延长冷库使用寿命等多方面的效果。

（二）温度分区

冷库各类库房的温度大致上可以归结为等于或者大于0℃的高温库房、温度低于0℃的低温库房。其中有的库房温度比较稳定，比如冷藏间；有的库房温度可能在0℃上下一定范围内波动，比如采用直接冻结工艺的冻结间。此外，由于库内外热湿交换程度不同，如高温库房只发生凝水、结露现象，而低温库房可能产生凝水、结冰现象，甚至发生冻融循环，因此，在建筑平面布置上应当根据各类库房的温度要求及热湿交换状况分开布置，以避免相互影响，这种处理方法，习惯上称为温度分区。

常用的温度分区方法有两类：①分开处理，即将高温库与低温库分为两个独立的围护结构体；②分边处理，将高温间组合在一边，将低温间组合在另一边，中间用一道绝热墙分开。在有条件的地方，应首先考虑第一种处理方法。

（三）冷库的合理布局

冷库的布置应当考虑到与其他设备的最合理配置。

第一，回笼间一般不布置冷分配设备，但是其外墙应当敷有足够的绝热材料。采用常温穿堂，可以防止滴水，改善劳动条件，但必须装有风幕，以减少库门开启时的耗冷量。

第二，风幕（空气幕）是利用空气射流原理，用机械方法，在冷库的门扇开启时，用鼓风机使空气以一定的角度（喷射角° = 15°～25°）强制循环，在门洞的正面造成一股匀速类似于屏障的扁平风幕，用来隔绝或者减少库内外冷热空气的对流交换，减少库内耗冷量。目前，冷库库门上装置风幕已相当广泛。

第三，高温库房与低温库房应当分区布置（包括上下左右）。把温度相同的库房（冷间）布置在一起，以减少绝热层厚度并保持库房温度相对稳定。在多层楼冷库中，属于生产性库房（比如分选间、冷却间、速冻间等），暂存性库房（比如冷却物短期储藏间、收发间）一般多布置在底层。第二层以上，一般都是储藏性库房。多层楼冷库的层数，以不超过七层为宜，因为土壤荷重不超过 0.15 MPa ~ 0.25 MPa，这样可以减低对桩基的要求。同时当层数超过七层时，接收台的长度将不敷使用，底层的面积也不够布置全部生产性库房与暂储性库房。

第四，冷库的建设场地，应当选择交通方便的地方，在布置冷库时，必须配置足够的货运工作场所，并且尽可能缩短运输路线。罐头食品厂的冷库应当首先考虑：卫生条件好，操作运输方便，冷量损失少，即应当靠近实罐车间而远离锅炉房。

（四）冷库的平面布置

1. 低温冷藏间和冻结间

为了便于冻结间的维修、扩建与定型配套，以及延长主库的寿命，通常将冻结间移出主库单独建造，同低温冷藏间分开，中间用穿堂连接。这样，有利于低温冷藏间的管理和延长使用期限，但占地面积大，一次性投资多。

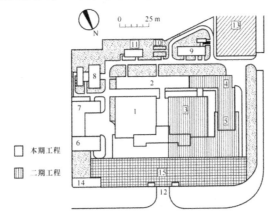

图 4-2 某生产性冷库的总平面布置

1—高温冷库；2—机房；3—低温冷库；4—制冰、贮冰；5—冻结间、理鱼间；
6—办公、仓库；7—机修、车库；8—食堂；9—浴室、锅炉房；10—循环泵房；
11—木工房；12—传达、业务办公；13—职工生活区；14—商店；15—停车场

2. 冻结物冷藏间和冷却物冷藏间

多层冷库把同一温度的库房布置在同一层上；冻结物冷藏间布置在一层或一层以上的库房内；冷却物冷藏间如果布置在地下室，则地坪不需要采取防冻措施；若布置在地上各层，则可减少冷量的损失。

单层冷库要合理布置不同温度的冷藏间，使冷区、热区的界限分明。

（五）冷库的立面布置

1. 单层冷库和多层

小型冷库一般采用单层建筑，大中型冷库一般采用多层建筑。多层冷库的层数一般为4~6 层，布置时，首先要按生产工艺流程和制冷工艺流程，一般把冻结间布置在底层，

从而便于生产车间的吊轨接入冻结间。把制冰间布置在顶层，有利于冰的入库与输出，制冰间的下层设置储冰库，冰可以通过螺旋滑道进入储冰库。地下室可用做冷却物冷库或者杂货仓库。为了减少冷库的热渗透量，无论是多层冷库还是单层冷库，都应当建成立方体式的，尽量减少围护结构的外表面积，其长宽比通常取 1.5∶1 左右。

2. 冷库的层高

库房的层高应当根据使用要求和堆货方法确定，并考虑建筑统一模数。目前国内冷库堆货高度在 3.5 m～4 m，单层冷库的净高一般在 4.8 m～5 m，采用巷道或者吊车码垛的自动化单层冷库不受此限。多层冷库的冷藏间层高应当大于 4.8 m，当多层冷库设有地下室时，地下室的净高不小于 2.8 m。

冻结间的层高根据冻结设备与气流组织的需要确定。储冰间的建筑净高，当用人堆码冰垛时，单层库的净高应当为 4.2 m～6 m，多层库的净高应为 4.8 m～5.4 m；用桥式吊车堆码冰垛时，则建筑净高应不小于 12 m。

（六）冷库冷间的设置

为了缩小冷库外围结构的表面积，冷库的建筑物外形最好呈正方形。冷库有单层冷库与多层冷库，建筑物的外形有方形与条形。冷库的坐向（方位）不同，太阳辐射的热量不同。在确定冷库建筑物的形式、坐向时，必须因地制宜地进行。

我国多层冷库多采用无梁楼盖的结构形式，钢筋水泥现浇结构，柱网布置为 6 m×6 m，层高为 4.2 m～4.8 m。单层冷库的层高为 4 m～5 m。采用稻壳绝热的平屋顶冷库，要设置阁楼层，阁楼层高度为 2.5 m～3 m。

冷库根据储藏产品的种类、加工工艺条件、储藏温度、储藏量等的不同而设置各种不同的冷间，比如冷却间、速冻间、冷藏间、冻藏间、过道走廊等。根据需要可以设置接收台、楼梯间、升降机间及机器房、办公室等。冷却间，温度 -2℃～2℃，降低产品温度。速冻间，温度 -28℃～-23℃，使产品快速冻结，比如使肉类、鱼类、禽类、果蔬等食品速冻。冷藏间，温度 2℃～4℃，已冷却食品的储藏。冻藏间，温度 -18℃以下，已冻结食品的储藏。通用间，温度 0℃左右或 -15℃左右，可冷冻或冷藏食品。

（七）冷库机房的设置

冷库机房设置在主要建筑物旁侧的附属建筑物中，机房通常划分为压缩机间、附属设备间等。

1. 压缩机房和附属设备间的布置

第一，设备布置应当符合工艺流程、安全规程以及操作方便的要求，并且需要有适当的空间，以便设备部件的拆卸与检修，同时应布置紧凑，充分利用机房的空间，以节省建筑面积。

第二，机器间内主要操作通道的宽度应为 1.5 m～2.5 m，压缩机突出部分到其他设备或者分配站之间的距离不应小于 1.5 m，两台压缩机突出部位之间的距离不应小于 1 m，且能有抽出曲轴的可能，非主要通道的宽度不小于 0.8 m。

第三，设备间内的主要通道的宽度不应小于 1.5 m，非主要通道的宽度不应小于

0.8 m。

第四，水泵和油处理设备不宜布置在机器间或设备间内。

2. 压缩机、附属设备和管道的选择

第一，压缩机应根据各蒸发温度机械负荷的计算值分别选定，不另外设置备用机。

第二，选用的活塞式压缩机，当冷凝压力与蒸发压力之比大于 8 时，应当采用双级压缩；当冷凝压力与蒸发压力之比小于或者等于 8 时，应采用单级压缩。

第三，选配压缩机时，其制冷量宜大小搭配合理。

第四，机房内压缩机的系列不宜超过两种，如仅有两台机器时，应选用同一系列。

第五，选用压缩机时，应当根据实际使用工况，对压缩机所需功率进行计算，由制造厂选配适宜的电机。

第六，制冷装置中的中间冷却器、油分离器、冷凝器和储液器等辅助设备的选择，均应与设置的氨压缩机制冷量相适应。

第七，制冷系统的管子应采用无缝钢管，其质量应当符合现行国家标准《流体输送用无缝钢管》的要求，应当根据管内的最低工作温度选用钢号；管道的设计压力应采用 2.5 MPa（表压）。

第八，制冷管道系统应采用氨专用阀门和配件，其公称压力不应当小于 2.5 MPa（表压），并不得有铜质和镀锌、镀锡的零配件。

3. 管道和设备的保冷、保温与刷漆

第一，凡管道和设备导致冷损失的部位，将产生凝结水滴的部位和形成冷桥的部位，均应进行保冷。

第二，管道和设备保冷的设计、选材、结构及安全等应按现行国家标准《设备及管道保冷技术通则》及《设备及管道保冷设计导则》执行。

第三，穿过墙体或楼板等处的保冷管道应采取相应的措施，不使保冷结构中断。

第四，融霜用热氨管应保温。

第五，制冷系统管道和设备经排污、严密性试验合格后，均应当涂防锈底漆二道，色漆二道（有保冷层或保温层的在其保护面层的外表面涂色漆二道）。光滑排管可仅刷防锈漆二道。

（八）冷库的隔热与防潮

冷库的主要用途是冷加工和储藏冷加工后的易腐食品，因此必须保证库内温度均匀并且处于一定的低温下，除了利用机械制冷外，冷库外围的建筑结构要敷设一定厚度的隔热材料以减小冷库内的冷量损失，这是冷库建筑中一项十分重要的措施。冷库的外墙、屋面、地面等围护结构，以及有温差存在的相邻库房的隔墙、楼面等，均要做隔热处理。

由于库外环境温度处于昼夜或者季节的周期性波动之中，加上冷库操作经营等的需要，库门经常开启关闭，库内外的热湿交换频繁发生，外界空气的入侵不仅会带进热量而且还带进水分，这不但影响库内温度波动，析出的水分将在低温的围护结构表面凝结成水或者冰霜，这将导致隔热材料受潮、腐蚀与变质，降低隔热层的隔热性能，还会引起建筑材料如钢筋、木材等的腐蚀。同时由于冷凝器结霜增加，增加了除霜次数，使得冷藏间温度不能保持稳定，影响储存货物的质量，增加运营成本。因此冷库的建筑除了具有一般建筑结构的特点外，还要考虑保温隔热、防潮等特殊要求。

隔热材料的热物理性质，会直接影响库内食品的冷冻加工过程和制冷设备的冷负荷，影响到冷库的经营费用。冷库用的隔热保温材料的主要热物理性质是热导率和密度。工程上把热导率小于 0.2 W/（m·K）的材料称作热绝缘材料。

由于冷库内外温差较大，在围护结构的两侧存在水蒸气压力差，库外高温空气中的水蒸气将穿越隔热保温材料向库内渗透，同时也浸入隔热保温层内部，使其隔热性能显著降低。为了确保隔热材料的隔热性能，必须在围护的结构上设置阻气层，隔绝或者减少水蒸气的渗透。

第一，隔热与防潮的方法。在冷库围护结构绝热层中，有热导率比绝热材料的热导率大得多的构件，如梁、板、柱与管道及其吊卡支架等穿过或嵌入其中，使绝热构件形成缺口或不严密的薄弱环节，习惯上将这些构件称为冷桥。冷桥在构造上破坏了绝热层与隔气层的完整性与严密性，容易使绝热材料受潮失效，墙、柱所形成的冷桥可以使地下的土壤冻结，危及建筑结构的安全。暴露在空气中的冷桥往往在其表面产生凝结水或冰霜。如果水、冰、霜发生冻融循环，则影响冷库的使用和安全，因此，对冷桥必须引起高度重视。

在布置隔热防潮层时，应当注意以下因素：①合理布置围护结构的各层材料，把密实的材料层（材料的蒸汽渗透系数小）布置在高温侧，热阻和蒸汽渗透系数大的材料布置在低温侧，使水蒸气"难进易出"。②合理布置隔气层，对于能保证常年库温均低于室外温度的冷库，将隔气层布置在温度高的一侧；对于时停时开的高温库，则双面都设隔气层；③要保持隔气层的完整性，处理好接头；④做好相应的防水处理。

第二，常用的隔热材料与防潮材料。对低温隔热材料通常有如下要求：①热导率小；②吸湿性和含湿量小；③密度小，且含有均匀的微小气泡；④不易腐蚀变质；⑤耐火性、耐冻性好；⑥无毒、无臭；⑦在一定的温度范围内具有良好的热稳定性；⑧价格低廉，资源丰富。

实际上要完全满足上述要求的隔热材料是很少的。有一些常用的低温隔热材料，选用时应根据使用要求、围护结构的构造、材料的技术性能及其来源和价格等具体情况进行全面的分析比较后作出抉择。常用的防潮隔气材料有沥青、油毡、沥青塑料防水材料、塑料薄膜等。

四、冷库的建筑方案

冷库的建筑方案是根据冷库的性质、生产规模、工艺流程、设备安装以及所用建筑材料等条件并结合库址的具体情况（地下水位、地质、地形等）而确定的。

（一）冷库建筑形式的确定

1. 冷库的建筑形式

目前我国采用的冷库建筑形式大致有三类：一是较大跨度的单层土冷库；二是较大跨度的单层装配式组合冷库；三是适当跨度的土建式冷库。对于生产性或者综合性冷库的建筑层数，应当根据屠宰加工工程方向确定，若为竖向布置时应当采用多层土建式建筑，若为水平布置时采用单层（土建式或装配式）建筑。对于货物进出频繁的中型冷库均宜单层（土建式或者装配式）建筑。对于小型冷库现普遍采用单层装配式。

2. 各种建筑形式的优缺点

（1）土建式冷库和装配式冷库的优缺点

土建式冷库的优点：①初投资较省；②便于就地取材；③热惰性较大，库温较稳定。

土建式冷库的缺点：①建造周期长；②不允许快速降温和反复变温；③施工较复杂；④不便于维修；⑤占地面积大。

装配式冷库的优点：①建造周期短，占地面积少；②可实行快速降温和允许反复变温；③施工简单，质量可靠；④不易产生霉菌，无冻融危害。

装配式冷库的缺点：热惰性小，库温稳定性差。

（2）单层和多层冷库（土建式）的优缺点

单层土建式冷库的优点：①建筑和结构比较简单，柱网布置灵活，有利于采用预制装配式构件，施工方便，投产快；②易于实现装卸运输的机械化和自动化；③货物进出方便，便于迅速吞吐；④基础处理比较简单，地坪承载能力大，提高了单位面积的载货量；⑤能采用较大的跨度，可减少柱子所占面积，扩大了建筑面积利用系数。

单层土建式冷库的缺点：①占地面积大；②冷库外围防护结构表面积大，故隔热材料用量较多，耗冷量和食品干耗也较大；③对于低温库房，地坪防冻处理的工程量大；④当冷库建在地下水位高的地方，处理不当容易造成地坪冻臌。

多层土建式冷库的优点：①占地面积少，能节约用地；②单位面积的图建造价低，投资费用较少；③机器设备费用和经营管理费用相应减少；④能合理利用多层位置，如地下室可用做冷却物冷藏间，层顶阁楼层建造制冰间等。

多层土建式冷库的缺点：①库房垂直运输量大，货物进出和操作管理都不如单层冷库方便；②楼层高度受楼板载荷能力的限制，各冷间的容积利用率较低；③多层冷库建在地耐力较差的地基上时，基础施工较复杂，造价较高；④采用预制装配构件时，需用较大施工设备，施工期较长。

图4-3　单层冷库

3. 冷库建筑层高的确定

随着冷藏食品包装容器的改进，现正逐步采用标准容器包装，适于搬运和堆码工作的完全机械化，所以单层冷库的层高可以达到8m～15m，其建造已日趋广泛。根据国际制冷学会估计，1965年以来，世界上新建的冷库中单层冷库占70%左右，并且其中的大多数采用装配式结构。

在冷库建筑中，2～3层的建筑是不适宜的。因为2层以上的冷库，垂直运输需要装设电梯，但是2～3层冷库的电梯利用率较低，在投资和设备使用上都不经济。由于冷库的动载荷很大，7层以上的冷库需要大大增加基础投资，造价也较高，同时垂直运输量也增大。所以，多层冷库的层数通常宜采用4～6层。同时，冷库主体建筑最好能接近于正方体，以减少外围护结构的表面积。

库房的层高应当根据使用要求和堆货方法确定，并考虑建筑统一模数。目前国内冷库堆货高度在3.5 m～4.0 m，且单层冷库的净高一般为4.8 m～5.0 m，采用巷道或者吊车码垛的自动化单层冷库不受此限制。多层冷库的冷藏间层高应当不小于4.8 m，当多层冷库设有地下室时，地下室的净高应不小于2.8m。冻结间的层高根据冻结设备和气流组织的需要确定，一般采用4.2 m～4.8 m（建筑净高3.8 m～4.3 m）。冻结间与冷藏间设于同一层内时，其高度可按后者确定。盐水制冰车间的建筑层高可取6.7 m，人工堆冰的冰库建筑层高一般在4 m以上，采用机械堆冰时可取5 m～10 m。

图4-4　多层冷库

（二）影响冷藏库容量的因素

1. 冷藏库平面的几何形状

食品冷藏都有一定的保质期，为了保证库存食品的质量，应当按先进先出的原则进行储存管理，所以冷藏间内必须设置通道。库房宽度在10 m以内的可在一侧留通道，宽度在10 m～20 m的则在库中央留通道，当库房宽度超过20 m时，每10 m宽增加一条通道，以便货物的分垛装卸。手工搬运的通道宽度为1.2 m，机械搬运的为1.8 m，货垛之间还应当留有0.3 m～0.6 m的间距，这样不仅装卸货物方便，还使得冷藏间内的空气能够通畅地自然流动，缩小区域温差。

由于通道的设置，势必影响冷藏间面积的利用，一般地讲，冷藏间面积布置成正方形或接近正方形，面积的利用率最高。

2. 冷藏间的净高

在冷藏间有效使用面积不变的情况下，有效容积取决于有效堆货高度。有效堆货高度由冷藏间净高减去平顶（或者梁底表面）与顶管的距离、顶管的高度、货垛与顶管的距离以及垫木高度而得。可见冷藏间的净高越大，其容积使用率也就越大。但是冷藏间的净高也受冷库楼板载荷、库内的区域温差、装卸设备等因素制约。目前我国冷藏库堆码高度一般采用下列数据：

第一，30 t 以下的生活服务性冷库 1.8 m~2.0 m。

第二，300 t 以下的小冷库 2.5 m~4.0 m。

第三，500 t~1 500 t 的冷库 3.3 m~4.2 m。

第四，1 500 t 以上的冷库 3.8 m~4.5 m。

3. 使用的冷分配设备

由于货垛与冷分配设备之间要保持一定的间距，所以，大小相同的冷藏间如果设置不同的冷分配设备，它们的有效容积也不一样。对于冻结物冷藏间来说，采用集中或者满铺布置的顶管时，它的容积使用率最高；而对于冷却物冷藏间来说，容积利用率则是以采用带均匀送风道的冷风机为最高。至于冻结间，纵向吹风式的容积利用率则比横向吹风式较高，使用吊顶式冷风机比落地式冷风机较高。

知识链接：

乡村建小型冷库的好处

乡村产地建 10 吨~20 吨的小型冷库最合适。小冷库投资在 2 万元~4 万元左右，是一般农户能接受的范围。这种小冷库单元容量小，容易控制，出入库方便，一种产品很容易贮满，降温迅速，温度稳定。冷库保温板耗电少，自动化程度高，就像家用空调和冰箱那样容易管理。多个这样的小冷库建在一起就形成了小冷库群，总容量可达到数百吨、上千吨的规模，它的总投资与同等规模中、大型冷库相近。但它可以保鲜更多的产品和品种。根据其不同的保鲜温度要求，可实现任意分别控制，这是大容量冷库不容易做到的。总之小冷库群的灵活性、可操作性、自动化程度、节能效果和经营效果要大大好于中、大型冷库。

任务三　冷库合理使用

一、入库前的准备工作

（一）对入库食品的要求

1. 对入库食品的基本要求

凡进入冷库保藏的食品，必须新鲜、清洁且经检验合格，如鱼类要冲洗干净，按种类和大小装盘；肉类及其副产品要求修割干净、无毛、无血、无污染。食品在冻结前必须进行冷却和冻结处理工序，在冻结中不得有热货进库。食品在冷却过程中，库房的温度保持在0℃～-1℃。当肉体内的温度（对于白条肉是指后腿肌肉厚处温度）达到0℃～4℃时冷却即完成。食品冻结时，库温应当保持设计要求的最低温度，当肉体内部温度不高于冻藏间温度3℃时，冻结即告完成，即若冻结物冷藏间温度为-18℃，食品冻结后温度必须在-15℃以下。

2. 果蔬入库前的准备工作

果蔬入库前要进行挑选和整理。挑选工作要仔细且逐个进行，将带有机械伤、虫伤及其成熟度不同的果蔬产品分别剔除筛选，因为果蔬中含有大量水分与营养物质，有利于微生物生存，而微生物侵入果蔬体内的途径主要是通过果蔬的机械伤或虫伤的伤口处，微生物侵入后，果蔬很快会腐烂变质。此外，不同成熟度的果蔬也不宜混在一起储藏，因为较成熟的果蔬再经过一段时间储藏后会有过熟现象，其特点是果体变软，并即将开始腐烂。

有些果蔬经过挑选后，质量好的、可以长期冷藏的应当逐个用纸包裹，并装箱或装筐。包裹果蔬用的纸，不要过硬或者过薄，最好是用对果蔬无任何不良作用并经过化学药品处理的纸。有柄的水果在装箱（筐）时，还要特别注意勿将果柄压在周围的果体上，以免其他果实的果皮被碰破。在挑选整理过程中，要注意轻拿轻放，以防因操作不慎而使果体受伤。

3. 其他食品入库前的准备工作

在食品到达前，应做好一切准备工作。在入库过程中，对有强烈挥发性气味或腥味的食品、要求不同储藏温度的食品、需要经高温处理的食品应用专库储藏，不得混放，以免相互感染，串味。对变质腐败、有异味或者不符合卫生要求的食品；患有传染病的畜禽商品；经过雨淋或者水浸泡过的鲜蛋；用盐腌或者盐水浸泡（已作防腐处理的库房和专用库除外），没有严密包装的食品；流汁流水的食品等不得入库。

4. 严格掌握库房的温度、湿度和食品储藏安全期限

根据食品的自然属性和所需的温度、湿度选择库房，并且力求保持库房温度、湿度的稳定。对冻结物，冻藏温度要保持在-18℃以下。在正常的情况下，冻结物冻藏间库房温度昼夜变化幅度不可超过1℃，冷却物冷藏间库房的温度昼夜变化幅度不得超过0.5℃；在食品进、出库过程中，冻结物冻藏间库房昼夜温升不可以超过4℃，冷却物冷藏间库房昼夜温升不得超过3℃。

外地运来的温度不符合要求的冷却或者冻结食品，允许少量进入冷藏间储藏，但应当保持库内正常储藏温度。对于温度超过-8℃的冻结食品，应在冻结间中进行再冻后方能进入冻藏间储藏。

对冷藏食品要掌握其储藏安全期限，执行先进先出制度，并且经常进行定期或不定期的食品质量检查，发现有将要超过储藏期或者食品有变质现象时，应当及时处理。

（二）入库前对冷库的要求

冷库应当具有可供食品随进随出的条件，并具有完备的清洁、消毒的能力；冷库外围、走廊、汽车或者火车的月台、辅助和附属车间等场所，都应当符合卫生要求；冷库要具有通风设备，可以随时除去库内异味；库内的运输设备以及所有衡器如地秤、吊秤等都

要经过有关单位的检查，保证完好、准确；冷库内应有完备的消防设施。

（三）对库内运输工具的要求

冷藏室中的所有运输工具和其他一切用具都要符合卫生要求；所有的手拉车都要保持干净，并将运输肉和鱼的手拉车区分开来；运输工具要定期消毒。

二、冷库的合理使用

冷库担负着果品、蔬菜、畜产、水产等易腐食品及饮料和部分工业原料等商品的加工、储藏任务，为了充分发挥冷库的冷藏、冻结能力，确保安全生产，保证产品质量，除了按设计要求合理使用冷库外，还应做好冷库的维护工作。

（一）正常使用冷库，保证安全生产

1. 严格把好"冰、霜、水、门、灯"五关

穿堂和库房的墙、地坪、门、顶棚等部位有了冰、霜、水等要及时清除；库内排管与冷风机要及时扫霜、融霜，以提高制冷性能、节约用电，冷风机水盘内不得有积水；未经冻结的热货不得进入冻结物冷藏间，防止冷库损坏，保证商品质量；要管好冷库门，商品进出时要随手关门，库门若损坏要及时维修，做到开启灵活、关闭严密、不逃冷；风幕应当运转正常。

2. 要认真做好建筑物的维护与保养

防止建筑物的冻融循环及冻酥、冻臌空库时，冻结间与冻结物冷藏间温度应当保持在−5℃以下，防止冻融循环；冷却物冷藏间应当保持在露点温度以下，避免库内滴水受潮；为了保护地坪，防止冻臌冻坏，不可以把商品直接铺在地坪上冻结，脱钩或者脱盘不得在地坪上摔击，不准倒垛拆桩；商品堆垛、吊轨悬挂，其质量不得超过设计负荷，以防止损坏建筑物；没有地坪防冻措施的冷却物冷藏间，在使用中应当防止地坪冻臌；冷库地下自然通风管道应当保持畅通，不得积水、有霜，不得堵塞，地下防冻加热油管要有专人负责，每班检查一次并做好记录；要定期对建筑物进行全面检查，发现问题及时修复。

3. 要经常维护电器线路

库内电器线路要经常维护，防止发生漏电事故，出库房时要随手关灯。

4. 要严格执行库房货位的间距要求

商品堆垛必须安全牢固，便于盘点、检查、进出库方便。商品货位的堆垛与墙、顶、排管和通道的距离都有一定的要求。

（二）合理码垛，提高冷库利用率

对食品进行合理码垛，正确安排，能使库房增加装载量，即提高单位容积的装载量和充分利用有效容积。具体有以下措施。

第一，在安全荷载能力下，合理码垛冷库楼面单位面积上平均所允许的承载质量为冷库的安全荷载能力，提高单位容积的装载量必须以冷库楼面允许的安全负荷和食品保管质量要求为前提。

第二，提高单位容积载货量，根据不同食品容重不同正确安排食品，合理提高食品堆码的密度。

第三，充分利用有效容积，扩大货堆容量。

3. 果蔬库的合理使用

（1）果蔬入库后要采取逐步降温的办法

果蔬在采收后，最好在原料产地及时进行预冷，预冷后的果蔬用冷藏车运到冷库可以直接进行冷藏。在原料产地未经冷却的果蔬，进入冷藏间后，还要采取逐步降温的办法，以防止某些生理病害的发生。如红玉苹果先在2.2℃储藏，然后再降到0℃储藏，此法可以减少红玉斑点和虎皮病的发生；如运输途中温度较高的鸭梨，如果直接进入0℃库房储藏，很容易发生黑心病，而需要采取逐步降温的办法，可大大减少黑心病的发生，并可延长鸭梨的储藏时间。

图 4 - 5　果蔬库

（2）适温储藏不同种类的果蔬

果蔬能忍受低温的能力是各不相同的，不适宜的低温或者冷冻会影响果实正常的生理功能，引起产品的风味品质的变化或者产生某些生理病害，这对储藏是不利的。就水果来讲，一般产于南方或者夏季成熟的水果适宜的储藏温度较高，如菠萝适宜储藏温度为5℃左右，而柑橘宜在3℃~6℃储藏，香蕉若在12℃以下储藏时间太久就不能催熟。而北方生长的水果，比如秋季成熟的苹果、梨等果实，一般都可在0℃左右的温度环境中储藏，而金冠、红星苹果适宜储藏温度为0.5℃~1℃，鸡冠、国光苹果适宜储藏温度为-1℃~0℃，刀豆、青豆适宜储藏温度为1℃~3℃。因此果蔬储藏时，应当根据种类不同，控制不同的储藏温度。

（3）湿度调节

果蔬中含有大量的水分，这是维持果实生命活动和新鲜品质必需的。采摘后的果蔬，不再从母体上获得水分供给，在长期储藏过程中，水分逐渐蒸发流失。大多数水果蔬菜的干耗（重量损失）超过5%时，就会出现萎蔫等鲜度下降的明显特征，特别是水果，当干耗低于5%时则不可能恢复原状。果蔬的水分蒸发，一方面是由于呼吸作用，散发出一部分水分；另一方面是因为储藏环境的空气湿度过低，引起果蔬萎蔫，降低了食品价值。因此储藏库的湿度要很好地进行调节，一般要求在85%~90%。若湿度过低，可以在鼓风机前配合自动喷雾器，随冷风将微雾送入库房空气中，增加空气湿度。若没有自动喷雾器时，也可以在地面上洒些清洁的水，或者将湿的草席盖在包装容器上，以提高冷藏间的相对湿度。若湿度过高，果蔬的表面过于潮湿，有时还凝有水珠时，可以在库内放些干石灰、无水氯化钙或干燥的木炭吸潮。另外，冷藏间的温度与相对湿度都应尽量保持稳定，不得有较大幅度波动，否则会刺激果蔬的呼吸作用，增加呼吸消耗，降低其储藏性。

4. 恒温冷库区域空间温差的调节与控制

恒温冷库是储藏果品、蔬菜、鲜蛋、花卉与其他易腐易烂食品的专用商储设施。规范合理且严格科学的温度控制是恒温冷库保证食品储藏质量的关键。由于恒温冷库客观上存在着区域温差与空间温差，且不能保持绝对平均和恒定的最适温度，这一负面效应，直接影响着冷藏食品的整体质量与企业的经济效益。故必须采取行之有效的技术措施，对区域空间温差进行工艺调节与严格控制，最大限度地缩小恒温冷库内各个区域和不同空间的温度差异，使所储的食品全部处在最佳的温度状态。

（1）形成区域空间温差的主要原因

①食品冷藏间的构造

恒温冷库的食品冷藏间是长宽高构成的空间，空间的长短、宽窄、高低是形成区域空间温差基本的原因。冷藏间的构造虽然在设计上考虑到结构对控温差异的影响，但无法从技术上使冷藏间内区域空间温度达到相对均衡。一般情况下，冷藏间的体积越大，冷热空气的对流和交换越困难，区域空间的温差越大。

②冷热空气的物理密度

在食品储藏环境中，决定温度高低的是冷热空气的交换方式与频率。在冷热空气的交换对流过程中，由于冷热空气的物理密度不同，热空气聚集在冷藏间的上部，而空气温度的最低点常在冷藏间的底层，根据物理学原理，冷藏间内必然形成上下空间温差，冷藏间设计的高度越高，上下空间温差就越大。

③冷源相对集中

一般恒温冷库的制冷设备大都采用箱式冷风机，而冷风机蒸发器的蒸发温度大部分都设计在-15℃左右，且蒸发器通常是固定在冷藏间的一个方向的某一个位置点上，冷藏间的冷源主要来源于蒸发器，这便形成了冷源的相对集中。虽然冷风机在设计上采取了远距离的强制送风措施，但是往往由于距离远，阻力大，风量的损失多而不能达到温度均衡的目的，造成一定区域内的长度区域温差。有些大型冷藏间长度达到40 m，由于距离过远，区域温差有时是相当大的。

④食品的堆码形式

食品是冷藏间内的主要热量来源。入库食品的品种、数量、时间以及食品堆码的密度、高度、宽度和食品的包装形态都是导致区域空间温差的因素。制冷除了冷却冷藏间的空气温度外，还要不断地冷却食品因呼吸作用而散发出的热量，由于堆码形式的不合理或不科学，食品在储藏期间散发的热量不能及时地冷却，冷热空气不能有效地在货堆内外进行交换与流通，也会造成区域空间的温差，从而直接影响食品的储藏效果。

⑤其他原因

如冷库构造中各部位保温性能的差异、各种冷桥的存在、冷藏间的向阳面、库内的电力设备的超负荷运转、仓门的频繁开启、不规范的冲霜过程等，都是造成恒温冷库区域空间温差直接或者间接的原因。

（2）区域空间温差在冷藏间的态势分析

恒温冷库冷藏间内的区域空间温差形成原因复杂，形式表现不一，呈现多种态势，以某果品公司恒温库为例，对冷藏间的区域空间温差态势作一简要分析。

某果品公司拥有3 000 t级恒温库。一个300 t的冷藏间，其建筑结构为长40 m，宽15 m，高5.5 m，面积600 m²，空间体积3 300 m³，按照设计要求设置350 m²的箱式冷风机两台，规定的控温指标为0℃，属于较大型的冷藏间。在实际储藏控温过程中，冷藏间内大部分区域空间大都达不到或者超过了规定的指标温度，据实际观测，最大的区域空间温差可达3℃~4℃，最小区域空间温差也在0.5℃~1℃。我们可以从以下几个方面分析区域空间温差的形成及变化态势，以了解其规律性。

①冷藏间长度温差

冷藏间长度温差是最显著的区域空间温差的表现形式，一般情况下，库房的长度每增加10 m，其长度区域温差几乎就要增大1℃，长度越长则区域温差越大，特别是达到规定温度指标停止降温后，库温开始回升后区域长度温差表现得更加突出。此时如控温指标为0℃，平时温度观测位置设在冷藏间中心的话，则经过区域温度测量，距冷风机最近端的温度为-2℃，距冷风机最远处的温度则在2℃左右，此时一个区域温度超过规定指标况，另一个区域的温度则低于规定指标温度2℃，总的长度温差则达到4℃。

②高低空间温差

一般冷藏间的空间高度最低的4 m，最高的可达6 m，食品堆码高度一般占库房净高的70%~80%，在这样的空间高度中储藏食品，由于冷热空气的物理密度作用产生，所以形成的空间高低温差也是比较明显的。

③长度与高度交叉的区域空间温差

储藏空间离冷风机最远区域温度最高，最近区域温度最低，储藏空间的最高处温度最高，最低处温度最低，整个储藏空间温度最高区域应在最远处的最高点，温度最低区域应在距冷风机最近处的最低点，储藏空间的高度与长度的接点区域终端即是区域温差的最大差点。

④食品堆垛内外温差

食品在冷藏间必须堆码存放，这就形成了一定体积和一定密度的食品垛堆。有时为了有效地利用和提高库容量，还要人为地增加密度和加大体积。按有关规定和设计要求，冷藏间的空间利用率要达到80%，在这样的高度空间中储藏食品，虽然风机进行冷热空气的强制对流，但由于包装的阻力和空气通道的不畅，而使冷空气不能顺利地流通。堆垛内，食品因呼吸产生的热量也不能及时地散发出去，而停止降温后，只靠冷热空气的自然循环是极难达到温度均衡的。由于以上原因，形成了食品垛堆内外的区域温差，冷藏间食品的垛堆越大，垛堆内外的区域温差越大，反之则越小。据测试，一个长30 m、宽5 m、高 4 m 的食品垛堆，垛堆的中心温度和垛堆的外层温度的温差往往在 1.5℃ 以上，每纵深米的温差平均在 0.25℃ 左右。

⑤包装内外温差

冷藏间的食品都是不同形状的包装物盛装存放的，有的食品为防止萎蔫失水和储藏保鲜的需要，还要在包装物内衬垫聚乙烯塑料薄膜袋和硅胶保鲜袋，大部分食品为防止磕碰挤压还要进行单果包纸和套袋。食品的外包装和内包装都是隔热材料制作的，这就形成了人为的隔热层，直接阻碍着库内冷空气和包装内食品间冷热空气的传导和对流，包装内的食品热量也不易散发出去，造成了包装内温度较高，包装外温度较低的温差现象。据测，一个盛装 15 kg 苹果的纸箱包装，在冷藏间库温 0℃ 的环境中，纸箱内的温度常高于同区域库温 0.5℃。

⑥空气与食品温差

冷藏间的空气温度是测量库温的直接标准，各种食品储藏中规定的各种控温指标，即是指冷藏间的空气温度指标。食品温度平常是指食品的表面温度。在相同的和不同的区域空间，冷藏间的空气温度和食品的表面温度往往也存在温差，因为食品在储藏过程中由于呼吸作用而不断散发热量，食品温度总要高于食品周围的空气温度，一般温差通常在 0.5℃ ~1℃。根据所储食品的种类、形状和大小，食品的内部温度也不同程度地要高于食品的表面温度。

⑦冲霜时的温差

冷藏间的蒸发器需要用井水及热氨进行冲霜，冲霜虽然不是每天都要进行，但在冲霜过程中，冷藏间内的区域空间温差将会发生相反的变化，这时的热点区域已转移到蒸发器周围，因为外来水和热氨都大大高于库内温度，水温和热氨温度一般都在 10℃ 以上，并且冲霜时间要持续 20 ~40 min，这时蒸发器周围的温度通常要高于其他区域空间 2℃ ~3℃ 甚至更高，直接影响着库内的温度均衡。

任务四　冷库的运作与管理

一、冷库的人员配备

正确地掌握冷库的使用和维护方法是延长冷库使用寿命的关键。

我国（原）劳动部和（原）国内贸易部联合颁发的《中华人民共和国商业行业技术工人等级标准》规定了冷藏工的等级标准，并对各级冷藏工作出了具体要求。现以高级冷藏工的要求作例子：

（一）必备知识

1. 文化基础知识

具有高中文化程度（含同等学力），并具有一定的自学能力。

2. 技术业务基础知识

具有与本岗位有关的物理、化学、微生物、食品冷藏加工工艺的系统知识。

3. 经营管理知识

具有企业全面质量管理和系统的经济核算知识。

4. 工具设备知识

①通晓本厂主要的工具、测量仪表、制冷机械设备的使用及保养知识。

②了解本厂冷库的建筑结构等技术指标。

5. 工艺技术知识

①了解冷库内气流组织及气流分布的机理，掌握各种冷却、冻结、快速冻结、冷藏装置的配套选择及其理论依据。

②掌握食品冷藏加工的一般理论知识和制冷的基本原理以及食品冷藏加工、冷藏储运的全部生产工艺。

6. 质量标准知识

通晓各种内、外销冷冻食品、冷冻方便食品、冷冻品的等级、规格、保藏、包装、标签及其质量要求或标准。

7. 安全防护知识

通晓各种制冷装置的安全规范。

（二）技能要求

1. 实际操作能力

①能组织本工种各工序的生产操作和商品保管工作。

②能对本工种的生产工艺提出改进意见。

2. 应用计算能力

①能正确计算和合理安排库房库位。

②能对本厂（车间）的产品成本进行计算，并且能分析出问题，提出改进措施。

③能绘制冷库的平面布置图、库房管路系统图、设备安装图。

④能进行库房维修用工、用料的概算或预算。

3. 工具设备使用、维护和排障能力

①能指导制冷设备、货架、管道、传送装置的正确安装。

②能协助进行机械设备的维修。

4. 应变及事故处理能力

①能发现库内及速冻装置内的气流组织问题，并予以解决。

②能解决冷藏加工生产中出现的重大技术疑难问题。

5. 语言文字能力

①能对冷库的设计安装提出鉴定意见。

②能编写本厂（车间）的年度总结及年度计划。

③能参加编写食品冷冻加工教材。

6. 其他相关能力

①能参加新工程、新设备、新产品的研制、试验工作。

②能协助本厂（车间）领导全面管理生产。

③能对中级工进行技术培训和指导。

二、冷库的仓储管理

（一）冷货保管

1. 冷货堆垛

库内堆垛严格按仓库规章进行，合理选择货位。将存期长的货物存放在库里端，存期短的货物存放在库门附近，易升温的货物存放在接近冷风口或者排管附近。根据货物或包装形状合理采用垂直叠垛或者交叉叠垛。货垛要求堆码整齐、货垛稳固、间距合适。货垛不能堵塞或影响冷风的流动，避免出现冷风短路。堆垛完毕应在垛头上悬挂货垛牌。

堆垛间距要求：第一，低温冷冻库货垛距顶棚 0.2 m；第二，高温冷藏库货垛距顶棚 0.3 m；第三，距顶排水管下侧 0.3 m；第四，距顶排水管横侧 0.3 m；第五，距未装设墙冷排管的墙壁 0.2 m；第六，距冷风机周围 1.5 m。

拆垛作业时应当从上往下取货，禁止从垛中抽取。取货时要防止因货物冻结黏连强行取货而扯坏包装。

2. 严格掌握库房的温度、湿度

根据食品的自然属性以及所需要的温度、湿度选择库房，力求保持库房温度、湿度的稳定。冻藏间的温度要保持在 −18℃ 以下，库温只允许在进、出货时的短时间内波动，正常情况下温度波动不得超过在大批冻藏食品进、出库过程中，一昼夜的升温不得超过 4℃。冷却物冷藏间在通常情况下，库房温度升降幅度不得超过 0.5℃，在进出库时，库温的升高不得超过 3℃。

对运来的温度不合要求的冷却或者冻结食品，允许少量进入冷藏间储藏，但应当保持库内正常储藏温度。若温度高于 −8℃，应当在冻结间中进行再冻后方能进入冷库储藏。

为了减少食品的干耗，保持原有食品的色泽，对易于镀冰衣的食品，如水产品、禽、兔等，最好镀冰衣后再储藏。

3. 冷库的通风换气

按照货物所需要的通风要求进行通风换气，以保持库内合适的氧气和湿度。冷库一般采用机械通风，要根据货物保管的需要控制通风次数以及通风时间，如冷藏库每天 2～4 次，每次换气量为冷藏间体积的 1～2 倍，或使库内 CO_2 含量达到适合的范围。通风将外部的空气带入库内，也将空气中的热量、水汽带入库内，因而要选择合适的时间通风换气。

4. 认真掌握储藏安全期限

对冷藏食品要认真掌握其储藏安全期限，执行先进先出制度，并且经常进行定期或不定期的食品质量检查。若食品将要超过储藏期，或者发现有变质现象时，应当及时处理。

（二）果蔬储藏冷库

1. 果蔬储藏冷库的构造特点

现阶段果蔬储藏冷库采用的大多数是活动式的组合冷库。组合冷库的特点是灵活性强、结构简单、操作方便且易于管理。组合冷库主要由库体、库门、制冷压缩机、冷风机、自控元件、电控系统六大部分组成。库体保温材料一般采用聚氨酯或聚苯乙烯，外敷镀塑彩色钢板、不锈钢板、铝合金板等。库板应当具备自动贴膜、自动灌注、自动轧筋、自动成型的特点，保证保鲜冷库的保温效果，降低用户运行成本。

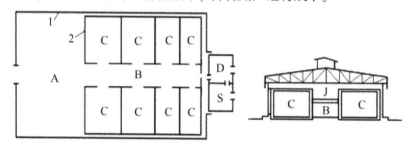

图4-6 外结构架型装配组合式气调库（平剖面）

A—包装挑选间；B—穿堂；C—气调贮藏间；D—气调机房；J—技术走廊；S—制冷机房；
1—外围结构；2—围护结构

库门主要起到保温、美观的作用，在库门上装个小窗户，取东西的时候尽量不使冷气外泄而更好地保温。制冷压缩机的作用是让冷库内迅速降温，它应具备性能优良、操作方便、故障率低等特点。冷风机采用的基本为吊顶式冷风机，既能减少库内的占用体积，又可解决系统回油问题，使机组能正常工作，使用寿命长，起到保温、通风、排除浊气的作用。自控元件是为了确保系统制冷调节的灵敏度和使用可靠性而设的。电控系统进行电动控温，设有电动化霜终温控制。一个电控系统可以对多个库体进行电动控温。

2. 果蔬储藏冷库使用注意事项

冷库内果蔬包装箱堆放时，相互之间必须留有一定的空间，以利于库内空气流通，使储藏物品的温度与设计控制温度相同。储藏物堆放不能太高，与冷库顶面有600 mm～1 200 mm的空间、与周边墙面有500 mm～800 mm距离，保持四周通风，有列于库内气体流通，使温度分布均匀。定期打开库门，使库内果蔬释放的如乙烯、SO_2等气体得以排出，有利于果蔬保鲜，因为这些气体对果蔬有加快后熟的作用。

使用时应该经常注意观察压缩机的视油镜。当压缩机的冷冻油在视油镜的孔不到一半时，应加适量的冷冻油（在熟练的制冷技术工指导下）。采用水冷机组的应检查水池内是否干净，如发现废塑料袋等杂物应及时取出，否则会堵住水泵的吸入口，造成水量小或断水。冷冻机使用电源必须单独架设，并且要安装可靠的断路器，电源电压控制在380V±10%、220V±10%内，电源网络电压过高、过低易造成电机烧毁。冷冻机四周必须清洁干净。

（三）气调库的操作与管理

1. 储藏管理

所谓储藏期间的管理主要是指在整个储藏过程中调节控制好库内的温度、相对湿度、气体成分和乙烯含量，并做好果蔬的质量监测工作。

（1）温度管理

温度对果蔬储藏的影响是诸多因素中最重要的一个，也是其他因素所无法替代的。

①温度对呼吸作用的影响

水果、蔬菜等园艺作物，在采收之后虽已离开母体或土壤，但它仍是一个活的有机体，并在不停地进行着以呼吸为主要特征的异化作用。由于采收后失去了营养供应，因而果蔬呼吸消耗的基质也就是果蔬本身的储备物质，即人们需要的营养。储藏保鲜的实质也就是人为地创造一个适宜的环境，使果蔬在这个环境中既保持微弱的有氧呼吸，将自我消耗降至最低，又不至于进行无氧呼吸而产生乙烯使果蔬败坏，从而最大限度地保存营养供人们享用。

由于呼吸作用和果蔬的各种生理生化过程有着密切的联系，并制约着这一过程，因此必然会影响到果蔬的采后品质、成熟度、耐藏性、抗病性以及整个储藏寿命。温度越高，呼吸作用越旺盛，各种生理生化过程进行得越快，储藏寿命也越短。因此，我们在果蔬花卉采收之后，必须适时降温，抑制呼吸，减少消耗。据有关研究资料表明，储藏温度每降低 $10℃$，水果的呼吸强度可减弱 $1 \sim 2$ 倍。还有资料表明，当储藏温度由 $0℃$ 升高到 $3℃ \sim 4℃$ 时，水果的呼吸强度可升高 $0.5 \sim 1$ 倍。

②温度对酶活性的影响

果蔬中有多种酶类参与代谢每一步生理生化反应。作为采后生理代谢主导过程的呼吸作用，实际上也是一种酶促反应，酶在这些反应过程中起着催化剂的作用，使果蔬生理代谢过程中的异化作用加快。果蔬产品抑制酶的活性，有利于果蔬的长期储藏。

③温度对果蔬失重的影响

在储藏期间果蔬的重量损失主要来自两个方面：一是蒸发，二是呼吸。其中蒸发是失重（失水）的主导因子；因呼吸而导致的失重较少，并随着储藏温度的下降和气调环境的形成，这种损失会越来越少。

果蔬体内水分的蒸发与储藏温度的高低密切相关，高温可加速水分蒸发，低温则抑制蒸发。特别是当库内储藏温度较高、相对湿度（RH）较低和气流加大时，新鲜果蔬的水分会大量迅速损失，沿着果蔬内部→表皮→大气→冷凝器（风机）→下水道的通道流失。

库内的相对湿度对果蔬的失水影响极大。果蔬的水分损失不完全取决于温度，而是取决于该温度下的相对湿度。通常把 $1 m^3$ 空气中实际存在的水蒸气量称为绝对湿度，把 $1 m^3$ 空气所能容纳水蒸气的最大量称为饱和湿度，二者之比称为相对湿度。

在相同体积的空气中，水蒸气的含量不变，则温度越高 RH 值越小，反之 RH 值就增大。在水果储藏过程中，库温上升、相对湿度下降都会导致果蔬失水。为避免或减少水分损失，一般气调库都应保持适宜的低温和 90% 以上的相对湿度。

④温度对微生物的影响

储藏温度对微生物的生命活动有着极重要的影响。每一种微生物生存、繁殖都需要一定的外界条件，其中温度就是一个重要因子，只有当温度适宜时微生物才有可能快速繁殖，进而造成危害，否则将受到抑制甚至停止生命活动。对果蔬储藏影响最大的是真菌和细菌，其次是其他微生物如病原菌等。降低储藏温度一般可有效地抑制微生物的繁殖，防止因微生物侵染而引起腐烂变质。

最后还应指出的一点是，气调储藏不仅需要适宜的低温，而且要尽量减少温度的波动和不同库位的温差，这些都是搞好气调储藏所必不可少的。

（2）温度管理方法

在入库前 7～10 d 即应开机梯度降温，至鲜果入储之前使库温稳定保持在 0℃ 左右，为储藏做好准备。果品在入库前应先预冷，以散去田间热。入储封库后的 2～3 d 内应将库温降至最佳储温范围之内，并始终保持这一温度，避免产生温波。

（3）相对湿度管理

相对湿度是在相同温度下，空气中水蒸气压和饱和水蒸气压之比，通常用百分数表示。在一般情况下，我们可近似认为果蔬内部的 RH 值为 100%，即水果内部空气的水蒸气压等于该温度的饱和水蒸气压。当果蔬在气调或其他环境中储藏时，环境中的水蒸气压一般不可能达到饱和水蒸气压，这样，果蔬与环境之间就存在着水蒸气压差，果蔬的水分就会通过表层向环境中扩散，导致失水。

气调库中的相对湿度直接影响着产品质量，大部分水果、蔬菜和切花在相对湿度过低时都会很快萎蔫。

为了延缓产品由于失水而造成的变软和萎蔫，除核果、干果、洋葱等少数品种外，大部分易腐果蔬产品储藏的相对湿度以保持在 85%～95% 为好。气调储藏中推荐的相对湿度应以既可防止失水又不利于微生物的生长为度。

要想保持气调库中适当的相对湿度，必须有良好的隔热层，避免渗漏。同时换热器（冷风机）必须有足够的冷却面积，使蒸发器与产品之间的温差尽可能缩小。因此，只有在机械制冷的精确控制之下，才能保持较高的相对湿度。当蒸发器表面与库温温差加大时，RH 值就会下降。

另一个保持湿度的方法是采用夹套库或薄膜大帐，这种结构和成本比普通库要高，操作也比较麻烦，但在商业上仍不失为一个良好的保湿途径。当然，塑料薄膜小包装或在库内加水增湿也不乏用处。

在气调储藏中增湿的另一个方法是设置加湿器，该设备有离心式、超声式等结构，但目前用的较多的是超声波加湿器，它利用高频振荡原理将水雾化，然后送入库内增加空气湿度。

相对湿度管理的重点是管好加湿器及其监测系统。储藏实践表明，加湿器以在入储一周之后打开为宜，开动过早会增加鲜果霉烂数量，启动过晚则会导致水果失水，影响储藏效果，开启程度和每天开机时间的长短，则视监测结果而定，一般以保证鲜果没有明显的失水同时又不致引起染菌发霉为宜。

2. 气体成分管理

这里所说的气体成分，主要指对果蔬后熟影响最大的 O_2 和 CO_2。

果蔬后熟进程的快慢，与储藏环境的气体成分关系很大，这一过程不仅受乙烯浓度高低的影响，而且受 O_2 和 CO_2 分压的左右。低 O_2 和高 CO_2 都能有效地抑制果品的后熟作用。

采用气调装置或减压技术降低储藏环境中的 O_2 分压，可以延缓组织的衰老，相对提高果肉硬度和含酸量，并在解除气调状态后仍有一段时间的滞后效应。这一现象与乙烯的生物合成过程有关，低 O_2 不仅抑制了乙烯的生成，而且降低了组织对乙烯的敏感性，从而使果实的异化作用下降，基质消耗减少。再者，乙烯生成的受阻程度还与低 O_2 处理的时间有关，短期（如 2～3d）低处理的抑制作用是一种暂时的可逆反应，一旦解除处理，组织即可恢复生成乙烯的能力，而长期低处理对乙烯生成的抑制作用则是一个不可逆反应，故在解除气调状态后，仍有较长时间的后效应，为延长果蔬的储藏时间和货架寿命赢得了宝贵的时间。

高 CO_2 处理对果蔬的后熟具有多种效应，它可降低呼吸代谢、延缓后熟进程、减少病害发生、增加储藏寿命。不同果蔬品种对 CO_2 的忍耐力具有明显的差异，并且这种差异受温度等外界因素的影响。就其采收期和 CO_2 伤害部位而言，早采果的 CO_2 伤害多见于表皮，而晚采果则多表现为内部损伤。对采收后的苹果立即用高 CO_2（如 10% ~ 15%）进行短期（如 10 ~ 15 d）处理，可使乙烯在大量生成之前即得到抑制，致使呼吸速率下降，跃变推迟。但在储藏后期，已进入衰老阶段的果实则对 CO_2 非常敏感，这时稍有不慎，即有可能因 CO_2 中毒而导致果蔬腐烂。

实验结果表明，在猕猴桃的长期储藏中，当储藏环境的气体成分 O_2：2% ~ 3%，CO_2：3% ~ 4%，N_2：93% ~ 95% 时，与自然状态下（O_2：21%，N_2：79%）相比，猕猴桃的呼吸强度下降32%，储藏120天之后的果肉组织崩解率下降3.2倍，由此可见，改变储藏环境的气体成分（即气调储藏），可以延缓果蔬的衰老进程，有利于果蔬的长期储藏。

在苹果的储藏中也证明了气体成分的效应，在储藏温度相同的条件下，若把自然状态下（21% 的 O_2）苹果吸 O_2 和放 CO_2 的数值定为100%，当 O_2 降至10%时，苹果吸 O_2 和放出 CO_2 的量分别是80%和84%，若把 O_2 降到3%，CO_2 升至5%，则苹果吸入 O_2 和释放出 CO_2 的数量分别下降至40%和32%。由此可见，随着储藏环境中气体成分的改变，苹果的呼吸强度也受到强烈抑制。

影响果蔬储藏的很多微生物（如霉菌、细菌等）皆属嗜氧微生物，只有在充足 O_2 的环境中才能快速繁殖。当在气调环境中分压急剧下降和 CO_2 分压上升时，微生物就难以正常生长和繁殖。因此，气调储藏可明显地抑制有害微生物的繁衍，减少微生物所造成的损失。

气体成分管理的重点是库内 O_2 和 CO_2 含量的控制。当果蔬入库结束、库温基本稳定之后，即应迅速降 O_2，库内 O_2 降至5%时，再利用水果自身的呼吸作用继续降低库内 O_2 含量，同时提高 CO_2 浓度，直到达到适宜的 O_2 与 CO_2 比例，这一过程需10天左右的时间，而后即靠 CO_2 脱除器和补 O_2 的办法，使库内 O_2 和 CO_2 稳定在适宜范围之内，直到储藏结束。

3. 果蔬储藏管理

（1）预冷

预冷是将刚采收的果蔬产品在运输和储藏之前迅速除去田间热和降低果温的过程。及时适宜的预冷不仅可以最大限度地保持果蔬产品的品质，而且可减少腐烂损失。延长产品采收后的预冷时间，必然会增加损失。及时而有效地降温预冷，可以降低果蔬因呼吸等异化作用所导致的损失，还可抑制酶的活性，减少失水和乙烯释放量，抑制多种腐败微生物的生长。

为了保持果蔬的新鲜度、货架期和储藏寿命，预冷最好在产地进行，特别是对那些娇嫩易腐的产品，及时预冷就显得更为重要。

预冷可分为自然降温预冷、水冷却预冷、真空降温预冷、强制通风预冷、冷空气预冷和加冰预冷等多种方式。目前国内用得最多的是自然降温预冷和冷库强制通风预冷，前者利用自然冷源预冷，成本低廉，操作方便，但预冷速度慢，效果较差；后者预冷效果好，但需消耗能源。二者结合起来预冷，在充分利用昼夜温差等自然冷源的基础上再人为地强制通风降温，不失为一条良好的预冷途径。

（2）入库品种、数量和质量

只有优质的产品才适于气调长期储藏，所以除了搞好田间管理外，要尽量避免产品的破损、擦伤、腐烂和变质。擦伤和其他机械损伤不仅影响产品的外观，而且也为微生物的侵袭大开方便之门。据试验，在同样储藏条件下存放的李子，擦伤果的腐烂率为25%，而未受伤果的腐烂率只有1.3%。

机械损伤还会加快果蔬的失水进程，如苹果仅仅因严重损伤就可使失水率增加40%，而去皮马铃薯的失水量要比未去皮的马铃薯增多3～4倍。

用于气调储藏的产品还必须适期采收，产品成熟不足或过熟不仅影响产量，更影响质量，同样会减少储藏寿命。如新西兰的猕猴桃最低采收成熟度必须使果肉的可溶性固形物达到6.2%以上，否则即视为等外果，公司拒收，市场拒入。其他果蔬也应有相似的指标或标准。

新鲜果蔬在田间早期的微生物侵染，一般不易被察觉，但在储藏中却容易引起产品腐烂。所以储藏前对产品的早期侵染要心中有数，只有不受侵染的优质产品，才适于气调长期储藏。绝大多数果蔬产品在储藏之前都要尽快散去田间热或预冷，所有产品在采收后都要放在适宜的条件下，才能延长储藏寿命。水果、蔬菜的储藏寿命也因品种、气候、土壤条件、栽培措施、成熟度和储藏前的处理方法而异。凡是那些在不良条件下生长或远距离运输的产品，储藏寿命都会缩短。

最后还要特别提出的一点是，所有供储果蔬都必须慎用各种激素。如很多蔬菜和水果由于大量使用激素，或激素＋化肥＋灌水，致使产品质量大幅度下降。激素的不当使用，不仅降低了果蔬质量，增加了储藏难度和腐烂率，也损害了果蔬的商业信誉，对产业发展极为不利。

果蔬质量监测对储藏质量极为重要，果蔬从入库到出库要始终处于人工监控之下，定期对鲜果的外部感官性状、失重、果肉硬度、可溶性固形物含量、染菌霉变等项指标进行测试，并随时对测定结果进行分析，以指导下一步的储藏。

在同一间储藏室内应入储相同品种、相同成熟度的果实。如果一个品种不能充满储藏室，要以其他品种补足时，也应储入相同采收期和对储藏条件有相同要求的品种。绝不允许将不同种类、不同品种的水果或蔬菜混放在同一间储藏室内，以免释放的乙烯及其他有害气体相互影响储藏品质。

果蔬入库时不宜一次装载完毕，因果蔬释放的田间热和呼吸热，加上冷库门长时间开放引入外界的大量热量会使库温升高并使库温在很长时间降不下来，影响储藏效果。因此要求分批入库，每次入库量不应超过库容总量的20%，库温上升不应超过3℃。对已经通过预冷处理的果蔬，可以酌情增加每次的入库数量。以苹果入库为例，如果储藏室的温度达到7℃时，即应停止入库，待温度降低后再继续入库。入库时机房应正常运转，送冷降温。

（3）堆码和气体循环

要使果蔬迅速降温，产品的堆码方式非常重要。堆码粗放无序，就会产生较大的阻力，妨碍气流循环，这时即使气调库的空气循环系统设计得再合理也无济于事。空气循环的基本原理是让空气沿着阻力最小的通道流动。若堆码不当，就会局部受阻，形成气流的死角，使温度上升。风道太宽也不好，因为这时气流就会短路，不利于散热降温。最好的堆码方式是使每个包装箱周围都有气流通过，这时冷却的速度才最快，但在商业性大型气调库内很难做到。

在建造气调库时，一般冷却器应安装在中央通道的上方，空气可以从库中心向墙壁、向下和在产品行间循环，再回到库房中心，使之均匀降温。要达到均匀降温的目的，在产品与墙壁和产品与地坪间须留出 200 mm～300 mm 的空气通道，在产品与库顶之间所留空间一般应在 50 mm 以上（视库容大小和结构而定），此外，在产品的垛与垛之间也应留出一定的间隙，以利通风降温。一般在空库情况下，每小时的换气量应达到 7.5 次左右，以利保持库内温度均衡。

三、冷库的安全管理

安全管理包括设备安全管理、水电防火安全管理、库体安全管理和人身安全管理等诸多方面，这里特别强调的是库体安全和人身安全。气调库操作是一种危险性较高的工艺操作，气调库工作人员必须参加有关安全规则的学习，切实掌握安全操作技术。

（一）库体安全

由于气调库是一种对气密性有特殊要求的建筑物，库内、外温度的变化以及在气调过程中，都可能使围护结构两侧产生压差，虽然在气调库中考虑了如安全阀、储气袋等安全装置，但若不加强管理，就可能影响气调库的使用，甚至造成围护结构的破坏。在气调库的运行过程中，安全阀内应始终保持一定水柱的液面。考虑到冬季运行时库外温度降到0℃以下，应采取防冻措施，可以在水中加入盐类物质，有条件时，也可以加入汽车用的防冻液，避免安全阀里的水冻结成冰。除防水、防冻、防火之外，重点是防止温变效应。在库体进行降温试运转期间绝对不允许关门封库，因为过早封库，库内温压骤降，必然增大内外压差，当这种压差达到一定限度之后将会导致库体崩裂，使储藏无法进行。正确的做法是当库温稳定在额定范围之后再封闭库门，进行正常的气调操作。

（二）人身安全

这里所说的人身安全是指出入气调库的安全操作。操作维修人员必须了解气调库内的气体不能维持人的生命。当人们进入气调库工作时，会导致窒息而死。因而要了解窒息的症状，懂得不同症状的危险程度。

氧气浓度21%，所有呼吸功能正常。

氧气浓度17%，烛光熄灭，人有不适感觉。

氧气浓度12～16%，呼吸加剧，脉搏跳动加快，视觉和清晰思维能力减弱，肌肉的协调动作略有受阻，如迅速离开此环境，恢复人的正常生命机能尚不难。

氧气浓度10~14%，仍有知觉，但已失去判断力，出现某些不感觉痛苦的症状，如发烧、皮下出血等，肌肉迅速达到疲劳极限，导致心脏受损而出现昏厥。

氧气浓度6~10%，恶心呕吐，两腿发软，不能站立、走路，甚至不能爬行，尽管本人可能意识到死亡的威胁，但已无能为力。

氧气浓度6%以下，如处于静止状态，在30~40 s内丧失知觉，如处于活动状态，丧失知觉的时间更短。有呼吸困难透不过气的感觉，随之肌肉抽搐，紧接着呼吸停止，持续几分钟后心脏也停止跳动。

（三）呼吸装置的使用和保管

1. O_2呼吸器的工作原理

由人体的肺部呼出的气体进入清净罐，CO_2被吸收剂清除掉，残余的气体与瓶储存的O_2混合后组成新鲜空气，由呼吸进入人体的肺部。

2. O_2呼吸器的使用方法

使用时，将头和左臂穿过悬挂皮带，然后落于右肩上，再用紧身皮带把呼吸器固定在左侧腰部。打开氧气瓶的开关，手按补给钮，排出呼吸器内各部分的污气。把覆面由头顶套入，戴向下瓢，它的大小以既能保持气密，又不太紧为原则。校正眼镜框的位置，使其适合视线。检查气压表的压力数，以便核对O_2呼吸器的工作时间，必要时可按汽笛进行联系。

3. O_2呼吸器的消毒和保管

O_2呼吸器使用前后都要消毒。消毒的主要部分是气囊、覆面以及呼吸用的软管。消毒时可用2%~5%的石炭酸溶液或酒精清洗。

保管时，避免阳光直接照射，以免橡胶老化或高压O_2部分降低安全度。保持清洁，防止灰尘，切忌与各种脂肪油类接触。每天都应检查O_2瓶内的存氧情况和吸收剂性能，要及时充氧和更换吸收剂，使O_2呼吸器处于准备使用状态。

（四）气调库的主要安全措施

第一，在每间气调库的门上书写危险标志，如"危险"，库内气体不能维持人的生命。在封库之后，气调门及其小门应加锁，防止闲杂人员擅自入库。

第二，气调门上的小门至少宽600 mm，高750 mm，使背后绑扎着呼吸装置的人员可以通过。

第三，在靠近库内冷风机处，放一架梯子，以便检修设备时使用。

第四，至少要准备两套经过检验的呼吸装置。

第五，需要进入气调库检查储藏质量或维修设备时，至少要有两人。入库前应将库门和观察窗的门锁打开，带上可靠的呼吸装置，一人进入库内，另一人守候在气调门外并一直注意入库人员的动态。一旦入库人员发生意外，应采取急救措施。若维修工作量大，短时间内完不成，应开启库门，启动风机，待库内气体回复到空气状态再入库，工作完成后封门调气。

第六，加强防火安全管理。气调库发生的火灾与一般的火灾不同，如制冷系统采用的氨外泄，将会产生毒气或爆炸，造成极大的损害。因此，应加强安全防范措施，增加消防设施，加强防火安全管理，禁止吸烟，杜绝一切可能引起火灾的隐患。

四、冷库的卫生管理

食品进行冷加工，是通过低温处理，抑制微生物的活动，达到较长时间保藏的目的。所以，在冷库使用中，冷库的卫生管理是一项重要工作。要严格执行国家颁发的卫生条例，尽可能地减少微生物污染食品的机会，以保证食品质量，延长保藏期限。

（一）冷库卫生的内容

1. 冷库的环境卫生

食品进出冷库时，都需要与外界接触，若环境卫生不良，会增加微生物污染食品的机会，所以冷库周围的环境卫生是十分重要的。冷库四周不应有污水和垃圾，冷库周围的场地和走道应当经常清扫，定期消毒。垃圾箱和厕所应当离库房有一定距离，并保持清洁。运输货物用的车辆在装货前应进行清洗、消毒。

2. 库房和工具设备的卫生

冷库的库房是进行食品冷加工和长期存放食品的地方，库房的卫生管理工作是整个冷库卫生管理的中心环节。

在库房内，霉菌较细菌繁殖得快，极易侵害食品。所以，库房应当进行不定期的消毒工作。运货用的手推车及其他载货设备也能成为微生物污染食品的媒介，应当经常进行清洗和消毒。库内冷藏的食品，不论是否有包装，都要堆放在垫木上。垫木应当刨光，并且经常保持清洁。垫木、手推车以及其他设备，要定期在库外冲洗、消毒。加工用的一切设备，比如秤盘、挂钩、工作台等，在使用前后都应当用清水冲洗干净，必要时还应当用热碱水消毒。冷库内的走道及楼梯要经常清扫，特别在出入库时，对地坪上的碎肉等残留物要及时清扫，以免污染环境。

3. 冷库工作人员的个人卫生

冷库工作人员经常接触多种食品，若不注意卫生，本身患有传染病，就会成为微生物和病原菌的传播者。所以对冷库工作人员的个人卫生应有严格的要求。

冷库作业人员要勤理发，勤洗澡，勤洗工作服，工作前后都要洗手，经常保持个人卫生。同时必须定期检查身体，若发现患有传染病，应当立即进行治疗并调换工作，未痊愈时，不能进入库房与食品接触。

库房工作人员不应将工作服穿到食堂、厕所和冷库以外的场所。

（二）冷库卫生管理

1. 消毒

（1）消毒剂

库房内消毒有以下几种方法。

①漂白粉消毒

漂白粉可以配制成含有效氯0.3%～0.4%的水溶液（1 L水中加入含16%～20%有效

氯的漂白粉20 g），在库内喷洒消毒，或者与石灰混合，粉刷墙面。配制时，先将漂白粉与少量水混合制成浓浆，然后加水至需要的浓度。

在低温库房进行消毒时，为了加强效果，可以用热水配制溶液（30℃~40℃）。用漂白粉与碳酸钠混合液进行消毒，效果较好。配制方法：在30 L热水中溶解3.5 kg碳酸钠，在70 L水中溶解2.5 kg含25%有效氯的漂白粉。将漂白粉溶液澄清以后，再倒入碳酸钠溶液。使用时，加两倍水稀释。在用石灰粉刷时，应当加入未经稀释的消毒剂。

②次氯酸钠消毒

可用2%~4%的次氯酸钠溶液，加入2%碳酸钠，在低温库内喷洒，然后将门关闭。

③乳酸消毒

每立方米库房空间需用3 ml~5 ml粗制乳酸，每份乳酸加1~2份清水，放在瓷盘内，置于酒精灯上加热，再关门消毒几小时。

④福尔马林消毒

在库温20℃以上的库房，可以用3%~5%的甲醛消毒（7.5%~12.5%的福尔马林溶液），空间喷射0.5~0.06 kg/m³。在低温库房内喷射，其效果较差。每立方米空间可以用15~25 g福尔马林，加入沸水稀释，与10%~20%的高锰酸钾一起置于铝锅中，任其自然发热和蒸发，闭门1~2天后，经过通风，消毒工作即完成。因为福尔马林气味很大，肉吸收后就不能食用。为了吸收剩余的福尔马林，可在通风时用脸盆等容器盛氨水放在库内。福尔马林对人体也有很大的刺激作用，使用时要注意安全。

（2）消毒和粉刷方法

库房在消毒粉刷前，应当将库内食品全部撤出，并清除地坪、墙和顶棚上的污秽，发现有霉菌的地方，应当仔细用刮刀或刷子清除。在低温库内，要清除墙顶和排管上的冰霜，必要时需将库温升至正温。

库房内刷白，每平方米消毒表面所消耗的混合剂约为300 ml，在正温库房可以用排笔涂刷，负温时可以用细喷浆器喷洒，有时会出现一层薄溶液冻结层，经1~3天以后，表面会逐步变干。

冷库内消毒的效果，根据霉菌孢子的减少来评定。故而，在消毒前后均要做测定和记录。消毒后，每平方厘米表面上不得多于一个霉菌孢子。

（3）紫外线消毒

一般用于冰棍车间模子等设备以及工作服的消毒，不仅操作简单，节约费用，而且效果良好。每立方米空间装置功率为1 W的紫外线光灯，平均每天照射3 h，即可对空气起到消毒作用。

2. 除霉

霉菌最爱在阴冷潮湿的地方生长，由于它能适应较低的温度，所以在冷冻厂的冷却物冷藏间中危害最为严重。霉菌在冷库内生长后，孢子会到处飞扬，对于动物性食品和蛋品的质量影响很大。霉菌和致病菌不同，它本身是无害的，也不会产生毒素，但是生了霉菌后严重地损害了商品的外观，并加快了肉类、蛋品的霉烂变质。霉菌生长以后，肉眼都可以看到，所以除霉工作比消毒工作更受到企业的重视。

除霉方法有机械除霉、物理除霉和化学除霉三大类。

（1）机械除霉法

用机械进行打扫和铲除生霉的部分，要和其他除霉方法相结合。在机械除霉法中有一种空气洗涤法，就是在进风口处装一喷水器，空气在循环时通过水幕而将霉菌的孢子洗去，该方法就像现在的湿式冷风机一样，可以起到减少霉菌的效果。

（2）物理除霉法

利用温度、湿度、紫外光、高频电和铜丝网来除霉。

（3）化学除霉法

化学除霉主要是利用抗霉剂。冷库用的抗霉剂有很多种，常常与粉刷材料混合在一起进行粉刷，消毒方法主要有以下几种。

①氟化钠法

在白陶土中加入 5% 的氟化钠（或者氟化铁）或者 2.5% 的氟化铉，配成水溶液粉刷墙壁。白陶土中钙盐的含量不应超过 0.7% 或最好不含钙盐。

②羟基联苯酚钠法

当发霉严重时，在正温的库房内，可以用 2% 的羟基联苯酚钠溶液刷墙，或者用同等浓度的药剂溶液配成刷白混合剂进行粉刷。消毒后，地坪要洗刷并且干燥通风后，库房才能降温使用。用这种方法消毒，不可与漂白粉交替或混合使用，以免墙面呈现褐红色。

③硫酸铜法

将硫酸铜 2 份和钾明矾 1 份混合，取此 1 份混合物加 9 份水在木桶中溶解，粉刷时再加 7 份石灰。

④用 2% 过氧酚钠盐水与石灰水混合粉刷。

3. 除异味

（1）产生异味的原因

异味，即冷库中的烹饪原料以及食物在外界因素的影响下，通过物理化学的变化，产生一种不正常的气味，时间一久，这种气味会黏附于冷库的墙壁、顶棚以及设备和工具上。冷库中产生异味，一般说来有以下几个方面的原因。

①冷库在未进食品前就有一种异味存在。

②入库前食品就有腐败变质现象，如变质的蛋、肉、鱼等。

③冷库通风不畅，温度、湿度过大，致使霉菌大量繁殖，产生霉气味。

④存放过鱼的冷库，未经清洗即存放肉、蛋或水果、蔬菜等食品，致使气味感染而变质。

⑤制冷管道的泄漏，制冷剂（氨）侵蚀到食品中导致异味产生。

⑥冷库中温度不下降，致使肉品变质腐坏产生腐烂味。这种情况多发生在鲜肉未冻结、冻透即转库储藏。

⑦不同气味的食品存在一个库内，导致食品串味互相感染。

（2）防止异味产生的方法

①入库冷藏的食品，必须经过检验，没有变质的方可入库存放。

②库房在进货前不得有异味存在。如果有异味，必须经过技术处理，排除异味后方可进货。

③平常要加强冷藏设备的维护，严禁倒堆卸货，防止因此砸坏管路，或造成制冷剂外泄。

④食品在冷加工过程中，必须使库房保持一定的温度，不得将冻制食品进行转库或者存放。若库房温度降不下来，应当查找原因，待排除后再进行食品入库。

⑤冷库内不得混合存放互相感染的食品。

（3）冷库排除异味的方法

①臭氧法

臭氧具有强烈的氧化作用，不但能消除库房异味，还能制止微生物的生长。采用臭氧发生器，可以实现对库房异味的排除。如果库内存放含脂肪较多的食品，则不宜采用臭氧处理，以免脂肪氧化而产生酸败现象。

②甲醛法

将库房内的货物搬出，用2%的甲醛水溶液（福尔马林溶液）进行消毒和排除异味。

③食醋法

装过鱼的库房，鱼腥味很重，不宜装其他食品，必须经彻底清洗排除鱼腥味后才能装入其他食品。一般清除鱼腥味采用食醋的方法。

具体方法：鱼出库后，将蒸发管组上的冰霜层清除干净，并且保持库房温度在 -50℃以下，然后按库房每立方米容积用食醋量 50～100 g 配制，再用喷雾器向库内喷射，先将库房门关闭严密，断断续续地开动鼓风机，让食醋挥发且在库内流动，使食醋大量吸收鱼腥味。一般经 4～24 h 后打开库门，连续鼓风数小时可将醋味吹出库外。

若采用5%～10%的醋酸与5%～20%的漂白粉水溶液进行库内喷射，也能起到良好的消毒和排除异味的作用。

4. 灭鼠

鼠类对食品储藏的危害性极大，不但糟蹋食品，散布传染性病菌，同时还能破坏冷库的隔热结构，损坏建筑。所以，消灭鼠类对保护冷库建筑结构和保证食品质量有着重要意义。

鼠类进入库房的途径很多，可以由附近地区潜入，也可以随有包装的食品一起进入冷库。冷库的灭鼠工作应当着重放在预防鼠类进入。如在食品入库前，对有外包装的食品应当进行严格检查，凡不需带包装入库的食品尽量去掉包装。建筑冷库时，需要考虑在墙壁下部放置细密的铁丝网，以免鼠类穿通墙壁潜入库内。发现鼠洞要及时堵塞。

消灭鼠类的方法很多，可用机械捕捉、毒性饵料诱捕以及气体灭鼠等方法。用二氧化碳气体灭鼠效果较好。由于这种气体对食品无毒，用其灭鼠时，不需要将库内食品搬出。在库房降温的情况下，将气体通入库内，将门紧闭即可灭鼠。二氧化碳灭鼠的效果主要取决于气体的浓度和用量。如在 1 m^3 的空间内，用浓度为25%的二氧化碳0.7 kg，或者用浓度为35%的二氧化碳0.5 kg，一昼夜便可彻底消灭鼠类。二氧化碳对人有窒息作用，可能会造成死亡。操作人员需要戴氧气呼吸器才能入库充气或检查。在进行通风换气降低二氧化碳浓度后，方可恢复正常进库。用药饵毒鼠，需要及时清除死鼠。一般是用敌鼠钠盐来作毒饵，效果较好。

本章练习

一、单选题

1. 中型冷库的容量是（　　　）。

A. 250～1 000 t

B. 1 000～3 000 t

C. 3 000～10 000 t

D. 2 000～10 000 t

2. 果蔬最适合贮藏在（　　　）。

A. 高温库　　　　　　　　　　B. 中温库

C. 低温库　　　　　　　　　　D. 气调库

3. 气调库特有的设施包括（　　　）。

A. 气密门　　　　　　　　　　B. 调压气袋

C. 安全阀　　　　　　　　　　D. 技术走廊

二、多选题

1. 按使用库温要求划分，冷库可分为（　　　）。

A. 冷却库　　　　　　　　　　B. 冰冻库

C. 冻结库　　　　　　　　　　D. 冷藏库

2. 下面哪些是主库的构成（　　　）。

A. 冷却间　　　　　　　　　　B. 冷却物冷藏间

C. 气调保鲜间　　　　　　　　D. 设备间

3. 正常使用冷库，保证安全生产应把控好（　　　）关

A. 冰　　　　　　　　　　　　B. 霜

C. 水　　　　　　　　　　　　D. 门

E. 灯

三、思考题

1. 简述冷库的分类。

2. 简述冷库的组成。

3. 简述冷库选址的注意事项。

4. 简述冷库卫生管理过程中的管理内容。

项目五　果蔬农产品物流技术与管理

任务导入

　　我国是一个果蔬生产大国，蔬菜、水果已成为继粮食之后我国种植业中的第一和第二大产业，水果和蔬菜的产量均居世界第一位。加快发展果蔬冷链物流，对于减少果蔬损耗和促进农民增收具有十分重要的意义。

学习大纲

　　1. 了解果蔬农产品的特点。
　　2. 了解果蔬农产品物流特性。
　　3. 学习果蔬农产品简易储藏技术。
　　4. 掌握果蔬农产品机械冷藏库储藏技术。

任务一　果蔬农产品的特点

一、果蔬的生物特性

　　果蔬的生物特性即新陈代谢过程。栽培中的果蔬，靠根吸收土壤中的水分、细胞的叶绿素吸收光能源及二氧化碳，产生葡萄糖、淀粉等碳水化合物，此即是果蔬的同化作用或光合作用：

　　二氧化碳＋水＋光能源→葡萄糖＋氧

　　靠光合作用而同化的碳水化合物被氧分解产生二氧化碳、水及能源，此作用称为异化作用或呼吸作用：

　　葡萄糖＋氧→二氧化碳＋水＋能源

　　栽培中的水果和蔬菜同化作用与异化作用同时进行，但一经采收后，同化作用就停止，只有异化作用旺盛地进行；换言之，采收后的水果和蔬菜，其水分的供给已停止，而水分却不断地蒸发，造成果蔬农产品的枯萎。

二、果蔬的蒸发特性

　　果蔬采收后，就无法摄取养分及水分，却不断地消耗本身能量，致使重量减少，此即为果蔬的蒸发作用。蔬菜中以叶菜类（如菠菜）的蒸发作用最大，其次是菇菌类（如草菇、洋菇、金丝菇）、花果类（如花椰菜、小黄瓜、丝瓜）、豆类（毛豆、碗豆、四季豆）、根茎类（萝卜、芦笋、竹笋）、调味类（辣椒、蒜头）、土物（蕃薯、马铃薯、洋葱）等。水果则以草莓、葡萄的蒸发作用大，哈蜜瓜、桃子、李子的蒸发作用较小。为降低果蔬的蒸发作用，其主要方法有低温管理及湿度管理。

三、果蔬的呼吸特性

果蔬吸收空气中的氧，放出二氧化碳、水及能量，此即为果蔬的"呼吸作用"。呼吸时所获得的能量，一部分作为维持生命所需，其余大部分则变为热散发出来。温度高时，呼吸作用旺盛；温度低时，呼吸作用能被抑制而达到保鲜效果。同时，空气中二氧化碳及氧的浓度对果蔬的鲜度会有影响，尤其是叶菜类，因这些气体的浓度与水分的蒸发作用有关，故常可见叶菜类用透明胶套包起来并打洞，以保持新鲜。

果蔬呼吸作用旺盛时会产生下列害处：①水分蒸发、重量减轻、质地萎缩；②体内成分被消耗，体力变弱，使微生物、细菌容易附着；③成分分解、成熟、过热、软化，风味变淡。

当果蔬的呼吸作用高时，蒸发作用也强，特别是叶菜类；而芋薯类的呼吸作用低，芋在7℃～10℃，蕃薯在13℃～16℃之间是保鲜的适当温度。即使同属叶菜类，结球性品种的呼吸作用也比较低，所以高丽菜比菠菜更容易做好鲜度管理。蕃茄、茄子、小黄瓜等花果类的呼吸作用则为中间程度。一般来说呼吸量与表面积有关，表面积越大呼吸量越多。

任务二　果蔬农产品物流特性分析

一、果蔬农产品新陈代谢的连续性和不可逆性

果蔬产品采摘后，依然进行呼吸、蒸发等生理活动，这些生理活动的过程是连续的，并且是不可逆的，即果蔬的新陈代谢一直朝着生长——成熟——衰败——腐烂的方向发展。例如随着时间的推移，草莓的整体质量越来越差（即使有一小段上升是因为采摘时草莓还未完全成熟，采摘40分钟后达到最佳成熟度）。整个逐渐腐败过程是连续的，没有断点，也没有突变。由此可以得出两个结论：其一，果蔬的腐败、损伤是积累的，中间任何环节的损伤都将影响产品的最终品质；其二，果蔬一旦开始腐败，质量下降的趋势就不可逆转，即使改变条件，损失也是无可挽回的。因此，采后的一系列措施都只是尽可能保持果蔬农产品的食用价值，而非提高或改善价值。

二、果蔬农产品因品种不同储藏特性差异较大

果蔬农产品的耐储性主要取决于其种类和品种，同一种类的果品和蔬菜的耐储性能差别很大。在蔬菜中，由于可食用部分可能是植物的根、茎、叶、花、果实或种子，它们是组织结构和新陈代谢的繁殖器官，新陈代谢比较旺盛，有的成熟过程中还会形成大量的乙烯，所以花菜类很难储藏。但是花序已变态的花椰菜或整蒜则具有较强的耐寒力，可以在低温下作较长期的储藏。果菜类包括瓜、果、豆，由于大多数原产于热带或亚热带，它们

对低温比较敏感，其食用部分大多数为幼嫩果实，新陈代谢旺盛，表层保护组织尚不完善，耐储藏性能较差。块茎、球茎、鳞茎、根茎类都属于植物的营养储藏器官，有些还具有明显的休眠期或被控制在强迫休眠状态，使其新陈代谢降低到最低程度，所以比较耐储藏。在水果品类中，一般来讲，仁果类中的苹果、梨，浆果类中的葡萄、猕猴桃以及坚果类的核桃、板栗等具有非常好的耐储性，对低温的忍耐性较强，在防腐以及气调协同低温的条件下可储藏 6 ~ 8 个月或更长时间。核果类中的桃、李、杏等水果由于原产于热带或亚热带，采后生理代谢旺盛，对低温较敏感，在储藏过程中易发生低温伤害，因此耐储性较差，一般只能储藏 20 ~ 45 天，最耐储藏的品种可以储藏 120 天以上。热带和亚热带生长的柑橘类水果具有较好的耐储性，但是香蕉、菠萝、荔枝、芒果、枇杷、杨梅、红毛丹等采后呼吸代谢特别旺盛，而且在储藏温度比较高时就有可能出现冷害，即使 8℃ ~ 10℃时也常常会发生冷害，不能长期储藏。

总的来说可以根据果蔬的呼吸强度来判断果蔬农产品的耐储性：①呼吸强度越大，越容易枯蔫，耐储性越差；②夏季成熟的果蔬比秋季成熟的果蔬呼吸强度大；③南方生长比北方生长的呼吸强度大；④早熟品种呼吸强度大于晚熟品种；⑤储藏器官，如根和块茎类蔬菜的呼吸强度较小，而营养器官，如叶和分生组织（花）的新陈代谢，呼吸强度较大；⑥菠菜和其他叶菜呼吸强度的大小与易腐性成正比；⑦果蔬的呼吸强度介于根菜类和叶菜类之间；⑧浆果类果实呼吸强度大于柑橘类和仁果类果实。

三、影响果蔬农产品物流特性的因素

当确定了某一种类果蔬为物流对象时，其运输、储藏环境条件则成为影响果蔬寿命的主要因素。

图 5 - 1　新鲜果蔬

（一）温度对果蔬物流特性的影响

1. 温度对果蔬呼吸作用的影响

在一定温度范围内，果蔬呼吸强度随着周围环境温度的升高而增大，物质消耗增加，果蔬物流寿命缩短。一般在 5℃ ~ 35℃ 范围内，温度每上升 10℃ 呼吸强度增加的倍数，称为温度系数（Q10）。大部分果蔬的温度系数（Q10）＝2～2.5。多数果蔬的温度系数在低温范围内要比高温范围内大。这一特性表明果蔬在低温储藏时，应严格维持稳定的低温，若忽高忽低，有时仅为0.5℃～1℃的变化，也会使呼吸明显增强。

当温度超出果蔬正常生活范围（一般超过35℃）时，催化呼吸反应的酶受高温破坏，失去活力，呼吸强度表现为大幅度下降直到零。

2. 温度对果蔬水分蒸发的影响

随着环境温度升高，空气的饱和湿度就会增大，则果蔬水分蒸发加快，容易发生失水萎蔫，降低耐储性。在一定的空气湿度下，降低储藏环境的温度能抑制果蔬的水分蒸发，保持果蔬的新鲜品质，有利于储藏。

3. 温度对冷害的影响

冷害是指果蔬在冰点以上不适宜低温条件下储藏或运输时引起生理代谢失调的现象，是果蔬储藏中常见的生理病害。冷害的症状大都为表面出现凹点或凹陷的斑块；局部表皮组织坏死、变色，出现水渍斑块；不能正常成熟，有异味；果皮、果肉或果心褐变等，具体症状随果蔬种类而不同。

冷害破坏了果蔬农产品呼吸过程的协调性，引起果蔬的不正常呼吸，导致生理失调，耐储性和抗病性下降，极易被微生物侵染，如香蕉的腐生菌、黄瓜的灰霉菌、柑橘的青绿霉菌、番茄的交链孢霉菌，使受冷害的果蔬迅速腐烂。同时，生理失调使果蔬新陈代谢紊乱，产品的外观、质地和风味等储藏性状明显变劣，失去食用价值及储藏价值，所以当果蔬遭受冷害时应立刻终止其储藏。

果蔬在运输或储藏过程中，温度和持续时间是影响冷害发生与否及程度轻重的决定因素。在导致冷害发生的温度下，温度越低，发生越快；持续时间越长，越严重。如甘薯在0℃下一天就受冷害，但在10℃下4天尚无明显伤害，10天后损伤严重。

要防止果蔬冷害的发生，可以采取以下方法：①进行低温锻炼，即采后在稍高于临界温度的条件下放置几天，增加抗寒性，可减缓冷害；②采用逐步降温法，在储藏初期，对果蔬采取逐步降温的办法，使之适应低温环境，有时比单纯低温更好。这种方法适用于跃变型果实；③对果蔬进行热处理，即储藏前在30℃以上的温度中短时间处理，可以降低热带、亚热带果蔬对低温的敏感程度，减轻冷害的发生；④提高储藏环境的相对湿度，维持储藏环境较高的空气湿度，可降低水分蒸发，减轻冷害症状。比较简单易行的方法是采用塑料薄膜包装，可以保持储藏环境的相对湿度，减轻冷害症状；⑤调节气体组分，在储藏过程中，适当地提高CO_2浓度、降低O_2的浓度有利于减轻冷害。但这种方法对冷害的影响因果蔬种类不同而异，对西葫芦、油梨、桃、菠萝等有效果，黄瓜、芦笋、甜椒反而加重；⑥化学物质处理，氯化钙处理可减轻苹果、梨、番茄的冷害。用脱落酸、乙烯、外源多胺处理也可能减轻冷害症状。

4. 温度对冻害的影响

冻害指果蔬组织在其冰点以下不适宜的低温下储藏引起结冰，生理代谢失调的现象。果蔬的冰点因其组织内含水量高低以及果蔬种类、可溶性固形物含量而存在较大差异。果蔬组织冻结对储藏的影响较大，这是因为果蔬处在其冰点以下的温度，在组织内细胞间隙中水分结冰，如果温度继续降低，会引起细胞内的水分外渗，进入细胞间隙而结冰，细胞液浓度增高，某些离子的浓度增加到一定程度，PH 值改变，使细胞受害，代谢失调，再加之水结冰后体积膨胀，对细胞产生膨胀压力，引起机械损伤，细胞就会受破坏而死亡。在解冻以后汁液外流，不能恢复原来的鲜活状态，风味也遭受影响，萝卜、马铃薯等受冻后，不仅煮不烂，而且原有风味消失，失去食用价值。

影响冻害发生及程度轻重的因素有很多，果蔬受冻害的程度决定于受冻时的温度及持续的时间。环境温度不太低或持续时间并不长，组织的冻结程度轻，仅限于细胞间隙的水结冰，细胞结构还未遭到破坏，解冻后果蔬组织可以恢复生机。但是解冻时应注意：不宜搬动、翻动，要缓慢解冻，逐步升温使细胞间隙的冰缓慢融化，重新被细胞吸收，解冻温度以 4.5℃ 以下为宜，否则会影响品质。

5. 温度对果蔬产品的其他影响

温度对果蔬成熟衰老的影响很大，主要原因是温度对乙烯产生的速度和其作用的效应有很大影响。高温会刺激乙烯的产生。果实采收后快速降低并维持在适宜的温度，可以抑制乙烯促进成熟衰老的作用。另外温度对微生物也有影响，低温能抑制病原微生物的生长繁殖，减少果蔬在储藏过程中的腐烂变质。

总之低温能够降低果蔬的呼吸强度，减少水分蒸发，有利于延缓生理生化过程，延缓果蔬的成熟与衰老，是保持果蔬的风味、品质，延长果蔬储藏寿命的有效手段。但是，每一种果蔬都有其最适的储藏低温范围，即储藏适温。当温度高于储藏适温时，会加快呼吸消耗，缩短储藏的时间；当温度低于储藏适温时，轻者出现冷害，重者出现冻害。

（二）相对湿度对果蔬物流特性的影响

储藏环境的相对湿度影响果蔬的水分蒸发，使果蔬的含水量发生变化，从而影响呼吸强度。

果蔬运输储藏环境空气的相对湿度是影响果蔬水分蒸发的直接因素，一般用绝对湿度占饱和湿度的百分率来表示，也可用水蒸气压表示。提高果蔬周围空气的相对湿度可以减少果蔬和周围空气间的水蒸气压力差，从而减少果蔬的水分蒸发。增加空气湿度常采用地面洒水或铺湿锯末、库内挂湿草帘，还可用自动加湿器向库内喷迷雾或喷蒸气。

不同种类的果蔬有其最适宜的储藏湿度，不是所有的果蔬都适合于高湿度。如温州蜜柑在高湿条件下果皮容易吸水而产生"浮皮"，果肉内的水分和其他成分向果皮转运，结果，果实外表虽然饱满，但果肉干缩、风味淡，易发生枯水生理病害，最适宜的储藏相对湿度为 85% 左右。另外在果蔬储运过程中，当储藏环境中空气水蒸气的绝对含量不变，而温度降到露点温度时，空气水蒸气达到饱和，会使过多的水蒸气在果蔬表面、塑料包装袋内壁等处凝结成水珠，这种现象称为结露。结露后，附着或滴落到果蔬表面的水珠，有利于微生物的生长繁殖、传播、侵入，特别是受机械伤的果蔬更易引起腐烂，对储藏极为不利。所以在果蔬储运中，应严格防止产生结露现象，如维持稳定的低温状态，保持相对平稳的相对湿度，库内外温差较大时缓慢通风，产品堆积不宜过大，堆垛之间留有一定空隙，果蔬预冷后入库，升温后出库等都是防止果蔬周围环境发生结露的重要方法。

（三）环境气体成分对果蔬物流特性的影响

储藏环境中的气体成分也是影响果蔬储藏质量的重要环境因素，主要包括：氧气、二氧化碳以及果蔬在储藏过程中释放到环境中的乙烯等挥发性物质。

1. 氧气

O_2 是维持果蔬正常呼吸的重要物质，是进行生物氧化反应不可缺少的条件。环境中 O_2 的含量直接关系果蔬的呼吸强度，从而影响储藏效果。一般大气中 O_2 含量 21%，通常浓度低于 10% 时，呼吸强度会有明显降低。另外，周围比较低的 O_2 浓度能减少促进成熟的植物激素的产生量，从而延缓成熟衰老的进程。环境较低的 O_2 浓度还可以抑制微生物的生长，5%～8% 的 O_2 浓度可降低果蔬腐烂率，但是要避免无氧呼吸。

2. 二氧化碳

CO_2 是果蔬呼吸代谢的产物之一，在大气中的含量约 0.03%，提高储藏环境中 CO_2 浓度，呼吸会受到抑制。对多数果蔬来说，适宜的 CO_2 浓度为 1%～5%；浓度过高，达 10% 时，反而会刺激呼吸作用，严重时引起代谢失调，即 CO_2 中毒。CO_2 中毒的危害甚至比无氧呼吸造成的伤害更严重。一定浓度的 CO_2 能降低导致成熟的合成反应，从而有利于延长果蔬的储藏寿命。

3. 乙烯

在储藏环境中，常常有乙烯的积累。乙烯是一种促进果实成熟的植物激素，在正常条件下为气态。随着果实的成熟，其体内产生乙烯，而新产生的乙烯促进果实的成熟。果实内部发生一系列变化，如淀粉含量下降，可溶性糖含量上升；叶绿素含量下降，有色物质增加；水溶性果胶含量增加，果实的硬度降低，表现出成熟特有的色、香、味及质地。不同种类及同一种类不同品种的果实乙烯生成量有较大差异，呼吸跃变型果实产生的乙烯较多，非跃变型果实产生的乙烯相对要少。

无论是内源乙烯还是外源乙烯都能导致成熟衰老，即使在很低的浓度下，也具有催熟效应。许多研究证实，乙烯能刺激呼吸跃变型果实的跃变期提前出现，刺激非跃变型果实的呼吸增加，但不会改变果实的呼吸类型。因此，在储藏中应避免不同跃变类型的果实同库存放，同时要尽量控制和减少储藏环境中的乙烯含量。

控制和减少储藏环境中乙烯含量的措施可以采取：①降低温度。果实合成乙烯的最适温度为 30℃，在 0℃～5℃ 的低温，乙烯的生成能力下降。因此，在不会造成果蔬冷害和冻害的前提下，尽量降低储藏温度，可以抑制乙烯的生成及其生理活性。②降低 O_2 的浓度，提高 CO_2 的浓度。果实内合成乙烯需要 O_2 的参与，降低储藏环境中的 O_2 浓度，乙烯的生成速率会明显降低，生理效应也受到抑制。高浓度的 CO_2 则对乙烯的催熟有抑制作用。③避免机械损伤和病虫危害。机械损伤有利于氧气进入果实组织内部，促使乙烯的形成；病虫害造成的伤口也会刺激乙烯的产生。④及时除去储藏环境中的乙烯。尽管可以通过控制温度、O_2 和 CO_2 的浓度、避免损伤及病虫害侵染来减少乙烯的生成，但果实采收后随着后熟衰老还是会有乙烯释放出来，必须及时排除。最简单的方法是通风换气，也可以使用乙烯吸收剂，如将饱和高锰酸钾溶液吸附在碎砖块、蛭石、氧化铝等多孔载体上置于储藏环境，当高锰酸钾失效后由原来的紫红色变成砖红色，应及时更换。还可以用溴化物、焦炭分子筛等。

4. 休眠对果蔬物流特性的影响

休眠是植物生命周期中生长发育暂时停止而进入相对静止状态的现象，是植物在完成营养生长或生殖生长以后，为了度过严冬、酷暑、干旱等不良环境，在长期的系统发育中所形成的一种特性。一些二年生蔬菜，如结球白菜、萝卜、大蒜、洋葱、马铃薯等，在完成其营养生长后都有休眠现象。果蔬在休眠期，新陈代谢、营养物质消耗和水分的蒸发都降低到最低限度，能较好地保持蔬菜的食用品质，对储藏极为有利。

休眠有强迫休眠和生理休眠。强迫休眠是蔬菜在完成营养生长以后，遇到不适宜的外界条件而引起的。如结球白菜和萝卜，当产品器官形成以后严冬已经来临，外界环境不适宜它们的生长而进入休眠，但春播的结球白菜和萝卜就没有休眠。生理休眠又称自发休眠，是产品体内激素作用引起的，如洋葱、大蒜、马铃薯等蔬菜，处在生理休眠阶段时即使有适宜的生长条件，也不能解除休眠状态，环境条件适宜也不会发芽。具有生理休眠的蔬菜，休眠期大致可划分为三个阶段即休眠诱导期（休眠前期）、生理休眠期、休眠苏醒期。在休眠诱导期，处于休眠准备阶段，此时产品刚采收，生命活动还很旺盛，若环境条件适宜，可迫使其不进入休眠；在生理休眠期（深休眠期），各种代谢活动最低，这时即使有适宜的环境条件，也不停止休眠；在休眠苏醒期（休眠后期），产品处于由休眠向生长过渡阶段，此时若外界条件适宜生长可停止休眠，如外界条件不适宜生长还可适当延长休眠期。

因此，对于具有生理休眠的果蔬储藏的关键在于抓好休眠诱导期及苏醒期的管理，使其在采收后很快进入休眠，储藏后期延缓苏醒，延长休眠。而对于具有强迫休眠的种类在采后整个储藏期，都要加强管理，创造不适宜生长的环境条件以强迫休眠，即延长储期。对于有休眠期的果蔬可以通过以下措施控制和调节休眠期：①植物激素处理。目前使用的激素主要有青鲜素（MH）、萘乙酸甲酯（NNA）等。洋葱、大蒜在采收前用0.25%的青鲜素（MH）喷洒植株，马铃薯在采收前的3周用0.3%的青鲜素喷洒叶面，可抑制储藏期的发芽。采收后的马铃薯用0.003%的萘乙酸甲酯粉拌撒，也可抑制萌芽。②辐射处理。用射线照射马铃薯抑制发芽在生产上已广泛应用。在休眠期间，用8 000～10 000 rad的γ–射线，使其3个月到1年不发芽。③控制环境条件。低温、干燥（低湿）、低O_2、高CO_2都有利于抑制萌芽，延长休眠期。低温储藏，可以有效地防止马铃薯和洋葱的发芽。高温可抑制洋葱、大蒜萌芽，洋葱、大蒜进入生理休眠以后，处于30℃的高温干燥环境，也不利于萌芽。

5. 机械损伤与病虫害对果蔬物流特性的影响

机械损伤刺激呼吸作用加强，任何的机械损伤，即使是轻微的挤伤或压伤，都会刺激呼吸作用加强。因为损伤破坏了完好的细胞结构，加速了气体交换，提高组织内O_2的含量，同时增加了组织中酶与作用底物接触的机会。机械损伤刺激乙烯合成加强，机械损伤使果蔬组织内O_2的含量增加，促使体内乙烯的合成加强，加快了成熟衰老的进程。另外，机械损伤给微生物侵染创造了条件，也会使果蔬产生保卫反应，使呼吸作用加强。故应尽量减少果蔬在采摘后及物流作业过程中发生机械损伤和病虫害。

知识链接：

水果涂膜

果蔬产品表面有一层天然的蜡质保护层，往往在采后处理或清洗中受到破坏。人为地在果品表面涂上一层果蜡的方法称为涂膜，也称涂蜡和打蜡。涂膜后可以增加产品的光泽而改善外观，提高商品质量；堵塞表皮上的部分自然开孔（气孔和皮孔等），降低蒸腾作用，减少水分损失，保持新鲜；阻碍气体交换，抑制呼吸作用，延缓后熟和减少养分消耗；抑制微生物的入侵，减少腐烂病害等。若在涂膜液中加入防腐剂，防腐效果更佳。

随着人们健康意识的不断增强，果蔬涂膜保鲜的研究突飞猛进，涂膜剂向无毒和可食方向发展，如日本用淀粉、蛋白质等高分子溶液加上植物油制成混合涂料，喷在新鲜蜗杆和苹果上，干燥后可在产品表面形成很多直径为0.001毫米小孔的薄膜，从而抑制果实的呼吸作用。我国科研人员将甲壳素、海藻酸钠、淀粉、蛋白质、纤维素等单独或混合使用，都取得了较为理想的保鲜效果。现在涂膜刑中还常加入中草药、抗菌肽、氨基酸等天然防腐剂以达到更好的保鲜效果。

涂膜的方法大体分为浸涂法、刷涂法、喷涂法、泡沫法和雾化法五种，有人工和机械之分。目前世界上的新型涂膜机，一般是由洗果、干燥、涂膜、低温干燥、分级和包装等部分联合组成。

涂膜要做到三点：①涂被厚度均匀、适景。过厚会引起呼吸失调，导致一系列生理生化变化，果实品质下降；②涂料本身必须安全、无毒、无损人体健康；③成本低廉，材料易得，便于推广。

值得注意的是，涂膜处理只是产品采后一定期限内商品化处理的一种辅助措施，只能在上市前进行处理或作短期贮藏、运输。否则会给产品的品质带来不良影响。

任务三　果蔬农产品简易储藏技术

简易储藏是为调节果蔬供应期而采用的一类较小规模的储藏方式，主要包括堆藏、沟藏（埋藏）、窖藏、通风库储藏以及由此而衍生的冻藏、假植储藏。它们都是利用当地自然低气温来维持所需的储藏温度，其设施简单，所需材料少、费用低。这类储藏方式是我国劳动人民在长期生产实践中发展起来的，各地都有一些适合本地区气候特点的典型方法，积累了一定的经验，是目前我国农村及家庭普遍采用的储藏方式。

一、堆藏

堆藏是将果蔬直接堆码在地面、浅坑中，或在阴棚下，表面用土壤、薄膜、秸秆、草席等覆盖，以防止风吹、日晒、雨淋的一种短期储藏方式。

（一）堆藏的方法

首先选择地势较高的地方，将果蔬就地堆成圆形或长条形的垛，也可作成屋脊形顶，以防止倒塌，或者装筐堆成4~5层的长方形。堆内要注意留出通气孔，通风散热。随着外界气候的变化，逐渐调整覆盖的时间和厚度，以维持堆内适宜的温湿度。在储藏初期，白天气温较高时覆盖，晚上打开放风降温，当果蔬温度降到接近0℃时，则随着外界温度的降低增加覆盖物的厚度，防止产品受冻。

（二）堆藏的特点

堆藏使用方便，成本低，覆盖物可以因地制宜，就地取材。但是由于堆藏是在地面以上直接堆积，受外界气候影响较大，秋季容易降温而冬季保温却较困难，所以储藏的效果很大程度上取决于堆藏后对覆盖的管理，即根据气候的变化及时调整覆盖的时间、厚度等。这种储藏方式一般用于入库前的预冷或短期储藏。

二、简易沟（埋）藏

沟（埋）藏是将果蔬堆放在沟或坑内，达到一定的厚度，上面一般只用土壤覆盖，利用土壤的保湿保温性进行储藏的一种方法。

（一）储藏沟的结构和特点

沟（埋）藏沟为长方形，方向应根据当地气候条件而定，在寒冷地区为减少严冬寒风的直接袭击，以南北长为宜；在较温暖地区，为了增大迎风面，加强储藏初期和后期的降温作用，采用东西长为宜。沟的长度应根据储量而定。沟的深度依各地的气候、果蔬种类而定，一般在 0.8～1.8 米为宜。寒冷地区宜深些，过浅果蔬易受冻；温暖地区宜浅些，防止果蔬伤热腐烂。沟的宽度一般以 1.0～1.5 米为宜，它能改变气温和土温作用面积的比例，对储藏效果影响很大。加大宽度，果蔬储藏的容量增加，散热面积相对减少。

沟（埋）藏使用时可就地取材，成本低，并且充分利用土壤的保温、保湿性能，使储藏环境有一个较恒定的温度和相对稳定的湿度；同时，利用果蔬自身呼吸，减少含量，增加 CO_2 含量，有一定的自发保藏作用。通常用于寒冷地区和要求储藏温度较高的果蔬进行短期储藏。

（二）沟（埋）藏的方法

将采收后的果蔬进行预储降温，除去果实的田间热，降低呼吸热。按要求挖好储藏沟，在沟底平铺一层洁净的干草或细沙，将经过严格挑选的产品小心地分层放入，也可整箱整筐放入。对于容积较大较宽的储藏沟，在中间每隔 1.2～1.5 米插一捆作物秸秆，或在沟底设置通风道，以利于通风散热。随着外界气温的降低逐步进行覆土。为观察沟内的温度变化，可用竹筒插一只温度计，随时掌握沟内的情况。最后，沿储藏沟的两侧设置排水沟，以防外界雨、雪水的渗入。

三、窖藏

窖藏是在沟藏的基础上演变和发展起来的一种储藏方式，它配备了一定的通风、保温设施，不仅可以调节和控制窖内的温度、湿度、气体成分，而且管理人员可以自由进出检查产品。

（一）窖藏的种类

窖藏形式多种多样，有代表性的如棚窖、井窖、窑窖、通风库。

棚窖：棚窖是一种临时性的储藏场所，一般建造成长方形，根据窖身入土深浅可分为半地下式和地下式两种。较温暖地区或地下水位较高处，多采用半地下式，一般入土 1.0 ~1.5 米。寒冷地区多用地下式，入土 2.5~3 米。棚窖的宽度在 2.5~3 米或 4~6 米，窖的长度不限，视储量而定。为便于操作管理，一般为 20~50 米。窖顶的棚盖用木料、竹竿等做横梁，有的在横梁下面立支柱，上面铺成捆的秸秆，再覆土踩实，顶上开设若干个窖口（天窗），供出入和通风之用。大型的棚窖常在两端或一侧开设窖门，以便于产品入库，并可加强储藏初期的通风降温作用。

井窖：在地下水位底、土质黏重坚实的地方，如西北黄土高原可以建造井窖。井窖的窖身深入地下，在选好的地块向下挖成直径约 1 米的井筒，深度一般为 3~4 米，再从井底向周围挖一个或多个底宽 1~2 米的窖洞，井窖口应围土并做盖，四周挖排水沟。

井窖是一种深入地下的封闭的储藏设施，受土温的影响、外界气温影响小，具有很好的保温性能。它建造投资少、规模小、坚固耐用，一次建成可连续使用多年。

窑窖：窑窖也称为土窑洞，多建在丘陵山坡处，通常是在山坡或土丘的迎风面挖的窑洞，一般长 6~8 米，宽 1~2 米，高 2~2.5 米，拱形顶，设窖门。各地在多年使用中，不断进行改进，如设两道门，第一道门是实门，防止外界寒风的直接吹袭；第二道门设棉门帘，以加强保温效果。也有的在窑洞的最后部设一个通气孔，加快通风换气。

（二）窖藏的一般方法

窑窖结构简单，建造费用低，由于充分利用土壤的保温性能，受外界气温影响小，温度低而平稳，相对湿度较高，有利于产品的保存。窖藏的一般方法如下：

1. 空窖的处理

空窖特别是旧窖，在果蔬入窖前，要彻底进行清扫并消毒，消毒的方法可用硫黄熏蒸（10 g/m³），也可用 1% 的甲醛溶液喷洒，密封两天通风换气后使用。储藏所用的篓、筐等用具，再使用前也要用 0.05%~0.5% 的漂白粉溶液浸泡 0.5 小时，然后用毛刷刷洗干净，晾干后使用。

2. 入窖

果蔬产品经挑选预冷后即可入窖储藏，在窖内堆码时，要注意果蔬与窖壁、果蔬与果蔬、果蔬与窖顶之间留有一定的间隙，以便翻动和空气流动。

3. 窖藏期间温度的管理

整个储藏期分三个阶段管理。入窖初期，由于气温较高，果蔬呼吸旺盛，产生的呼吸热也多，窖内温度升高很快，因此，要在夜间全部打开通气孔，引入冷空气，达到迅速降温的目的。通风换气时间以凌晨效果最好；储藏中期，正值严冬季节，外界气温很低，主要是保温防冻，关闭窖口和通气口；储藏后期严冬已过，气温回升，窖内温度也回升，这时应选择在温度较低的早晚进行通风换气。随时检查产品，发现腐烂果蔬，及时除去，以防交叉感染。

4. 出窖

果蔬全部出窖后，应立即将窖内打扫干净，同时封闭窖门和通风孔，以便秋季重新使用时，窖内保持较低的温度。

四、通风库储藏

通风库是在棚窖的基础上演变而成，是砖木水泥结构的固定式储藏设施，建造时设置了更完善的通风系统和绝缘结构，降温和保温效果都比棚窖大大提高。

（一）通风库的结构和特点

通风储藏库为永久性建筑，建造时选择地势高燥、地下水位低、四周畅旷、通风良好、交通便利、便于接通水、电源，同时距离产销地点又不十分远的地方。通风库有地上式、地下式、半地下式三种基本类型。地上式通风库的库体全部处在地面上，受气温影响最大，需要有良好的绝缘建筑材料进行隔热，适宜于地下水位高或温暖的地区；地下式通风库的库体全部处在地面以下，仅库顶露出地面，受土温影响大，保温性能好，但降温效果差，适宜于高寒地区或地下水位低的地区使用；半地下式通风库的库体约一半处于地面以上，一半处在地面以下，可用土壤为隔热材料，能节省部分建筑材料，还可利用气温增加通风降温的效果，适宜于较温暖的地区采用。

通风储藏库多建成长方形或长条形，为了便于管理，库容量不宜过大，目前我国各地发展的通风储藏库，通常跨度 5~12 米，长 30~50 米，库内高度一般为 3.5~4.5 米。库顶有拱形顶、平顶、脊形顶。如果要建一个大型的储藏库，可分建若干个库组成一个库群，北方寒冷地区大多将库房分为两排，中间设中央走廊，宽度为 6~8 米，库房的方向与走廊垂直，库门开向走廊。走廊的顶盖上设有气窗，两端设双重门，以减少冬季寒风对库的影响。温暖地区的库群以单设库门为好，以便利用库门通风换气。

（二）通风系统的设置

通风库利用空气对流的原理，以引用外界的冷空气排除库内的热空气而起降温作用，所以，通风系统的效能直接影响通风库的储藏效果。

通风系统主要包括进气孔和排气筒。通风换气的效能与进、排气筒的构造和配置有关。为增强通风换气的效果，在设计时要考虑如下问题：①在进气口和排气筒面积一定时，进气口和排气口的垂直距离越大，通风效果就越好。因此，进气口多设于库口或墙基部附近，排气筒应高出屋面 1 米以上。②当通风总面积相等时，通气口小而多，比大而少通风效果好，因此，每个进、排气口的面积不宜过大，但通气口的数量要多些，应分布在库的各个部位。一般储藏量在 500 吨以下，每 50 吨产品的通风面积不应少于 0.5 平方米，通气口的面积 25 厘米×25 厘米，间隔 5~6 厘米为宜。③进气口和排气筒均应设置隔热层，筒的顶部有帽罩，帽罩之下空气的进出口宜设铁纱窗，以防虫、鼠进入。进气口和排气筒设活门，作为通风换气的调节开关。

库的绝热结构是在库的暴露面，尤其是库顶、地上墙壁、门窗等部分敷衬绝热材料构成的绝热层，目的是减少外界气温变动的影响，以维持库内稳定的储藏温度。绝热层的隔热效果，首先决定于所用的绝热材料及其厚度，其次决定于库顶及墙体等的厚度、暴露面的大小及门窗、四壁的严密程度。

绝热材料的隔热能力，决定于材料的导热系数（K）或热阻值（R），二者互为倒数。

导热系数越小，热阻值越大，隔热性能越好。绝热材料的厚度（绝热层的厚度）应当使通风库的暴露面向外传导散失的热能，约与该库的全部热源相等，这样才能使库温稳定。

同时，应该注意的是绝热材料必须保持干燥才具有良好的绝热性，一旦受潮绝热效果就大大降低，因此通风库的绝热层两侧须加防水层。

（三）通风库的管理

1. 库房及用具的消毒

每次清库后，要彻底清扫库房，一切可移动、撤卸的设备、用具都搬到库外进行日光消毒。库房的消毒可以用 1% ~ 2% 福尔马林或漂白粉喷洒，或用 5 ~ 10 g/m³ 燃烧硫黄熏蒸，也可用臭氧处理，兼有除异味的作用。处理时一般要密闭库房 24 ~ 48 小时，之后通风排尽残药。

使用完毕的果蔬筐、果蔬箱，应随即洗干净，再用漂白粉或 2% ~ 5% 的硫酸铜液浸渍，晒干备用。

2. 产品的入库和码垛

各种果蔬最好先包装，再在库内堆成垛或放在储藏架上，垛的四周要留空可以通气。通风库储量大时，要避免产品入库过于集中，多种果蔬原则上应该分别库号存放，避免相互干扰。

3. 温、湿度管理

秋季产品入库之前充分利用夜间冷空气，尽可能降低库体温度。入储初期，以迅速降温为主，应将全部的通风口和门窗打开，必要时还可以用鼓风机辅助。实践证明在排气口装风机将库内空气抽出，比在进气口装吹风机向库内吹风要好。随着气温的逐渐下降缩小通风口的开放面积，到最冷的季节关闭全部进气口，使排气筒兼进、排气作用，或缩短放风时间。

在入储初期，放风会改变库内的相对湿度，所以常感到湿度不足，可以采用喷水等增湿的措施。在储藏中期，关闭全部进气口后若湿度过大，可以辅以吸湿材料。

五、冻藏

冻藏是在入冬上冻时将收获的果蔬放在背阴的浅沟内，稍加覆盖。利用自然低气温使果蔬在整个储藏期间始终处于轻微冻结状态的一种储藏方式。

冻藏多用窄沟，约 0.3 米，如用宽沟（1 米以上）须在沟底设通风道；一般都要设置荫障，避免阳光直射，以便加快果蔬入沟后的冻结速度。冻藏与普通沟藏的区别在于冻藏沟较浅，覆盖层薄。由于冻藏的储藏温度在 0℃ 以下，可以有效地降低果蔬的新陈代谢，抑制微生物的活动，但果蔬仍能保持生机，食用前经过缓慢解冻，可以恢复其新鲜状态。主要应用于耐寒性强的果蔬，如苹果、柿子以及菠菜、芫荽、油菜、芹菜等绿叶菜。

解冻后的产品不能长久储藏。冻藏的果蔬在食用或出售前 3 ~ 5 天进行解冻，解冻应缓慢进行，否则呈水烂状汁液外渗。

图 5 – 2　冻藏后的果蔬丁

六、假植储藏

假植储藏是把蔬菜连根收获，密集假植在沟或窖内，使蔬菜处在极其微弱的生长状态，但仍能保持正常新陈代谢的一种储藏方式。假植储藏的特点：

假植储藏是蔬菜特有的一种简易储藏的形式。在我国北方地区主要用于芹菜、油菜、花椰菜、乌塌菜、水萝卜等蔬菜。这些蔬菜由于其结构和生理的特点，用一般方法储藏时，容易脱水萎蔫，降低蔬菜的品质及耐储性，而假植储藏使蔬菜能从土壤中吸收一些水分和养分，甚至还能进行微弱的光合作用，较长时期地保持蔬菜的新鲜品质，随时上市销售。

将蔬菜连根收获，单株或成簇假植，只假植一层，株行间要留适当空隙，以便通风。根据气候的变化有的需要简单的覆盖，但覆盖物一般不接触蔬菜，与菜面有一定空隙，使能透入一些散射光。整个储藏期要维持冷凉而不至于发生冻害的低温环境，使蔬菜处于极缓慢生长的状态。土壤干燥时要浇水，以补充土壤水分的不足，还有助于降温。

任务四　果蔬农产品机械冷藏库储藏技术

机械冷藏是在储藏库内装置机械制冷设备，可以随时提供所需的低温，不受地区、季节的限制，这是果蔬农产品储藏的一大发展。

我国的冷藏工业基础薄弱，新中国成立前只在极少数大城市有几座机械冷藏库，主要供保藏肉蛋食品用。新中国成立后，特别是 20 世纪 70 年代后期以来，蔬菜冷藏日益受到重视，北京、上海等大中城市陆续兴建了一批较大规模的蔬菜专用冷藏库，许多地区还将原有的通风储藏库改建成过渡型冷库。但因成本较高，这些冷库大都用于储藏经济价值较高的蔬菜如蒜薹、花椰菜等或供果菜类、豆类短期储藏之用。只有在为了延长贮期保证特需供应或库空闲时才用于储藏大白菜。

水果和蔬菜进入冷库时带有大量田间热和呼吸热，此外，库体的漏热、包装箱携带的田间热以及灯光照明、机械和人员操作所产生的热负荷都需要排除，以便维持冷库中的低温，这个过程是通过制冷剂的状态变化来完成的。机械制冷的工作原理是利用制冷剂从液态变为气态时吸收热的特性，使之在封闭式制冷机系统中状态互变，使库内水果和蔬菜的温度下降，并维持恒定的低温条件，达到延缓果蔬衰老、延长储藏寿命和保持品质的目的。

一、机械冷藏库的特点与分类

机械冷藏库是具有良好隔热结构，安装了制冷机械，能人工调控环境温度，以满足不同果蔬储藏要求的一种标准储藏设施。它不受地区、季节和气候限制，一年四季均可使用，可根据不同种类、品种果蔬的不同要求，调控不同的适宜储藏温度，且应用范围较大。虽建设投资大，消耗电能，储藏成本高，但由于储期较长、产品质量好、损耗低、使用年限长、在发展农业产业化和高效农业的今天，已被普遍认识和接受，尤其在农村，目前已逐渐成为果蔬储藏保鲜的主体设施。

机械冷藏库按照设计的温度可以分为高温冷藏库和低温冷藏库，高温冷藏库设计温度一般 -2℃以上，低温冷藏库一般设计温度在 -15℃以下。

机械冷藏库按照实用性质可以分为生产性冷藏库和分配性冷藏库，按照库的容量可分为四类，大型冷藏库、大中型冷藏库、中小型冷藏库、小型冷藏库。按照其垂直布置形式又可以分为单层冷藏库和多层冷藏库。

二、机械冷藏库的隔热与防潮

为了减少外界热量侵入冷藏库，保证库内温度均衡，减少冷量损失，机械冷藏库建造除了要求结构建筑坚固、耐久外，特别要注重库体的隔热和防潮处理。隔热保温是冷藏库建筑中一项十分重要的措施。冷藏库的外墙、屋面、地面等围护结构以及有温差存在的相邻库房的隔墙、楼面等，都要做隔热处理。要选择隔热性能好的保温材料，除传统使用的锯末、稻壳、珍珠岩、软木板之外，现今多采用聚苯乙烯泡沫塑料板（简称"苯板"）贴装或聚氨酯现场发泡喷布。为确保隔热材料能发挥作用，必须同时做好防潮隔气，因为隔热材料要求干燥，一旦吸湿、受潮，隔热性能将会大大降低。冷藏库使用过程的内外温差较大，水蒸气的分压差也大，水气总是由热壁面向冷壁面渗透、扩散。所以，必须在隔热材料的两侧做好防潮处理。一般选用沥青油毡、树脂粘胶、金属箔、钢板来做防潮层，最简单省钱的是用0.1毫米左右厚的塑料薄膜。通常对低温隔热材料有以下要求：热导率小；吸湿性和含湿量少；密度小且含均匀的微小气泡；不易腐蚀变质；耐火性好、耐冻性好、无毒、无臭；在一定温度范围内具有良好的热稳定性；价格低廉，资源丰富。

隔热材料的热物理性质直接影响到冷藏库内农产品的加工过程和制冷设备的冷负荷，影响到冷藏库的经营费用。冷藏库用的隔热保温材料的主要热物理性质是热导率和密度。工程上把热导率小于0.2W/（m·K）的材料称作热绝缘材料。

三、机械冷藏库的制冷系统

制冷系统是冷库最重要的设备，由蒸发器、压缩机、冷凝器和调节阀、风扇、导管和仪表等构成，制冷剂在密封系统中循环，并根据需要控制制冷剂供应量的大小和进入蒸发器的次数，以便获得冷库内适宜的低温条件。制冷系统的大小应根据冷库容量大小和所需制冷量选择，即蒸发器、压缩机和冷凝器等与冷库所需排除的热量相匹配，以满足降温需要。蒸发器的作用是向冷库内提供冷量。蒸发器安装在冷库内，利用鼓风机将冷却的空气吹向库内各部位，大型冷藏库常用风道连接蒸发器，延长送风距离，扩大冷风在库内的分布范围，使库温下降更加均匀。压缩机是制冷系统的"心脏"，推动制冷剂在系统中循环，一般中型冷库压缩机的制冷量大约在 30 000～50 000 kcal/h 范围内，设计人员将根据冷库容量和产品数量等具体条件进行选择。冷凝器的作用是排除压缩后的气态制冷剂中的热，使其凝结为液态制冷剂。冷凝器有空气冷却、水冷却和空气与水结合的冷却方式。空气冷却只限于在小型冷库设备中应用，水冷却的冷凝器则可用于所有形式的制冷系统。制冷机组的制冷量可根据对库内温度的监测，采用人工或自动控制系统启动或停止制冷机运转，以维持储藏果蔬所需的适宜温度。目前有不少冷藏库安装了微机系统，监测和记录库温变化。制冷剂在蒸发器内气化时，温度将达到0℃以下，与库内湿空气接触，使之达到饱和，在蒸发器外壁凝成冰霜，而冰霜层不利于热的传导，影响降温效果。因此，在冷藏管理工作中，必须及时除去冰霜，即所谓"冲霜"。冲霜可以用冷水喷淋蒸发器，也可以利用吸热后的制冷剂引入蒸发器外盘管中循环流动，使冰霜融化。

冷库制冷压缩机主要用氨压缩机组和氟里昂压缩机组。一般100吨以上的冷库须选用氨机制冷。氨机制冷能力大，氨液便宜。但机械结构复杂，机体占地面积大，管理不便自控，需人工昼夜值班管理。氟机制冷适合100吨以下的微小冷库，结构简单，机体占地小，管理方便，可像家庭冰箱一样自控控制，不需专人昼夜监护。但氟机制冷能力小，氟液价贵，将逐渐被无氟制冷机所取代。

压缩机的种类很多，根据工作原理的不同，压缩机可以分为定排量压缩机和变排量压缩机。定排量压缩机的排气量是随着发动机的转速的提高而成比例提高的，它不能根据制冷的需求而自动改变功率输出，而且对发动机油耗的影响比较大。它的控制一般通过采集蒸发器出风口的温度信号来实现，当温度达到设定的温度，压缩机停止工作；当温度升高后，压缩机开始工作。定排量压缩机也受空调系统压力的控制，当管路内压力过高时，压缩机停止工作。变排量压缩机可以根据设定的温度自动调节功率输出。空调控制系统不采集蒸发器风口的温度信号，而是根据空调管路内压力变化信号来控制压缩机的压缩比从而自动调节风口温度。在制冷的全过程中，压缩机始终是工作的，制冷强度的调节完全依赖装在压缩机内部的压力调节阀来控制。当空调管路内高压端压力过高时，压力调节阀缩短压缩机内活塞行程以减小压缩比，这样就会降低制冷强度；当高压端压力下降到一定程度，低压端压力上升到一定程度时，压力调节阀则增大活塞行程以提高制冷强度。

根据工作方式的不同，压缩机又可分为两大类——容积型与速度型。容积型压缩机是靠工作腔容积的改变来实现吸气、压缩、排气等过程。属于这类压缩机的有往复式压缩机和回转式压缩机；速度型压缩机是靠高速旋转的工作轮对蒸气做功，压力升高，并完成输送蒸气的任务。属于这类压缩机的有离心式和轴流式压缩机，目前常用的是离心式压缩机。往复式压缩机又称活塞式压缩机，压缩机的工作腔是汽缸。活塞在汽缸内作上下往复运动，从而完成了压缩、排气、膨胀、吸气等过程。它应用比较广泛，制造技术成熟，结构简单，而且对加工材料和加工工艺要求较低，造价比较低，适应性强，能适应广阔的压力范围和制冷量要求，可维修性强。缺点是无法实现较高转速，机器大而重，不容易实现轻量化，排气不连续，气流容易出现波动，而且工作时有较大的振动。

螺杆式压缩机是一种回转式容积式压缩机。它利用螺杆的齿槽容积和位置的变化来完成蒸气的吸入、压缩和排气过程。其结构如图 5-3 所示。

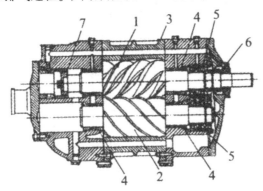

图 5-3　喷油式螺杆压缩机结构图

1—阳转子；2—阴转子；3—机体；4—滑动轴承；5—止推轴承；6—轴封；7—平衡活塞

喷油式螺杆压缩机已是制冷压缩机中主要机种之一。优点：①螺杆式压缩机只有旋转运动，没有往复运动，因此压缩机的平衡性好，振动小，可以提高压缩机的转速。②螺杆式压缩机的结构简单、紧凑，重量轻，无吸、排气阀，易损件少，可靠性高，检修周期长。③在低蒸发温度或高压缩比工况下，用单级压缩仍然可正常工作，且有良好的性能。这是由于螺杆式压缩机没有余隙，没有吸、排气阀，故在这种不利工况下仍然有较高的容积效率。④螺杆式压缩机对湿压缩不敏感。⑤螺杆式压缩机的制冷量可以在 10% ~ 100% 范围内无级调节，但在 40% 以上负荷时的调节比较经济。缺点：噪声较大以及需要设置一套润滑油分离、冷却、过滤和加压的辅助设备，机组体积大。

旋涡式压缩机的机理早在 20 世纪初由法国人所发明，但是由于当时加工精度不高和结构上存在问题，而一直未得到推广使用。到了 70 年代，这项技术在美国才开始得到应用。自 20 世纪 80 年代以来，旋涡压缩机以其机构紧凑、高效节能、微振低噪以及工作可靠性等特点，开始在小型制冷及空调领域获得越来越广泛的应用，也因此成为压缩机技术发展的主要方向之一。旋涡式压缩机也是一种容积型回转式压缩机，其原理如图 5-4 所示。旋涡式压缩机优点是：①容积效率高；②绝热效率高，在同样制冷量情况下，旋涡式比往复式约高 10%；③动涡盘与主轴等运动部件的受力变化小，整机振动小；④零部件少，约为往复式的 40%；⑤驱动动涡盘运动的偏心轴可以高速旋转，因此涡旋式压缩机体积小、重量轻，约比往复式轻 15%；⑥涡旋压缩机运转可靠，而且容易实现变转速运动和变排量技术。缺点是要求加工精度高。

四、机械冷藏库制冷剂的选择

制冷剂又称为冷冻剂，是在制冷系统中循环且不断产生相态变化而传递热量的物质。果蔬冷藏库用的大中型机械冷藏库一般用氨作为制冷剂，小型的活动冷藏库常采用氟利昂

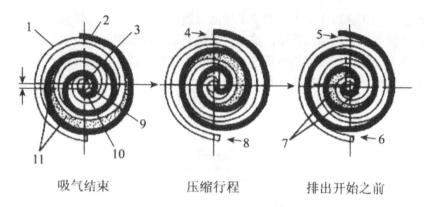

吸气结束　　　　　压缩行程　　　　排出开始之前

图5-4　旋涡式压缩机工作原理

1—定圈；2—动圈；3—动圈涡旋中心；4，5，6，8—制冷剂气体；7—最小压缩容积；

9—排气口；10—动圈涡旋中心；11—开始压缩容积；12—回旋半径

作为制冷剂。当前普遍应用的制冷剂是氨和卤代烃汞氯氟碳化物。氨是大型冷藏设备中常用的制冷剂，其价格低廉、沸点温度低、气化潜热大，但漏泄时对人体皮肤和黏膜易产生伤害，含水时易腐蚀金属，氨与油和空气混合达到一定浓度时，有爆炸和燃烧的危险，应当注意避免。

本章练习

一、单选题

1. 预冷的方式分为自然预冷和(　　　)。

A. 人工预冷　　　　　　　　　　B. 天然预冷

C. 手工预冷　　　　　　　　　　D. 强制预冷

2. 下列采用天然人工合成化学物质对果蔬表面进行处理的是(　　　)。

A. 保鲜防腐处理　　　　　　　　B. 预冷处理

C. 涂膜处理　　　　　　　　　　D. 人工分级

3. 将较多的产品或若干个小包装单位集在一起进行包装的方式称为(　　　)。

A. 小包装　　　　　　　　　　　B. 大包装

C. 中包装　　　　　　　　　　　D. 单元包装

4. 温度与湿度对果蔬产生直接影响的两大要素，一般果蔬的经验适宜温度是(　　　)。

A. 1~3 ℃　　　　　　　　　　　B. 2~5 ℃

C. 6~9 ℃　　　　　　　　　　　D. 5~8 ℃

5. 下列将果蔬商品按照适宜的温度和湿度要求，放入冷藏库中保存的方法称为(　　　)。

A. 低温冷藏法　　　　　　　　　B. 冰水降温法

C. 盐水复苏法　　　　　　　　　D. 散热法

二、多选题

1. 我国果蔬冷链物流的现状有(　　　)。

A. 果蔬冷链物流技术落后

B. 果蔬冷链物流市场化程度低

C. 果蔬物流配套设施低端

D. 果蔬物流信息网络体系完备

2. 采收期的确定取决于(　　　)。

A. 产品的成熟度

B. 产品的特性

C. 销售策略

D. 市场的前景

3. 确定采收成熟度的方法有(　　　)。

A. 色泽

B. 饱满程度和硬度

C. 果实形态和大小

D. 生长期

E. 口味

4. 采后的商品化处理包括(　　　)。

A. 清洗和预冷

B. 愈伤

C. 冷藏

D. 保存

5. 分级的方法包括(　　　)。

A. 人工分级

B. 系统分级

C. 挑选分级

D. 机械分级

三、思考题

1. 果蔬农产品的生物特性有哪些?

2. 影响果蔬农产品物流特性的因素有哪些?

3. 环境气体成分对果蔬物流特性的影响?

4. 简易储藏技术有哪些?

5. 机械冷藏库的特点有哪些?

项目六 肉类冷链物流

任务导入

肉类冷链物流是农产品冷链物流最大的部分之一，做好肉类冷链物流是关系农产品冷链物流发展的大事。通过本章学习，掌握肉类冷却加工技术，是做好肉类冷链物流环节中的管理重点。

学习大纲

1. 了解肉类冷链物流的含义。
2. 学习肉类冷却加工工艺。
3. 了解肉类的冷藏与保鲜。
4. 理解肉类冷链运输。
5. 掌握肉品的鲜度管理与陈列。

任务一 肉类冷链物流概述

肉类营养价值丰富，是人类食物蛋白的重要来源，含有人体必需的氨基酸、钙、磷、铁及维生素等成分。同时，肉中含有的糖原、氨基酸等丰富的营养成分，也是微生物生长繁殖的良好基质。健康动物的血液和肌肉通常是无菌的，动物屠宰后，由于血液循环停止，吞噬细胞的作用停止，动物表面滋生的微生物就会沿着血管进入肉的内层，进而深入到肌肉组织，造成肉的腐败变质。肉类生产消费过程中，任何不适当的操作和贮运都可能造成肉类的腐败变质，从而危害人们的身体健康。冷藏或冷冻是肉类生产和消费中抑制微生物生长繁殖的重要手段之一。

一、肉及肉类冷链物流概念

（一）肉的定义

肉是指各种动物宰杀后所得可食部分的总称，包括肉尸、头、血、蹄和内脏部分。在肉品工业中，按其加工利用价值，把肉理解为胴体，即畜禽经屠宰后除去毛（皮）、头、尾、血液、内脏后的肉尸，俗称白条肉，它包括肌肉组织、脂肪组织、结缔组织和骨组织。肌肉组织是指就骨骼肌而言，俗称"瘦肉"或"精肉"。胴体因带骨又称为带骨肉，剔骨以后又称其为净肉。胴体以外的部分统称为副产品，如胃、肠、心、肝等称作脏器，俗称下水。脂肪组织中的皮下脂肪称作肥肉，俗称肥膘。

（二）肉类冷链物流

是指在肉类屠宰、分割加工、包装、贮藏、运输、销售，直至最终消费过程中，使肉保持在0～4℃的冷藏条件或−20～−30℃的冷冻条件所需要的，包括车间冷却、冷藏间贮存、冷藏车运输、批发或零售等中间周转冷库或冰柜临时贮存，以及家庭冰箱贮存等全程温度控制系统。现代肉类冷链物流解决了肉类生产、运输销售及消费过程对于温度的需求。

二、肉的分类

肉的分类方法有很多，从肉的冷藏保鲜程度可以分成热鲜肉、冷却肉和冻结肉三大类。

（一）热鲜肉

热鲜肉是指凌晨宰杀，清早上市的"热鲜肉"，未经任何降温处理的畜肉。刚宰的畜肉即刻烹调，即使利用一等烹调技法，味道并不鲜美，而且肉质坚韧，不易煮烂，难以咀嚼。这是因为宰杀后畜肉需要经过一定时间的"后熟"过程，才使肉质逐渐变得柔软、多汁、味美。刚杀的猪肉酸碱度为中性，在肉中酶的作用下使动物淀粉转为乳酸，使肉质开始僵硬，此过程夏季一般为1.5小时，冬季为3～4小时。此后肉中三磷酸腺苷迅速分解，形成磷酸，使pH值降至5.4时肉呈酸性，使肉质完全僵硬。从开始僵硬到完全僵硬的时间越长，则保持鲜度的时间也越长，而处于僵硬期的鲜肉既不易煮烂，也缺乏风味。在酶的继续作用下，肉质开始变软，产生一定弹性与肉汁，并具芳香滋味，此过程称为肉的"后熟"过程。肉的"后熟"过程的快慢与效果，取决于环境的温度与牲畜的体质。环境气温越高，"后熟"过程越快，衰老体弱的牲畜，组织中缺乏糖原，酶活力不强，致使"后熟"过程延长，甚至"后熟"效果不好，这是老牲畜、瘦牲畜肉味不美的原因。

（二）冷鲜肉

冷鲜肉，又叫冷却肉，冰鲜肉，是指严格执行兽医检疫制度，对屠宰后的畜胴体迅速进行冷却处理，使胴体温度（以后腿肉中心为测量点）在24小时内降为0～4℃，并在后续加工、流通和销售过程中始终保持0～4℃范围内的生鲜肉。

发达国家早在20世纪二三十年代就开始推广冷鲜肉，在其目前消费的生鲜肉中，冷鲜肉已占到90%左右。

冷鲜肉克服了热鲜肉、冷冻肉在品质上存在的不足和缺陷，始终处于低温控制下，大多数微生物的生长繁殖被抑制，肉毒梭菌和金黄色葡萄球菌等病原菌分泌毒素的速度大大降低。另外，冷鲜肉经历了较为充分的成熟过程，质地柔软有弹性，汁液流失少，口感好，滋味鲜美。冷鲜肉有以下特点。

1. 安全系数高

冷鲜肉从原料检疫、屠宰、快冷分割到剔骨、包装、运输、贮藏、销售的全过程始终

图6-1 冷鲜肉

处于严格监控下，防止了可能的污染发生。屠宰后，产品一直保持在0~4℃的低温下，这一方式，不仅大大降低了初始菌数，而且由于一直处于低温下，其卫生品质显著提高。而热鲜肉通常为凌晨宰杀，清早上市，不经过任何降温处理。虽然在屠宰加工后已经卫生检验合格，但在从加工到零售的过程中，热鲜肉不免要受到空气、昆虫、运输车和包装等多方面污染，而且在这些过程中肉的温度较高，细菌容易大量繁殖，无法保证肉的食用安全性。

2. 营养价值高

冷鲜肉遵循肉类生物化学基本规律，在适宜温度下，使屠体有序完成了尸僵、解僵、软化和成熟这一过程，肌肉蛋白质正常降解，肌肉排酸软化，嫩度明显提高，非常有利于人体的消化吸收。且因其未经冻结，食用前无须解冻，不会产生营养流失，克服了冻结肉的这一营养缺陷。冷冻肉是将宰杀后的畜禽肉经预冷后在-18℃以下速冻，使深层温度达-6℃以下。冷冻肉虽然细菌较少，食用比较安全，但在加工前需要解冻，会导致大量营养物质流失。除此之外，低温还减缓了冷鲜肉中脂质的氧化速度，减少了醛、酮等小分子异味物的生成，并防止其对人体健康的不利影响。

3. 感官舒适性高

冷鲜肉在规定的保质期内色泽鲜艳，肌红蛋白不会褐变，此与热鲜肉无异，且肉质更为柔软。因其在低温下逐渐成熟，某些化学成分和降解形成的多种小分子化合物的积累，使冷鲜肉的风味明显改善。冷鲜肉的售价之所以比热鲜肉和冷冻肉高，原因是生产过程中要经过多道严格工序，需要消耗很多的能源，成本较高。

合格与不合格的冷鲜肉，单从外表上很难区分，两者仅在颜色、气味、弹性、黏度上有细微差别，只有做成菜后才能明显感觉到不同，合格的冷鲜肉更嫩，熬出的汤清亮醇香。

（三）冷冻肉

冷冻肉是指畜肉宰杀后，经预冷，继而在-18℃以下急冻，深层肉温达-6℃以下的肉品。经过冻结的肉，其色泽、香味都不如新鲜肉或冷却肉，但保存期较长，故仍被广泛采用。

冷冻肉由于水分的冻结，肉体变硬，冻肉表面与冷冻室温度存在差异，引起肉体水分蒸发，肉质老化干枯无味，称作"干耗"现象。冷冻肉的肌红蛋白被氧化，肉体表面由色泽鲜明逐渐变为暗褐色。随着温度渐降，肉组织内部形成个别冰晶核，并不断从周围吸收水分，肌细胞内水分也不断渗入肌纤维的间隙内，冰晶加大，从而使细胞脱水变形。由于大冰晶的压迫，造成肌细胞破损，从而使解冻时肉汁大量流失，营养成分减少，风味改变。若将刚宰杀的新鲜肉在 -23℃快速结冻，则肉体内部形成冰晶小而均匀，组织变形极少，解冻后大部分水分都能再吸收，故烹调后口感、味道都不错，营养成分损失亦少，如果冻结时间过长，也会引起蛋白质的冻结变性。解冻后，蛋白质丧失了与胶体结合水再结合的可逆性，冻肉烹制的菜肴口感、味道都不如新鲜肉。

三、肉的化学成分

肉的成分因动物种类有所不同，一般成分主要包括水分、蛋白质、脂肪及少量碳水化合物等物质。另外肉中还会有其他各种非蛋白质含氮化合物，无氮有机化合物及维生素 A、B_1、B_2、C 等。

四、肉在流通中的质量变化

（一）死后僵直

肌肉变得僵硬和收缩，失去柔软特性的现象。

（二）解僵成熟（排酸）

僵直达到顶点并保持一段时间后，肌肉再行逐渐软化，解除僵直状态并持续嫩化的过程。

（三）肉的自溶

成熟后的肉仍在不停地变化，肌肉组织成分继续发生分解，致使肉的鲜度下降，风味消失，这时即进入了肉的自溶阶段。自溶阶段的肉应尽快加工食用，不宜再作贮藏。

（四）肉的腐败

自溶阶段进一步发展，微生物作用逐步加剧，肉中营养物质被分解成各种最低级产物，致使肉在外观上、肉质上失去原来的性质，进而不适合食用，这是肉的腐败。

肉腐败的外观特征主要表现为表面发粘，颜色变化，气味恶化。腐败菌从肉的表面开始大量繁殖，继而沿着结缔组织向深层扩散。

蛋白质在微生物的作用下，发生复杂的生物化学变化，产生各种胺类、有机酸、有机碱低级化合物。严重腐败后期会产生甲基吲哚、二氧化碳、硫化氢、氨、甲烷、三甲胺、酚、腐胺等，使肉发生腐败恶臭味并具有毒性。

因而肉在流通中要保持肉品质量的新鲜，就必须把肉的成熟阶段保持到消费的最后阶段。肉类保鲜的关键是延长死后僵直阶段的时间，采用食品冷冻技术和冷链物流。

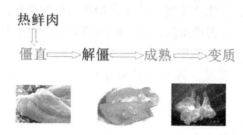

图 6 - 2　肉屠宰后发生的变化

五、我国肉类冷链物流状况及存在问题

（一）我国肉类冷链物流状况

1. 肉类冷链物流日益普及

运用冷链设施进行肉类产品的运输、储存，在保持肉类新鲜度的同时还可以减少由于肉类腐败变质等带来的损耗，降低经营成本。在我国，大多数肉类是在没有冷链条件下运输和销售的。但近年来，由于冷却肉的高品质、高安全性，使其在投入市场后很快就得到了消费者的认可。冷却肉是指在 0 ~ 4℃ 的温度下加工处理并流通贮存，被公认为是世界上最好的生鲜肉。在冷却肉生产过程中，要求在屠宰后的 24 小时内将胴体温度降至 0 ~ 4℃，然后在此温度下进行分割、剔骨、包装，并在贮藏、运输直至到达最终消费者的冷藏箱或厨房的过程中温度要始终保持在 0 ~ 4℃ 的范围内，这种肉在嫩度、口感、风味、营养、多汁性和安全性等方面都优于无任何冷却条件下加工的热鲜肉。随着消费者对冷却肉的逐渐青睐，肉类冷链物流也逐渐从屠宰、加工、运输、销售等环节一直延伸至普通消费者家庭。

2. 肉类冷链体系逐渐改善

人类利用低温条件来贮藏食品的历史可追溯到古代，早在公元前 1 000 年前，我国劳动人民就开始利用天然冰雪贮藏肉类。但这种原始的冷藏方法无法有效地控制肉类在贮藏过程中的温度。到了 19 世纪，人工冷源开始逐渐代替了天然冷源，使冷藏的技术手段发生了根本性的变革 20 世纪，冷冻机用于肉类冷藏的方法在我国也迅速得到推广。新中国肉类冷链建设始于 1954 年，主要应用在肉品出口方面，除了贮藏过程采用冷藏手段外，还改装了一部分冷藏运输车作为运输工具。我国颁布的《食品卫生法》，推动了食品冷链，尤其肉类冷链的发展。近年来，我国肉类冷链也不断发展，冷链不仅应用于肉类贮存，还应用于肉类屠宰、分割加工及运输、销售等过程，肉类冷库建设，公路、铁路、港口、航空等肉类冷藏运输的冷链物流配送中心已初具规模，一些中小型冷藏设备如冰箱、冰柜等也逐步延伸到超市、农贸市场、商店和家庭。尤其是形成了以一些大型肉类龙头企业自身为先导的，涵盖屠宰、分割加工、贮藏、运输、销售等全过程的完善的肉类冷链体系。

3. 政府日益重视

从政府层面来看，改变国内落后的冷链物流面貌已经被提到议事日程。"十五"期间，政府为适应食品，尤其肉类，小包装和冷鲜产品生产的需要，坚持向社会开放、市场化经营、增加配送功能的指导原则，在城市尤其是大城市，配套发展了储藏、运输、销售不中断的"冷链化"物流，加速冷库的技术改造、经营管理和全方位服务工作，提高冷库利用率和社会服务面；在运输和销售环节，大力倡导冷藏集装箱运输和按规定温度展示销售产品的新形式。

（二）发展建议

1. 鼓励和支持大型肉类生产企业发展企业冷链物流设施

各级政府应从政策上为大型肉类企业冷藏物流业的发展创造良好的政策环境。对于企业的冷链设施建设，国家应给予财政支持或给予倾向性优惠经济政策。国家除了支持大型肉类企业新建冷链设施外，还应鼓励大型肉类企业利用现有国有冷藏设施。现有国有冷藏设施应对外开放，搞好承包和租赁服务，但不能削弱其他食品行业的发展需要。

2. 积极投资大型中继性肉类冷链物流中心建设，搞好统筹规划与实施

按照国家流通设施标准，一些大型的中继性冷链物流中心属于公益性的流通基础设施，建议由国家投资兴建，或由国家集资建设，并在政策上给予投资方一定的优惠。对于按经济区划规划在全国范围建立的中继性低温冷藏物流中心，应进行统筹安排与实施。

3. 积极支持发展第三方肉类冷链物流企业

在肉类冷链模式方面，要积极发展多种形式的肉类冷链流通模式，重点要发展一大批大型的专门独立从事肉类流通与批发的第三方肉类冷链物流企业，包括中继性肉类冷藏物流中心和城市肉类冷链物流配送中心等。国家应该对现有肉类冷库资源进行调查，结合肉类大物流节点规划，制定流通冷链布局方案。采取多种融资渠道，整合物流资源，利用现有大中型冷库，将其改造为城市肉类冷藏配送中心，建立专业化、社会化的物流企业，成为对社会服务的"第三方物流"。提倡肉类企业物流外包，提高第三方物流的比重，推动第三方物流产业的发展。

4. 大力推动肉类食品的现代流通方式的发展

现代流通方式是指连锁经营、物流配送、电子商务。在肉类冷链物流产业政策导向上应提倡推行现代流通方式，推进连锁经营和物流配送，加快建立配送信息管理系统。现代流通方式不仅关系到能否适应不断变化的消费结构，也将对肉类生产方式的选择产生重要的引导作用。我国传统的农贸市场多是销售非工业化肉类加工厂点的肉品（包括私屠肉），而超市等先进零售业一般出售机械化肉类加工企业的品牌肉品，流通方式与生产方式相互匹配的特点十分突出。要大力推进肉类流通的工业化进程，适应消费升级的要求，提倡和发展肉类食品现代流通方式。

5. 加大肉类冷链技术与设备的科研投入

针对我国肉类冷链技术落后和冷链设备不先进的问题，国家应在科学研究上给予资助。对先进肉类冷藏保鲜技术进行积极研究，对新型高效节能的冷藏运输装备、冷却装置等技术设备要集中攻关研制，其中在大型先进冷藏车、大型高效节能冷却装置以及节能冰柜等技术装备的研制与应用方面要优先进行。

6. 加快肉类冷链专业人才队伍建设

我国现有冷链专业人才严重不足。国家要在部分高校设置冷链技术专业，并在部分专业开设冷链技术课程，培养一大批专业冷链技术人才。

知识链接：

肉类产品特点如下：

肉类蛋白质含量较高，每 100 克瘦肉中含量为 12 克～35 克，并且所含必需氨基酸的数量和种类都较接近人体生理的需要，故消化吸收率高于植物蛋白。

肉类脂肪含量高于其他食物，一般脂肪在肉中的含量波动在 10%～30% 之间，尤其是肥肉中可高达 90% 左右，并且大多为饱和脂肪酸。

肉类中的胆固醇含量也高于其他食物，一般每 100 克瘦肉中约含胆固醇 70 毫克，而肥肉比瘦肉高 2～3 倍，内脏比瘦肉高 4～5 倍。

动物肝脏是各类维生素、烟酸、铁等营养素的丰富来源，如每 100 克鸡肝中维生素 A 含量高达 2867 微克，每 100 克猪肝中维生素 B2 含量高达 2.08 毫克，铁含量为 22.6 毫克。

不同肉类中蛋白质的含量及钙、铁等矿物质的含量存在较大差异。一般家庭放养的牲畜比集中圈养的牲畜营养价值高，野生的又比家庭放养的营养价值高。

同一动物不同部位的肌肉，其营养成分的比例也不尽相同。一般动物活动范围越大、活动频数越多部位的肌肉，其蛋白质氨基酸组成比例越接近人体需要的模式，也即蛋白质的营养价值越高。由此，比较不同部位的蛋白质营养价值，腿部肌肉优于翅膀，翅膀优于其他部位的肌肉。

任务二　肉类冷却加工工艺

一、肉的冷却

（一）冷却的目的

冷却即是将食品的温度降低到指定的温度，但不低于其冻结点。畜禽屠宰后，胴体的温度较高，一般在 37℃左右，由于肉体的温度高和表面潮湿，最适宜于微生物的生长繁殖，这对于肉的保藏是极为不利的。

肉类冷却的目的，在于迅速排除肉体内部的含热量，降低肉体深层的温度，并在肉的表面形成一层干燥膜（干壳）。肉体表面的干燥膜可以阻止微生物的生长和繁殖，延长肉保藏时间，并减缓肉体内部水分的蒸发。

此外，冷却也是冻结的准备过程。对半胴体的冻结，由于肉层厚度较厚，若用一次冻结，常常是表面迅速冻结，使肉内层的热量不易散发，从而使肉的深层产生"变黑"等不良现象，影响成品质量；同时一次冻结，温差过大，引起肉体表面的水分大量蒸发，从而影响肉体重量和质量的变化。

（二）冷却条件的选择

1. 温度的选择

肉的冰点在 −1℃ 左右，冷却终温以 0 ~ 4℃ 为好。因而冷却间在进肉之前，应使空气温度保持在 −4℃ 左右。在进肉结束之后，即使初始放热快，冷却间温度也不会很快升高，使冷却过程保持在 0 ~ 4℃。对于牛肉、羊肉来说，在肉的 pH 值尚未降到 6.0 以下时，肉温不得低于 10℃ 否则会发生冷收缩。

2. 空气相对湿度（Rh）的选择

冷却间的 Rh 对微生物的生长繁殖和肉的干耗起着十分重要的作用。在整个冷却过程中，水分不断蒸发，总水分蒸发量的 50% 以上是在冷却初期（最初 1/4 冷却时间内）完成的。因此在冷却初期，空气与胴体之间温差大，冷却速度快，Rh 宜在 95% 以上；之后，宜维持在 90% ~ 95% 之间；冷却后期 Rh 以维持在 90% 左右为宜。这种阶段性地选择相对湿度，不仅可缩短冷却时间，减少水分蒸发，抑制微生物大量繁殖，而且可使肉表面形成良好的皮膜，不致产生严重干耗，达到冷却目的。

3. 空气流速的选择

空气流动速度对干耗和冷却时间也极为重要。为及时把由胴体表面转移到空气中的热量带走，并保持冷却间温度和相对湿度均匀分布，要保持一定速度的空气循环。冷却过程中，空气流速一般应控制在 0.5 ~ 1 米/秒，最高不超过 2 米/秒，否则会显著提高肉的干耗。

（三）肉类冷却方法和设备

方法：空气强制冷却。

设备：落地式或吊顶式冷风机。

冷却间条件如下。

第一，肉体与肉体之间有 3 ~ 5 米距离，气流速度适当、均匀。

第二，最大限度地利用冷却间的有效容积。

第三，全库胴体在相近时间内冷却完毕。

第四，控制冷却时间和冷却后食品中心点温度。

第五，在肉的最厚部位——大腿处附近适当提高空气流速。

第六，冷却间灭菌。

二、肉的冷却工艺

（一）冷却肉工艺流程

生猪收购→暂养→屠宰→冷却库清洗消毒降温（冲洗胴体→胴体消毒）→胴体进库→预冷却胴体→分割加工→晾肉上架→进库冷却→测温包装→入成品冷藏库（冷鲜肉）→运输销售。

1. 畜肉冷却

目前国内外对畜肉冷却主要采用一次冷却法、二次冷却法和超高速冷却法。

（1）一次冷却法

宰后胴体→预冷库1→分割后产品→预冷库2→包装后产品→冷藏库

在冷却过程中空气温度只有一种，即0℃，或略低。整个冷却过程一次完成。

国内的冷却方法是：进肉前冷却库温度先降到-1～-3℃，肉进库后开动冷风机，使库温保持在0～3℃，10小时后稳定在0℃左右，开始时相对湿度为95%～98%，随着肉温下降和肉中水分蒸发强度的减弱，相对湿度降至90%～92%，空气流速为0.5～1.5米/秒。

（2）二次冷却法

宰后胴体→快速冷却间→快速冷却后胴体→冷却间→快速冷却后胴体

第一阶段，空气的温度相当低，冷却库温度多在-10～-15℃，空气流速为1.5～3米/秒，经2～4小时后，肉表面温度降至0～-2℃，大腿深部温度在16～20℃。第二阶段空气的温度升高，库温为0～-2℃，空气流速为0.5米/秒，10～16小时后，胴体内外温度达到平衡，约2～4℃。

①快速冷却间

进料前库温-10～-15℃并恒温10分钟，每米轨道挂放猪胴体3个（两轨道之间胴体品字排列），进料时间1小时间，冷风机风速20米/秒，相对湿度92%～95%，进料后库温-8～-10℃，冷却时间3～4小时，胴体冷却后平均温度<12℃。

②恒温冷却间

进料前库温-2～-1℃；进料后库温0～4℃；冷风机风速15～20米/秒；相对湿度90%～92%；冷却时间>12小时；胴体冷却后平均温度<2～4℃；胴体冷却总损耗16%。

③速冻隧道

锁气室通过时间5分钟，室温-15℃，空气平均流速2米/秒；第一部分通过时间45分钟，室温-18℃，空气平均速2米/秒；第二部分通过时间65分钟，室温-10℃，空气平均流速2米/秒。

经速冷隧道115分钟冷却后，胴体平均温度降到8～10℃，胴体表面温度为0～-1℃，再经0～4℃冷却间冷却12小时，使整个胴体温度达到2～4℃，整个过程胴体冷却总损耗在12%～14%。

采用两阶段快速冷却法的优点是冷却肉的质量优于一般冷却法，肉表面干燥，外观良好，肉味佳；肉品干耗少，比一般冷却法减少40%～50%，平均为1%；快速冷却肉在分割时汁液流失减少50%；在相同的生产面积下生产量比一般方法快1.5～2倍。缺点是快速冷却会引起牛羊肉的寒冷收缩现象，导致肉在后熟时也不能得到充分软化。另外，冷却肉在0℃左右的冷藏间只能贮藏1～2周。

（3）超高速冷却法

库温-30℃，空气流速为1米/秒，或库温-20～-25℃，空气流速5～8米/秒，大约4小时即可完成冷却。此法能缩短冷却时间，减少干耗，缩减吊轨的长度和冷却库的面积。

2. 禽肉的冷却

禽肉的冷却方法很多，如用冷水、冰水或空气冷却等。

在国内，一般小型家禽屠宰加工厂常采用冷水池冷却。采用这种方法冷却时，应注意经常换水，保持冷水的清洁卫生，也可加入适量的漂白粉，以减少细菌污染。在中型和较大型的家禽屠宰加工厂，一般采用空气冷却法。进肉前库温降至 −1 ～ −3℃，肉进库后开动冷风机，使库温保持在 0 ～ 3℃，相对湿度 85% ～ 90%，空气流速 0.5 ～ 1.5 米/秒，经 6 ～ 8 小时肉最厚部中心温度达 2 ～ 4 无时，冷却即告结束。在冷却过程中，因禽体吊挂在挂钩上而下垂，往往引起变形，冷却后需人工整形，以保持外形丰满美观。

某企业冷鲜肉加工工艺流程如下。

检疫合格的生猪，屠宰前在温水中沐浴，用电将其击晕，在击晕状态下进行宰杀。生产线全部采用不锈钢材质，保证设备达到安全、卫生的要求。

第一是真空抽血，使猪血不受污染，达到食用、药用要求。

第二是蒸汽烫毛，避免猪体交叉感染。

第三是火焰燎毛技术，使得猪体达到完全消毒作用。

第四是同步检疫工艺，猪的内脏和胴体在两条生产线上对应行走，一旦发现病变，胴体和内脏同时下线，避免病变猪肉和其内脏进入市场。

第五是快速冷却工艺，即冷却排酸工艺。生猪屠宰后急速冷却，90 分钟内使其胴体温度由 42℃降至 18 ～ 20℃放置 24 小时，进行排酸处理，使胴体体温降到 4℃，pH 值由偏酸性变为中性或微酸性，肉体内的蛋白质降解为氨基酸，使得味道达到鲜美、水分适宜、品质上佳的要求。

第六是保鲜。冷鲜肉保鲜是冷鲜肉的核心问题。对这方面的研究也很多，主要包括向冷鲜肉中加入无害物质或对包装材料和方式进行改进两个方面。

第七是精加工，修正肉块，使得外观形态更加好看。

第八是包装，通过适宜的包装方式或包装材料，延长冷鲜肉货架期。

第九是冷链运输、冷链销售。全过程在 0 ～ 4℃的可控温度中操作，减少了细菌的污染机会。

图 6 − 3　鲜肉处理

与市场销售的热鲜肉、冷冻肉相比，完成"成熟过程"的冷却肉具有营养丰富、柔软多汁、味道鲜美、安全卫生等优点，是高层次、高科技含量产品。它是发达国家消费者唯一选择的鲜肉类产品，也将是我国消费者首选的鲜肉产品。

三、肉的冻结

经过冷却的肉虽能保藏一定的时期，但不能长时间贮藏，因为冷却肉的温度在冰点以上，细胞组织中的水分尚未结冻。这样的温度和湿度，对于微生物和酶的活动能力虽有一定程度的抑制，但不能使其终止。因此，要使肉能长期贮存并适于长途运输，必须将肉冻结，也就是将肉的温度降低到低于汁液冻结温度，一般在 −15～−20℃，使肉中大部分汁液冻结，以造成不利于微生物生长、繁殖和延缓肉内各种生化反应的条件。

（一）冻结的目的与冻结前肉的选择

1. 冻结

将肉的温度降低到 −18℃以下，肉中的绝大部分水分（80%以上）形成冰结晶。该过程称为肉的冻结。

2. 目的

冻结是使肉类保持在低温下防止肉体内部发生微生物的、化学的、酶的以及一些物理的变化，以防止肉类的品质下降。

3. 冻结前肉的选择

屠宰后肉的变化，从热鲜肉到变质肉要经过尸僵、成熟、腐败三个连续变化的阶段。冻结肉的质量与肉在冻结前所处的状态有关。

热鲜肉：不能直接进行冻结，这是因为①肉深层的温度在一定时间内很高，会产生"变黑"不良现象；②温差过大，肉表面潮湿使水分大量蒸发，这些水汽会在冷冻装置上结成厚厚的冰霜，降低冷冻装置的传热系数；③易使肉产生冷收缩和解冻僵直现象，使肉的嫩度下降。

尸僵阶段的肉：肌肉处于强直阶段，蛋白质水化作用程度最低，肉的保水性也最低，肉中出现不同程度的"离浆"现象。即水分在肉中组织胶体结构中的分布处于最不利的状态，肉在冻结后，解冻时会丧失大量肉汁，降低持水能力。

成熟阶段的肉：肌肉的组织结构发生了明显的变化，肌纤维的小片化，肌原纤维的解离，冻结时，其组织结构破坏更加明显，解冻时，会丧失大量肉汁。

死后僵直结束阶段的肉：这时的肉由于保水性得到部分恢复，硬度降低，肉汁流失较少，在冻结时发生的自溶属于成熟阶段，并在长期保管过程中，自溶变化不会超出不良的范围。

因此，用以冻结的肉应当是死后僵硬结束后的肉，即冷却肉。

（二）冻结的过程与条件

随着冻结的进行，肉内的温度逐渐下降，首先表层迅速冻结，接着结冻层和未结冻层之间的界限，不断地向中心移动，使得肉中可溶性物质逐渐集中到剩余的液相中，液相的浓度逐渐增大，使液相的冰点逐渐下降。根据拉乌乐第二法则，冰点降低与摩尔浓度成正比，每增加 1 摩尔浓度冰点下降 1.86℃。

通常温度在 −0.5～2.5℃时肉开始冻结出现冰晶，这时的温度称为肉的冻结点。随着温度继续降低水分的冻结量逐渐增多，当温度降到 -62 ~ -65℃时肉中水分全部冻结成冰，这时温度称为肉的冰晶点。这样低的温度工艺上一般不用，只要绝大部分水冻结，就能达到贮藏的要求，所以一般是 -18 ~ -30℃。

冻结的条件：根据肉类在冻结过程中的变化规律，冻结速度愈快愈好，特别是应尽快通过最大冰结晶生成带，因此，冻结室的气温不得高于 -15℃，一般以 -23 ~ -25℃为宜（国外多采用 -30 ~ -40℃），冻肉的最终温度以 -18℃为最适宜，因这时蛋白质变性程度最小。空气相对湿度以 90% ~ 95% 左右为宜，风速以 1.5 ~ 2 米/秒为宜。

（三）冻结的程度和冻结速度

1. 肉内水分的冻结量

肉内水分的冻结量可用冻结率表示，其近似值为：

冻结率 = 1 - 肉的冻结点/肉的温度

如肉的冻结点为 -1℃，降到 -5℃时冻结率为：1 - 1/5 = 0.8，即 80%，降到 -18℃时的冻结率为 1 - 1/18 = 94.5%。一般当温度下降到 -5 ~ -10℃时，肉中水分约有 80% ~ 90% 已冻结成冰，我们将这之前的温度（-1 ~ -5℃）称作冰结晶的最大生成区（带）。

2. 肉的结冻速度

一般按单位时间内肉体结冻的速度（厘米/小时）来表示，通常分为以下三种。

①冻结速度为 0.1 ~ 1 厘米/小时，称为缓慢冻结。

②冻结速度为 1.1 ~ 5 厘米/小时，称为中速冻结。

③冻结速度为 >5 厘米/小时，称为快速冻结。

缓慢冻结与快速冻结之比较如下。

肉如果在 -4℃以下进行缓慢结冻，由于细胞外液可溶性物质比细胞内液少而先结冰，则肌细胞内的水分因周围渗透压的变小而渗透到肌细胞周围的结缔组织中，使结缔组织中的冰晶越来越大，肌细胞脱水变形。肉中冰晶大，往往造成肌细胞膜破损，解冻后使肉汁大量流失。冻结时，肉的局部还会发生盐类浓缩吸水现象，破坏蛋白质水化状态，而使水分、养分减少。因此，缓慢冻结不但会改变肉的组织结构，也会降低营养价值。

在 -23℃下进行快速冻结，组织液和肌细胞内液同时冻结，形成的冰晶小而均匀，许多超微冰晶都位于肌细胞内。肉解冻后，大部分水分都能被再吸收而不致流失。所以，快速冻结较理想。

（四）肉类冻结工艺

1. 畜肉冻结

畜肉的冻结方法有两步冻结法、一次冻结法和超低温一次冻结法。

（1）两步冻结法

鲜肉先行冷却，而后冻结。冻结时，肉应吊挂，库温保持 -23℃，如果按照规定容量装肉，24 小时内便可能使肉深部的温度降到 -15℃。这种方法能保证肉的冷冻质量，但所需冷库空间较大，结冻时间较长。

（2）一次冻结法

肉在冻结时无须经过冷却，只需经过 4 小时风凉，使肉内热量略有散发，沥去肉表面的水分，即可直接将肉放进冻结间，保持在 -23℃下，冻结 24 小时即成。这种方法可以减少水分的蒸发和升华，减少干耗 1.45%，冻结时间缩短 40%，但牛肉和羊肉会产生冷收缩现象。该法所需制冷量比两步冻结法约高 25%。

（3）超低温一次冻结法

将肉放在 -40℃冻结间中，只需数小时至 10 小时，肉的中心温度达到 -18℃即成。此法冻结后的肉，色泽好，冰晶小，解冻后的肉与鲜肉相似。

2. 禽肉冻结

禽肉的冻结一般是在空气介质中进行的，采用吊挂式强冷风冻结或搁架式低温冻结。

冻结间的空气温度一般为 -23℃，空气相对湿度为 85% ~ 90%。当禽体最厚部肌肉中心温度达 -16℃时，冻结即告结束，这一过程需 12 ~ 18 小时。

采用快速冻结工艺，即悬架连续输送式冻结装置，使吊篮在 -28℃的冻结间连续缓慢运行，从不同角度受到冷风吹，只需 3 h 左右，即可使禽肉中心温度达 -16℃。快速冻结的禽肉质量好，外形美观，干耗小（低于 1%），效益高。

3. 直接冻结工艺的几点要求

第一，肉胴体必须先放在凉肉间分级暂存，待累积到相当于一间冻结间容量时，一次性迅速送入冻结间。

第二，进货前冻结间的冷风机必须冲好霜，库温需降到 -15℃以下时，才可以进货。

第三，在进货时，要求边进货，边开冷风机，边开供液阀进行供液降温。进完货后，要求冻结间的室温在 0℃以下

第四，在冻结期间，为了充分发挥冷风机的工作效率，保证冻结质量，要求在肉温降到 0℃时再一次进行水冲霜。

第五，配备适应的冷风机和机器设备，保证制取足够的冷量，使肉体温度能在 16 ~ 20 小时内达到 -8 ~ -15℃。

4. 直接冻结工艺的优点

第一，冻结时间比两阶段冻结工艺缩短 40% ~ 50%。

第二，干耗减少。比两阶段冻结可降低 40% ~ 45%。

第三，耗电量减少。经测定，每冻结一吨肉，直接冻结工艺耗电量为 63 度，两阶段冻结工艺耗电量为 80.6 度，直接冻结比两阶段冻结每吨肉省电 17.6 度。

第四，减少建筑面积，降低投资。不需再建冷却间，约可减少建筑面积 30%。

第五，节约劳动力。由于不经冷却，直接冻结节约劳动力约 50% 左右。

5. 冻结的设备

（1）吹风式冻结设备

冷风机。

（2）半接触式冻结设备

搁架排管加鼓风设备；或平板冻结器。

任务三　肉类的冷藏与保鲜

低温保藏是现代肉类贮藏的最好方法之一，它不会引起肉的组织结构和性质发生根本变化，却能抑制微生物的生命活动，延缓由组织酶、氧以及热和光的作用而产生的化学和生物化学的过程，可以较长时间保持肉的品质。在众多贮藏方法中，低温冷藏是应用最广泛、效果最好、最经济的方法。

一、肉的冷藏原理

肉的腐败变质，主要是由微生物的生命活动和肉中的自身酶所进行的生物化学反应所造成的。我们知道，微生物的繁殖、酶的催化作用，都需要有适当的温度和水分等条件，环境不适宜，微生物就会停止繁殖，甚至死亡，酶也会丧失催化能力，甚至被破坏。如果把肉放在低温（−18℃以下）条件下，则微生物和酶对肉的作用就变得很微小了。肉在冻结时，生成的冰结晶使微生物细胞受到破坏而不能繁殖，酶的反应受到严重抑制，另外氧化等反应的速度，也因温度低而显著减慢。因此肉就可较长时间的贮藏而不会腐败变质。

利用低温冷藏肉与肉制品的优缺点可以概述如下。

低温可以减缓或完全抑制微生物的发展，但却不能使微生物完全死亡，因而冻结不能保证肉的完全灭菌；低温保藏食品可使食品的结构、成分和性质变化最小，与其他方法相比是一种比较理想的保藏方法；低温能急剧地减慢肉的自溶过程的发展，但在实际上采用的温度范围内，都不能使其发展停止；低温保藏具有临时性，低温中止时，作用就随之消失。

二、冷却肉的冷藏

经过冷却的肉类，一般存放在−1~1℃的冷藏间（或排酸库），一方面可以完成肉的成熟（或排酸），另一方面达到短期储藏的目的。冷藏期间温度要保持相对稳定，进肉或出肉时的温度不得超过3℃，相对湿度保持在90%左右，空气流速保持自然循环。

（一）冷却肉在贮藏期间的变化

1. 发粘和发霉

发粘和发霉是冷藏肉最常见的现象，这是肉在冷藏过程中，微生物在肉表面生长繁殖的结果。与肉表面的微生物污染程度和相对湿度有关。微生物污染越严重，湿度越高，肉表面越易发粘、发霉。

2. 干耗

肉类在低温贮藏过程中，其内部水分不断从表面蒸发，使肉不断减重，俗称"干耗"。冷藏期的干耗与空气湿度有关。湿度增大，干耗减小。肉在冷藏中，初期干耗量较大。时间延长，单位时间内的干耗量减少。

3. 变色

肉在冷藏中若贮藏不当，牛、羊、猪肉会变成绿色、黄色、褐色等，鱼肉产生绿变，脂肪会变黄。这些变化有的是在微生物和酶的作用下引起的，有的是本身氧化的结果。但色泽的变化是品质下降的表现。

4. 串味

肉与有强烈气味的食品存放在一起，会使肉串味。

5. 成熟

冷藏过程中可使肌肉中的化学变化缓慢进行，而达到成熟。目前肉的成熟一般采用低温成熟法即冷藏与成熟同时进行。

6. 冷收缩

主要发生在牛、羊肉中，它是屠杀后在短时间内进行快速冷却时出现的一种肌肉强烈收缩现象。这种肉在成熟时不能充分软化。

（二）冷藏方法

1. 空气冷藏

以空气作为冷却介质，由于费用低廉，操作方便，是目前冷却冷藏的主要方法。冷却肉一般存放在 -1~1℃ 的冷藏间（或排酸库），一方面可以完成肉的成熟（或排酸），另一方面达到短期贮藏的目的。冷藏期间温度要保持相对稳定，以不超出上述冷却温度范围为宜。进肉或出肉时温度不得超过3℃，相对湿度保持在90%左右，空气流速保持自然循环。

2. 冰冷藏法

常用于冷藏运输中的冷却肉冷藏，用冰量一般难以准确计算，主要凭经验估计。

三、冻肉的冻藏

将冷冻后的肉贮藏于 -18~ -21℃ 温度波动不超过 ±1℃ 的低温库中，尽量保持肉质量的前提下贮藏一定的时间。冻藏间的温度一般持续在冻结肉的中心温度保持在 -15℃ 以下，相对湿度保持在95%左右，空气流速采用自然循环即可。

（一）肉在冻结和冻藏期间的变化

1. 容积增加

水变成冰所引起的容积增加大约是9%，而冻肉由于冰的形成所造成的体积增加约为6%。肉的含水量越高，冻结率越大，则体积增加越多。在选择包装方法和包装材料时，要考虑到冻肉体积的增加。

2. 干耗

肉在冻结、冻藏和解冻期间都会发生脱水现象。对于未包装的肉类，在冻结过程中，肉中水分大约减少0.5%~2%，快速冻结可减少水分蒸发。在冻藏期间重量也会减少。冻藏期间空气流速小，温度尽量保持不变，有利于减少水分蒸发。

3. 冻结烧

在冻藏期间由于肉表层冰晶的升华，形成了较多的微细孔洞，增加了脂肪与空气中氧的接触机会，最终导致冻肉产生酸败味，肉表面发生黄褐色变化，表层组织结构粗糙，这就是所谓的冻结烧。冻结烧与肉的种类和冻藏温度的高低有密切关系。禽肉脂肪稳定性差，易发生冻结烧。采用聚乙烯塑料薄膜密封包装隔绝氧气，可有效地防止冻结烧。

4. 重结晶

冻藏期间冻肉中冰晶的大小和形状会发生变化。特别是冷冻库内的温度高于 −18℃，且温度波动的情况下，微细的冰晶不断减少或消失，形成大冰晶。实际上，冰晶的生长是不可避免的。经过几个月的冻藏，由于冰晶生长的原因，肌纤维受到机械损伤，组织结构受到破坏，解冻时引起大量肉汁损失，肉的质量下降。

5. 蛋白质变性

冻结往往使鱼肉蛋白质尤其是肌球蛋白，发生一定程度的变性，从而导致韧化和脱水。牛肉和禽肉的肌球蛋白比鱼肉的稳定得多。

6. 变色

冻藏期间冻肉表面颜色逐渐变暗。颜色变化也与包装材料的透氧性有关。

7. 风味和营养成分变化

大多数食品在冻藏期间会发生风味和味道的变化，尤其是脂肪含量高的食品。多不饱和脂肪酸经过一系列化学反应发生氧化而酸败，产生许多有机化合物，如醛类、酮类和醇类。醛类是使风味和味道异常的主要原因。添加抗氧化剂或采用真空包装可防止酸败。对于未包装的腌肉来说，由于低温浓缩效应，即使低温腌制也会发生酸败。

（二）冻结的方法

1. 空气冻结法

是指以空气作为与氨蒸发管之间的热传导介质。在肉类工业中，此法是应用得最多最广泛的方法。空气冻结法优点是经济、方便，缺点则是由于空气是热的不良导体，因而冻结速度较慢。

2. 液体冻结法

是指以液体（一般为氯化钠和氯化钙）作为肉体与氨蒸发管之间的热传导介质，故又称盐水冻结法。这种方法除鱼类以外，在肉类工业中目前还极少应用。

3. 用冰、盐混合物及固态二氧化碳冻结法

在冻肉临时保藏和冻肉运输等方面有时采用这种方法。

4. 液氮冻结法

液氮冻结是利用其沸点在常压下为 −195.8℃，食品（分割肉和肉制品）通过雾状的液氮中而冻结。

（三）肉的解冻

各种冻结肉在食用前或加工前都要进行解冻，从热量交换的角度来说，解冻是冻结的逆过程。由于冻结、冻藏中发生了各种变化，解冻后肉要恢复到原来的新鲜状态是不可能的，但可以通过控制冻结和解冻条件使其最大限度地复原到原来的状态。

1. 解冻方法和条件

解冻方法有很多，如空气解冻法、水解冻法、高频电及微波解冻法。从传热的方式上可以归为两类，一类是从外部借助对流换热进行解冻，如空气解冻、水解冻；另一类是肉内部加热解冻，如高频电和微波解冻。肉类工业中大多采用空气解冻法和水解冻法。

空气解冻法：又称自然解冻，以热空气作为解冻介质，由于其成本低，操作方便，适合于体积较大的肉类。这种解冻方法因其解冻速度慢，肉的表面易变色、干耗、受灰尘和微生物的污染。故控制好解冻条件是保证解冻肉质量的关键，一般采用空气温度14~15℃，风速2米/秒，相对湿度95%~98%的空气进行解冻。

水解冻法：以水作为解冻介质，由于水具有较适宜的热力学性质，解冻速度比相同温度的空气快得多，在流动水中解冻速度更快。一般用水温度为10℃左右。水解冻的缺点是营养物质流失较多，肉色灰白。

2. 解冻速度对肉质的影响

解冻是冻结的逆过程，冻结过程中的不利因素，在解冻时也会对肉质产生影响，如冰晶的变化、微生物、酶的作用等。为了保证解冻后肉的状态最大限度地复原到原来的状态，一般对冻结速度均匀，体积小的产品，应用快速解冻，这样在细胞内外冰晶几乎同时溶解，水分可被较好的地吸收，汁液流失少，产品质量高；对体积较大的胴体，采用低温缓慢解冻，因为大体积的胴体在冻结时，冰晶分布不均匀，解冻时熔化的冰晶要被细胞吸收需一定的时间。这样可减少汁液的流失，解冻后肉质接近原来状态，如在 -18℃下贮藏的猪胴。用快速解冻汁液流失量为3.05%，慢速解冻汁液流失量只是1.23%。

(四) 冷库管理

冷藏库的温度应保持在 -18℃以下，温度波动范围控制在2℃以内。配备温度显示装置和自动温度记录装置并定期检查。

库内保持清洁卫生、无异味，定期消毒，有防霉、防鼠、防虫设施。库内不得存放有碍卫生的物品，同一库内不得存放可能造成相互污染或者串味的食品。

除霜作业期间，肉品会不可避免地产生回温现象。一旦除霜结束后，应在1小时内使品温降低到 -18℃以下；或者进行除霜前，将肉品的品温降到 -18℃，甚至更低，使产品回温时不致高于 -18℃。

四、肉制品包装材料与包装技术

鲜肉的颜色是肌红蛋白和氧气作用的结果，因此包装材料的透气率必须保证鲜肉与氧气的结合达到最佳状态，以保证鲜肉的最佳颜色。从这个角度来说，一般要求包装材料具有较高的透气率。但另一方面，如果包装材料的透气率很高，则包装内氧气含量大，嗜氧性微生物繁殖速度较快，肉中脂肪的氧化也快。所以，一般通过包装和冷藏相结合的方法来达到保鲜抑菌的作用。

为了防止肉中水分的过度散失，应使储运环境的相对湿度保持在85%~95%，这就要求使用透湿率低的包装材料，阻止包装内部与外部的气体交换和水分的损失。

（一）鲜肉的包装

鲜肉品质泛指肉色、风味、多汁性、柔嫩度、肌肉组织等，其中又以肉色为判断品质最简易、最重要的指标。肉色主要是基于三种肌红蛋白——肌红蛋白、氧合肌红蛋白和变性肌红蛋白在大气中的自然变化所致。在高氧分压的情况下，氧气渗透并围绕着肌红蛋白分子，与原血红素中的铁离子结合为氧合肌红蛋白，产生鲜红的肉色，而氧仍继续不断地与原血红素结合、解离。而在较低的氧分压下，肌红蛋白与氧合肌红蛋白变为棕褐色的变性肌红蛋白。因此，鲜肉的包装应选择透氧率良好的包装材料，但这种包装材料仅使用于鲜肉的短期贮存，因为鲜肉放置于大气中太久仍会变为褐色，同时也增加微生物的滋长和脂肪的氧化酸败。

实际生产中常见的鲜肉包装如下几种方式。

1. 托盘

一般在超级市场销售的冷藏肉，多以普利龙（Polystyrene，聚苯乙烯）托盘盛放，托盘底层垫放吸水纸以吸附肉汁，使得肉格外鲜红，刺激消费者的购买欲。常用的透明膜材料有以下几种。

（1）玻璃纸（Cellophane）

一面涂覆硝化纤维，以此面与肉品接触则可吸收肉表面水分而呈饱和状态，进而促进氧气渗透以保持优良色泽，减少失重。但如玻璃纸两面皆涂覆硝化纤维者则不适用。

（2）聚乙烯（Polyethylene）

简称 PE，可分为低密度 PE、中密度 PE 和高密度 PE 三种，对氧的通透性大，尤以低密度 PE 为最，此外，抗酸碱、抗油性和水蒸气透过性亦佳，很适合包装鲜肉。此种材料唯一的缺点是抗张强度与耐磨性较差。

2. 真空包装

真空包装是指抽取包装内所有的空气并配合氧气透过率极低的包装材料，使外界的氧气也无法渗透入内，减低了鲜肉氧化、酸败的速率以确保鲜肉的新鲜度。真空包装的鲜肉在 0 ± 1℃可贮存 $14 \sim 20$ 天。真空包装本身比托盘包装的货架期延长 $5 \sim 7$ 天，但是抽真空包装之后，由于阻断了氧气，一般肉品都会呈暗红色，有损外观。而如果拆除包装后，冷却肉遇氧气又回复成鲜红的颜色，因此真空包装一般所用于贮存时间较长而又要求高品质的酒店及一些大卖场等。

真空包装所使用的材料，除了防氧气透过性及收缩性良好的聚偏二氯化乙烯（PVDC）外，还有聚酯、聚酰胺；或者尼龙、聚酯薄膜和聚乙烯多层等材料。其中聚偏二氯化乙烯的防止氧气和水蒸气的透过性为各种膜料之冠，然而最大的缺点是不能耐热封。聚酯具有很强的张力强度、软性；尼龙防止氧气透过率尚好，耐热、耐寒性亦佳，机械性也很强，但水蒸气透过率大，且价格昂贵，所以多以多层复合的形式作为鲜肉真空包装的材料。

3. 气调包装

气调包装也称充气包装，就是将包装袋内的空气抽去后再充入一定比例的氮气、二氧化碳气体和氧气，使氧气的渗入可能性降低至最低限度，以抑制微生物的生长繁殖，进而延长了产品的保鲜期。

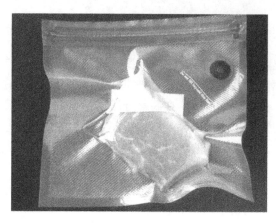

图 5 – 4　真空包装

4. 真空热缩包装

大块肉的包装还可以采用真空热缩包装，这种包装形式的好处在于既能有效减少破袋率，又能消除抽真空包装的汁液渗出现象。真空热缩的处理既抑制了冷却肉表面需氧菌的繁殖，又能预防冷却肉的二次污染，有效延长货架期，相比气调包装，运输方便，包装费用低廉。真空热缩包装在欧美发达国家应用比较普遍，是我国冷却肉包装值得借鉴的包装方法。

（二）冷鲜肉的包装

如何延长冷鲜肉的保鲜期，是影响冷鲜肉发展的关键。选择合适的包装材料和包装技术，对提高冷却肉的保鲜期，保证肉品卫生和品质，能起到非常显著的效果。

1. 气调包装技术

也称气体置换包装，通过用合适的气体组成替换包装内的气体环境，从而起到抑制微生物的生长和繁殖，延长保鲜期的目的。具体做法是用 CO_2、N_2、O_2 三种不同气体按不同比例混合，CO_2 主要抑制细菌和真菌的生长，尤其是在细菌繁殖的初期，在低温和 20% ~ 30% 浓度时抑菌效果最佳；N_2 主要防止氧化酸败，抑制真菌的生长；O_2 主要氧合肌红蛋白，是肉品保持鲜红颜色，并抑制厌氧菌的繁殖。

（1）气调包装中使用的气体

生鲜肉类气调包装可分为两类：一类是猪、牛、羊肉，肉呈红色又称为红肉包装，要求既保持鲜肉红色色泽又能防腐保鲜；另一种鸡鸭等家禽肉，可称为白肉包装，只要求防腐保鲜。红肉类的肉中含有鲜红色的氧合肌红蛋白，在高氧环境下可保持肉色鲜红，在缺氧环境下还原为淡紫色的肌红蛋白。真空包装红肉，由于缺氧肉呈淡紫色，会被消费者误认为不新鲜而影响销售。红肉气调包装的保护气体由 O_2 和 CO_2 组成，O_2 的浓度需超过 60% 才能保持肉的红色色泽，CO_2 的最低浓度不低于 25% 才能有效地抑制细菌的繁殖。各类红肉的肌红蛋白含量不同，肉的红色程度不相同，如牛肉比猪肉色泽深，因此不同红肉气调包装时氧的浓度需要调整，以取得最佳的保持色泽和防腐的效果。

（2）充气包装中各种气体的最适比例

在充气包装中，CO_2 具有良好的抑菌作用，O_2 为保持肉品鲜红色所必需，而 N_2 则主要作为调节及缓冲用。

猪肉气调包装保护气体的组成通常为 60% ~ 70% 的 O_2 和 30% ~ 40% 的 CO_2，0 ~ 4℃ 的货架期通常为 7 ~ 10 天。家禽肉气调包装目的是防腐，保护气体由 CO_2 和混合气体组成，禽肉用 50% ~ 70% 的 CO_2 和 30% ~ 50% 的混合气体气调包装在 0 ~ 4℃ 的货架期约为 14 天。在肉类保鲜中，CO_2 和 N_2 是两种主要的气体，一定量的 O_2 存在有利于延长肉类保质期，因此，必须选择适当的比例进行混合，在欧洲鲜肉气调保鲜的气体比例为 $O_2 : CO_2 : N_2 = 70 : 20 : 10$ 或 $O_2 : CO_2 = 75 : 25$，目前国际上认为最有效的鲜肉保鲜技术是用高二氧化碳充气包装的 CAP 系统。

（3）含 CO 的 MAP

CO 可与肌红蛋白结合生成樱桃红色的 CO – Mb，其结合力是氧气的 240 倍。研究表明，MAP 中 0.4% ~ 1.0% 的 CO 就可保持肉的鲜红颜色。

肉在充气包装时，可采用透气率和透湿率低的薄膜制成包装袋，鲜肉用纸浆模塑托盘或发泡 PS 托盘衬垫后装入袋内。随后充入一定比例的 O_2、CO_2 和 N_2 并封口。由于 PVDC 具有极低的透气、透湿率，并且在我国已大量生产并投入使用，故鲜肉可采用 PVDC 薄膜进行封装。目前国外大量采用 PVDC/PE 复合薄膜进行包装。

鲜肉的充气包装也可以采用半刚性容器如吸塑浅盘的包装形式。目前国外某些国家采用 300 ~ 800 微米厚的复合塑料片材 EVC/EVA、PVC/EVOH/EVA 或 PS/EVOH/PE 吸塑成浅盘的形状，充填鲜肉和气体后，用涂布 PVDC（厚度 70 ~ 100 微米）的 PET/PE 或多层共挤的 PVC/PVDC/EVA 复合膜作为覆盖封口材料。由于我国用 PVDC 涂布或 PS/EVOH/EVA 共挤的复合材料尚未进入生产应用阶段，而其他材料的透气率又特别高，所以，浅盘形式的鲜肉充气包装需经历一段时间在中国才能进入实用阶段。

在欧美国家，超市中包装方便的生鲜肉品基本上是混合气体充气包装。用聚苯乙烯托盘装入生鲜肉品后，充入混合气体（O_2 70% ~ 80%，CO_2 30% ~ 20%），再以高阻气抗雾性聚氯乙烯薄膜紧密热封。目前这种方式在我国也开始应用。

2. 真空包装

通过抽真空形式，使包装紧贴肉品，抑制肉品中水分渗出，同时阻隔氧气，抑制细菌繁殖，提高肉品的安全性。分割肉的包装大量使用了真空贴体包装和热收缩包装、热成型拉伸包装。

真空包装由于除去了使脂肪酸败及微生物赖以生存的氧气，可使肉保存相当长的时间。但是传统的真空包装技术不完全适合包装鲜肉。因为真空包装鲜肉时，鲜肉基本上处于无氧环境中、鲜肉的颜色会变浅红或发白，这种颜色不利于鲜肉的销售。传统的真空包装方法一般适用于饭店餐馆等鲜肉需求量大且不注重鲜肉颜色的单位或部门。

如果在保证真空包装的储存效果时，使真空包装的颜色变好，则真空包装非常适合于销售包装。据此，可以考虑使真空包装的透气率在不同的流通阶段发生变化，即储存时保持较低的透气率，保证鲜肉不因氧气过多使微生物大量繁殖而腐败；销售时保持较高的透气率，使鲜肉快速与氧气反应生成氧合肌红蛋白，鲜肉呈现鲜红色，促进销售。利用薄膜进行真空包装的情况。鲜肉放于具有较强吸水性的纸托盘上，防止肉汁渗出，然后用具有较高透气率的薄膜 1 进行拉伸裹包或袋装，再用阻气性很好的薄膜 2 进行套装并抽真空、封口。利用该方式包装后，由于鲜肉在储存时处于真空环境中，所以在较长的储存期内不会发生腐败现象，此时鲜肉呈浅红色或粉红色。当鲜肉在柜台出售时，销售人员将外层薄膜2打开，此时外界的氧气会很快地穿过薄膜1与鲜肉发生反应，鲜肉吸氧后变为鲜红的颜色，从而促进鲜肉的销售。

在上述的包装方式中，薄膜1可采用LDPE，薄膜2采用PVDC单层膜或PVDC/PE复合膜，吸塑包装盒采用PVC/EVOH/EVA，PS/EVOH/PE，PVC/EVA薄片。如果撕去PVDC薄膜后的鲜肉短时间内未能销售，销售者可用PVDC薄膜重新封装以延长储存期。

需要指出的是，不管是真空包装还是充气包装，必须与其他抑制微生物的方法相结合，才能最大限度地防止生鲜肉的腐败变质。这些方法主要包括降低水分活度、添加剂的使用、低温贮藏以及有机酸处理，它们的实质都是使微生物缺乏生长条件而无法生长繁殖。

3. 其他包装技术

（1）活性包装技术

该技术由Pactive公司开发，这一活性包装技术解决了生鲜肉食的成色问题。生鲜肉用传统使用的发泡聚苯乙烯托盘放好，然后用聚氯乙烯薄膜作外包装并密封包装好。在一次包装密封前将高性能脱氧剂小包装在氮气条件下迅速密封。即托盘上的生鲜肉被密封在少氧充氮条件下，添加高性能脱氧剂后密封包装，然后再封人有密封性的二次包装中。当从二次包装中取出用MA包装的内层鲜肉包装放在商品陈列架上时，空气就能通过聚氯乙烯薄膜进入，而氧气也就同时增加了浓度，鲜肉再次呈现鲜红色。

（2）抗菌垫片法

抗菌垫片由南纸包装制品公司（PPI）研制开发。抗菌垫片能够释放出挥发成分，具有优良的抗菌媒体，使垫片材料纤维素或者超高吸收性的聚合物材料具有抗菌功能。

（3）智能包装

为追踪入库库存货物质量情况的位置传感器和信号发送机，不仅有实现的可能，而且也可能实现商业化生产。RFID要比条形码更多地得到利用。在最新的智能包装技术的应用中，物理学的追踪在技术上要比生物学属性的技术有更大的实现可能。在作为包装食品微生物学或者生化学劣化指标方面，温度、时间和积分器（mS）的功能生物感知技术在包装中是可能实现的。

通过以上方法的运用，冷鲜肉的货架期在一定程度上可以延长。但要真正提高冷鲜肉的货架期和质量，最根本的硬件要求在于提高整个肉类加工企业的综合水平，建立完善的食品冷藏链，引导人们科学消费、健康消费；其次是采用先进的保鲜技术。其中，食品的非热杀菌技术（食品中低温杀菌技术和冷杀菌技术）在杀菌保鲜的同时，能够较好地保留肉和肉制品固有的色、香、味、形，越来越受人们的肯定和欢迎。

（三）冷冻肉的包装

冷冻肉包装材料除了要能防止氧气和水蒸气透过以避免脂肪的氧化酸败外，还必须能适应温度急剧的变化，随着冻结或解冻操作而收缩或膨胀。

1. 铝箔

铝箔可与其他材料复合成柔软性的包装材料用于包装冷冻食品，同时也可以加工成各种形状的半硬式包装容器来包装肉品或即食食品。其防水蒸气透过与气体透过性极好，但收缩性和热封性较差。

2. 塑胶膜复合材料

塑胶膜复合材料如尼龙与聚乙烯、聚乙烯与聚酯薄膜、低密度的聚乙烯、涂聚偏二氯化乙烯的聚丙烯等多层复合包装材料，常用于包装汉堡、牛排等，再装入涂蜡的纸箱后冷冻保存。

（四）加工肉制品的包装

为了维持加工肉制品的品质，肉制品的包装材料选择要考虑其生产加工、贮存及食用方式的特性。肉制品的包装材料很多，常用的包装材料可分为天然肠衣、人造肠衣及其他包装材料。

1. 天然肠衣

天然肠衣主要由猪、牛、羊的小肠、大肠、膀胱等加工而成，以猪肠衣和羊肠衣两种最常用。选择时可以根据产品品质和大小特性。加工后的天然肠衣分为盐渍和干制两种。盐渍肠衣在使用前，要在清水中反复漂洗，充分洗去肠衣表面的盐及污物；干肠衣则应用温水浸泡，使其变软后使用。天然肠衣的优点是具有良好的韧性和坚实度，能够承受加工中的张力及热处理，而且具有收缩和膨胀的性能。缺点是粗细不匀，成本高，来源有限，不适合大规模自动化生产。

2. 人造肠衣

人造肠衣包括胶原肠衣、纤维素肠衣和塑料肠衣。人造肠衣的优点是规格统一，加工方便，适合规模化大生产，同时还可保存制品风味，延长保质期，减少干耗等。目前，在世界范围内已大量使用人造肠衣。我国除部分人造肠衣进口外，已能开始批量生产人造胶原肠衣及塑料肠衣。

（1）胶原肠衣

用动物胶做原料制成，具有透气性好、可以烟熏、规格统一、卫生、比天然肠衣结实、可大量生产等特点。胶原肠衣又分为可食和不可食两种，可食的适合制作熏煮香肠类产品，不可食的主要用做风干类香肠。

（2）纤维素肠衣

纤维素肠衣是用短棉绒、纸浆作为原料制成的无缝筒状薄膜，具有韧性、收缩性和着色性，规格统一，卫生、透气，可以烟熏，表面可以印刷。这种肠衣小口径的主要用于熏烤无肠衣灌肠及小灌肠，熏煮后，冷水喷淋冷却，去掉肠衣再经过二次包装后销售；大口径的纤维素肠衣可以生产加工烟熏风味的火腿，熏煮冷却后不需要去掉肠衣，直接进行二次包装即可。

（3）塑料肠衣

塑料肠衣是利用聚乙烯、聚丙烯、聚偏二氯乙烯、聚酯塑料、聚酰胺等为原料制成的单层或多层复合的筒状或片状肠衣。其特点是无味无臭，阻氧、阻水性能非常高，具有一定的热收缩性，可满足不同的热加工要求，机械灌装性能好，安全卫生。这类肠衣被广泛应用于高温蒸煮火腿肠类及低温火腿类产品的包装。

五、其他包装材料

（一）铝箔

适用于传统肉制品的高温灭菌包装，具有较长的保质期。

（二）收缩袋

采用多层复合材料，阻氧、阻水性能比较高，具有热封性、收缩性、印刷性能，采用真空包装的形式，可以提高产品的货架期。用于低温肉制品的二次包装。

（三）拉伸膜

拉伸膜包装材料具有以下特点：拉伸强度高、纵横延伸率高、抗戳穿、防撕裂性能好、紧固性强，同时拉伸膜机械化程度高，特别适合肉制品的二次包装。包装后的产品美观大方，流通中安全卫生，已在西方国家广泛使用，近几年在我国较大的肉制品企业也得到广泛使用。

随着社会经济的发展及消费者对生活品质的追求，肉品包装与人们日常生活的关系日益密切，因此肉品包装材料与包装技术有着广阔的市场前景。真空热缩包装技术将是今后的发展方向，肉制品的包装随着机械化程度的提高，拉伸膜包装技术会得到广泛的应用。因此对肉类包装材料与包装技术的研究，不仅可以提升肉类产品的附加值，同时可以推动整个肉类工业的进步。

任务四　肉类冷链运输

冷链运输在运输肉类食品中由于可以杜绝酶的分解、氧化和微生物生长繁殖，从而保证牲畜肉类的新鲜。在冷链运输中通常牲畜肉类在 -18℃以下就能防止氧化，-23℃以下的低温可成倍延长冷藏期，在 -30℃下的冷藏期比最低冷藏温度长一倍以上，其中猪肉最明显。冷链运输是牲畜肉类运输途中保存肉类食品新鲜，防止腐烂变质的重要方法。

一、冷却肉的运输注意事项

第一，冷却片猪肉短途运输可采用保温车，长途运输应采用冷藏车，吊挂式运输，装卸时严禁脚踏、触地；第二，运输车、船的内表面以及可能与肉品接触的部分必须用防腐材料制成，从而避免改变肉品的理化特性或危害人体健康；第三，运输途中，车、船内应保持 0 ~ 5℃，80% ~ 90% 的湿度；第四，运输车、船的装卸尽可能使用机械，以缩短运输时间；第五，对于运输的胴体（1/2 或 1/4 胴体），必须用防腐支架装置，以悬挂式运输，其高度以鲜肉不接触车厢底为宜。分割肉应避免高层垛起，最好库内有货架或使用集装箱，并且留有一定空间，以便于冷气顺畅流通。

二、冷冻肉运输注意事项

经冷藏车运输的冻肉主要有冻牛肉、冻羊肉、冻猪肉以及冻副产品。

第一，冷冻分割肉应采用保温车运输，肉始终处于冻结状态，到目的地时，肉温不得高于 -8℃。

第二，机械冷藏车装运，车内应保持 -9～12℃。加冰冷藏车装运时，冰中加盐热季20%～25%，温季15%～20%，寒季10%～15%。

第三，发现有发软、色暗褐或有霉斑、气味杂腥等现象的冻肉不能承运。

第四，装载方法采用头尾交错、腹背相连、长短搭配，紧密装载不留空隙。

三、运输工具的卫生要求

第一，运输车辆在上货前和卸货后应及时进行清洗和消毒。发货前，兽医检验人员还必须对运输车辆及搬运条件进行检查，检查是否符合卫生要求，并签发运输检疫证明。

第二，运输车辆内表面及可能与肉品接触的部分必须用防腐材料制成，从而不会改变肉品的理化特性，或危害人体健康。内表面必须光滑，易于清洗和消毒。配备适当装置，防止肉品与昆虫，灰尘接触，且要防水。

第三，冷却片猪肉必须使用防腐支架装置悬挂式运输，其高度以鲜肉不接触车厢底为宜。

第四，运输车辆在整个运输过程中必须保持一定的温度要求。

第五，凡是运输肉品的车辆，不得用于运输活的动物或其他可能影响肉品质量或污染肉品的产品；不得同车运输其他产品（即使是头、蹄、胃，如果未经浸烫、剥皮、脱毛，也不得同车运输）。

任务五　肉品的鲜度管理与陈列

一、肉类的鲜度管理

（一）肉类鲜度管理的原理

肉是由肌肉组织、结缔组织、脂肪组织、骨骼组织等组成。肉易变色、易腐败主要原因如下。

1. 肉易变色

肉的颜色主要是因为含有红色的色素肌红蛋白和血红蛋白。当肉与空气接触时，肌红蛋白与空气中的氧气结合形成氧合肌红蛋白，颜色由暗红色变成鲜红色，继续氧化后，氧合肌红蛋白中的二价铁元素变成三价铁元素，成为氧化肌红蛋白，当氧化肌红蛋白数量达到一定比例时，肉则呈现褐色，肉品已经开始变质。当微生物繁殖时产生的硫化氢与肌红蛋白结合生成硫化肌红蛋白时，肉就呈现绿色，表示肉品已经腐败。

2. 易腐败

肉的腐败变质主要是由细菌的污染和增殖而引起的。如果温度适宜，肉表面及内部的细菌会按对数的规律以惊人的速度增长，导致蛋白质、脂肪腐败分解，肉品表面出现黏液，色泽变差，甚至产生难闻的气味，完全失去食用的价值。

肉品所感染的细菌数量越多，温度越高，腐败就越容易，肉的保鲜期就越短。因此低温储存和清洁成为肉类鲜度管理的重要措施。肉类产品容易变质、变色，细菌容易繁殖，进行鲜度管理无非要从控制细菌的生长条件方面入手，商场所能够有效控制的方面有温度、清洁、时间，从而达到减少氧化、减少细菌污染、抑制细菌增长、延长肉品的保质期、保持肉品的正常鲜度和品质。

（二）肉类鲜度管理的措施

1. 温度管理法

肉品容易发生腐败的最适宜温度是 20～25℃，在这个温度或更高的温度区间，5 个小时内一个细菌可以增生 10 亿个细菌，所以采取多种方法降低肉品环境温度可有效防止肉品腐败、保持肉品的鲜度。

第一，运输车应为冷藏车，温度维持在 0～4℃。

第二，肉类到货后要及时验收入库，尽量缩短在常温下的时间。冷冻肉储藏温度是 −18℃以下，鲜肉和冷鲜肉储藏温度是 0～4℃。

第三，要以适当的材质覆盖肉类原料及成品，肉类表面如果长时间受风吹袭，表面水分很容易流失，而产生褐色肉，损害口感，因此分装肉类尤其是边猪时要用塑料布盖上或保鲜膜包装后再储存。

第四，一些易坏的禽肉制品，在包装箱内加入散冰以降低温度。

第五，分割处理室的温度控制在 10～15℃，相对湿度 80%～90%，且要有良好的通风设施，保证新鲜空气的持续流通。

第六，陈列柜的温度要控制在 0～4℃。

2. 冷盐水处理法

用 0.8% 的 0℃冷盐水对内脏、禽肉制品进行短时间的浸泡、洗涤 5～10 分钟，可起到降低肉制品的温度，使肉的表面温度与中心温度达到一致；同时流动的盐水可将肉品表面的细菌洗净，对肉品的消毒、保鲜非常有利。另外，可使在内部形成汁液的肉类利用冷盐水渗透而使肉质更加紧密，在分切时较为容易。

3. 减少细菌源法

第一，做好运输车辆或容器、储藏冷库、加工间、设备、人员及工具的卫生管理及消毒工作，减少细菌的污染源；第二，将已污染的肉制品的表面杂物剔除，包括肉屑、脂肪屑等杂料，减少对肉制品的污染；第三，避免交叉感染，猪、牛、羊及禽类的储藏、处理要分开，包括刀具、砧板、加工机器的分开使用，并在不同的处理程序开始前设备设施要进行清洁、消毒，人员要洗手。

二、肉类的陈列管理

肉类的陈列原则和要求主要有以下几个方面。

(一) 品质质检的原则

营业前必须质检以确定陈列的商品可以销售，营业中要复查。

(二) 分类陈列的原则

主要考虑商品的分类、当地的风俗习惯以及防止交叉污染等因素；牛肉、羊肉、狗肉及其相关商品要同猪肉类商品分开陈列；各种肉类的散装陈列之间也要有挡板隔开。

图 5-5　肉类分类陈列

(三) 降低损耗的原则

商品陈列必须始终保持稳定的、适宜的温度环境，每天不少于三次检查陈列柜的温度；陈列时主要采取单层、纵向摆放为主要陈列方法；部分易损耗的肉品如猪内脏需打包陈列；冷冻品陈列不能超过冷冻柜的装载线。

(四) 饱满陈列的原则

饱满陈列是基于销售的要求，陈列的品种要丰富、齐全，陈列的数量多而丰满，所有商品都要醒目不隐蔽。

(五) 先进先出的原则

先进货、先生产的商品优先陈列，保质期短的商品陈列在保质期长的前面，补货时尤其注意。

(六) 标识正确三原则

价格正确的原则：价格与广告、价签、电脑的价格一样。
——对应的原则：价格标识与商品位置——对应。

清晰醒目的原则：价格标识、计价单位的标识清楚明显。

(七) 整齐美观的原则

不管是散卖还是打包，台面的摆放必须整齐美观；打包商品标价签一律贴在右上角；展示柜的照明用粉色灯管，以凸显肉色；陈列柜底部可用绿色或红色地毯铺垫，增强视觉效果。

本章练习

一、单选题

1. 根据肉的冷藏保鲜程度可以把肉分为(　)。

A. 四类

B. 三类

C. 两类

D. 五类

2. 加工肉制品的包装不包括(　)。

A. 铝箔

B. 人造肠衣

C. 收缩袋

D. 塑胶膜复合材料

3. 冷却肉的短途运输应选用(　)。

A. 保温车

B. 冷藏车

C. 冷冻货车

D. 常温车

4. 冷却肉的运输车要保持湿度为(　)

A. 30% ~50%

B. 50% ~80%

C. 70% ~80%

D. 80% ~90%

5. 现代肉类贮藏最好的办法是(　)。

A. 冷冻冷藏

B. 常温放置

C. 低温保藏

D. 低温冷冻

二、多选题

1. 冷鲜肉的特点有(　)。

A. 安全系数高

B. 营养价值高

C. 感官舒适性高

D. 利用价值高

2. 肉类冷藏办法有(　　)。

A. 空气冷藏

B. 冰冷藏法

C. 低温贮藏

D. 冷冻保存

3. 肉在冻结和冻藏期间的变化有(　　)。

A. 容积增加

B. 冻结烧

C. 重结晶

D. 蛋白质变性

4. 解冻的方法有(　　)。

A. 空气解冻法

B. 水解冻法

C. 常温解冻法

D. 暴晒解冻法

5. 生鲜肉类气调包装有(　　)。

A. 红肉包装

B. 白肉包装

C. 防腐包装

D. 保鲜包装

三、思考题

1. 影响肉色变化的因素有哪些?

2. 何谓肉的成熟? 影响肉成熟的因素有哪些?

3. 简述肉变质的原因及影响肉变质的因素?

4. 简述冷却肉生产的基本原则、冷却条件控制的一般原则?

5. 简述冷却肉在贮藏期间的变化。

6. 简述肉在冻结和冻藏期间的变化。

7. 辐照保鲜的基本原理、气调保鲜的基本原理。常用的化学保鲜剂有哪些?

项目七 乳制品及禽蛋类冷链物流

任务导入

乳制品的储藏、运输、销售都需要冷链，禽蛋类在储藏和运输过程中对温度也有严格的要求，为了确保新鲜乳制品和禽蛋从生产源头安全地送达到消费者的手中，冷链物流在整个链条中扮演着重要的角色，如果这些产品在分销渠道没有严格的冷链环境，流通环节产生了"断链"，将会导致产品在冷链物流环节产生较大损失。

学习大纲

1. 了解乳制品产业概况。
2. 了解乳制品的包装及保鲜技术。
3. 学习乳制品的运输与配送。
4. 了解我国的禽蛋生产分布。
5. 熟悉禽蛋的贮藏技术。
6. 掌握禽蛋的包装与运输。

任务一 乳制品产业概况

近年来，随着我国国民经济的不断发展，人民生活水平日益提高，家庭的膳食结构得到普遍改善，对乳制品的消费量呈明显上升趋势，预计未来国内乳制品的消费量将继续呈现上升趋势，乳制品市场需求前景广阔。

目前，乳制品的种类很多，大体包括液体奶（包括巴氏杀菌奶、超高温灭菌奶、酸奶及乳饮料等）、奶粉、冰激凌、奶油、炼乳、干酪等。不同种类的产品对物流也有不同的要求，按照产品的温度控制要求，乳制品物流分为三类：一是奶粉、常温液态奶及乳饮料的常温物流；二是巴氏奶、酸奶等乳制品的保鲜冷链物流；三是冰激凌、干酪等冷饮乳品的冷冻冷链物流。

一、乳制品物流的基本状况

在乳制品行业的整体供应链中，乳制品生产企业扮演着主要角色，乳制品的种类不同、温控需求不同、保质期不同，决定了乳制品生产企业对整体供应链不同的控制程度。一般来说，乳制品的保质期越短，企业对全程物流的控制度越强，如生鲜牛奶从奶源收集到对消费者的宅配全部物流过程由乳制品生产企业控制，此种方式由中国传统的牛奶公司延续至今。随着技术革新及产品创新、乳制品保质期的延长，为乳制品生产企业跨地区经营提供了条件，与此同时，乳制品生产企业对产品全程物流的控制度相应减弱，专业化分工日趋明显，专业化的乳制品物流服务企业应运而生。

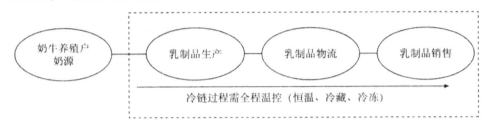

图 7 − 1　乳制品行业简单冷链示意图

二、乳制品冷链物流体系构成

在乳制品从奶牛到消费者的过程中，乳制品冷链物流相对应的控制过程如下。

步骤 1：奶牛养殖场。

步骤 2：挤奶并急速预冷至 4℃ 左右。

步骤 3：0 ~ 4℃ 冷藏奶车运输。

步骤 4：乳制品生产工厂全程冷链生产及存储（人工加工作业区环境 10℃，冷藏环境 0 ~ 4℃，冷冻环境 − 18℃ 以下，部分 − 25℃ 或更低）。

步骤 5：冷藏（0 ~ 4℃ 鲜奶制品）或冷冻（− 18℃ 冰激凌类等冷冻奶制品）运输。

步骤 6：冷链物流中心（配备用于乳制品存储的各温层环境 − 25℃—4℃ 及有人工分货环境 10 ~ 12℃）。

步骤 7：物流配送环境冷藏运输车（0 ~ 4℃）或冷冻运输车（− 18℃ 以下）。

步骤 8：冷藏或冷冻环境销售（0 ~ 4℃ 冷藏柜或 − 18℃ 以下冷冻柜）。

步骤 9：消费者（家中冰箱保质期内保存）。

其中，除步骤 1 会更多考虑奶牛的品种、饲料、养殖环境、防疫等，其余从步骤 2 开始至末端消费者，冷链就始终作为重点贯穿于其中。目前在国内，几乎没有一种乳制品能够从步骤 2 在完全不脱离冷链的条件下走到供应链的末端，而且在冷链的后半段，"断链"的情况更为普遍。

步骤 2 挤奶设备挤完奶后，应立即通过保温管路将鲜奶传到急速预冷容器中进行急速降温，并在最短时间内将鲜奶温度降至 4℃ 左右，同时在最短时间内将已降温的鲜奶通过保温管路传到专业冷藏奶车的储奶罐中。

步骤 3 专业冷藏奶车的储奶罐在整个运输过程中应始终保持 0 ~ 4℃，直至送达工厂，并将鲜奶通过保温管路传到工厂冷藏储奶罐。

步骤 4 乳制品加工厂在乳制品生产过程中，应始终保持鲜奶在有冷链控制的环境中，即使在有人员作业的场所，工作环境的温度也不应过高，一般保持在 12℃ 以下。而鲜奶则在低温容器中进行加工，产成品依据不同的温度需要进入冷藏（0 ~ 4℃）或冷冻（− 18℃ 以下）存储。存储区域的码头与外界冷藏冷冻车厢的衔接，需要是气密的及低温的，并在此环境中进行商品传递。

步骤5 冷藏或冷冻运输环节中有两个重要冷链控制点，一是车辆接收乳制品装入前需将车厢内温度先降至乳制品的需求温度，并在气密及低温的环境中接货；在卸下乳制品时，需在乳制品卸完后方可停止车箱体的制冷系统，并在气密及低温环境中卸货。另一控制点是车辆在整个运输过程中均应使车厢内保持需求温度，不能中途回温。

步骤6 中的冷链物流中心的规划设计，应以未来所需处理乳制品的种类、存量与流量水平为基础，并依据各类乳制品的温度、湿度要求进行规划建设。

步骤7 与步骤5 会存在同样的问题。

步骤8 是每个消费者均能看得到的环节。随着人民生活水平的提高，消费者越来越重视保质期、销售保存环境、品质状况、新鲜程度等因素。

知识链接：

给第三方物流服务提供商的建议

对于提供冷链服务的物流服务商来说，可以通过以下几种方式来对乳品冷链进行整合。

1. 加大企业信息化建设力度，建立完善的信息系统

现阶段我国市场上适用于冷链物流的产品流通信息十分匮乏，生产者不能充分掌握产品流通的信息，无法根据流通信息来安排、组织生产，使得产品供给与需求常常发生矛盾。销售商也急需物流信息来确定所需产品的品种、数量、来源。第三方物流企业作为冷链物流的节点应该运用自身的信息系统，将上下游联系起来，满足他们的信息需求，积极采用当代先进信息技术，如实现信息快速交换的EDI技术、资金快速支付的EFT技术、信息快速输入的条码技术和实现网上交易的电子商务技术等。同时第三方物流企业应充分利用计算机电话集成、地理信息系统、无线互联技术、全球定位系统等先进的信息技术手段及配送优化调度、动态监督、智能交通、仓储优化配置等物流管理技术，并选择一套适合冷链物流且能满足客户需求的优秀的物流管理信息系统，引进高素质信息人才对员工进行相关信息化的培训。

2. 改善客服水平，提高客户满意度

不规范的市场价格大战是每个第三方物流企业所不愿意看到的。第三方物流企业应制定一个行业自律协定，从价格战怪圈中跳出来，建立客户至上的思想观念，以高水平服务赢得客户；根据客户在企业形象、业务流程、产品特征、顾客需求特征、竞争需求等方面的不同要求，提供针对性强的个性化服务。

3. 建立战略联盟关系，寻求多方共赢

第三方物流企业应该同上下游企业拥有一个共同的利益目标。以多边共赢为原则，建立稳定的战略联盟关系。合作各方可相互参股，夯实利益体化的基础。

任务二 乳制品的包装及保鲜技术

乳制品中导致腐败的菌是低温腐败菌，低温腐败菌是乳制品保藏过程中常见的污染菌。有些腐败菌如假单胞杆菌属中某些菌株具有很强的分解脂肪和蛋白质的能力，在低温

下可将乳蛋白分解成蛋白质或将脂肪分解产生脂肪腐败味，导致冷藏乳制品腐败。产碱杆菌属可使牛乳中的有机盐（柠檬酸盐）分解成碳酸盐，从而使牛乳转变为碱性，发生黏性变质。黄杆菌属能在低温下生长，可产生脂溶性色素，有很强的分解蛋白质的能力，使乳品发生乳清分离、凝固、变色等腐败变质现象。乳制品的包装及保鲜技术对乳制品原有的口味、微量元素含量及营养等方面有着非常重要的作用。

一、乳制品包装技术

无论是液态奶还是固态乳制品，其包装形式中最常见的是软包装，过去，简单的单层塑料袋充斥了整个软包装市场，而今，单层塑料袋已逐渐淡出乳品软包装市场，各种新材料、新技术使乳品软包装市场焕然一新，适合于各种鲜奶的复合包装材料（黑白膜、纸/塑复合、纸/塑/铝复合），造型新颖、成本不一的包装形式（利乐枕、百利包、康美包等），功能先进、生产效率高的印刷复合设备（凹印机、柔印机、干式复合机），使乳品软包装市场呈现一派繁荣景象。造成乳制品变质、变味的原因有很多，从包装上来分析，很重要的一个原因是用于乳制品包装的塑料复合膜、袋，其阻氧性能远远不符合要求。下面我们介绍几种乳制品的包装。

目前，我国液态奶的包装形式主要有利乐无菌砖、利乐枕、屋顶包、泉林包、塑料薄膜软包装（如百利包）等。

（一）利乐无菌砖、利乐枕类包装

利乐无菌砖、利乐枕是瑞典利乐公司的专利产品，从 20 世纪 80 年代进入我国市场以来，一直处于行业领先的垄断地位，占据了国内市场 90% 以上的份额。

采用该类包装的乳品保质期长，适合远距离运输，有利于扩大产品的销售范围，是超高温瞬间灭菌奶高档包装的主要形式之一。

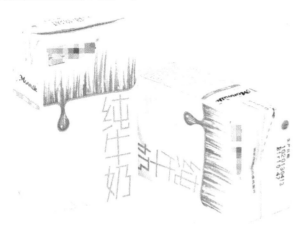

图 7 - 2　利乐无菌砖

（二）屋顶包

屋顶包是由美国国际纸业引入我国的一种包装概念，目前除国际纸业以外，一些国内包装企业也开发出了不同材料的屋顶形包装，包括纸塑复合材料和纸铝塑复合材料的包装。

目前，国内使用的屋顶包中较为典型的一种结构为印刷层/纸/PE，其中，PE层主要通过挤出涂布方式进行复合，复合用纸是经过特殊处理的专用纸，印刷采用高氏或施密特公司的醇溶性油墨。屋顶包乳品的保质期因材料结构不同，差别较大，一般保质期为45天左右的屋顶包主要用于乳品生产基地周边的鲜奶销售包装。由于这种包装的阻隔性能较差，因此在运输和销售过程需要利用冷链储运，其消费群主要集中在长江以南地区。

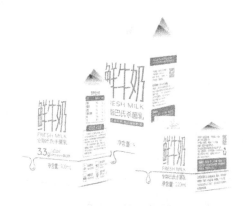

图7-3　利乐无菌砖

（三）复合塑料软包装

在我国的乳品包装中，塑料软包装凭着本身成本低、生产效率高、印刷精美等特点，在液态奶包装市场中占有相当大的比例，是长江以北地区销售液态奶的主要包装形式，也是一种经济实用的包装，发展前景广阔。

复合包装膜所用的薄膜材料主要为聚乙烯（PE）共挤膜，其层数不同、原料配比不同，应用领域也不同。如目前流行的"百利包"就是一种可用于包装超高温瞬间灭菌奶的包装膜。

包装产品实则是包装材料、形式、机械及技术等多个元素的不断变化，推动了乳制品包装的不断提高，时至今日，乳制品包装经历了时间的历练，已经进入了多元化时代。

二、乳制品保鲜技术

各种乳制品贮藏保鲜都必须要冷藏，而冷藏前首先要冷却（前处理），目的是尽快将食品的温度下降至接近食品的冰点及时抑制和减缓食品中微生物的繁殖和生化反应的速度，保持食品良好品质与鲜度，延长食品保质期。适于乳品冷却的方法是空气冷却法，即利用低温空气流过食品表面，使食品温度下降，低温杀菌。

不同的乳制品需要的保藏条件也是不一样的，下面介绍几种常见乳制品保鲜技术。

（一）酸乳

酸乳是液状或半固体食品，是发酵乳制品的一种。乳经乳酸菌发酵而成。其中含有活性乳酸菌，具有调节人体肠道中微生物菌群平衡的作用。酸乳的原料是牛乳，制成成品后要经过冷藏、配送和零售三个阶段才能出库进入流通。酸乳在 0 ~ 4℃下贮藏较好，凝固的酸乳在此条件下存放一周，能保证质量，但存放过久，一旦表面长霉就不能食用了。它的贮藏要以下几个环节。

1. 冷藏

低于5℃恒定温度下，一般要求在冷库中存放 48 小时以上。

2. 配送

温度应 <10℃，尽量避免颠簸和摇晃，以免品质遭受破坏和过多的乳清析出。

3. 销售

乳制品存放在冷藏陈列柜中，温度应 <10℃，购买后如不即刻食用，应放入冷柜中冷藏，不能放在冰箱中的冷冻室贮藏，因为冻结后酸乳中的水分和脂肪会发生分离。

（二）炼乳

炼乳是牛乳的浓缩产品，分甜炼乳和淡炼乳两种。贮藏温度≤15℃，最高温度≤20℃，温度需恒定。

（三）乳粉

乳粉是奶粉将牛奶除去水分后制成的粉末，它适宜保存。要延长保质期，包装很重要。它主要有以下三种方式。

第一，塑料包装。如采用 500 克单层聚乙烯薄膜包装，成本低，劳动强度轻，有一定的防潮效果，但阻隔性差，乳粉易变质，且袋易受损，只能满足短期贮存的需要；保质期一般为 3 个月。

第二，如果采用铝箔复合袋包装，避免光线、水分和空气的渗入，有利于乳粉的长期保存；保质期一般为 12 个月；装袋后装入硬纸盒更好。

第三，充氮包装，先将袋内抽成真空，立即充入99%氮气再密封，可明显延长保质期（24℃下 9 个月，风味不变）。

（四）干酪

干酪是用皱胃酶或胃蛋白酶将原料中的蛋白质凝聚成块，再将凝块加工、成型和发酵成熟而制成的一种乳制品。

其包装方法是先用硫酸纸包装一层，再用普通包装纸包两层，包好放于纸盒内，纸盒是由瓦楞纸制成。并要求每一个包装箱内只能包装同一类型、同一质量等级和接近同一成熟期的产品。保藏时温度一般为 -5℃。

（五）奶油

奶油又称黄油或白脱，是稀奶油经成熟、搅拌、压炼而成的一种奶制品。

包装后立即放入冷库中，温度≤15℃，如需长期保存则温度≤23℃。出库后，在常温下时间越短越好，10℃下不超过10天。奶油容易吸收外界气体，应注意不与异味物质存放在一起，运输时应低温。

为了提高奶油的保藏性需要进行抗氧化和防霉处理，可以在压炼完毕包装之前添加一些规定允许而且无害的抗氧化剂。抗氧化剂在奶油压炼时添加，使其均匀分布或喷涂于包装纸上。

（六）冰激凌

冰激凌是以牛乳或乳制品为主原料，加入蛋或蛋制品、甜味料、乳花剂、稳定剂及香料等，经混合、杀菌、均质、老化、凝冻、成型和硬化等工艺制成的体积膨胀的冷冻饮料。

温度控制：硬化处理温度控制在-25～-40℃，售前温度控制在-25～-30℃，零售时温度控制在-18℃左右。

除此以外，还有很多保鲜技术，如二氧化氯法、超声波保鲜技术、紫外线保鲜技术、辐照保鲜技术、超高压保鲜技术、脉冲电场和脉冲磁场保鲜技术、乳酸链球菌素保鲜技术等高科技的乳制品保鲜技术。

任务三　乳制品的运输与配送

低温奶产品必须全过程都保持2～6℃，这样才能保证产品的质量。乳制品生产企业在"奶牛——奶站——奶罐车——工厂"这一运行序列中，采用低温、封闭式的运输。冷藏运输系统必须保证将刚挤下来的原奶在6个小时内送到生产车间，确保牛奶新鲜的口味和丰富的营养。出厂后，在运输过程中，则采用冷藏车保障低温运输。在零售终端，每个小店、零售店、批发店等零售终端需设放冰柜，以保证其低温产品的质量。

乳制品在运输过程中必须要注意以下几点。

第一，防止鲜奶在运输中温度升高，尤其在夏季运输，最好选择在早晚或夜间进行运输。

第二，运输工具最好采用专用的奶罐车。如用奶桶运输应用隔热材料遮盖。

第三，容器内必须装满盖严，以防止在运输过程中因震荡而升温或溅出。

第四，尽量缩短运输时间，严禁中途长时间停留。

第五，运输容器要严格消毒，避免在运输过程中被污染。

一、乳制品的运输方式

目前乳制品运输主要采取两种运输方式：汽车运输和火车集装箱运输。

（一）汽车运输

针对路途比较远的低温产品，例如酸奶的运输，由于酸奶是一种容易变质的产品，对周围环境的要求比较严格，它的保质时间比较短，再加上消费者对新鲜度的要求很高，如果产品超过生产日期三天以后送达商家，商家就会拒绝接受这些产品，因此，对于酸奶这样的低温产品，通常采用点到点的干线汽车运输，这样时点之间的温度不至于产生太大变化。干线冷藏车车厢预冷达到温度后，通过门封封闭连接仓库，装货、锁车门，再打开制冷机运往目的地，环节衔接很严密。例如，销往各地区的酸奶产品，全部采用汽车运输，为了更好地了解汽车运行状况，生产厂家在一些运输车上装了 GPS 系统，GPS 系统可以跟踪了解车辆的情况，比如是否正常行驶、所处位置、车速、车厢内温度等。管理人员在网站上可以查看所有安装此系统的车辆信息。GPS 的安装，给物流以及相关人员包括客户带来了方便，避免了有些司机在途中长时间停车而影响货物未及时送达或者酸奶在途中变质等情况的发生。

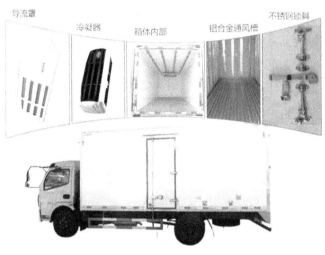

图 7 - 4　冷藏车内部结构

（二）火车集装箱运输

鲜奶的运输常采用铁路运输的方式。主要是鲜奶的保质时间长，对时间的要求宽松，为了节约成本，可以采用铁路运输的方式，所有的运输环节都是需要全程冷链控制的。比如蒙牛公司为了节约成本并且能够及时地完成鲜奶的运输任务，联合了中铁集装箱运输公司，并开通了"五定"牛奶集装箱班列，"五定"即"定点、定线、定时间、定价格、定编组"，"五定"班列定时、定点，一站直达有效地保证了牛奶运输的及时、准确和安全，在奶制品运输的时间控制上有了更大的主动权。

二、乳制品运输中的监控

第一，车载终端对冷藏车厢或冷藏仓库内的温度进行实时的采集，用户可通过客户端软件实时查看相关温度数据。

第二，系统的温度报警功能，可通过软件平台对终端监控的温度上限值和下限值进行限定，当温度超出设定值即产生报警提醒用户。

第三，具备 GPS 监控功能，能实现车辆定位跟踪、温度实时监控、轨迹回放、管理和权限设置等功能。

第三，通过该管理系统，可以提高企业形象和增加管理效率。

三、乳制品的配送方式

与普通快速消费品相比，乳制品的配送有其特点，不仅对配送时间要求几乎到达苛刻的地步，同时对配送过程中温度控制也有相当高要求。目前乳制品采用的配送方式有以下几种。

（一）传统的分销模式

大卖场、商场超市、便利店等传统渠道组成了销售渠道主体，具体而言，有三种表现形式。

第一种"公司直营＋经销商配送"扁平平台式，该模式主要用于生产企业周边城市，经销商演变为配送商负责配送，提升终端服务功能。

第二种"公司直营＋社会力量配送"扁平网络式，该模式主要用于生产企业所在城市，通过构建自有配送中心，并招募大量社会人员负责配送，形成密集性网络式。

第三种"传统经销代理"金字塔垂直式，这种模式主要用于距离生产企业较远的偏远地方。

（二）电子商务式的直销模式

除了传统的批发、零售之外，送奶到户的直销模式应运而生。这种模式主要实施在对牛奶的新鲜度和追求方便更加关注的地区，因此，电话订购和网上订购、送货上门成为一种极具竞争力的配送模式。借助电子商务网建立销售网络，可以使得乳制品生产企业市场份额不断扩大。

（三）专卖店式的终端销售模式

采用连锁加盟控制终端网络，进一步完善网络应对市场挑战。连锁加盟专卖店的开设集中在经济发达的大城市，通过建立垂直管理的连锁专卖系统，可以大大增强企业对市场和渠道的掌控能力，将深度分销体系直接做到消费者层面；同时可以补充渠道的市场空白，增加市场覆盖率。

四、配送中的质量控制

配送质量控制遵循三个原则：时间、温度、不可逆。配送质量需要三个要素来保障，即人员、设备、流程。

（一）配送人员选取

选择责任心强，有职业道德并且职业技能过硬，体貌端正的配送人员和司机执行配送任务，对于工作态度不端正，工作不热心负责的人不予聘用。要求配送人员身体健康，如有不适应及时上报配送中心，配送中心酌情安排工作内容。

（二）配送设备选取

冷冻车低温运输车辆车箱体要有良好的结构、密闭性较强、安装有效的隔热装置并与之相配合的制冷系统和冷风循环系统。车箱体内应有温度感应装置并配有自动温度记录装置。

（三）监控设备选取

建立完善的全程监控系统，选取质量符合标准的监控设备，选取恰当的安装位置。保证在配送过程中对配送货物情况的随时随地掌控，做到没有死角没有空隙。重点监控乳制品的新鲜度，严格控制配送过程中的温度，保证鲜奶品质。

第一，采用无线视频监控系统和 GPS 全球定位，提供一辆给装有视屏监控系统的小型配送车辆，内部装有无线视频和 GPS 全球定位系统，条件允许的情况下可以加装无线通信。

第二，采用无线视频监控系统既可以方便地联动其他安全防范设备，如湿度、温度、烟感、入侵等报警器，可以监控配送员在配送过程的行为，加配 GPS 还可以对配送员进行定位监控，将配送员的位置信息配送到将要到达某客户的信息通知该客户。

（四）配送标准执行

执行标准：及时配送、安全配送、品质配送。配送标准要求：车体车厢每次出发前进行清洗检查，车内监控设备出发前进行校准，配送人员如实上报当天健康状况，每次全程配送时间不超过三小时，每次装载货物不超过 20 分钟，每次卸载货物不超过 5 分钟，车厢内平均温度不得超过 10℃。每次非正常停留不超过 10 分钟，配送人员及时向配送中心汇报情况，认真完成配送调度表和驾驶记录表，做好配送反馈。接受配送中心的合理调度，细心负责完成配送任务。

任务四 我国的禽蛋生产分布

禽蛋富含蛋白质、脂肪、矿物质和维生素，是人们日常生活中具有很高营养价值的重要副食品之一。禽蛋生产在我国已有多年的历史，世界上许多国家优良品种的家禽都有中国家禽的血统。在禽类人工孵化方面，我国也是最早的国家之一。随着养禽业的发展，蛋品生产也得到了相应的发展。

一、我国禽蛋及其制品流通现状

（一）流通模式

1. 自产自销模式

小规模养殖蛋禽的农民自产自销禽蛋产品，如城郊的农民到城市去卖自家的禽蛋。这种流通方式的优点是流通中间环节少，农民直接面对消费者，销售收益直接兑现。存在的问题是流通过程中产品缺乏加工、保险、包装等技术处理，产品附加值低；物流半径有限。这种流通的销量小，单位流通成本很高。

2. 零售商承货模式

即生产者不与消费者直接见面，由零售商（个体私营商贩）负责禽蛋产品的收购与销售。零售商一般直接去农村向农户收购禽蛋产品并运输到城镇农贸市场，或是由生产者自行将产品运送到零售市场转移给零售商，然后由零售商出售给消费者，赚取其中的差价。这种方式在一定程度上降低了生产者的交易成本，优势零售商也会对产品进行一些简单的分类和包装甚至加工，但这种物流方式仍然规模小、商品流通范围有限。

3. 批发中转模式

即由生产者或中间收购者将分散的农产品收购，然后再通过零售商销售，这种方式的优点是物流半径明显扩大，单位物流成本明显降低，已经成了大宗农产品销售的重要途径。目前的批发市场只是农产品集散地，单纯从事收购和批发销售，很少进行包装、加工等增值服务。

4. 龙头企业收售模式

龙头企业与农户签订合约，规定产品的规格与类型，农户按照合同约定进行生产，龙头企业收购后，经过加工包装后再配送给零售商销售。优点是，通过龙头企业使初级产品得以加工、保险、包装，使产品的附加值明显提高，农民可以分享加工的利润，收入增加，龙头企业有更充分的市场信息和技术信息，而且资金雄厚，它可以对农户的生产进行资金支持和技术指导，降低农户生产的自然市场风险。缺点是龙头企业与农户的履约率不是很高。目前中国禽蛋及其产品流通的集中模式各有优缺点，并在不同的空间发挥着重要作用。由于我国现代物流模式刚刚起步，禽蛋及其产品市场流通模式仍处于现货交易的原始阶段。订单农业、连锁经营等现代物流模式、网上交易、代理交易、拍卖、甚至期货交易等现代化流通手段处于起步探索阶段。

（二）影响禽蛋及其产品价格波动因素

近30年来，虽然我国禽蛋产业得到了快速的发展，但经常出现市场价格和供应大起大落、跌宕起伏的状况，因此，保持我国蛋品加工产业的持续、健康发展以及禽蛋产品的稳定供应，一直是我们追求的目标。综合30年来禽蛋价格变化及目前情况分析，影响我国禽蛋产品价格变化的主要因素有以下几点。

第一，其他畜产品的价格引起的关联波动。猪肉、羊肉、牛肉的价格变化会使禽蛋产品的需求发生变化。

第二，饲料价格引起的成本上涨。饲料价格升高，在其他条件不变的情况下，家禽生产者会缩小饲养规模，禽蛋产品产量减低，导致禽蛋产品价格升高。相反，禽蛋产品价格降低。饲料价格的上涨会引起禽蛋产品生产成本的上涨，尤其是蛋鸡生产，影响最大的因素是饲料价格，主要是玉米、豆粕等价格。

第三，居民收入增加引起的购买力增加。禽蛋产品是人民生活中的日常产品，居民收入提高会增加对禽蛋产品的消费，推动禽蛋产品价格上升。随着经济发展，居民收入水平达到一定水平后，会保持在一定水平。

第四，自然因素、技术因素、政策因素以及饲养方式的影响。这些因素会影响禽蛋产品的产量与生产成本，进而影响禽蛋产品的价格。如这些因素提高了禽蛋产品产量，则禽蛋产品价格降低；反之会使家禽产品价格升高。

从需求角度看，影响禽蛋产品价格的因素还有人口增长、人口分布结构和市场发育程度等，这些因素也会通过影响禽蛋产品的产量来影响其价格。

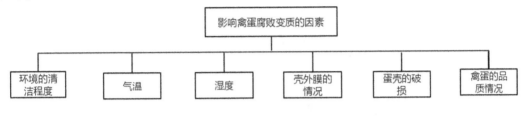

图 7 - 5   影响禽蛋腐败变质的因素

四、影响禽蛋腐败变质的因素

（一）环境的清洁程度

环境的清洁程度指母鸡产蛋和存放鲜蛋的场所清洁程度越高，则鲜蛋被微生物污染的机会就减少。这有利于禽蛋的保鲜。

（二）气温

蛋壳内、外的细菌大部分属于嗜温菌，其生长所需温度为 10~45℃（最适温度为 20~40℃）。高温增加蛋内的水分从蛋壳气孔向外蒸发的速度；增加蛋白水分向蛋黄的渗入，使蛋黄膜过度紧张失去弹性，崩解而成散黄蛋。高温使蛋内酶的活动加强，加速了蛋中营养物质的分解，促进了蛋的腐败变质。

（三）湿度

真菌的生长、繁殖与湿度的关系最密切，只要湿度适宜，即使在低温下甚至零下它也能生长繁殖。

（四）壳外膜的情况

壳外膜的作用主要是保护禽蛋不受微生物污染，所以，壳外膜是禽蛋防止微生物入侵的第一道防线。

（五）蛋壳的破损

蛋壳具有保护蛋液不受微生物入侵的作用，如果蛋壳破损，则微生物更容易侵入蛋液，加速禽蛋的腐败变质。

（六）禽蛋的品质情况

禽蛋的腐败变质与禽蛋的品质，微生物污染的程度有直接的关系，新鲜蛋里微生物污染很少，甚至无菌，陈旧蛋和变质蛋的微生物污染严重，极易腐败变质。

任务五　禽蛋的贮藏技术

一、冷藏法

禽蛋冷藏保鲜是利用低温来控制微生物的生长繁殖和蛋内酶的活性，延缓蛋内的生化变化，使鲜蛋在较长时间内能较好地保持原有的品质，从而达到保鲜的目的。禽蛋冷藏保鲜法是广泛使用的一种贮藏保鲜方法。

图 7 - 6　禽蛋储藏

（一）做好入库前的准备工作

第一，冷库消毒。鲜蛋入库前，库内应预先加以消毒和通风。第二，严格选蛋。第三，合理包装。第四，鲜蛋预冷。选好的鲜蛋在冷藏前必须经过预冷。预冷方法有两种：一种是在冷库的穿堂、过道进行，每隔 1 ~ 2 小时降温 1℃，待蛋温降到 1 ~ 2℃时入冷库；另一种是在冷库附近设预冷库，预冷库的温度为 0 ~ 2℃，相对湿度 75% ~ 85%，预冷 20 ~ 40 小时，蛋温降至 2 ~ 3℃转入冷藏库。

（二）加强入库后的冷藏技术管理

1. 码垛须留有间隔

蛋箱要离墙 20 ~ 30 厘米，蛋箱之间要有一定的间隙，各堆垛之间要留出间隔 10 厘米左右。垛的高度不能超过风道的喷风口，以利空气对流畅通，每批蛋进库后应挂上标有入库日期、数量、类别、产地等货牌。库内空气流动速度要控制适宜。

2. 恒定温、湿度

控制冷库内温度是保证取得良好的冷藏效果的关键，鲜蛋冷藏最适宜温度为 - 2 ~ -1℃，也可以稍低一些，但最低不能低于 - 3.5℃。否则，易使鲜蛋冻裂。但地域不同，温度要求也不同，北方天气寒冷、干燥，温度在 - 5 ~ 1℃，相对湿度为 80 ~ 90% 时最好。南方气候热，较潮湿，温度在 10℃左右，相对湿度为 80% ~ 85% 最好。在我国南方，当冷库温度到 - 2℃时，蛋就要被冻裂，湿度在 90% 时，蛋就会发霉。库内温度要恒定，不可忽高忽低，温度在一昼夜内变化幅度不能超过 0.5℃。换气量一般是每昼夜 2～4 个库室容积。应定期检查鲜蛋质量，了解鲜蛋进库、冷藏期间和出库前的质量情况，确定冷藏时间的长短，发现问题及时采取措施。

变质的蛋要及时出库处理，对长期贮存的蛋还要翻箱。翻箱是为了防止产生泻黄、靠黄等次蛋。要求在 0～-1.5℃每月翻蛋一次；在 -2～-2.5℃下，每 2～3 个月翻箱一次；每隔 20 天用照蛋器抽检一定数量的鲜蛋，以鉴定其质量，确定以后贮存的时间。

（三）坚持正确的出库方法

第一，出库须遵循"先入先出"的原则。

第二，货物出库必须按规定凭调拨单、出库单办理，不得白条出库。客户指定的人员到仓库自提物资时，仓管员在物资发放前要详细核对出库单物资接收联系人、联系电话、身份证号码或工作证号码等信息，核对无误后方可和领料人员一同清点出库物资，清点无误后，仓管员及接收人在出库单上签名和标注发货时间，确认物资出库。

第三，货物出库时，必须经复核，根据出库凭证仔细检查、用途（工程编号或注明维护）、库别、签章、品名、规格型号、生产制造商、数量是否清楚，发现问题及时与业务主管联系，妥善解决。

第四，出库物资必须按所标注的项目出库，物流代理类出库若没有货主单位的授权，不能擅自更改物资的项目用途；如出库单的物资有库存，但工程项目不对，要及时和货主单位物流主管反馈，并在反馈得到处理后，按明确的处理意见处理。

第五，货物出库时，必须有编码，以单对账、以账对卡、以卡对货，付货时必须执行"先销卡，后付货、签章、销账"的操作规程。

第六，货物出库时，仓管员要仔细清点出库数量，做到"人不离垛、件件过目、动碰复核、监督搬运"，对搬运不符合要求的动作，要及时纠正，防止货物损坏。

冷藏蛋在出库时，应该先放在特设的房间内，使蛋的温度慢慢升高，否则，直接出库，由于蛋温低，与外界热空气接触，温差过大。在蛋壳表面凝结水珠（这种蛋俗称出汗蛋），易感染微生物而引起变质。

二、液浸法

（一）石灰水浸泡法

石灰水贮藏法是利用蛋内呼出的二氧化碳同石灰水中的氢氧化钙作用生成不溶性的碳酸钙微粒，沉积在蛋壳表面，闭塞气孔，阻止微生物侵入和蛋内水分蒸发。同时，由于封闭了气孔，可减少蛋内呼吸作用，减缓蛋的理化性质变化速度。同时石灰水本身还具有杀菌作用，从而保护蛋的质量。

石灰水溶液配好后，将经过检验合格的鲜蛋轻轻地放入盛有石灰水的缸中，使其慢慢下沉，以免破碎。每缸装蛋应低于液面约 10 厘米。经 2～3 天，液面上将形成硬质薄膜，不要触动它，以免薄膜破裂而影响贮蛋质量。

用石灰水溶液贮藏鲜蛋，材料来源丰富，保管费用低，即可大批贮藏，也适于小批量贮藏，保存效果良好。

（二）水玻璃贮藏法

水玻璃又叫泡花碱，是硅酸钠（Na_2SiO_3）和硅酸钾（K_2SiO_3）中的混合溶液，通常为白色的，溶液黏稠、透明、易溶于水，呈碱性反应。水玻璃遇水后生成偏硅酸或多聚硅酸胶体物质，能附在蛋壳上面，闭塞气孔，减弱蛋内呼吸作用和生化变化，并阻止微生物侵入，达到保存鲜蛋的目的。溶液呈碱性，又有杀菌作用。

我国多采用 $3.5 \sim 4.0°Be'$ 的水玻璃溶液贮藏鲜蛋，目前市场销售的水玻璃的浓度有56、52、50，45、$40°Be'$ 等五种。贮蛋时，只要水不结冰，温度越低越好；经水玻璃贮藏的鲜蛋，在取出销售加工前，应用 $15 \sim 20℃$ 温水将蛋壳表面水玻璃洗净晾干，否则，蛋壳黏结，易造成破裂。用此法贮藏的蛋色泽较差、气孔闭塞，煮时易穿孔。

（三）混合液体保鲜技术

混合液体保鲜法是比较经济可行的保鲜方法之一，目前已在一些城乡推广应用，效果较好。贮存的蛋保鲜 $8 \sim 10$ 个月，其品质仍不变。混合液体的主要组成是石灰、石膏、白矾（"二石一白"），有人称其为"三和一"保鲜剂。

三、气调保鲜方法

气调贮蛋法有二氧化碳气调法和化学保鲜剂气调法等。目前也有人提出用臭氧贮蛋。

（一）二氧化碳气调法

二氧化碳气调法就是把鲜蛋贮存在一定浓度的二氧化碳气体中，使蛋内自身所含的二氧化碳不易散发并得以补充，从而减弱鲜蛋内酶的活性，减缓代谢速度，保持蛋的新鲜。选用 $20\% \sim 30\%$ 浓度的二氧化碳气体贮蛋最为适宜，其做法是：用聚乙烯薄膜做成一定体积的塑料帐，底板也用薄膜，将挑选消毒过的鲜蛋放在底板上顶冷 2 天，使蛋温和库温基本一致，再将吸潮剂硅胶屑、漂白粉分装扎布袋或化纤布袋内，均匀地放在垛顶箱上，以防潮，消毒，然后套上塑料帐，用烫塑器把帐子与底板烫牢，不使漏气，再真空抽气，使帐子紧贴蛋箱，最后充入二氧化碳气体，至浓度达到要求为止。

（二）化学保鲜剂气调法

化学保鲜剂气调法是用化学保鲜剂通过化学脱氧获得气调效果，达到贮存保鲜的目的。化学保鲜剂一般是由无机盐、金属粉末和有机物质组成，主要作用是将贮存蛋食品袋中氧气含量在 24 小时内降到 1%，并具有杀菌、防霉、调整二氧化碳含量等作用。例如一种以保险粉为主要成分的保鲜剂，其组成是保险粉 31 克，芒硝 5 克，消石灰 100 克，它可在 2 小时内将 10 升空气中的氧气降至 $1\% \sim 3\%$，同时能产生二氧化碳，起防腐杀菌作用。又如一种以铸铁粉为主要成分的化学保鲜剂，其成分是铸铁粉、食盐、硅藻土、活性炭、水，可在 24 小时内将 10 升空气中的氧降到 1%。

四、涂膜贮藏方法

涂膜贮蛋法是利用无毒害作用的物质涂布于蛋壳上使气孔处于密封的状态，即可阻止微生物的侵入，又可以减少蛋内水分蒸发。目前所采用的涂膜剂是具有半渗透性作用的物质，细菌、真菌等不能通过，但是对水分和气体仍可以有少量的渗透性。

涂膜材料应选择价格低廉，资源充足，用量小，以尽量降低涂膜成本。从安全卫生角度要求涂膜材料不致癌，不致畸，不突变，对辅助杀菌剂尽量无抵抗作用。要求涂膜剂能在蛋壳上形成的薄膜质地致密，附着力强，不易脱落，吸湿性小，适当地增加蛋壳的机械强度。

一般鲜蛋涂膜的涂膜剂有水溶性涂料、乳化剂涂料和油质性涂料等几种，多采用油质性涂膜剂，如液状石蜡、植物油、矿物油、凡士林等，此外还有聚乙烯醇、聚苯乙烯、聚乙酰甘油一酯等。

五、消毒贮蛋法

（一）过氧乙酸消毒贮蛋法

将过氧乙酸临时用自来水配成 0.1% ~ 0.25% 的溶液，即可用于鲜蛋保鲜。

使用过氧乙酸液贮存鲜蛋，有浸泡、喷雾和熏蒸等方法。浸泡法即将鲜蛋直接浸泡在 0.1% ~ 0.25% 浓度的过氧乙酸溶液池内，3 ~ 5 分钟后即可捞出、晾干、贮存。

（二）复方苯甲酸合剂保鲜法

保鲜剂的配制及其使用：若贮存 1 000 千克鲜蛋，可取 95% 以上苯甲酸 0.5 千克、95% 纯度的固体氢氧化钠 1.2 千克、萘酚 2 千克，相互混合，放入瓷盘内，另加温水 5 千克使混合物徐徐溶化，并不断搅拌，待苯甲酸和萘酚完全溶解于氢氧化钠溶液中，移到鲜蛋贮存容器（缸、水泥池等均可）内，再加适量的清水，即可放入鲜蛋贮存，容器中的保鲜液面应高出蛋面 20 ~ 30 厘米，以隔绝空气。

（三）新苯扎氯铵消毒法

新苯扎氯铵为淡黄色胶状液体，易溶于水，水溶液呈碱性，振摇时形成大量的泡沫，有较强的除污和消毒作用，能凝固蛋白质和破坏菌体的代谢过程，还有脱脂去污作用。消毒鲜蛋时，用 5% 新苯扎氯铵原液，加水 50 倍。使用时忌与肥皂、碘、高锰酸钾和碱等配用。

（四）漂白粉消毒法

将鲜蛋浸入含有活性氯 1.5% 的漂白粉溶液中 3 分钟，取出沥干后即可涂膜保鲜，不过，这项工作应在通风处进行。

（五）碘消毒法

将鲜蛋置于0.1%的碘溶液中浸泡30~60秒，取出沥干后即可进行保存。碘溶液的配制方法是：称取10克碘片和5克碘化钾，一起溶解于1 000毫升水中，然后倒入9 000毫升的清水中即成0.1%溶液。消毒液浸泡鲜蛋次数达10次之后，溶液中碘浓度减少，如需再用，每批蛋可将浸泡时间延长到90秒或添加部分新配的碘溶液。

（六）福尔马林（甲醛溶液）消毒法

福尔马林为无色带有刺激性和挥发性的液体，能杀死蛋壳表面的细菌、病毒，其蒸发较快。消毒时将甲醛溶液与高锰酸钾混合，利用其所发烟雾熏蒸消毒鲜蛋。

（七）巴氏消毒法

将蛋浸入90~100℃沸水中浸泡5~7秒后立即取出，将蛋壳表面细菌杀死，并能在蛋内壳膜与蛋白处形成一层极薄膜，这样既可防止细菌侵入，也可防止蛋内水分蒸发和一氧化碳逸出，减少蛋的干耗和延缓变质。采用这种方法，鲜蛋在室内一般可保存3个月。

（八）辐射消毒法

运用辐射的基本原理对鲜蛋以一定剂量射线辐射，不仅可以杀死鲜蛋中的病原菌，而且可以延缓鲜蛋自身的新陈代谢，其放射源是Co^{60}或Cs^{137}的射线，或是电子加速器产生的电子束流。食品仅仅是受到射线的外照射，不与放射源直接接触，故食品也就不存在放射性污染的危险。

任务六　禽蛋的包装与运输

一、禽蛋的包装

由于各种禽蛋壳薄脆，承受外界压力的能力小，包装和运输时应特别注意。禽蛋包装目前多采用纸盒（厚纸格栅）或塑料盒盛装，每蛋1格，然后放于纸箱或塑料瓦楞箱内。用纸箱、木箱或箩筐装蛋时，箱底要用稻壳、麦秸、木屑、碎草或其他柔软物垫好，然后放一层种蛋放一层铺垫物。装蛋时应大头朝上，蛋与蛋之间、蛋与箱壁之间用柔软物填充，直至装满为止。装满后，上面铺好柔软的填充物，盖好捆好。每箱不宜装得太多，以7~10层为宜，否则下面的蛋易破碎。

首先要选择好包装材料，包装材料应当力求坚固耐用，经济方便。可以采用木箱、纸箱、塑料箱、蛋托和与之配套用的蛋箱。

（一）普通木箱和纸箱包装鲜蛋

木箱和纸箱必须结实、清洁和干燥。每箱以包装鲜蛋300~500枚为宜。包装所用的填充物，可用切短的麦秆、稻草或锯末屑、谷糠等，但必须干燥、清洁、无异味。包装时先在箱底铺上一层5~6厘米厚的填充物，箱子的四个角要稍厚些，然后放上一层蛋，蛋的长轴方向应当一致，排列整齐，不得横竖乱放。在蛋上再铺一层2~3厘米的填充物，再放一层蛋。这样一层填充物一层蛋直至将箱装满，最后一层应铺5~6厘米厚的填充物后加盖。木箱盖应当用钉子钉牢固，纸箱则应将箱盖盖严，并用绳子包扎结实。最后注明品名、重量并贴上"请勿倒置""小心轻放"的标志。

（二）利用蛋托和蛋箱包装鲜蛋

蛋托是一种塑料制成的专用蛋盘，将蛋放在其中，蛋的小头朝下，大头朝上，呈倒立状态。蛋托可以重叠堆放而不致将蛋压破。蛋箱是蛋托配套使用的纸箱或塑料箱。利用此法包装鲜蛋能节省时间，便于计数，破损率小，蛋托和蛋箱可以经消毒后重复使用。

图7-7 用蛋托包装新蛋

二、禽蛋的运输

各种稳定的交通工具均可用于蛋类的运输，运输中必须防止日晒雨淋、高温低温变化的影响，切忌颠簸振荡。如果没有专车，在运输中要做好防寒、防暑，防震、防压工作，运输种蛋的适宜温度为15~18℃，相对湿度75%。种蛋运到目的地后，要立即打开检查，剔除破损蛋。

在运输过程中应尽量做到缩短运输时间，减少中转。根据不同的距离和交通状况选用不同的运输工具，做到快、稳、轻。"快"就是尽可能减少运输中的时间；"稳"就是减少震动，选择平稳的交通工具；"轻"就是装卸时要轻拿轻放。

运输过程中特别要注意蛋箱要防止日晒雨淋；冬季要注意保暖防冻，夏季要预防受热变质；运输工具必须清洁干燥；凡装运过农药、氨水、煤油及其他有毒和有特殊气味的车船，应经过消毒、清洗后没有异味时方可运输。

本章练习

一、单选题

1. 酸乳在销售时应置于（　　　）中。

A. 货架上

B. 保鲜盒中

C. 冷柜中

D. 运输车中

2. 冷库内贮藏鲜蛋的最佳温度为(   )。

A. −1.5 ~ −1℃

B. 2 ~ −10c

C. 10 ~ −15 ℃

D. 20 ~ −40 ℃

3. 巴氏杀菌奶的保质期为(   )。

A. 1 ~2 天

B. 7 ~15 天

C. 15 ~30 天

D. 一个月以上

4. 鲜蛋冷藏适宜的温度为(   )。

A. 1 ~ −3 ℃c

B. −2 ~ ~ −1 ℃

C. 3 ~ ~ −5 ℃

D. 5 ~ −10 ℃

5. 冷冻乳制品的恒温区的温度一般保持在 (   )。

A. −1 ~ −3 ℃

B. 0 ~4 ℃

C. 4 ~10 ℃

D. 10 ~ − 15 ℃

二、多选题

1. 下列属于乳制品包装技术的有(   )。

A. 复合塑料软包装

B. 利乐无菌砖

C. 屋顶包

D. 利乐枕类包装

2. 禽蛋类的流通模式包括(   )。

A. 自产自销模式

B. 零售商承货模式

C. 批发中转模式

D. 企业收售模式

3. 禽蛋类贮藏技术包括(   )。

A. 冷藏法

B. 液浸法

C. 气调保鲜方法

D. 涂膜贮藏方法

4. 禽蛋类的运输要注意的事项包括(　　　)。

A. 防寒

B. 防暑

C. 防震

D. 防压

5. 包装禽蛋可以采用的材料有(　　　)。

A. 木箱

B. 纸箱

C. 蛋托

D. 玻璃瓶

三、思考题

1. 牛奶在物流配送中有什么特殊要求？

2. 乳制品在运输过程中要注意哪些事项？

3. 禽蛋类进行冷藏入库前要做好哪些准备工作？

4. 请简述常见乳制品的保鲜技术？

项目八　水产品物流技术与管理

任务导入

随着我国经济的发展和人民消费水平的提高及消费习惯的改变，我国水产品及其加工品的消费规模快速增长，人民对水产品的新鲜度、营养性和食品安全等方面提出了更高要求。水产品冷链物流是提升水产品消费品质，减少营养流失，保证食品安全的必要手段。

学习大纲

1. 了解水产品资源市场、水产品特性与鲜度评定
2. 学习水产品的储运保鲜技术。
3. 理解水产品冷链物流管理与设备。
4. 掌握水产品活体运输技术。

任务一　水产品资源市场分析

水产品在我国动物产品消费中始终占有重要位置，消费份额占比变化不大。消费量方面，在居民食物消费的大宗动物性食品中，猪牛羊肉始终占据重要位置，全国人均水产品消费仅为猪牛羊肉消费量的一半。水产品冷冻是指利用低温条件抑制水产品自溶作用酶的活性和附着微生物的繁殖，并减缓其脂质氧化、非酶性褐变等化学反应速度，使之在贮藏期间能保持优良品质的低温保鲜方法。大致包括冷藏保鲜和冻结保鲜两类方法。

一、水产品市场调查分析

冷冻水产品主要有各种冷冻鱼，冷冻虾，市面上比较常见的有冷冻带鱼、黄花鱼、北极虾、鳍鱼、三文鱼等等。水产品在冻结之前，除了一般的原料处理，还需要一些特殊的加工，如：减少鱼在冷冻干燥收缩损失，需要挂冰，覆冰量相当于体重的 2~3% 为宜；在冰中加入海藻酸钠，甲基纤维素，聚丙烯酸钠，稠化剂，可以防止裂纹；防止冻鱼，比目鱼和其他白色肉解冻损失大量流出的液体，需要使用浓度为 10~15% 盐水浸泡 0.5~1 分钟，或在 3~5% 盐水中浸泡 0.5~1 小时；冷冻鱼也需要浸泡在盐溶液，以减少损失。

最受中国市场欢迎的十大进口海产品品类分别是：冻对虾，活、鲜或冷的岩礁虾和其他龙虾，冻狭鳕鱼，活、鲜或冷的蟹，鲜或冷的大西洋鲑鱼，冻鳕鱼，冻的墨鱼及鱿鱼，活、鲜或冷的鳌龙虾，冻鲍鱼鱼片和冻格陵兰庸蝶鱼。

图 8 – 1　水产品冷链运输

二、未来冷冻水产品发展潜力预测

近几十年是我国渔业发展最好的时期之一，渔业渔政工作取得显著成效。主要体现在：渔业经济规模扩大、产业结构进一步优化、基础设施和装备条件显著提升、科技支撑力增强、渔业资源环境保护工作力度不断加大。成绩的取得，得益于党中央、国务院的高度重视，得益于坚持和发展了一条正确的发展道路，得益于坚持以冷冻水产品市场为导向，得益于坚持"走出去"战略，得益于坚持把强化物质装备、科技进步、管理手段作为现代渔业建设的强大支撑。

近年来，全球海鲜市场产销稳定增长，2007 年全球海鲜产量为 1.007 亿吨，2017 年增长至 1.098 亿吨，消费量从 2007 年的 9260 万吨增长至 2014 年的 1.014 亿吨。全球海鲜价格有一定的波动，2014 年海鲜均价升至 11023.4 美元/吨，2014 年后有所回落，2017 年全球海鲜市场均价为 8126.7 美元/吨。中国是水产大国，水产品产量占全球总产量 1/3 以上。中国同时是全球最大的海鲜消费市场。随着国民生活水平提升，中国人均水产消费量也在稳步攀升，从 1990 年的人均 11.5 公斤，到 2006 年的 26 公斤。2020 年中国人均海鲜消耗量达 36 公斤。

目前我国消费的主要水产品为鲜活、冷冻水产品，但随着水产品消费市场的多元化发展，熟制干制品等产品需求量呈现快速发展态势。熟制干制品分为海水、淡水两个部分。熟制干制品主要用于大中城市饭店、餐馆，近几年来发展迅速，需求量成倍增加。

三、水产品市场发展的思路

近年来，由于美国次贷危机衍生的金融危机影响，包括美国、欧盟在内的许多国家和地区相继产生"多米诺骨牌"效应，使世界各地经济不同程度地受到波及和影响，作为社会经济的一个方面，水产养殖业也未能幸免。面对这种新形势，水产养殖经营者该如何实施变革以求得逆境中的发展之机呢？

（一）拓宽筹资渠道，解决"融资难"问题

产业要发展，资金是关键。当前，国家实施积极的财政政策和适度宽松的货币政策，

但资金紧缺仍为制约水产养殖经营发展的重要瓶颈。近年来，大部分资金都流向了城市，流向了房地产、建材、证券等行业及其下游产业，而对农业产业尤其是水产业除国家的扶持资金外基本上是微乎其微。因此，要在继续积极争取财政资金、项目资金并发挥其导向作用的前提下，进一步加强招商引资工作力度，广泛吸纳民间资本、金融信贷资本及外资，还可以通过股份合作兴办实体，扩大经济收入，增强造血功能，拓宽融资渠道，形成风险共担、利益并存的多元化渔业投资格局，从而促进水产产业的发展。

（二）加强健康养殖管理，解决"质量差"问题

水产品质量是水产品的生命线，相对来说，也是养殖经营者的生命线。近年来，我国渔业整体素质不断提高，但小规模分散式的经营方式仍占主体，标准化、集约化加工生产的要求与传统分散的水产养殖生产之间的矛盾比较突出。在全国水产品质量稳步提升的大趋势下，当前水产品质量安全仍存在不少隐患，水产品市场尤其是国际贸易仍面临质量安全因素不稳定的巨大压力。水产企业或经营者应按照国家规定的相关标准，建立自身的质量保证体系，管好生产、加工、流通、销售等各个流程，着重加强投入品的使用与管理，确保从"池塘到餐桌"的全程监控，确保水产品的健康和产业的健康，严格控制与稳步发展水产品出口，努力争取国际市场中中国水产品应有的声誉。

当前，我国的水产品出口市场，仍然是初级产品的市场，很多市场份额是从泰国、马来西亚、墨西哥等国家与地区转移过来的。我们的科学与技术在很多方面强化了催化、速效、单位产量提高上面。从我国现实的发展水平看，我们的养殖产品、加工产品要超过泰国、马来西亚、墨西哥这些国家，而不能总在低层次的圈子里打转。水产品出口型的养殖与加工都存在升级换代的问题。在淡水水产品问题比较多、出口市场特别不稳定情况下，我们应该看到发展的机遇。这就是坚决从数量型竞争中退出，而在质量型竞争中跟进。大力提升水产品养殖与加工的科技含量、资金含量、环保含量。

（三）健全行业管理，解决"风险大"问题

建立水产养殖专业合作社是目前水产业行之有效的行业管理措施。一方面，要集中农村各养殖大户的物资和智慧，建立水产专业合作经济组织。同时，进一步搞好农村土地经营权的合理有序流转，使优势的水面向养殖大户及专业合作社集中，建立风险共担、利益均沾的经营管理体制，充分发挥行业自律和经济互补的作用，形成合力，共同防范和抵御各种市场风险，带领养殖户走共同富裕之路。另一方面，养殖企业也必须走"强强联合"之路，按照"公司＋基地＋农户"的产业化发展模式，整合资源，形成规模，增强企业核心竞争力，提倡与鼓励"公司＋公司""公司＋基地"的经营模式。在贷款上、在科研立项上、在技改资金上以及在其他可以享受的各种政策上给予扶持。不鼓励、不提倡当前已经很流行的"公司＋农户"的经营模式，必须逐步取消，或者是在出口型的产品范围内取消一家一户小农经济的经营模式，用大公司的模式去适应大市场、国际市场的需要。鼓励加工型的公司向上游——养殖领域渗透；鼓励养殖型的公司向下游——加工领域渗透；鼓励周边型、边缘型、服务型的大型企业——水产饲料、水产机械、水产鱼药企业向上游、下游养殖与加工两头渗透与发展。逐步发展种苗、养殖、加工、出口一体化的大型出口龙头企业。

（四）注重渔业科研管理

在科研领域中不提倡概念性、炒作性、猎奇性的研究项目。鼓励实用性、高端性研究项目。加大对有用项目、有市场项目、有国际竞争力项目的投入。科学研究处在生产实践的前沿地带，能对生产起到巨大的指导作用。一段时间以来，我国的水产科学研究热衷于新产品、国外产品的引进与开发。过多引进并不具备市场发展潜力、生命周期很短的产品，产品研发与前期市场培育经费巨大，给生产企业带来特别巨大的市场风险，有些产品造成很大的能源、资金、设备损失。湖泊渔业、江河渔业、水库渔业、大水面渔业、活水面渔业要纳入水产品出口范围。扩大野生水产品、有机水产品、生态水产品、无公害水产品的出口市场，提升产品的市场价值。帮助好产品得到应该得到的好市场、好价格，把更多的好鱼贡献给国际市场。

（五）优化发展环境

优化发展环境主要做好两个方面的工作：一是优化投资环境。要加强政府部门各方面的工作整治，在行政审批、行政执法、行政管理等方面给水产养殖经营者最大的便利和实惠；继续加强招商引资，引进和培育水产人才，鼓励全民创业。二是要改善服务环境。渔业主管部门要作好调查研究，提供信息、搞好指导，推进服务质效的提高；饲料、肥料、渔药生产部门要不断研制开发新产品，为养殖提供优质产品；加工企业要尽早与养殖单位和渔民签订收购合同；科技部门要积极做好技术服务。各部门要通力合作，共同促进水产产业全面协调可持续发展。要大力宣传《渔业法》《水生野生动物保护法》及相关的法律、法规，加强渔政队伍建设，打击滥捕、乱炸、毒鱼、电鱼等渔业违法行为；制定村规民约，维护渔业生产、流通秩序，为水产业发展保驾护航。同时，要充分保护、开发、利用贫困地区渔业资源，切实保证渔业资源的增殖和保护，全面建设资源节约型、环境友好型渔业。

（六）加强市场开发

市场开发方面主要搞好两大市场的建设：一是国内市场。目前国内市场对水产品的消费需求尚不旺盛，尤其是农村市场需求始终处于原始的疲软状态，供给十分充足与需求很不旺盛的矛盾，导致了水产品消费无法维持高增长。作为水产企业来说，一方面要搞好水产品的消费与引导。既要宣传水产品的营养价值与食用安全，又要强调鱼文化的渗透。做企业要强调企业文化，渔业也涉及鱼文化，要让消费者既尝到可口的鱼肴，又了解到鱼文化的趣味，形成人人爱鱼、人人食鱼、人人谈鱼的产业发展氛围。另一方面要搞好国内市场开发。国内市场体系尚不健全，大型水产品批发市场少而不规范，尤其是农村市场开发潜力巨大。必须从思想上、战略上、行动上重视大型水产品市场建设和农村市场建设，形成系统的市场开发行动方案，通过宣传引导，实现扩大内需，培育壮大水产品市场。二是国际市场。要在稳定现有市场的条件下，努力开拓新兴水产品出口市场，选择和开发多国市场、多地区市场，把产品做到多个国家、多个地区，以减少相对集中的个别市场波动给水产品市场带来的影响，减少出口水产品对单一市场的依存度。

任务二　水产品特性分析

一、水产品的多样性

我国水产资源丰富，水产品品种多、分布广。有海洋和内陆水域的鱼类，甲壳动物中的虾蟹类，软体动物中的头足类和贝类，还有藻类等。以鱼类为例，我国常见的有经济意义的鱼类有200多种，有海水鱼和淡水鱼之分。我国黄、渤海区以暖温性鱼类为主，东海、南海以及台湾以东海区主要是暖水性鱼类。淡水鱼也有冷水性、冷温性、暖水性鱼类之分。在海水鱼中，按肌肉颜色又可以分成两大类：一类是体内肌红蛋白、细胞色素等色素蛋白含量较高，肉带红色的红肉鱼类，如鲐鱼、沙丁鱼、金枪鱼等洄游性鱼类；另一类是肌肉中仅含少量色素蛋白，肉色近乎白色的白肉鱼类，如鳕鱼、鲷鱼等游动范围较小的鱼类。

图8-2　水产品

我国海岸线长达18 000多千米，可管辖海域300万平方千米。大小岛屿5 000多个，蕴藏着丰富的海洋渔业资源。海域地处热带、亚热带和温带三个气候带，水产品种类繁多。仅鱼类就有冷水性、温水性和暖水性鱼类、大洋性长距离洄游鱼类、定居短距离鱼类等许多种类。中国海洋鱼类有1 700余种，经济鱼类约300种，其中最常见而产量较高的约有六七十种。此外，还有藻类约2 000种，甲壳类近1 000种，头足类约90种。在我国沿岸和近海海域中，底层和近底层鱼类是最大的渔业资源类群，产量较高的鱼种有带鱼、大黄鱼、小黄鱼等；其次是中上层鱼类，广泛分布于黄海、东海和南海。产量较高的鱼种有太平洋鲱、日本鳍、蓝圆鲹、银鲳等，各海区都还有不同程度的潜力可供开发利用。分布在中国海域的甲壳类，不仅种类繁多，而且生态类型也多样。有个体小、游泳能力弱、营浮游生活的浮游甲壳类和常栖息于水域底层的底栖甲壳类两大群。在甲壳类动物中，目前已知的有蟹类600余种、虾类360余种、磷虾类42种。其中有经济价值并构成捕捞对象的有四五十种，主要为对虾类、虾类和梭子蟹科。其主要品种有中国对虾、中国毛虾、三疣梭子蟹等。头足类是软体动物中经济价值较高的种类。我国近海约有90种，捕捞对象主要是乌贼科、枪乌贼科及柔鱼科。资源种类主要有曼氏无针乌贼、中国枪乌贼、太平洋褶柔鱼、金乌贼等。头足类资源与出现衰退的经济鱼类相比，是一种具有较大潜力、开发前景良好的海洋渔业资源。此外，还有很多种既可采捕又能进行人工养殖的贝类，如双壳类的牡蛎、贻贝、蛏、蚶等，其中鲍、干贝（扇贝的闭壳肌）等都是珍贵的海产食品。

在我国广阔的土地上，分布着众多的江河、湖泊、水库、池塘等内陆水域，总面积约2700亿平方米，占国土总面积的2.8%。江河、湖泊及水库既是渔业捕捞场所，又是水生经济动植物增殖、养殖的基地。全国的内陆水域可供渔业养殖的水面积为560亿平方米。此外，通过适当改造可用于养鱼的沼泽地、废旧河道、低洼易涝地和滨河、滨湖的滩涂等面积颇大，是我国内陆发展渔业的潜在水域资源。由于我国大部分国土位于北温带，所以内陆水域中的鱼类以温水性种类为主，其中鲤科鱼类约占中国淡水鱼的1/2，鲇科和鳅科合占1/4，其他各种淡水鱼占1/4。

从国外引进、推广养殖较多的鱼类有非鲫、尼罗非鲫、淡水白鲳，革胡子鲇、加州鲈、云斑鮰等，主要在长江中下游及广东、广西等省区生产。虹鳟、德国镜鲤等在东北、西北等地区养殖。我国内陆水域渔业资源除上述鱼类外，还有虾、蟹、贝类资源。我国所产淡水虾有青虾、白虾、糠虾和米虾等。蟹类中的中华绒螯蟹在淡水渔业中占重要地位，是我国重要的出口水产品之一。贝类主要有螺、蚌和蚬。淡水贝中的有些种类还可用来培育珍珠，作贵重装饰品或供药用。

藻类对环境条件适应性强，不仅能生长在江河、溪流、湖泊和海洋，也能生长在短暂积水或潮湿的地方。经济海藻主要以大型海藻为主，人类已利用的约100多种，我国最早开发了海带养殖技术。藻类除可直接食用外，藻胶在工业上被广泛利用，单细胞藻类作为饲料蛋白也具有重要意义。

二、水产品的营养特性

（一）提供优质蛋白质

鱼肉是人类优质蛋白质的主要来源之一，富含人体必需的八种氨基酸，而且数量和比例均符合人体需要，特别是含有人体需求量较大的亮氨酸和赖氨酸。鱼肉中的结缔组织含量远比畜肉少，鱼类肌纤维较短，蛋白质组织松散，水分含量高，极易被人体消化吸收。

（二）提供高度不饱和脂肪酸

鱼脂肪中高度不饱和脂肪酸 EPA 和 DHA 是人体必需的脂肪酸，具有重要的生理作用，人体不能自行合成，只能从鱼类和其他水产品中摄取。它们不但易消化吸收，而且不会导致胆固醇升高。EPA 和 DHA 是新发现的人类必需营养素，除海产品外，在其他天然食物中存在不多。

（三）提供丰富的维生素和矿物质

鱼类富含人体所需多种维生素和矿物质，特别是维生素 E、维生素 A 及矿物质锌、铁、钾等，对人体的健康成长都有非常重要的意义。

（四）提供卵磷脂

鱼类中含有丰富的卵磷脂，是人脑中神经介质乙酰胆碱的重要来源。多吃卵磷脂可增强人的记忆、思维和分析能力。

三、水产品的易腐特性

水产品，特别是动物性水产品，易于腐败变质，其原因有两个方面：一是原料的捕获与处理方式；二是其组织、肉质的脆弱和柔软性。渔业生产季节性很强，特别是渔汛期鱼货高度集中。鱼类捕获后，除金枪鱼之类大型鱼外，很少能马上剖肚处理，而是带着易于腐败的内脏和鲤等进行运输和销售，细菌容易繁殖。另外，鱼类的外皮薄，鳞片容易脱落，在用底拖网、延绳网、刺网等捕捞时，鱼体容易受到机械损伤，细菌就从受伤的部位侵入鱼体，即使在冰藏条件下，水中细菌也仍会侵入鱼体肌肉。

从水产品本身的特性来看，鱼类的肌肉组织水分含量高，肌基质蛋白较少，比畜肉组织柔软、细嫩。鱼体内所含酶类在常温下活性较强，死后僵硬、解僵和自溶过程的进程快，因鱼肉蛋白质分解而生成的大量低分子代谢物和游离氨基酸，成为细菌的营养物。鱼体表面组织脆弱、鳞片易于脱落，容易遭受细菌侵入。同时，鱼类除消化道外，鳃及体表也附有各种细菌，体表的黏液更是起到培养基的作用，成为细菌繁殖的好场所。因此，捕获后的水产品必须及时采取有效的保鲜措施，才能避免腐败变质的发生。

鱼体鲜度变化包括鱼体死后本身产生的各种生理变化和外界环境作用所导致的腐败变质。细菌腐败是最严重的变质，使鱼货失去实用价值与经济性。鱼体死后从新鲜到腐败的鲜度变化过程，一般分为死后僵直、自溶和腐败三个阶段。

（一）死后僵直阶段

刚死不久的鱼体肌肉柔软，并具有弹性。经过一段时间后变硬，即死后僵直。但是僵直持续一段时间后又逐渐变软，低温季节捕起的鱼比高温季节捕起的鱼僵硬开始和持续的时间长。死前挣扎疲劳的鱼体比换气少或立即杀死的鱼体僵硬开始和持续的时间短。捕起后保藏在较低温度下的鱼僵硬开始和持续时间长，因此鱼捕起后迅速冰藏或冷却对保持其鲜度是非常重要的。

（二）自溶阶段

自溶阶段是指肌肉由僵硬到完全变软的过程。一般认为是肌肉组织蛋白质在自身蛋白的作用下逐渐分解生成低级肽和氨基酸的结果，因此称为自溶。但目前更多的倾向是认为僵硬中肌肉蛋白质长时间处于收缩紧张状态而逐渐脆弱以致断裂的结果。

（三）腐败阶段

腐败是细菌在鱼体繁殖分解的结果。生活中的鱼体体表、鳃部、食道等部位都带有一定量细菌，鱼死后这些细菌逐渐增殖并侵入肌肉组织使鱼体自溶之后进入腐败阶段。进入腐败阶段时间的早迟，主要取决于水产品种类体形大小、季节、保藏温度和最初细菌污染程度等。一般中上层鱼类、小型鱼类比底层鱼类、大型鱼类容易腐败，贝类和虾蟹类比鱼类容易腐败，保藏温度高的比保藏温度低的容易腐败。

任务三　水产品的鲜度评定

水产品特别是鱼、贝类的鲜度评定是按一定的质量标准，对鱼、贝类的鲜度质量作出判断所采用的方法和行为。捕捞和养殖生产的鱼、贝类在体内生化变化及外界生物和理化因子作用下，其原有鲜度逐渐发生变化，并在不同方面和不同程度上影响它作为食品、原料以至商品的质量。因而鱼、贝类在生产、储藏、运销过程中的鲜度质量评定，对品质管理及判断其加工利用具有重要意义。评定方法有感官、微生物学、化学和物理的方法。一般情况下鲜度的评定都是需要采用 2~3 个指标结合起来进行综合评定。

一、感官评定

感官评定是通过人的五官（视觉、味觉、嗅觉、听觉、触觉）来对水产品鉴别质量优劣的一种评定方法。感官评定可以在实验室也可在现场进行，是一种比较准确、快速的评定方法，现已被世界各国广泛采用和认可。鱼、贝类鲜度的感官评定，主要是靠人的视觉、嗅觉和触觉进行的。感官评定对某些项目的敏感度，有时会远远超出仪器检测，对异、臭味还能获得综合评价，故常被确定作为各种微生物学、化学、物理评定指标标准的依据。但人的感觉或认识总是不完全相同，容易造成人与人之间的差别；检查的结果也难以用数量表达，缺乏客观性。为了正确地进行判断，必须对鉴定人员有一定的要求，并要制定感官评定项目和标准。

二、微生物学方法评定

微生物学方法是检测鱼、贝类肌肉或鱼体表皮的细菌数作为判断鱼、贝类腐败程度的鲜度评定方法。鱼、贝类的腐败是由微生物作用引起的，测定细菌数可判断鱼、贝类的鲜度。细菌数的检测一般采用琼脂培养基的平板培养法测定菌落总数。用微生物学方法评定鱼、贝类的鲜度，因操作烦琐、培养所需时间长，故较多用于研究工作。

三、化学方法评定

化学方法主要是检测鱼、贝类死后在细菌作用下或由生化反应所生成的物质为指标而进行鲜度评定的方法。①挥发性盐基氮（VBN 或 TVB—N）。利用鱼类在细菌作用下生成挥发性氨和三甲胺等低级胺类化合物，测定其总含氮量作为鱼类的鲜度指标。鱼体死后初期，细菌繁殖慢，TVB－N 的数量很少；自溶阶段后期，细菌大量繁殖，TVB－N 的量也大幅度增加。所以，TVB－N 值宜作为鱼类初期腐败的评定指标。②三甲胺（TMA）。多数海水鱼的鱼肉中含有氧化三甲胺，在细菌腐败分解过程中被还原成三甲胺，通过测定三甲胺的含量作为海水鱼的鲜度指标。但淡水鱼类不适用，因为淡水鱼中氧化三甲胺含量很少。③组胺。鲐鱼、鲹鱼等中上层鱼类，死后在细菌作用下，组氨酸迅速分解生成组胺。

有些人进食一定量时会引起过敏性食物中毒，故还需测定组胺的含量。一般认为，组胺的中毒界限为 1 kg 鱼肉含组胺 700 ~ 1 000mg。④pH 值。一般活鱼肌肉的 pH 值为 7.2 ~ 7.4。鱼死后随着酵解反应的进行，pH 值逐渐下降。但达到最低值后，随着鱼体鲜度的下降，因碱性物质的生成，pH 值又逐渐回升。根据此原理可测定 pH 值的变化来评定鱼的鲜度。pH 值的测定可用玻璃电极简单而正确地进行，但因鱼种和鱼体部位不同，pH 值的变化进程也不同。所以对于有限的试样来说，需结合其他鲜度评定方法作出判断较为有效。

此外，也有采用测定随鱼肉鲜度下降产生的甲酸、丙酸、丁酸等挥发性有机酸碱的方法、测定挥发性还原物质的方法等。但因鱼种不同其值有差异，操作也较复杂，一般不采用。对于乌贼肉鲜度的评定，可采用精氨酸脱羧基后的产物即胍丁胺作为测定指标。如果同时测定腐胺量和 pH 值的变化，结合起来判断更为准确。

四、物理方法

随着鱼鲜度下降，鱼体的硬度、鱼体的电阻、鱼肉压榨液的黏度、眼球水晶体混浊度等均发生变化。物理方法是根据鱼体物理性质变化进行鲜度判断的方法。

鱼体死后其肌肉因僵直而硬化，其后随时间延长，僵硬的鱼体又发生软化。用硬度计测定鱼体肌肉硬度的变化，并加以数值化，可用来判断鱼的鲜度。但因鱼种和死前状态等不同，其硬度变化的模式有显著差异，影响了其评定的准确性。

鱼体的电阻通常随鱼鲜度的下降而降低。利用这一现象，可采用测定鱼体电阻来判断鱼的鲜度。但这种方法同样存在因鱼种不同差异较大，甚至鱼体压伤影响测定值的现象。

英国托里研究所曾开发过一种便携式鲜度测定仪，是通过测定鱼肉介电常数的变化来判断鱼的鲜度。由于鱼种不同存在着显著的差异，因而影响了其判断的准确性。

图 8-3　物理储藏冰袋

用物理方法判断鱼类鲜度操作简便，但因鱼种、个体不同存在很大差异，故还不是一般都能适用的鲜度评定方法。

任务四　水产品的储运保鲜技术

水产品的特性是鲜度容易下降，腐败变质迅速，特别是鱼、贝类水产品，由于结缔组织少、肉质柔软、水分含量高、体内组织酶类活性强、蛋白质和脂质比较不稳定等缘故，死后的僵硬、解僵以及自溶等一系列变化非常快。此外，渔业生产的地区性、季节性强，品种和数量多，并受到储藏、运输条件的限制，因此从水产品生产区到销售地的全过程中，加强保鲜就显得十分重要。对水产加工来说，鱼、贝类鲜度的保持是必须考虑的首要问题。

一、鱼、贝类水产品储运低温保鲜原理

水产品腐败变质的原因主要是水产品本身带有的或储运过程中污染的微生物，在适宜条件下生长繁殖，分解鱼体蛋白质、氨基酸、脂肪等成分产生有异臭味和毒性的物质，致使水产品腐败变质；此外，水产品本身含有的酶在一定环境条件下能促使鱼体腐败变质。在储运过程中，要保证水产品质量达到保鲜目的，必须控制好这两个因素。

环境温度和水分等条件与微生物的生长繁殖有密切关系。水分是微生物生命活动必需的物质，是组成机体的基本成分。水产品中的水分越多，细菌越容易繁殖。一般认为，水分在50%以上，细菌才能生长繁殖；水分在30%以下，细菌繁殖开始受抑制；水分在12%以下时，细菌繁殖就困难。

温度是微生物生长繁殖的重要条件，各种微生物的适宜生长温度不同，超过其最适生长温度范围，就会使之停止生长或死亡。酶的作用和细菌繁殖，其生理生化作用都要求适宜的温度和水分，在低温和不适宜的环境下就难以进行。鱼体上附着的腐败细菌主要是嗜冷性微生物，在0℃左右生长缓慢；0℃以下，温度稍有下降，即可显著抑制其生长、繁殖；温度降至–10℃以下，则繁殖完全停止。实验证明：保藏温度从10℃降到0℃，鱼体达到初期腐败的时间显著延长，0℃比20℃的保鲜时间延长10倍。所以降低温度使微生物停止繁殖、甚至死亡，使酶分解能力减弱或丧失，可以延长水产品的鲜活期。

鱼、贝类的低温保鲜必须在捕获后立即进行，才能取得较好的效果。鱼体死后的生化变化，主要是糖原酵解、ATP分解等放热反应。大量热量的产生，将使鱼体温度升高2℃~10℃。如不及时冷却，必将大大促进鱼体内蛋白质分解酶的作用和细菌的生长繁殖，加速鱼体腐败的进程。渔获后立即冷却至0℃的鱼，第7天进入初期腐败，而渔获后放置在18℃~20℃渔舱中的鱼，1天就开始腐败。由此可见，渔获后的水产品及早冷却，其鲜度下降就缓慢。从鱼类保鲜的效果来看，初期冷却与维持低温具有同样重要的意义。

鱼、贝类的保鲜一般是通过用物理或化学方法延缓或抑制生鲜鱼、贝类的腐败变质，以保持其新鲜状态与品质，保持它原有的鲜度质量、食用质量与商品价值。储运保鲜中应考虑一切影响食用价值和商品价值的各种因素，包括细菌腐败、脂肪氧化、蛋白质变性、鱼体死后变化对鲜度质量的影响及其他物理和化学因素引起鱼、贝类质量变化等。鱼、贝类保鲜的方法有低温保鲜、电离辐射保鲜、化学保鲜、气调保鲜等，其中使用最早、应用最广的是低温保鲜。

在水产品储运保鲜领域，我国装有冷冻与冷藏设施的捕捞船、加工船和运输船迅速发展，远洋渔业生产的水产品质量得到了保证。近海作业的渔船除了带冰出海外，同时装上制冰设施和保温舱，提高了冰藏保鲜的效果。此外，还在船上发展了冷海水和微冻保鲜技术，延长了水产品的保鲜期。电离辐射保鲜和气调保鲜可用于延长非冻结储藏鱼、贝类的保鲜期。抗氧化剂等化学保鲜，可用于防止鱼、贝类在冻结储藏中脂肪的氧化变质。

鱼、贝类低温保鲜的方法主要有：冰藏保鲜、冷海水保鲜、冰温保鲜、微冻保鲜和冻结保鲜等。

二、冰藏保鲜

冰藏保鲜是一种广泛应用于水产品的保鲜方法。它是以冰为介质，将鱼、贝类的温度降低至接近冰的融点，并在该温度下进行保藏。冰藏使用的冰有淡水冰和海水冰两种，其融点分别为0℃和－2℃（海水冰通常无固定的融解点）。当冰与鱼体接触时，固相的冰融化成液相的水，分别从鱼体吸收融化潜热，鱼体温度迅速下降，同时融化的水还可洗去鱼体上所附着的细菌和污物。由于冰的冷却能力大，与鱼体接触无害，价格便宜，便于携带，并在冷却过程中使鱼体表面湿润、有光泽，避免了使用其他方法常会发生的干燥现象，因此冰对于鱼类来说是一种很好的冷却介质。不论是陆上还是船上，常用的是淡水冰，但在远洋作业的渔船上使用海水冰。由于海水冰的融点低，比淡水冰能延长鱼类的保鲜时间。

天然冰是一种自然资源，人们建造天然冰库来储存采集天然冰。随着人造冰厂的建设，加上城市劳动力紧张、水源污染等原因，上海等地已停止天然冰生产，现在只有北方少数地区还使用少量天然冰。

人造冰又叫机制冰，根据制造的方式、形状等又可分为块冰、板冰、管冰、片冰和雪冰等。我国目前的制冰厂，大多采用桶式制冰装置，生产不透明的块冰。块冰被用来冷却鱼、贝类前，必须先将它轧成碎冰，碎冰装到渔船上以后，很容易凝结成块，使用时还需重新敲碎。碎冰棱角锐利，易损伤鱼体，与鱼体接触不良，因此渔业发达的国家都趋向于用片冰、管冰、板冰、粒冰等。我国曾在20世纪70年代从挪威、澳大利亚、加拿大等国引进板冰机、管冰机和制造粉末冰的设备，现在我国都能自己生产管冰机、片冰机等快速制冰设备，并应用于渔业生产，受到渔民的欢迎。

图8－4　鱼类冰藏

冰藏保鲜的鱼类应是死后僵硬前或僵硬中的新鲜品，必须在低温、清洁的环境中，迅速、细心地操作。小型鱼类一般都不作处理，同碎冰或片冰以一层鱼一层冰的方式装入容器，排列于船舱或仓库中。具体做法是：先在容器的底部撒上碎冰，称为垫冰；在容器壁上垒起冰，称为堆冰；把小型鱼整条放入，紧密地排列在冰层上，在鱼层上均匀地撒上一层冰，称为添冰；然后一层鱼一层冰，在最上部撒一层较厚的碎冰，称为盖冰。容器的底部要开孔，让融水流出。金枪鱼之类的大型鱼类冰藏时，要除去鳃和内脏，并在该处装碎冰，称为抱冰。冰粒要细小，冰量要充足，层冰层鱼、薄冰薄鱼。应避免在鱼箱的两端或鱼箱最上部的鱼层上面加冰的做法。因为鱼体是靠与冰接触、冰融解吸热而得到冷却的，如果加冰装箱时鱼层很厚，就会大大延长鱼体冷却所需的时间。从实验数据可知，当冰只加在鱼箱最上部的鱼体上面时，7.5厘米厚的鱼层从10℃冷却到1℃所需的时间是2.5厘米厚鱼层的9倍，冷却时间相差很大。

冰藏保鲜的用冰量通常包括两个方面：一是鱼体冷却到接近0℃所需的耗冷量；二是冰藏过程中维持低温所需的耗冷量。

冰藏过程中维持鱼体低温所需的用冰量，主要是用来吸收外界传入的热量。它取决于外界气温的高低，车船有无降温设备，装载容器的隔热程度，储藏运输时间的长短等各种因素。为吸收这部分热量所需的用冰量一般都比冷却鱼所需的用冰量大，在高温季节或车船无隔热、降温设施的情况下尤为如此。为了保证冰鲜鱼的质量，对冰藏保鲜工艺应注意以下事项：

第一，渔获后为避免二次污染，应尽快用清洁的淡水冲洗鱼体（无条件时也可用清洁的海水）。有些鱼要去醒、剖腹、清除内脏，应洗净血迹污物，注意防止细菌污染。

第二，处理鱼要避免时间过长，应及时迅速，按品种大小分类，选出压坏、破腹、损伤的鱼，剔除不能食用和有毒的鱼，将易变质的鱼按顺序先作处理，避免长时间在高温环境中停留。

第三，应该尽可能快地加冰装箱，用冰量要充足，冰粒要细，撒冰要均匀，层冰层鱼，不可脱冰，最上部还要加一层盖冰。

第四，渔获后应避免过量堆积。因为渔获后的鱼体仍是软的，堆积过高，下面的鱼就会被压烂。散舱最好用活动搁板堆鱼。如果不用隔板，最多只能堆三层，再往上堆要搭搁架。箱装堆码可堆七层左右。

第五，要及时处理融化后的冰水。冷却后融化的冰水，流到下面的鱼体上会污染鱼的表面，因此有条件的话，可用硫酸纸或玻璃纸将鱼一条条或一箱箱地隔开，并要切实保证融水能从容器和鱼舱中排出。

第六，注意观察融水的温度和外观。流出融水的温度，冰冷时应是5℃~8℃，冰藏时应是2℃~3℃，如果高于这个温度，说明用冰量不足，需要加冰。另外，要注意观察融水的颜色和气味，当带有腐败臭时，表明存在着局部冷却不充分的地方，必须进行检查。

鱼类的冰藏保鲜应选用具有一定保温性的包装容器。渔业发达的国家研制了各种形式的冷藏集装箱和保温鱼箱，应用于从捕捞到销售的流通体系中。由于鱼货始终在低温下流通，就能保持其良好的鲜度。我国于20世纪80年代开始研制和生产适合我国国情的水产品流通保温箱，应用于渔业生产后，延长了鱼类冰藏保鲜的时间，改善了以往烂鱼、臭鱼的状况，使水产资源能得到有效的利用，提高了鱼货质量，并减少了用冰量。

冰藏保鲜是一种传统保鲜方法，因冰藏保鲜接近鲜活水产品的生物特性，故至今仍是世界范围广泛采用的一种保鲜方法。保鲜期因鱼种而异，通常3~5天，一般不超过一周。主要用于渔船上的保鲜。

三、冷海水保鲜

冷海水保鲜是将渔获物浸渍在温度为0℃～1℃的冷却海水中进行保鲜的一种方法。冷海水因获得冷源的不同，可分为冰制冷海水（CSW）和机制冷海水（RSW）两种。冰制冷海水是用碎冰和海水混合制得，机制冷海水是用机制冷却海水制得。冷海水保鲜主要应用于渔船或罐头工厂内。

渔船上的冷海水保鲜装置通常由制冷机组、海水冷却器、鱼舱、海水循环管路、水泵等组成，冷海水鱼舱要求隔热、水密以及耐腐蚀、不沾污、易清洗等。为了防止外界热量的传入，鱼舱的四周、上下均需隔热。鱼舱的水密要求也很高，因为考虑到船的稳定性和因船体摇晃会引起鱼体擦伤，操作时要求冷海水满舱，因此舱盖也要求水密。

渔船用冷海水保鲜装置采用制冷机和碎冰相结合的供冷方式较为适宜。因为冰有较大的融解潜热，借助它可快速冷却刚入舱的渔获物；而在鱼舱的保冷阶段，每天用较小的冷量即可消除外界向渔舱传入的热量，提供了选用小型制冷机组的条件。这样，不仅节省了动力消耗，还有利于船上有限空间的利用。

这部分用冰量需在渔船出海时备足，同时携带相当于冰量3.5%的食盐，避免因淡水冰加入引起海水浓度的降低。生产时鱼与海水的比例一般为7:3。

冷海水保鲜的最大优点是冷却速度快，在短时间内可处理大量鱼货，特别适合于品种单一、渔获量高度集中的围网作业渔船。因为围网捕获的中、上层鱼类活动能力强，入舱后剧烈挣扎，很难做到层冰层鱼，脱冰层会成为质量不好的"白鲜鱼"。加之中、上层洄游性鱼类血液多，组织酶活性强，胃容物充满易腐败的饵料，尤其碰到大的网头，用冰藏往往来不及处理，鱼货在甲板上停留时间较长，造成鲜度迅速下降。针对这种情况，采用冷却海水保鲜方法操作简单，鱼货能迅速处理，鱼体冷却快，保鲜效果好。还可用吸鱼泵装卸鱼货，减轻劳动强度。冷却海水保鲜的保鲜期因鱼种而异，一般为10～14天，比冰藏保鲜延长5天左右。

冷海水保鲜的缺点是鱼体在冷海水中浸泡，因渗盐吸水使鱼体膨胀，鱼肉略带咸味，表面稍有变色，鱼肉蛋白也容易损失，在以后的流通环节中会提前腐烂。另外，船体的摇晃会使鱼体损伤或脱鳞；血水多时海水产生泡沫造成污染，鱼体鲜度下降速度比同温度的冰藏鱼快；加上冷海水保鲜装置需要一定的设备，船舱的制作要求高等原因，在一定程度上影响了冷海水保鲜技术的推广和应用。国外冷海水保鲜方法主要应用于围网渔船中、上层鱼类的保鲜和拖网渔船鱼类冻结前的预冷。中、上层鱼类的保鲜也有两种：一种是把鱼体温度冷却至0℃左右，取出后改为撒冰保藏；另一种是在冷海水中冷却保藏，但保藏时间为3～5天，或者更短。

近年来，国外研究了在冷海水中通入CO_2来保藏渔获物已取得一定的成效。因为鱼体腐败的原因主要是细菌的作用，在同样温度下，冷海水保藏的鱼比冰藏腐败快，原因是海水循环扩大了细菌的污染。细菌喜于中性和弱碱性的环境中生长繁殖，当冷海水中通入CO_2后，pH值降低，酸性环境可抑制细菌的生长，延长渔获物的保鲜期。据报道，用通入CO_2的冷海水保藏虾类，6天无黑变，保持了原有的色泽和风味。但是，通入CO_2的冷海水保鲜方法，必须克服对金属的腐蚀作用，才能推广应用。在日本，有些渔船的冷海水舱底部装有液氮管，当通入的液氮汽化鼓泡时，可加快鱼货的冷却速度，并能赶走海水中的氧气，使多脂鱼不易氧化变质。

四、冰温保鲜

冰温保鲜是将鱼、贝类放置在0℃以下至冻结点之间的温度带进行保藏的方法。冰温保鲜的温度区间很小，但在0℃附近，温度每降低1℃，鱼肉的细菌数就会明显减少，鱼的保鲜期也相对延长。

由于冰温保鲜的食品其水分是不冻结的，因此能利用的温度区间很小，温度管理的要求极其严格，使其应用受到限制。为了扩大鱼、贝类冰温保鲜的区域，可采用降低冻结点的方法。降低食品的冻结点通常可采用脱水或添加可与水结合的盐类、糖、蛋白、酒精等物质，来减少可冻结的自由水。曾有人测定过胶制的大麻哈鱼籽的冻结点为-26℃，这是因为加盐脱水，并因含有较多脂肪而引起冻结点下降的缘故，以远东拟沙丁鱼为例，添加5%食盐后，冻结点下降至-3℃可保持冰温保鲜。冰温（-3℃）储藏比5℃储藏保鲜明显延长，储藏期接近60天的远东拟沙丁鱼鲜度仍保持良好。但是人为地降低冻结点的操作，往往使鱼、贝类不再是生鲜品而成为加工品了，所以冻结点下降法是一种面向加工品的保鲜方法。

五、微冻保鲜

微冻保鲜是将水产品的温度降至略低于其细胞质液的冻结点，并在该温度下进行保藏的一种保鲜方法。微冻又名超冷却或轻度冷冻。鱼类的微冻温度因为鱼的种类、微冻的方法而略有不同。不同种类鱼的冻结点大致如下：淡水鱼-0.5℃，淡海水鱼-0.75℃，洄游性海水鱼-1.5℃，底栖性海水鱼-2℃。从各国对不同鱼种、采用不同的微冻方法来看，鱼类的微冻温度大多为-3℃~-2℃。

微冻保鲜的基本原理是低温能抑制微生物的繁殖和酶的活动能力，特别是在略低于冻结点以下的微冻温度下保藏，鱼体内的部分水分发生冻结，对微生物的抑制作用尤为显著。鱼体上附着的水中细菌属于嗜冷菌，它生长繁殖的温度范围是0℃~30℃，冰藏保鲜时鱼体的温度冷却到0℃~2℃，虽然嗜冷菌的繁殖率已很小，但还没有完全抑制，所以冰藏鱼的保鲜期较短。在0℃附近，温度每降低1℃，鱼肉的细菌数就有很大差别，鱼的保鲜期也相对延长很多。鱼类在-2℃~-1℃保藏比在0℃保藏其保鲜期可延长7天左右。当鱼类在-3℃~-2℃的微冻温度下保藏时，鱼体内的一部分水分发生冻结，由于水的性质起了变化，改变了微生物细胞的生理生化过程，有些不能适应的细菌发生死亡，大部分嗜冷菌虽未死亡，但其活动更受到抑制，几乎不能繁殖。因此，微冻能使鱼类的保鲜期得到显著的延长，根据鱼种不同大致为20~27天，约比冰藏保鲜延长1.5~2倍。

从世界各国在船上和陆上所采用的鱼类微冻保鲜方法来看，归纳起来大致有三种类型：

（一）加冰或冰盐微冻

它是将鱼舱分成若干个鱼柜，渔船出航时由制冷装置使舱温保持-7℃，并不使冰融化。当鱼捕获后立即分类、清洗、入舱、与冰藏法同样处理鱼货，但用冰量减少，鱼和冰的质量比为 3~2.5:1。每放入一批渔获物，舱温升到 -2℃~-1℃，以后再由制冷装置使它降温至 -7℃~-6℃。鱼体周围的冰吸热融化使鱼得到冷却；当鱼体表面的温度接近舱温时，融化后的水重新结冰，使鱼体表面包冰。返航时舱温保持在 -2℃，保藏 23~24 天微冻鱼的质量良好。

也有在淡水冰中添加约 1.6% 食盐，制成 -3℃ 的冰盐混合物。然后将鱼切成段，用塑料袋包装后埋入冰盐混合物中，装箱微冻保藏。需注意的是不能让鱼体与融冰水接触。冰盐微冻保藏的鱼在 10 天之内还可做生鱼片，储藏 1 个月其内脏未发生腐败，仍可做加工原料用。

（二）吹风冷却微冻

对保藏期需超过 12 天的鱼类采用吹风冷却微冻保鲜，其方法是：鱼类装箱，让冷风吹过鱼箱的周围使鱼体冷却至 -2℃，然后在 -3℃ 的舱温下进行保藏。保藏 24 天的微冻鱼质量良好，但鱼体表面干燥。

吹风冷却微冻也可以将鱼放入吹风式速冻装置中，当鱼体表面微冻层达 5~10 毫米厚时即可停止冷却。此时，表面微冻层的温度为 -5℃~-3℃，鱼体深厚处的温度为 -1℃~0℃，尚未形成冰晶。然后将微冻鱼装箱，置于室温为 -3℃~-2℃ 的冷藏室中微冻保藏。根据鱼的种类不同，保藏期大致为 20~27 天。微冻鱼在陆上运输时，也同样装箱不加冰，用温度为 -3℃~-2℃ 的机械冷藏列车运输。

（三）低温盐水微冻

低温盐水微冻方法是：在船舱内预制浓度为 10%~12% 的盐水，用制冷装置降温至 -5℃。渔获物经冲洗后装入放在盐水舱内的网袋中进行微冻，当盐水温度回升后又降至 -5℃ 时，鱼体中心温度约为 -2℃~-1.5℃，此时微冻完毕。将微冻鱼移入保温鱼舱散装堆放，并由冷风机吹风保冷，舱温保持 -3℃±1℃，微冻鱼的保藏期达 20 天以上。

根据各国采用不同品种的鱼类进行微冻保鲜试验的结果表明：微冻是一种有效的延长鱼类保鲜期的保藏方法，它比冰藏法延长 1.5~2 倍。

按照以往的食品冷冻理论，都是以食品的冻结点为界限来划分的。高于冻结点的冷却食品只能作短期储藏，以鱼为例一般是 10 天之内；低于冻结点的冻结食品，其温度要降至 -18℃ 以下，大部分水分冻结成冰，它可作长期储藏，储藏期通常在 30 天以上。微冻保鲜解决了储藏期在 10~30 天之间鱼类的保藏问题，因此有其实用意义。然而，将微冻保鲜大量应用于生产尚存在一些问题，例如：吹风冷却微冻鱼体表面会发生干燥；低温盐水微冻鱼体会褪色，鱼肉内盐分增高；大容器的微冻温度难以控制，降得过低会造成鱼体缓慢冻结，解冻时因液汁流失而损减鲜味等。

另外，-3℃ 是在 -5℃~-1℃ 最大冰晶生成带的温度区内，根据以往的快速冻结理论，应以最快速度通过这一区域，否则食品容易引起冻害。微冻保鲜恰好把鱼体放在 -3℃ 的介质中，所以不能不使人们担心其质量变差。其实，微冻食品的冻害并不严重，因为介质温度为 -3℃，被冻食品的温度一般只降至 -2℃ 左右，对于冻结点高的淡水鱼，此时有 50% ~75% 的水分冻结，而对于冻结点低的海水鱼只有 25% 左右的水分冻结，淡海水鱼冻结率为 25% ~62.5%，所以当鱼体中大部分水分尚未冻结时，其冻害并不严重。

由此可见，如能根据各鱼种不同的冻结点，选择适宜的微冻温度，使鱼体的冻结率保持在 1/3 ~1/2，就可减少因水分冻结对肌肉组织造成的不良影响。

六、冻结保鲜

冻结保鲜是利用低温将鱼、贝类的中心温度降至 -15℃ 以下，体内组织的水分绝大部分冻结，然后在 -18℃ 以下进行储藏和流通的低温保鲜方法。单纯的冻结处理不是一种保藏方法，而是冻结保藏前的准备措施。采用快速冻结方法，细胞内外生成的冰晶微细、数量多、分布均匀，对组织结构无明显损伤，冻品质量好。其后在储藏流通过程中如能保持连续恒定的低温，可在数月乃至接近一年的时间内有效地抑制微生物和酶类引起的腐败变质，使鱼、贝类能长时间较好地保持其原有的色香味和营养价值。因此，冻结保鲜适宜于鱼、贝类的长期保鲜。

冻结储藏过程中的鱼肉比畜肉不稳定。对于畜肉 -18℃ 的冻结储藏温度是合适的，但对于鱼如果要较长期地储藏，必须在 -30℃ 的温度下储藏。大部分鱼品在 -18℃ 下冻结储藏四个月后品质下降，外观与风味发生变化。冻结储藏条件不佳的情况下，鱼肉的持水性下降，受压时鱼片会流出许多液汁，在解冻、煮熟后，呈现硬、韧、干巴巴和多纤维的质感。甲壳类肌肉的冻结，与其他食品一样，会形成冰晶，并在储藏过程中长大，因而破坏结构，导致质地的劣化。

一般来说，冻结水产品的温度越低，其品质保持越好，储藏期也越长。以鳕鱼为例，15℃ 可储藏 1 天，6℃ 可储藏 5 ~6 天，0℃ 可储藏 15 天，-18℃ 可储藏 4 ~6 个月，-23℃ 可储藏 9 ~10 个月，-30℃ ~ -25℃ 可储藏 1 年。当温度降至 -18℃ 以下，鱼体呈冻结状态时，鱼体中 90% 以上的水分冻结成冰，造成不良的渗透条件，使细菌无法利用周围的食料，也无法排出代谢产物，加之细胞内某些毒物积累，阻碍了细菌的生命活动。另外，冻结对鱼体中酶的活性也有抑制作用。酶都有它的最适温度，在最适温度时酶的活性最强。降低温度，酶的活性减弱，由其催化的化学反应速率随之减低。当鱼呈冻结状态保藏时，鱼体中 90% 的液态水分变成固态的冰，固相条件下酶所催化的生化反应速度变得非常缓慢，加之油脂氧化等非酶变化也随温度下降而缓慢。因此，-18℃ 以下的冻结保藏，可使水产品较长期储藏。

众所周知，冻结速度快，冻品质量好，这是因为组织内结冰层推进的速度大于水分移动的速度，产生冰结晶的分布接近于组织中原有液态水的分布状态，并且冰结晶微细、呈针状晶体、数量多、均匀，故对水产品的组织结构无明显损伤。特别是采用快速、深温冻结，水产品快速到达冻结终温，使体内 90% 的水分在冻结过程中来不及移动，就在原位置变成微细的冰晶，并在 -18℃ 以下、稳定而少变动的温度储藏，冰结晶的变化小，从而使冻品的质量得到保证。

冷冻食品的快速冻结装置种类很多，有吹风式冻结装置、接触式平板冻结装置、液化气体喷淋、浸渍冻结装置等。冻结时按原料是集合体还是单个分离形式，可分为块状冻结和单体快速冻结方式；根据冻结作业的连续与否，又可分为连续式和间歇式两种。

（一）隧道式吹风冻结装置

我国陆上水产品冻结使用最多的冻结装置，是由蒸发器和风机组成的冷风机安装在冻结室的一侧，鱼盘放在鱼笼上，并有轨道送入冻结室。冻结时，风机使空气强制流动，冷空气流经鱼盘，吸收鱼品冻结时的热量，吸热后由风机吸入蒸发器冷却降温。如此反复不断循环。

在隧道式吹风冻结装置中提高风速，增大水产品表面放热系数，可缩短冻结时间，提高冻结水产品的质量。但是，当风速很高时，继续增大风速，冻结时间的变化却甚微。另外，冻结无包装的产品时，在冻结过程中因蒸气压不同，产品表面的水分不断向空气中蒸发，引起冻品干耗。风速增高，通常干耗也增大。所以，风速的选择应适当，一般宜控制在 3~5 米/秒之间。该冻结装置是间歇式操作，它的优点是水产品在吊轨上传送，劳动强度小、冻结速度较快，其缺点是冻结不均匀、干耗大、电耗也较大。

（二）连续式吹风冻结装置

随着水产冷冻食品的发展，连续式吹风冻结装置得到广泛应用。例如螺旋带式连续冻结装置、水平输送式连续冻结装置，流态化冻结装置等。

1. 螺旋带式连续冻结装置

螺旋带式连续冻结装置的中间是个转筒，传送带的边紧靠在转筒上，依靠摩擦力及传动机构的动力，使传送带随转筒一起运动。传送带一般是不锈钢的网带，能够缩短和伸长，以改变连接的间距。如果冻结的是非包装食品，为保证食品的清洁卫生，冻结装置配有清洗、风干设备，传送带传输到速冻区后经两次冲洗和热风吹干，再运行到送料端受料。水产冷冻品由下部进入，上部传出，冷风自上向下吹，构成逆流式传热使产品冻结。

为了防止产品因振动而从螺旋传送带上向外跌落，近年来在传送网带的两侧装上链环，形成一个对外封闭的空间，并有利于充分进行热交换。传动装置有机械传动和液压传动两种。根据不同食品所要求的冻结时间，可通过调速装置改变传送带输送速度，一般可调时间在 10~180 分钟。

围护结构由预制泡沫塑料隔热板拼装而成，四周上下皆有防水材料密封，板面光滑，内部结构皆可用软管冲洗，这样可保证被冻食品的卫生。为了减少冷量损失，在进出口处还装有冷风幕，以阻隔内外对流换热。装置中还配有转矩限制器、高度限位开关、带式拉力传感器、温控器等安全装置和自动控制盘，可实现对生产过程的自动控制。

螺旋带式冻结装置的优点是：可连续冻结，进料、冻结、包装在一条生产线上连续作业，自动化程度高，并且冻结速度快，冻品质量好，干耗亦小。

2. 水平输送连续冻结装置

水平输送连续冻结装置是一种多层带式冻结盒装水产冷冻食品的连续式快速冻结装置，由于该装置的传送带成重叠多层，大大节省了占地面积。传送带上安装有规则的盘子，盒装的水产食品可放入盘子内进行冻结。传送带在冻结装置中从上部进入，自上而下水平输送，冷风机吹出的冷风在冻结装置内不断地作横向循环，使水产食品的冻结温度均匀，并能实现进冻和出冻全部自动化。为了缩短冻结时间，也可将水产食品直接放在不锈钢带上进行冻结。

3. 流态化冻结装置

流态化冻结装置是颗粒产品以流态化作用方式被温度更低的冷风自下往上强烈吹，在悬浮搅动中进行冻结的机械设备。流态化作用是固态颗粒在上升气流（或液流）中保持浮动的一种方法。流态化冻结装置通常由一个冻结隧道和一个多孔网带组成。当物料从进料口到冻结器网带后，就会被自下往上的冷风吹起，在冷气流的包围下互不黏结地进行单体快速冻结，产品不会成堆，自动地向前移动，从装置另一端的出口处流出，实现连续化生产。如果在装置的进料口加装振动器，那么对产品的流化作用会更为有利。流态化冻结装置可用来冻结小虾、熟虾仁、熟碎蟹肉、牡蛎等，冻结速度快，冻品质量好。蒸发温度为 $-40℃$ 以下，垂直向上风速为 $6\sim8$ 米/秒，冻品间风速为 $1.5\sim5$ 米/秒，$5\sim10$ 分钟之内被冻品即可达到 $-18℃$。由于是单体快速冻结产品，其销售、食用十分方便。

（三）接触式冻结装置

接触式冻结装置主要有平板冻结装置、肋板鼓风式冻结装置、回转式冻结装置和钢带连续冻结装置。

1. 平板冻结装置

平板冻结装置是国内外广泛应用于船上和陆上的水产品冻结装置，它是让水产品直接与冷却的金属平板表面接触而冻结。平板冻结装置有两种形式：一种将平板水平安装，构成一层层的搁架，称为卧式平板冻结装置；另一种将平板以垂直方向安装，形成一系列箱状空格，称为立式平板冻结装置。

用平板冻结装置生产的冻鱼块密实，形状扁平，便于堆放和运输。卧式平板冻结装置主要用来冻结鱼片、对虾、鱼丸等小型水产食品，也可冻结形状规则的水产食品的包装品，但冻品的厚度有一定的限制。立式平板冻结装置的优点是：被冻产品可以散装冻结，不需要事前加以包装或装盘，它被广泛应用于海上冻结整条小鱼，但对于水产冷冻食品则不太适用。

2. 肋板鼓风式冻结装置

肋板鼓风式冻结装置是半鼓风式与接触传导换热相结合的冻结装置。该装置采用带肋的铝合金板式蒸发器，冻结时盘装或袋装水产品的底面直接与铝合金板接触，上面是肋板空间组成的有规则风道，使热交换效果大大提高，冻结时间为 4 小时左右。

3. 回转式冻结装置

回转式冻结装置是一种连续式的直接接触式冻结装置。它适宜于虾仁、鱼片等生鲜或调理水产冷冻食品的单体快速冻结。由于这种冻结装置占地面积小，连续冻结生产效率高，在欧美的一些水产冷冻食品加工厂中得到应用。由于水产食品一般是湿的，与转筒的冷表面一经接触，立即粘在转筒表面。进料传送带再给水产品稍施以压力，使它与转筒冷表面接触得更好，并在转筒冷表面上快速冻结。转筒回转一次，水产食品已冻结好，然后经刮刀将冻结好的水产食品从转筒表面刮下，送入出冻传送带输送到镀冰衣和包装生产线上。转筒由不锈钢制成，它具有两层壁。外壁即转筒的冷表面，它与内壁之间组成的空间可供制冷剂直接蒸发进行制冷。制冷剂从中间有孔的圆筒转动轴中输入，在两层壁的空间内作螺旋状运动，蒸发后的气体从转轴排出。

4. 钢带连续冻结装置

钢带连续冻结装置最早由日本研制生产，它适用于冻结对虾、鱼片及鱼肉汉堡饼等能与钢带良好接触的扁平状产品的单体快速冻结。该装置的热交换方式是以产品与钢带的接触式传热为主，空气鼓风式传热为辅，产品的冻结速度很快。钢带的下面有金属冷却板，并带有低温盐水喷射装置。钢带采用不锈钢材质。由于盐水喷射对设备的腐蚀性很大，喷嘴也易堵塞，目前我国有的企业已将盐水喷射冷却系统改为钢带下用金属板蒸发器冷却，效果较好。

（四）液化气体喷淋冻结装置

液化气体喷淋冻结装置是将水产食品直接与喷淋的液化气体接触而冻结的装置。常用的液化气体有液氮和液体二氧化碳。液氮在大气压下的沸点为 – 195.8℃，当其与水产食品接触时，其蒸发潜热与升温至 –20℃吸收的显热，二者合计可吸收 382.7 kJ/kg 的热量。

液氮喷淋冻结装置外形呈隧道状，中间是不锈钢的网状传送带。产品从入口处送至传送带上，依次经过预冷区、冻结区、均温区，由出口处取出。液氮喷嘴安装在隧道中靠近出口的一侧，产品在喷嘴下与沸腾的液氮接触而冻结。蒸发后的氮气温度仍很低，在隧道内被强制向入口方向排出，并由鼓风机搅拌，使其与被冻产品进行充分的热交换，用作预冷。液氮喷淋的水产食品因瞬间冻结，表面与中心的温差很大，在近出口处一侧的隧道内门（即均温区），让产品内部的温度达到平衡，然后连续地从出口处出料。用液氮喷淋冻结装置冻结水产食品有以下优点：①冻结速度快。将 – 196℃的液氮喷淋到水产食品上，冻结速度极快，比平板冻结装置提高 5～6 倍，比空气冻结装置提高 20～30 倍。②冻品质量好。因冻结速度快，结冰速度大于水分移动速度，细胞内外同时产生冰晶，细小并分布均匀，对细胞几乎无损伤，故解冻时液滴损失少，能恢复冻前新鲜状态。③干耗小。单体冻结的水产食品大多需在包装前进行冻结，采用液氮喷淋冻结可减少干耗值。以牡蛎单体冻结为例，吹风冻结干耗为 8%，而液氮喷淋冻结干耗为 0.8%。④抗氧化。氮是惰性气体，一般不与任何物质发生反应。用液氮作制冷剂直接与水产品接触对于含有多不饱和脂肪酸的鱼来说，冻结过程中不会因氧化而发生油烧。⑤装置效率高，占地面积小，设备投资省。

液氮冻结也存在一些问题：由于这种方法冻结速度极快，水产食品表面与中心产生极大的瞬时温差，因而产品易造成龟裂。此外，由于价格和来源等问题，液氮的应用受到限制，发展中国家只将其使用于少数高档水产食品的冻结。

目前，可用于水产食品冻结的装置种类很多，在选用时应根据水产食品的种类和特性，选择适宜的冻结装置，并需考虑设备投资、运转费用等经济问题，以保证其可行性。

水产冷冻食品从冻结装置中出来，在送往冷藏库进行长期的低温冷藏前，常常需要进行一些处理，其目的是为了防止长期冻藏中水产冷冻食品的品质变化和商品价值的降低，这个工序称为后处理。

水产冷冻食品在冻藏的过程中，其冻结制品表面常会发生干燥、变色现象，这是由于制品表面的冰结晶升华，造成多孔性结构，水产品的脂类在空气中氧的作用下发生氧化酸败的结果。水产冷冻食品的变色、风味损失、蛋白质变性等变化，都会使冻品的质量下降，而这些变化也都与接触空气有关。为了隔绝空气、防止氧化，可以在后处理工序中对冻结制品进行一些有效处理，例如镀冰衣、包装等作业，以防止水产冷冻食品在冷藏中商品价值的下降。镀冰衣是将水产冷冻食品浸入预先冷却至4℃的清水或溶液中3~5秒，使冻品外面镀上一层冰衣，隔绝空气，防止氧化和干燥，这是保持水产冷冻食品品质的简便而有效的方法。

水产冷冻食品的包装材料常用的有聚乙烯与玻璃纸复合、聚乙烯与聚拢酯复合等薄膜材料。有些水产冷冻食品为了保持形状，通常先装入各种塑料托盘后再包装，也有用袋包装后再进行纸板盒包装。因为水产冷冻食品在制造后的低温流通阶段中冷藏链设施尚不完善，热辐射的影响在所难免；另外，销售用的冷冻陈列柜除霜时会引起温度变动，这些都会使冻品的质量降低。所以，单体袋包装后的水产冷食品再装入薄纸板盒或铝箔等进行双重包装，就可减轻上述影响。对于质量容易变化的水产冷冻食品，也可采用真空包装来延长制品的储藏寿命。

生产出来的水产冷冻食品应及时放入冷藏库进行冻藏。水产冷冻食品与其他冷冻食品一样，制品温度必须保持在 -18℃以下。由于它与其他动物性食品相比品质稳定性差，特别是多脂肪鱼类储藏性更差，所以尽可能采用 -30℃的储藏温度。有些品种为了防止其特有的品质变化，需要采用 -40℃以下更低的储藏温度，并要求储藏温度稳定、少变动，才能使制品保持1年左右而不失去商品价值。目前，国内冷库因受现有条件的限制，水产冷冻食品的储藏温度尚不能实现低温化，但必须保持在 -18℃以下，并在 -18℃以下的低温冷藏链中流通。

知识链接：

1. 活对虾运输法

将池养对虾放入冷却池中，使池水温度缓慢降至12~14℃，使之只能勉强活动，待体色微红，再把活对虾捞出装箱。采用此法，对虾一般可存话3~5天。

2. 活甲鱼运输法

短途运输可采用蒲包篓装法，用线将1.5尺高的篓中隔成两层，并分层用湿蒲包加盖装运，每层可盛活甲鱼18~15斤。长途运输可用木桶加盖装运。其桶底应铺垫一层含水分的黄沙（禁忌用水浸泡），另夏天须防蚊虫叮咬，冬天须加稻草保暖。运输甲鱼要比活鱼容易得多，但对收购待运的甲鱼一定要严格检查，只有外形完整、神态活泼、喉颈转动灵活，将下腹朝天时能迅速翻身的甲鱼，才能保持较高的成活率。运输前最好能停食数日，使其减少排泄，在运输途中应每隔数日即清洗甲鱼和运输工具，清除甲鱼排泄的分泌物。甲鱼有相互抓咬的习性，切忌将其长时间地密集在一起。可在浅竹筐、木箱内部用木板隔成若干个小区，每个小区只放一只甲鱼，并在甲鱼下铺上一层水草，箱壁四周需留数个通气孔，以免甲鱼因缺氧而被闷死。在运输过程中，需要注意经常供水，以保持其外壳湿润。

3. 活泥鳅运输法

数小时的短途运输，可用尼龙纺织袋等较严实的袋子装运，但要湿透水，鱼叠放厚度不宜超过一尺。长途运输如用桶加盖装运，须注入高出鱼体的水，再放入少量姜片和打散的鸡蛋，并适时换水，可保证多天运输。如将其置于5℃的环境中，则更利于远途运输。

4. 活鳝鱼运输法

数小时的短途运输，可用水充分淋湿鱼体后盛入湿蒲包内并扎口，再放入加盖的鱼篓中，每只可容纳20斤。长途运输如每天换1~2次水，并保持荫凉，再放入少量的泥鳅或生姜，一周仍能保持鲜活。黄鳝的耐氧能力特强，极利于长短途运输。先将捕获起的水黄鳝，放在水缸、木桶或水泥池中进行贮养，但切勿放在盛过油类的容器内。放养几天待其体内的废弃物基本排净后，才能起装外运。数小时的短途运输，可用水充分淋湿鱼体后盛入水桶或帆布篓内。运输途中必须勤淋水，使其保持体表湿润；长途贩运由于密度大、溶氧低，加之鱼体相互缠绕，移动性与透气性差，很容易造成鳝体发热、缺氧。为此，要坚持每天换水1次至2次，每隔24小时投放一次青霉素，以防止黄鳝"发烧"，还可在每50公斤黄鳝中放入1公斤至1.5公斤泥鳅，利用泥鳅好动的习性，使其在容器中上下窜游，既可避免黄鳝互相缠绕，又可提高容器内部的通气性，进而使鳝鱼运输成活率提高。

5. 河蟹运输

短途运输可用湿透水的蒲包装运，运输途中应避免挤压；长途运输则宜采用严实的篓子存装，先在篓底铺一层泥，并放一些芝麻或打散的鸡蛋，而后将活蟹一只只摆平叠放，再加盖保荫。若在蟹群中放些吸水的海绵或泡沫塑料，效果会更好。因蟹怕风吹，所以在运输途中一定要用蒲包或麻袋挡风。

6. 鲜活鱼的运输

可在木箱底部及四周铺上塑料薄膜（用木桶更好），盛水装运。为减少路途中的死亡，装运前要清除活动不够灵活、有机械性创伤的鱼。同时，在木箱上面加盖尼龙网罩，防止活鱼跳出水面或摔出车外。长途运输时可以采用安眠方法，让鱼儿处于昏迷状态后，将其捞出来装入塑料袋或箱、盒中运输，这样可使其安眠三、四十个小时。到达目的地后，再放入清水中，只需几分钟，鱼便可清醒过来。

任务五 水产品冷链物流管理与设备

水产品是一种鲜活商品，仅有低温储藏环节是不够的，它还要经过运输、批发、销售等流通环节才能到达消费者手上。水产品在流通中的品质变化仍然主要取决于环境温度。如果在流通的各个环节中不能继续保持水产品原有的低温状态，水产品的鲜度很快就会下降，甚至腐败变质。

水产品冷链物流管理是指水产品从捕捞作业低温储存后经周转运输到达消费者等各个环节，连续性地在低温设备下流通，以保证其鲜度和质量的低温流通体系。根据对水产品不同的质量要求和相应的货架期，水产品冷链又可以分为两种：即冷藏链和冷冻链。水产品保持在0~2℃的低温流通体系称为冷藏链，保持在-18℃以下的低温流通体系称为冷冻链。

冷藏链中的鱼、贝类等水产品，因为在0~2℃的冷却温度下流通，保鲜期短，流通环节较少；低温冷冻链中流通的冻结水产品（包括水产冷冻食品），其品温必须保持在-18℃以下，整个流通期较长，流通环节一般多于冷藏链物流。冷冻链物流一般可以流通到内陆城市及广大农村、山区。无论是冷冻链物流还是冷藏链物流，各个环节的温度均需严格管理，各个环节间的卸货、复转、中转运输等过程均需注意以温度为主的各种因素的影响。

在我国水产冷链物流中涉及的几个基本环节包括：

一、渔船

渔船是水产冷链的始端环节，也是获得优质水产品的关键，因此要抓好生产第一线的保鲜工作。近海作业的渔船普遍安装隔热鱼舱，带冰出海，渔获物以冰鲜鱼为主，中上层鱼类采用冷海水保鲜。捕捞企业应根据保鲜要求制定作业规程，以保证其鲜度。目前，冰藏仍是我国渔船上水产品保鲜的主要形式，因此冰的需求量大，冰的产量大幅度增加，质量也有提高。近年来，我国的远洋渔业发展迅猛，已扩展到世界三大洋，船上普遍装有冻结与冷藏设备，因此，鱼货的质量能得到保证。随着我国淡水鱼养殖业的发展，我国淡水鱼的产量迅速增加，淡水鱼的保鲜加工也日趋重要。

二、卸鱼场保冷室

鱼货从船上卸到码头，为了防止冰鲜鱼温度升高，不能放在常温的卸鱼场待运，而应迅速放入0℃左右的保冷室暂存。发货时要用冷藏车运输，到达超市或菜市场后，应立即放入冷藏陈列柜保冷销售。

三、冷冻厂、冷藏库

我国海洋捕捞的水产品，除远洋渔船等直接在船上冻结外，大部分都是在陆地上冷冻厂进行冻结冷藏。为了保持水产品的鲜度，缩短渔船到冷藏库的距离，我国的水产冷藏库大多建在渔港码头边上，水产品起卸后可直接进入冷藏库，渔船也可直接从冷藏库装入人造冰，水产冷藏库成为渔港的主体设施。水产冷藏库的特点是冻结、制冰能力比其他食品冷藏库大得多，故配置的制冷设备大，消耗的能量也多。水产冷藏库不仅可提供水产品冷却、冻结，还可作为水产品储藏和分配的设施，所以水产冷藏库不仅要靠近渔港码头，还要靠近公路干道，有些冷藏库还应设有铁路专用线。

根据不同水产品的特点和国际市场客户的要求，我国水产冷藏库的库温一般达到 –22℃、–25℃、–28℃，最低达到 –30℃。

四、冷藏运输设备

冷藏运输是水产品低温流通的主要环节。冷藏运输的交通工具有冷藏船、冷藏列车、冷藏汽车、冷藏飞机等。

冷藏船是水上冷藏运输的主要交通工具，船上都装有制冷设备，船舱隔热保温。现在国际上的冷藏船分为三种：冷冻母船、冷冻运输船、冷冻渔船。冷冻母船是万吨以上的大型船，它有冷却、冻结装置，可进行冷藏运输；冷冻运输船包括集装箱船，它的隔热保温要求很严格，温度波动不超过±0.5℃；冷冻渔船一般是指备有低温装置的远洋捕鱼船或船队中较大型的船。

冷藏列车是陆上冷藏运输的主要交通工具之一。对冷藏列车的基本要求是：隔热性能要好，车内温度要均匀，必要时可以换气，并能随时反映车内的温度状况。我国目前使用的冷藏列车主要有机械冷藏车和加冰冷藏车两种。机械冷藏车是在车厢上装有小型制冷设备，车厢温度可保持 -18℃ 以下。加冰冷藏车是在车厢的两端或车顶设有冰箱，箱内加入冰盐混合物来保冷的车辆，车厢内的温度，冬、春季可保持 -8℃，夏季可保持 -7℃ ~ -6℃。近年来，我国还研制了共晶液冷板冷藏列车，设有温度调节装置，控温范围为 -15℃ ~ 5℃。国外还有采用干冰、液氮等冷却方式的冷藏列车。现在国际上普遍采用冷藏集装箱运输，实现"门到门"的运输方式，可从发货地点直接运送到收货地点，中途避免了多次装卸，不仅降低了成本，也保证了货物的质量。

冷藏汽车是目前冷藏运输中最普遍、最常见的车辆，主要用于冰鲜、冷冻水产品的短途及市内运输。通常有两种：一种是装有小型制冷机组的冷藏汽车；另一种是仅用隔热材料使车厢保温的保冷车。运输水产冷冻食品的冷藏汽车必须使食品的品温保持在 -18℃ 以下，所以应使用带有制冷设备的冷藏汽车。在工业发达的国家还采用液氮、液体二氧化碳、干冰和冷板等冷却方式。特别是液氮冷藏车具有降温快、温度低、结构简单、工作可靠、造价低，兼有制冷和气调保鲜等优点，所以得到广泛应用。

图 8 - 5　鲜活鱼运输车

冷藏飞机是近年来国际上较多采用的低温运输手段，它是将货运飞机的货舱低温化，当飞机飞到 1 000 米以上高空时，由于外面空气很冷，即可关闭冷冻机。现在国际上已普遍使用集装箱，有些飞机上的货舱也已改为可直接装集装箱的货舱。

五、冷藏陈列柜

冷藏陈列柜一般是菜场、副食品商场、超级市场等销售环节的冷藏设施。随着水产冷冻食品的发展，冷藏陈列柜已成为展示产品品质、与消费者直接见面、方便的销售装置。

冷藏陈列柜按销售时水产品保持的温度可分为冷却陈列柜（-2℃ ~ 10℃）和冷冻陈列柜（-25℃ ~ -18℃）两种；按柜体结构特征区分，又可分为敞开式和密闭式两种；常用敞开式冷藏陈列柜又可分为平面敞开式和立面多层敞开式两种。

冷藏陈列柜目前在我国的大城市菜场、副食品商场、超级市场中已广泛使用，但大多数中小城市还未能普及，所以销售环节仍是我国水产冷链中的薄弱环节，有待于进一步加强和完善。

任务六　水产品活体运输技术

一、水产品活体运输与储存原理

（一）环境温度

水产动物大部分时间生活在水中，是典型的冷血动物，其体温与水温基本相同，因此水的温度高低直接影响其新陈代谢的水平。降低其生活环境温度时，新陈代谢就会减弱，对氧气和养分的需求也会减少。因此，只要掌握不同水产动物的生理温度，努力创造与水产动物相应的储藏、运输条件，选择适当的降温方法，保持一定的充氧量，及时排除运输过程中的代谢产物，这是水产动物活体运输的基本保证。

（二）充氧

大多数水产动物用鳃呼吸，但也有一些水生动物借助副呼吸器官或辅助呼吸器官进行呼吸。由于呼吸要吸取溶解于水中的氧气，用于分解机体组织内的营养物质，以维持生长和正常的新陈代谢活动，因此水中的溶氧量与水产动物的生长活动具有密切的关系。充氧可以延长水产品的存活时间。水产品的装运密度与耗氧量成正比。降低储运温度、使用麻醉剂、不喂食均可降低活体的新陈代谢活动，从而减少耗氧量。

（三）清除毒性代谢产物

水产动物代谢产生的代谢产物会降低水产动物从水中吸取溶氧的能力，这种情况随水温升高而恶化。水体中二氧化碳的积累导致水质 pH 值降低，将会加快水产动物的新陈代谢速率，并使水质急剧恶化，最终导致水产动物的死亡。所以水产动物在起运前，应暂养数小时至数天，尽量排除代谢产物，避免在运输中污染水体。

二、影响水产动物成活率及生理特性的因素

水产动物的活体运输一般利用运输箱车运，路途中一般不能加换水，仅靠运输箱中有限的水量活运至目的地，再加上运输密度很高，很容易造成水质败坏。水质败坏的主要原因是较高水温、水产动物的呼吸与代谢；另外，路途中颠簸与噪声也会直接影响代谢，影响其成活率。

（一）温度的影响

在鱼类生存水温范围内，水温的升高可以导致鱼类呼吸频率的加快和耗氧量的增加，

据测定温度每升高 10℃，鱼类的耗氧量增加 2～3 倍。降低温度可有效降低鱼的新陈代谢速度，减少二氧化碳、氨、乳酸等的生成量，同时可抑制微生物的生长。在接近生存水温的低限时，其代谢强度最弱，耗氧率最低。因而运输温度控制在该水温时运输效果最佳。如运输刀鱼、鲜对虾，水温控制在 6℃～8C 效果最好。

（二）溶氧的影响

呼吸是维持生命的基本特征之一，新陈代谢更是生命所必需的，它们都需要氧气。由于水产动物利用的是溶解于水中的氧气，并非空气中的氧气，而溶解于水中的氧气是有限的，一般只有 3～6 毫克/升，而空气中的氧气含量比水中大 30 倍，又因运输箱中体积小、密度很高，水中溶氧很快就消耗殆尽。故运输途中必须增氧。水产动物的常规耗氧量为 12～1 200 mg/（kg·h），一般鱼、虾、蟹的溶氧窒息点在 0.5～2.5 毫克/升，而且它们的排泄物与分泌物也需溶氧来氧化，因而运输箱水中溶氧必须要保持在 3 毫克/升以上。此外，鱼类对纯氧的利用效率比空气要高很多，相同运输条件下用纯氧代替空气，可使淡水鱼的运输存活时间延长 20～72 小时。

（三）水质酸碱度（pH 值）的影响

pH 值是测量水质的重要指标，这是因为鱼、虾、蟹都有各自的 pH 值适应范围，而且 pH 值决定着水体中的很多化学和生物过程。如氨和硫化氢等有毒物质，由于 pH 值的不同，表现形式也不同，其毒性程度亦不同，因此说 pH 值是水质的晴雨表。水中生物光合、呼吸作用和各类化学变化均能引起 pH 值的变化，而它的变化对鱼、虾、蟹和水质均有很大的影响，淡水养殖 pH 值一般应保持在 7～9 之间。

pH 值过高或过低对水产动物都有直接损害，甚至致死。酸性水（pH 值 <6.5）可使其血液的 pH 值下降，削弱其载氧能力，造成生理缺氧症，尽管水中不缺氧但仍使其表现缺氧症状；同时由于耗氧降低，代谢急剧下降，尽管食物丰富，仍处于饥饿状态。pH 值过高的水则腐蚀组织，引起鱼、虾、蟹大批死亡。pH 值在低于 4 或高于 10.6 时，鱼、虾、蟹都不能存活。

过高或过低的 pH 值，均会使水中微生物活动受到抑制，有机物不易分解，pH 值高于 8，大量的氨会转化成有毒的氨。pH 值在低于 6 时，水中 60% 以上的硫化物以硫化氢的形式存在，增大硫化物的毒性。总之，过高或过低的 pH 值均会增大水中有毒物质的毒性。

调节水中的 pH 值，①如果水偏酸（pH<6.5），可加入生石灰等碱性水质调节剂进行调节，20ppm 的生石灰可提高 pH 值 0.5。②如果水偏碱（pH>9.5），最好换水或注入新水，否则可加入一些酸性物质进行调节，降低水的 pH 值。

（四）氨的影响

水中的氨由水产动物排泄物和底层有机物经氨化作用而产生。养殖池中养殖密度越大，氨的浓度越高。氨是水产动物的隐形杀手。

氨对水产动物的毒害依其浓度不同而不同：

①在 0.01～0.02 μg/L 的低浓度下，动物可慢性中毒；干扰鱼、虾、蟹渗透压调节系

统；易破坏鱼鳃的黏膜层；会降低血红素携带氧的能力。鱼、虾、蟹长期处于此浓度的水中，其生长会受到抑制。

②在 0.02~0.05 μg/L 的次低浓度下，氨会和其他造成疾病的病因共起加成作用，而加速其死亡。

③在 0.05~0.2 μg/L 的次致死浓度下，会破坏鱼虾皮、胃、肠道的黏膜，造成体表和内部器官出血。

④在 0.2~0.5 μg/L 的致死浓度之下，鱼、虾、蟹会急性中毒死亡。

发生氨急性中毒时，鱼、虾、蟹表现为严重不安，由于碱性水质具有较强的刺激性，使鱼、虾、蟹体表黏液增多，体表充血，鳃部及鳍条基部出血明显，鱼在水体表面流动，死亡前眼球突出，张大口挣扎。

在养殖生产中，要定期检测和控制水中的氨、氮指标，池塘氨、氮含量一般要控制在基准值下。具体应采取以下措施：①及时排污，尤其是虾、蟹等育苗时和集约化设施养殖，应及时将池底污泥、剩饵彻底排掉；②选用高质量的饲料即以投喂颗粒饲料为主，尽量减少残饵；③定期使用水质、底质改良剂或有益微生物；④养殖水体中使用氨态氮肥时，应避免 pH 值过高。

（五）亚硝酸盐的影响

亚硝酸盐是氨转化成硝酸过程中的中间产物，在这一过程中，一旦硝化过程受阻，亚硝酸盐就会在水体内积累。这种情况在虾、蟹育苗过程中经常发生，它是水产动物的致病根源。

根据现有资料表明，亚硝酸盐的毒性依鱼、虾、蟹种类和个体不同而不同。因此，对各种水产动物的安全浓度差异很大。为确保鱼、虾、蟹等水产动物的安全，尤其在苗种培育阶段，建议将亚硝酸盐含量控制在 0.2 μg/L 以下。

当养殖水体中存在亚硝酸盐时，鱼、虾类的亚铁血红蛋白被其氧化为高铁血红蛋白，从而抑制血液的载氧能力。鱼类长期处于高浓度亚硝酸盐的水中，会发生黄血病。亚硝酸盐在水产养殖中是诱发暴发性疾病的重要环境因子。当水中亚硝酸盐达到 0.1 μg/L 时，鱼、虾红细胞数量和血红蛋白数量逐渐减少，血液载氧能力逐渐丧失，会造成鱼、虾慢性中毒。此时鱼、虾摄食量降低，鳃组织出现疾病，呼吸困难，躁动不安。当亚硝酸盐达到 0.5 μg/L 时，鱼、虾、蟹某些代谢器官的功能失常，体力衰退，此时很容易患病。很多情况下全池暴发疾病而死亡，这就是亚硝酸盐过高造成的。亚硝酸盐过高可诱发草鱼出血病。虾、蟹中毒时，鳃受损变黑，导致死亡。

（六）硫化氢的影响

硫化氢是一种可溶性的毒性气体，带有臭鸡蛋气味。存在于养殖池底中的硫酸盐还原菌在厌氧条件下分解硫酸盐，异氧菌分解残饵或粪便中的有机硫化物都可以导致水中硫化氢的产生。硫化氢与泥土中的金属盐结合形成金属硫化物，致使池底变黑，这是硫化氢存在的重要标志。

养殖（特别是苗种培育）生产中，水体中硫化氢的浓度应严格控制在 0.1 μg/L 以下。

硫化氢是水产动物的剧毒物质。大约 0.5 μg/L 的硫化氢可使健康鱼类急性中毒死亡。当水中的硫化氢浓度升高时，其生长速度、体力和抗病能力都会减弱，严重时会损坏鱼、虾的中枢神经。硫化氢与水生动物血液中的铁离子结合使血红蛋白减少，降低血液载氧功能，导致鱼、虾呼吸困难，造成死亡。硫化物在水中存在的比例受 pH 值调节。

（七）运输密度的影响

长途运输的目的就是节约运输成本，尽量提高运输密度，获得更大的经济效益。然而，鲜活水产动物必须要有一定的空间与良好的环境才能维持生命，因而，密度不能太高。应根据路途远近、不同品种、气候条件、耗氧量等具体情况而定。

（八）噪声与震动的影响

安静的环境可增加水产生物的安全感，体能消耗少。尽管轻微的震动可增加水中溶氧，但噪声与震动会刺激鱼、虾、蟹的运动，并增加其代谢强度，体力损耗增大，严重的会引起其代谢紊乱，影响成活率。尤其是有些鱼类，应急反应明显，极易引起死亡。

三、水产动物活体运输技术

（一）低温运输

水产品新陈代谢随温度的降低而降低，因此，低温环境有利于延长水产动物的存活时间。低温的保持是低温运输的关键，水产品低温运输技术是在制冷技术商业化和大众化的基础上发展起来的。目前，维持运输工具和运输过程低温恒定的方法主要有机械制冷法和保温法。机械制冷法是在运输工具上装备合适的制冷机械及温度检测和控制装置，并通过制冷机械的正常运行来维持环境温度的恒定。该方法受外界环境条件的影响小，但设备投资大，运行费用高；保温法是在保温箱内放置一定数量的冰袋来维持局部环境温度恒定低温，该法操作简单，投资少，使用灵活，但是保温的时间受限，只适用于短途或中短途运输。保温法的运输距离与保温箱的保温效果密切相关，通常采用聚乙烯塑料泡沫箱。

（二）充氧运输

运输中导致溶氧不足的原因：①温度：氧气在水中的溶解度随温度升高而降低。此外，水产动物和其他生物在高温时耗氧多也是一个重要原因；②养殖密度：养殖池中放养密度越大，生物的呼吸作用就越大，生物耗氧量也增大，池塘中就容易缺氧；③有机物的分解耗氧，池中有机物越多，细菌就越活跃，这种过程通常要消耗大量的氧才能进行，因此容易造成运输箱中缺氧；④无机物的氧化作用：水中存在低氧态无机物时，会发生氧化作用消耗大量溶解氧。

水产动物在缺氧状态下，轻度缺氧时，鱼、虾出现烦躁不安，鱼会浮头，虾会趋边，蟹会上岸，呼吸加快，少摄食或停止摄食；重度缺氧时，会导致鱼、虾、蟹的死亡，造成损失。如池塘中水长期处于溶氧不足状态下，所养水生动物生长会停止。

研究表明：溶氧与其他有毒物质有关。保持水中足够的溶解氧，可抑制生成有毒物质

图 8 – 6　充氧运输

的化学反应，转化降低有毒物质（如氨、亚硝酸盐和硫化物）的含量。例如：水中有机物分解后产生氨和硫化氢，在有充足氧存在的条件下，经微生物的氨、氧分解作用，氨会转化成亚硝酸再转化成硝酸，硫化氢则被转化成硫酸盐，产生无毒的最终产物。因此养殖水体中保持足够的溶氧对水产养殖非常重要。如果缺氧，这些有毒物质极易迅速达到危害的程度。

增氧最好的、最方便的办法是注入新水，有条件的可使用增氧机增氧。条件不具备或紧急情况下可使用增氧剂，使用增氧剂增氧对水体底层可起到增氧作用，同时也可起净化水质的作用。

（三）麻醉运输

麻醉运输是采用麻醉剂抑制中枢神经，使水产动物失去反射功能，从而降低呼吸和代谢强度，提高存活率的一种运输方式。麻醉药物用于活鱼运输有存活率高、运输密度大、运输时间长、操作方便、途中管理简便等许多优点，退出运输后，将鱼类放入清水中可很快复苏，因而，近年来日益受到重视。国际上已采用麻醉类药物进行大规格的活鱼运输，中国应用的历史不太长，但发展很快。当前已应用的鱼类麻醉剂主要有 MS—222、盐酸普鲁卡因、盐酸苯佐卡因、碳酸和二氧化碳、乙醚、喹呐丁、尿烷、弗拉西迪耳、三氯乙酸等。

在已经用于活鱼麻醉运输的药物中，性能最好的是 MS – 222。MS – 222 的化学名称为烷基磺酸盐同位氨基苯甲酸乙酯，白色结晶粉末状，分子量 261.3，易溶于水后成为无色澄清液体。当前被各国广泛应用于鱼类、蛙类的运输、孵化、称量、标志等过程中的麻醉和镇静，获得了良好的效果。MS – 222 在水溶液中可经鲤、皮肤等部位传导至鱼脑感受中枢，抑制鱼的反射和活动能力，使鱼行动迟缓、呼吸减慢、代谢降低、减少耗氧。使用 MS – 222 时，对鱼一般采用浸浴。大型鱼类可采取药液喷洒鳃部的方法。先把 MS – 222 溶于水中，其浓度为 1:1 000 ~ 1:3 000（最有效的为 1:2 000 ~ 1:3 000），诱导期 1 ~ 15 秒，麻醉时间可达 12 ~ 40 小时。麻醉后放入清水，鱼可在 5 ~ 30 分钟苏醒。MS – 222 进入鱼体后，主要聚积于脾脏、肝脏，肌肉中含量甚微。试验证明，MS – 222 麻醉时间短，对鱼、人较安全，因而被广泛应用于多种鱼的运输。其他一些麻醉药物还没有广泛运用，其在鱼体内的作用机理、代谢途径研究尚少，对许多问题，诸如诱导期、麻醉时间、肌肉内药物残留量、安全范围、毒性、对人体的危害等还没有可信的评判依据。因此，选择诱导期短、麻醉时间长、肌肉内残留量少、安全范围大、麻醉过深后易于急救，反复使用对人和鱼的危害小，价格低的新型麻醉剂是推广应用的关键，也是科研工作的方向。

（四）休眠运输

鱼、虾、贝等冷血动物都存在一个区分生死的生态冰温零点，或叫临界温度，冷水性鱼类的临界温度在0℃左右。从生态冰温零点到冻结点的该段温度范围叫生态冰温区。生态冰温零点在很大程度上受环境温度的影响，把生态冰温零点降低或接近冰点是活体长时间保存的关键。对不耐寒、临界温度在0℃以上的种类，驯化其耐寒性，使其在生态冰温范围内也能存活，这样，经过低温驯化的水产动物，即使环境温度低于生态冰温零点也能保持休眠状态而不死亡。此时，动物呼吸和新陈代谢非常缓慢，为无水保活运输提供了条件。

鱼、虾、贝类当改变其原有生活环境时会产生应激反应，导致鱼、虾、贝类死亡，因此，宜采用缓慢降温方法，降温梯度一般每小时不超过5℃，这样可减少鱼的应激反应，提高成活率。可采用加冰降温和冷冻机降温两种方法。

活鱼无水保活运输器一般是封闭控温式，当活鱼处于休眠状态时，应保持容器内的湿度，并考虑氧气的供应。极少数不用水而将鱼暴露在空气中直接运输时，鱼体不能叠压。包装用的木屑，应是树脂含量低、未经处理和不含杀虫剂，使用时须预先冷却。现代冰温技术，在从0℃到冻结点的冰渔区域进行以活体或活体细胞为中心的保藏、干燥、浓缩，使活体长期保存或干燥活体的复原、活细胞的浓缩等成为可能。

四、水产动物活体运输技术的综合应用

为了对水产动物实现长途保活运输，经常要将多种运输技术综合应用，才能达到良好的运输效果。下面以水产动物活体运输箱设计为例，进行说明。

制造水产动物活体运输箱目的是要为运输的水产品提供一个较好的水环境，使之保活安全地运送至消费目的地。因而，运输箱设计的思路必须考虑上述几个影响成活率的关键因素。其设计的基本原理就是：利用充气机增加水中溶氧，水循环系统过滤并消毒海水等使运输箱内水质保持清新；利用控温设备使箱内水温控制在接近生活水温低限附近，减少其代谢强度与耗氧率；利用防噪音系统与抗震系统，使其有安静的环境，为运输水产动物创造一个良好的生活空间，提高运输效果。要求根据不同水产动物品种，安排适合的运输密度，有效运输时间至少在48小时以上，运输成活率达95%以上。具体设计思路是：

（一）运输箱规格大小与形状

本运输箱要安装在汽车上，因而大小尺寸应根据选定运输车车箱的长宽与形状来定。为了充分利用车箱，运输箱应设计成长方体，箱的底面积与车箱的底面积相同或稍小。高度设计要考虑操作方便，又要考虑箱内实际储水量、运输箱、设备与水产品的自重量、车

子的设计载重量等。另外，考虑到安装控温设备的效果与箱子材料成本，空间宜小不宜大。箱体后端底部安装一阀门，以便箱体运输后放水用。箱体内部可用网或用活动木板等，将箱体分隔成几个小空间，以便放置不同品种或不同习性的种类，提高运输效果。

（二）箱体材料

考虑到有时要装运海产品，因海水具腐蚀性，故箱子材料用木质、硬塑料等价格适中、耐腐蚀的材料。考虑到箱体的坚固性，箱体外可用三角铁或其他金属材料加固。另外，箱体需要较好的保温性，因而箱体外周需包裹泡沫等保温材料。为了外观美及保护金属支架和保温材料，箱体外壳用耐海水的薄壁材料包裹。箱体需密封，仅在箱顶开设一活动门，以便人进出操作。

（三）气泵

为了保持水中溶氧在 3 毫克/升以上，可开气泵充氧或氧气瓶放氧。但运输车上携带氧气瓶既不安全、又占空间，故不经济实用，还是安装 1 台气泵较好，功率视水体大小而定，有条件可备用 1 台气泵，以便急用。气泵可安装在箱体外顶部。

（四）控温设备

按照低温可减少代谢强度与耗氧率的原理，在箱体上安装控温设备是必要的。控温设备包括降温设备与升温设备，还有管道。控温设备市场上都有售，其功率视水体大小与温度控制幅度而定。压缩机可安置在箱体顶部外壁前端，冷凝管直接通入箱内水体中效果较好，盘管排列密度视水体而定。我国江南地区低温期较短，为了节约投资，箱体省略升温设备是可行的。水温较低时，箱内可用电热棒加（保）温。

（五）水循环系统

由于呼吸与代谢，高密度运输的箱内水质逐渐变差，除了控制低温与充氧外，水体保洁还得靠水循环系统，水循环系统主要包括水泵、过滤装置、消毒装置及管道。水泵将箱内水抽到过滤装置进行过滤，再流入消毒装置中处理，流出的清洁水重新回到箱内。水泵功率必须与过滤装置、消毒装置相匹配。过滤装置可用沙滤，也可用活性炭、碎珊瑚过滤。消毒装置配紫外线消毒或臭氧消毒。这三个装置可分开安装，也可连在一起安装，一般放在箱内壁顶部前端。

（六）防噪系统与抗震系统

由于噪声与震动对于长途运输有负面影响，因而在运输箱上安装消噪装置与抗震装置是有效的。防噪与抗震方法很多，在汽车工业上应用很广，是完全可以借鉴的。增加箱体的密封性、将箱壁做成层中空等，都是简易而有效的防噪方法。在箱体底部安装避震弹簧与铺设避震材料等，也是简单而有用的抗震手段。若运输时间在 24 小时以内，噪声与震动影响程度较轻，可以省略这些装置。

（七）发电机

由于箱体上安装了充气泵、控温设备、水泵、消毒器等设备，而这些设备都需交流电来维持工作，因而在车上配备一台柴油发电机是必需的。发电机的输出功率必须大于用电设备的功率之和。发电机可安装在车箱下面，不占车箱位置。

本章练习

一、单选题

1. 将碎冰直接与鱼体接触而冷却鱼的保鲜方法叫（　　　）。

A. 辐照保鲜法 　　　　　　　　　　B. 水冰法

C. 冷冻法 　　　　　　　　　　　　D. 撒冰法

2. 水产品中心从 −1℃ 降到 −5℃ 所需的时间，在（　　　）分钟之内为快速，超过此即为慢速。

A. 10 　　　　　　　　　　　　　　B. 30

C. 60 　　　　　　　　　　　　　　D. 120

3. 我国选用的水产品冻藏温度为（　　　）或以下。

A. −10℃ 　　　　　　　　　　　　B. −18℃

C. −25℃ 　　　　　　　　　　　　D. −30℃

4. 冻鱼的加工工艺如下。

原料鱼→清洗→称量装盘→速冻→脱盘→（　　　）→包装成品

A. 杀菌 　　　　　　　　　　　　　B. 前处理

C. 冻结 　　　　　　　　　　　　　D. 镀冰衣

5. 冷却海水保鲜是将渔获物浸渍在（　　　）的冷却海水中保鲜的一种方法。

A. −1～0 ℃ 　　　　　　　　　　　B. −1～4℃

C. 0～4℃ 　　　　　　　　　　　　D. −1～～−5℃

二、多选题

1. 影响水产品腐败的因素有（　　　）。

A. 鱼的种类 　　　　　　　　　　　B. 温度

C. PH 值 　　　　　　　　　　　　D. 自溶作用

2. 鱼、贝类保鲜的其他方法有（　　　）等。

A. 气调保鲜 　　　　　　　　　　　B. 化学保鲜

C. 生物保鲜 　　　　　　　　　　　D. 辐射保鲜

3. 水产品微冻保鲜主要有（　　　）。

A. 冰盐混合微冻法 　　　　　　　　B. 低温盐水微冻法

C. 空气冷却微冻法 　　　　　　　　D. 冷却海水保鲜法

4. 鲜活水产的鲜度管理主要靠提升养殖技术，在（　　　）密度等各方面保障鱼类的生存环境。

A. 水温   B. 水质

C. 氧气   D. 盐度

5. 常用的活鱼运输方法有(　　)。

A. 增氧法   B. 麻醉法

C. 低温法   D. 无水法

三、思考题

1. 简述水产品市场发展的思路。

2. 水产品特性有哪些？

3. 鱼、贝类低温保鲜的方法主要有哪些？

4. 在我国水产冷链物流中涉及的几个基本环节包括哪些？

5. 水产品活体运输受哪些因素的影响？

项目九　冷链物流技术设施管理

任务导入

近年来，国内冷链物流企业的生产规模在不断扩大，竞争实力不断增强，基础设备管理水平也有很大的提高，越来越多的冷链物流企业意识到信息化管理水平的高低对企业的经营有着至关重要的作用。企业为了追逐效益提出的"开源节流"策略中，精细化管理、强调信息化的作用被视为"节流"中的重要环节。在当前市场环境下，现代化的管理被许多企业视为生命线。设备新技术管理为冷链物流企业的发展带来了新的机遇与挑战，也为冷链物流企业开辟了另一大竞争领域。

学习大纲

1. 了解冷库及其制冷设备管理。
2. 学习冷链运输技术设备。
3. 熟悉先进技术在冷链物流中的应用。

任务一　冷库及其制冷设备管理

一、冷库制冷系统与设备简介

冷库是为不同使用目的服务的，需要有不同的制冷系统与之适应，常用制冷系统可按压缩的级数、制冷剂和蒸发器供液方式不同分为三类：第一，按压缩的级数可分为单级压缩系统、双级压缩系统、单级双级混合系统；第二，按所用制冷剂的不同，可分为氨制冷系统、卤代烃制冷系统以及采用其他制冷剂的制冷系统；第三，按蒸发器供液方式的不同，可分为直接膨胀式制冷系统、重力供液式制冷系统和液泵强制供液制冷系统。

在制冷系统循环的四个过程中，蒸发过程必然是在库房中进行的，压缩和冷凝过程是在机房中进行的，节流过程多在机房或设备间进行。因此，可根据所处位置将制冷系统分成库房系统和机房系统。

常用的冷库制冷设备如下：

（一）压缩机

压缩机是制冷系统的心脏，从蒸发器中吸取制冷剂蒸气，以保证蒸发器内一定的蒸发压力。将低压低温的制冷剂蒸气压缩成为高压高温的过热蒸气，以创造在较高温度（如夏季35℃左右的气温）下冷凝的条件。输送并推动制冷剂在系统内流动，完成制冷循环。

图 9 – 1 冷库压缩机

（二）冷凝器

用冷凝器将制冷剂从低温热源吸收的热量及压缩后增加的热焓排放到高温热源。

（三）蒸发器

蒸发器是制冷机中的冷量输出设备。制冷剂在蒸发器中蒸发，吸收低温热源介质（水或空气）的热量，达到制冷的目的。

（四）节流阀

制冷系统的节流阀位于冷凝器（或贮液器）和蒸发器之间，从冷凝器来的高压制冷剂液体经节流阀后进入蒸发器中。它除了起节流降压作用外，大多数还具有自动调节制冷剂流量的作用。

节流阀可分为：

1. 手动节流阀

手动节流阀是应用最早的一种节流机构，其优点是结构简单，价格便宜，故障少。它的缺点是在制冷装置运行过程中需经常调节其开度，以适应负荷的变化，因而工作状况较难保持稳定。

目前，手动节流阀除在氨制冷系统中还在使用外，大部分已作为旁通阀门，供备用或维修自动控制阀时使用，也可用在油分离器至压缩机曲轴箱的回油管路上。手动节流阀的常用通径有 DN3、DN6、DN10、DN15、DN20、DN25、DN32、DN40、DN50 mm 等规格，一般通径小于或等于 32 mm 的手动节流阀为螺纹连接，大于 32 mm 的为法兰连接。

2. 浮球调节阀

浮球调节阀用于具有自由液面的蒸发器、中间冷却器和气液分离器供液量的自动调节。按液体在其中的流通方式可分为直通式和非直通式。直通式浮球调节阀的特点是液体经阀孔节流后进入浮球室，然后再通过连接管道进入相应的容器。它的结构和安装比较简单，但浮球室液面波动较大。非直通式浮球调节阀的特点是液体经节流后不进入阀体，而是通过单独的管道送入相应的容器。因此，它的结构和安装均较复杂，但浮球室液面稳定。

浮球调节阀用液体连接管和气体连接管分别与相应容器的液体及气体部分连通，因而浮球调节阀与相应的容器具有相同液位。当容器内液面下降时，浮球下落，针阀将阀孔开大，供液量增加。反之，当容器内液上升时，浮球上升，阀孔开度减小，供液量减少。

3. 热力膨胀阀

热力膨胀阀普遍用于氟利昂制冷系统中。它能根据蒸发器出口处制冷剂蒸发过热度的大小自动调节阀门的开度，达到调节制冷剂供液量的目的，使制冷剂的流量与蒸发器的负荷相匹配。

热力膨胀阀适用于没有自由液面的蒸发器。它有内平衡式和外平衡式之分。内平衡式的膜片下方作用着蒸发器的进口压力；外平衡式的膜片下方作用着蒸发器的出口压力。外平衡式热力膨胀阀用于蒸发器管路较长、管内流动阻力较大及带有分液器的场合。

热力膨胀阀的选配主要是根据制冷量、制冷剂种类、节流前后的压力差、蒸发器管内制冷剂的流动阻力等因素来确定膨胀阀的型式和阀的孔径。

（五）辅助设备

1. 中间冷却器

中间冷却器用于双级压缩制冷系统，它的作用是使低压级排出的过热蒸气被冷却到与中间压力相对应的饱和温度，以及使冷凝后的饱和液体被冷却到设计规定的过冷温度。为了达到上述目的，需要向中间冷却器供液，使之在中间压力下蒸发，吸收低压级排出的过热蒸气与高压饱和液体所需要移去的热量。

中间冷却器的供液方式有两种：一是从容器侧部壁面进液；二是从中间冷却器的进气管以喷雾状与低压排气混合后一起进入容器。目前常用的是后一种供液方式。

2. 高压贮液器

高压贮液器用于贮存由冷凝器来的高压液体制冷剂，以适应冷负荷变化时制冷系统中所需制冷剂循环量的变化。

对于大、中型冷库，高压贮液器的容量是按制冷剂每小时循环量的 1/3 ~ 1/2 选配，最大充灌高度一般不超过筒体直径的 80% 。对于小型氟利昂机组有时可不设专用的贮液器，而是仅在冷凝器下部少放几排传热管，下部空间作为贮液器使用。

3. 气液分离器

氨用气液分离器又称氨液分离器，它一般具有三方面的作用：第一，由蒸发器来的低压蒸气进入气液分离器，将未蒸发完的液滴加以分离，以保证压缩机吸入干饱和蒸气，避免压缩机"湿冲程"；第二，经节流后的湿蒸气进入气液分离器，将蒸气分离，只让液氨进入蒸发器，使蒸发器的传热面积得到充分利用；第三，如有多个冷间，气液分离器兼有分配液体的作用。

4. 低压循环桶

低压循环桶是氨泵供液系统的关键设备之一，其作用是贮存和稳定地供给氨泵循环所需的低压氨液，又能对库房回气进行气液分离，保证压缩机的干行程，必要时又可兼作排液桶。

5. 低压贮液器

低压贮液器在大型氨冷库中使用，安装在制冷系统的低压侧，可以有不同的用途。有的用于氨泵供液系统，以贮存循环使用的低压液氨，它又称为低压循环贮液器；有的专供蒸发器融霜或检修时排液之用，故又称为排液器，一般做成卧式；有的是用来贮存回气经气液分离器分离出来的氨液。后两种用途的低压贮液器，当贮液量达到一定高度时，可通入高压氨气，使贮液器中压力上升，将液氨压入系统的供液管道中，经节流后供蒸发器使用。

6. 过滤器及干燥器

过滤器的作用是用来过滤制冷剂中的机械杂质，如金属屑、氧化皮等，以防止阀门小孔被杂质堵塞。干燥器只用于氟利昂制冷系统中，用于吸收制冷剂中的水分，以防产生冰堵。

在氨制冷系统和氟利昂制冷系统中都必须选配合适的过滤器。氨液过滤器装在氨浮球阀、手动节流阀和电磁阀之前的液体管道上；氨气过滤器装在压缩机的吸气腔通道内。而氟利昂液体过滤器装在热力膨胀阀前，安装时要注意过滤器壳体上的流向指示标记，不能接反。由于氨极易溶于水，一般在氨制冷系统中不安装干燥器。

过滤器、干燥器一般根据其接入管道的规格来选择，其公称通径或接管直径应与管道相适应。

二、冷库的运行管理

冷库的运行与管理是整个冷库生产经营过程中一个重要的组成部分。冷库担负着提供食品加工、冷冻、冷藏等食品生产所需的特定的空间环境，如果其运行管理工作做的不好，不仅会造成食品的变质、腐败、干耗大等质量问题，而且还会出现能耗大、设备故障多等问题，从而影响冷库的使用和管理部门的工作效率、经济效益。

一般冷库主要由制冷系统、库房围护结构、控制系统等组成，用于肉、乳、禽蛋、水产、水果和蔬菜等的保鲜、冷藏和冷冻。因此，冷库的运行管理工作的首要任务是保证食品生产工艺的温度、湿度要求，确保食品的卫生质量和新鲜度。

冷库及相应的制冷设备需用电力驱动，而且运行时间长，耗电量大。因此在满足使用要求的前提下，尽量减少冷库运行时的用电量是冷加工企业的一项重要任务，它既涉及经济效益问题，又包含专业技术问题。

如果存在认识上的误区，将会使得管理工作存在许多疏漏。例如，把有人能按电钮开机、关机当成有专人管理；把自动化程度高当成容易管理、不用维护保养；把系统能开动运行当成工作正常等等。由于管理无制度、操作无规程、人员不专业、上岗不培训、使用不维护等现象普遍存在，会造成冷库系统存在以下问题：第一，制冷效果不理想。库房的温度、湿度不能保证在设计和冷藏工艺要求的范围内。第二，运行费用高。耗电量大，冷冻机油、制冷剂消耗多，日常维护保养费开支大。第三，事故和故障多。事故及故障频繁发生，冷库系统跑、冒、滴、漏、管道锈蚀现象严重。第四，设备使用寿命短。不到规定期限就需对设备进行维修，或不到正常的折旧年限设备就不能继续使用，需要更新。第五，系统运行不正常。系统不能按设计要求运行和调节，设备达不到最佳运行状态。

对一个冷加工企业来说，冷库运行管理所做的一切工作，都是为了以最低的费用换取最高的综合效能，实现最大的经济效益。其基本目标为：

（一）满足使用要求

满足使用要求是冷库系统运行管理必须达到的首要目标。冷库是用于食品冷加工的场所，利用低温来贮藏食品，使食品在较长的贮藏过程中，能基本保持原有的营养成分、味道和色泽。食品的种类很多，不同食品具有不同的特性，因此，利用低温进行贮藏时，应采用不同的处理方法，贮藏时限不同，所要求的库温也不同。应该根据不同的冷加工工艺要求，调整库温，满足使用要求。

（二）降低运行成本

冷库正常运行成本主要包括能耗费用、维护保养费和人工费。我国的冷库绝大部分采用的是电驱动制冷机（包括螺杆式和活塞式），其辅助设备如冷剂泵、冷却水泵、冷却塔风机、冷风机、风幕、电加热融霜、照明等也要耗电。因此，降低运行成本的首要任务是在满足使用要求的前提下想方设法减少用电量，其次是在维护保养方面要尽量减少相关费用的开支。要通过精心操作、细致维护来延长易损件的使用寿命，达到降低运行成本的目的。

（三）延长使用寿命

在整个冷库系统中，制冷设备的购置费用要占到总投资的30%左右。首先应使这方面的投资发挥出最大效益，保证其正常的使用年限。冷库使用寿命还取决于三个主要因素：一是系统和设备类型；二是设计、安装、制造质量；三是操作、保养、检修水平。

此外，系统或主要设备的更新不仅要投入大量的人力、物力，而且还会影响冷库的正常使用。对大型主机和管道系统来说，由于与建筑围护结构相关，对其更新可能带来额外的费用开支。因此，必须通过规范的操作、科学的保养、精心的维护、及时的检修来充分发挥冷库的作用，在保证其高效低耗运行的同时，还要减少故障的发生，尽量延长整个系统的使用寿命。

三、节能运行管理

《中华人民共和国节约能源法》提出加强节能宣传和教育，普及节能科学知识，增强全民节能意识，提高能源利用率和经济效益，各用电单位和个人都应履行节能义务。冷库属于生产性用电单位，耗电量较大，应当按照合理用能的原则，加强节能管理，制定并组织节能措施，降低能耗。能源利用情况包括能源消耗情况，用能效率，节能效益分析、节能措施等。此举也是降低生产成本，提高经济效益，增强市场竞争力的有力措施。

冷库节能运行管理主要是现役冷库在生产使用过程中，通过科学的管理而降低能耗，从而降低生产成本。冷库的节能管理可以从以下几个方面做起。

（一）制冷系统运行节能

制冷系统运行节能的主要措施有正确调节制冷系统运行参数，定期放油、放空气、定期除霜和清洗换热器、夜间运行等。

由于冷库制冷系统是一个专业技术性强且用冷情况较复杂的系统，难以采用成套的制冷机组，多数采用现场设计，合理匹配而形成一个有机的系统。制冷系统的设计是依据一定的条件进行的，而实际运行中，工作条件是不断变化的。因此，必须依靠管理人员的精心操作和调节，使制冷系统始终处在合理的工作状态，才能达到高效节能的效果。制冷系统主要运行参数的调节和控制，包括蒸发温度和蒸发压力、冷凝温度和冷凝压力、压缩机的吸气温度、排气温度、双级压缩循环中间温度的调节等。这些参数调节的原则是：在满足库房温度要求的条件下，调节到尽可能低的冷凝温度以及尽可能高的蒸发温度。

蒸发器表面的油膜，能够增加热阻，降低换热效率。据资料介绍，蒸发器传热面如有0.1 mm厚的油膜，为了保持已定的低温要求，蒸发温度就要下降2.5℃。

当制冷系统中混有不凝结气体，其压力达到1.96×10^5Pa时，耗电增加18%。因此，对制冷系统要定期放油、放空气，以保持热交换设备良好的传热效果和充分利用传热面积，达到降低制冷系统的能量消耗的目的。

我国在部分地区试行峰谷分时电价，即可以给在低谷时用电的用户以价格上的优惠。目前这一政策正在全国逐步实行。通常夜间为一个城市的用电低谷时间段，制冷装置夜间运行，就可以直接节省电费，获得显著的经济效益。另一方面，由于夜晚大气温度低于白天，使得制冷机的冷凝温度低于白天，在蒸发温度不变时，冷凝温度降低，制冷机的压缩比减少，输气系数增大，单位制冷量增大。因此在实际操作中，应尽可能让制冷装置在夜间运行，以获得节能的效益。

（二）食品冻结过程中的节能

食品冻结过程中的节能主要有以下措施：

1. 采用变速冷风机，根据需要调节风量

食品在冻结间冻结过程中，热量的释放，实际上是不均匀的放热过程，所以冻结过程对冷却设备的需冷量也是不均匀的。食品的冻结过程由三个阶段组成：第一阶段是冷却阶段，食品温度从0℃以上降至0℃左右；第二阶段是冰晶形成阶段，食品温度由0℃降至 -5℃左右；第三阶段是冻结降温阶段，食品温度由 -5℃降至 -15℃左右。在食品冻结的三个阶段中，第二阶段所需冷量最大，此时冻结间所配冻结设备要全部投入运转，而在第一和第三阶段，由于单位时间内热负荷较少，可适当降低风机风速，减少风量，以达到节能的目的。研究表明，吹过食品的风速提高一倍，风机所消耗的功率将增加8倍。风机所消耗的功率最终变成热量增加制冷装置的冷负荷。因此在食品冷藏过程中，应根据货物热负荷的大小，调节一个合理的风速，以减少能耗。

2. 设计均匀的气流组织

食品的冻结主要有三种方法：吹风冻结、接触式平板冻结、沉浸或喷淋冻结，其中最常用的是吹风冻结。国内的研究表明，气流的均匀性对隧道式鼓风冻结的能耗影响很大。仅仅通过优化冻结间的气流组织，即可达到节能15.8%。具体采用何种气流组织，应视库房货物堆放情况而定。如冻结整片肉，采用从上至下的垂直气流较好；冻结箱装食品，使用水平气流较好。已经设计好气流组织的冻结间、冷藏间，货物堆放时要正确合理，营造一个良好的空气循环回路。

3. 减少消耗

减少消耗就是有效节能，其主要措施为：

（1）减少制冷装置的耗水量

减少制冷装置的耗水量也是减少单位产品耗能的一部分重要工作。冷库中用水主要有三方面：水冷冷凝器的冷却水系统用水、冲霜用水、制冰用水。制冷压缩机效率低，制冷系统中冷凝压力过高都会使耗水量增加。另外，冷却水系统的供水管或水池有漏水也会使系统耗水量增加。

（2）减少制冷装置的耗油量

制冷压缩机要加一定量的冷冻润滑油。如果压缩机本身质量差，或年久失修而形成各运动部件的装配间隙大、压缩机排气温度过高、冷冻油的质量差、油的规格不正确等都会使压缩机耗油量增加。

（3）减少制冷装置的制冷剂消耗量

制冷装置中必须充装一定数量的制冷剂才能正常工作。制冷剂充装量过多或过少都会使系统出现故障现象。同时制冷装置在运行过程中会由于系统中制冷机的轴封装配间隙过大、管道与阀门的连接不严、管道的焊接缺陷、放空气和放油时人员离开，致使系统制冷剂缺少而需要不断补充，提高了运行成本。

（4）减少制冷装置的耗盐量

如果冷库有制冰，就要消耗一定的盐，当制冰用的冰桶漏水、盐水池不加盖或盖不严，盐水浓度将降低而需要加盐，应采取措施减少盐的消耗量。

（三）冷库节能设计

冷库的节能可以从设计节能和管理节能两个方面入手。设计节能就是从冷库参数设定、冷库制冷系统选择、压缩机制冷量与冷库实耗冷量的合理匹配、冷库融霜的选择、冷库制冷装置的自动控制等方面入手；而管理节能则是从日常维护和修理方面入手，来降低冷库能耗。

微型节能冷库是针对我国目前农业生产的主要经营管理模式和农村家庭经济与技术水平，开发的一种操作简单、性能可靠、效果良好的储藏设施。它可广泛应用于果品、蔬菜、粮食、花卉等农副产品及药材、食品、精细化工原料的储藏和预冷，适合我国南北方城乡家庭和集体使用。

微型节能冷库设备的主要特点是：微型节能冷库的制冷剂加注及调试在出厂前经严格检测完成，同时安装方便快捷，仅需将室内机组和室外机组用管道连接，接通电源就可以工作；制冷机组采用进口全封闭制冷压缩机，主要控制元器件也可采用国外产品，所以运行安全可靠，无故障运转时间长；自控系统采用微电脑控制，控温准确，操作简单，机组有自动和手动双位运行功能，设有多种自动保护装置，同时配有电子温度显示器，方便用户观察冷库的库内温度；机组采用热气或电热除霜方式，除霜时间短，除霜期间库内温度波动小。

微型节能冷库最常用的规格有两种：90 立方米和 120 立方米容积，建筑投资一般为1.5 万~2.0 万元，根据微型节能冷库的设计要点建造的库房，降温速度快，保温性能好，冷库库温波动小，空库一般在开机 48 小时内冷库库温可由 20℃降至 0℃；果实前期预冷和降温阶段，设备日耗电量一般为 40~50 度，冷库库温稳定后日耗电量仅 7~8 度，北方地区在冬季可采用自然冷源通风降温，月耗电量很低。

微型节能冷库具有投资少、能耗低的特点，符合国际上以及我国冷库节能的要求，未来发展前景广阔。

四、我国冷库发展趋势

随着中国物流行业的发展，尤其是冷链物流的发展，冷库的重要性日益体现。未来中国冷库行业将出现以下几种发展趋势：

（一）从中小型到规模化

我国农商品需求不断增加，农业技术持续更新，对于农商品和食物的深加工也起到了很大的推动作用，相应的冷冻冷藏商场也水涨船高。如上海、江浙以及湖北、安徽等地，冷库商场的需要量逐年添加，规划也在不断扩展。重要的运送港口的冷库需要量也呈现出较大增加趋势。尤其在食物出产加工贮藏中，新的冷库方式的应用也在逐年增长。

冷库的规划和缔造要契合冷库的功用和定位。将来大型区域性低温物流冷库将成为干流，逐渐代替那些规划小、能耗高、管理差、功率低的小型冷库。而我国冷库建设与农商品发展息息相关，将来农场化、集团化作业方试备受期待，势必推动冷库朝向规模化发展。

（二）从普通型到节能安全型

由于冷库引发的火灾、氨气走漏等安全事故层出不穷，人们对冷藏职业规划以及安全隐患疑问也上升到了一个新的关注高度，要想使短期内改变安全情况，政府有必要在方针、资金和技术方面给予扶持，应把冷库作为社会基础设备进行保护。同时，各级政府部门也要快速推动冷库的改制工作，冷库本身也要习惯当下商场需求，推动转型升级，供给更多可靠的商品和技术。此外，国家应推广节能环保方针，使公民的思想意识不断提高，对于"节能""绿色"等的观念日渐注重。

（三）从"仓储"到"冷链物流配送"

目前，我国完好独立的冷链体系没有构成，商场化程度较低，冷冻冷藏公司有条件的可改造成连锁超市的配送中心，形成冷冻冷藏公司、超市和连锁运营公司联营运营方式。树立食物冷藏供应链，将易腐、生鲜食物从产地收购、加工、贮藏、运送、出售，直到消费者的各个环节都处于规范的低温环境当中，以确保食物的质量，削减不必要的损耗，防止食物蜕变与污染。

同时，按城市的物流开展规划调整现有冷藏库规划，构建各区域新的食物冷链物流配送体系。

（四）从单一方法到组合冷库

从商场对冷库的需要趋势来看，我国现有的冷库容量还非常缺乏。我国的各类冷藏库，不管规划巨细或功用如何，以往均按土建工程的方式缔造，到现在这种方式仍占主导地位，这种建筑结构不合理，不适用现代冷链运作方式，有必要进行冷库资本的整合改建与新冷库的建设。对于我国冷库将来的发展，希望能够参照和借鉴国外冷库的现有运作方式以及发展途径。在国外有很多公共冷库，运用者选用租赁的方式，冷库缔造的规划扩展能够有效地节省本钱，所以大的综合型冷库是我国冷库设备将来发展的一个必然趋势。

（五）智慧型冷库

智慧型冷库管理系统从货物入库、库内管理、货物出库、安全管理等环节对冷库标准作业流程进行远程监控与管理，并且系统具有良好的开放性，能够无缝接入制冷控制系统，对国内冷库企业的信息化建设具有重要的参考价值和意义。

冷库智能控制的目的是保障设备机器安全可靠稳定运行，节省能源消耗，因此智慧冷库就是安全、节能、简便的环保型绿色冷库。

知识链接：

微型节能冷库是针对我国目前农业生产的主要经营管理模式和农村家庭经济与技术水平，开发的一种操作简单、性能可靠、效果良好的储藏设施。它可广泛应用于果品、蔬菜、粮食、花卉等农副产品及药材、食品、精细化工原料的储藏和预冷，适合我国南北方城乡家庭和集体使用。

微型节能冷库设备的主要特点是：微型节能冷库的制冷剂加注及调试在出厂前经严格检测完成，同时安装方便快捷，仅需将室内机组和室外机组用管道连接，接通电源就可以工作；制冷机组采用进口全封闭制冷压缩机，主要控制元器件也可采用国外产品，所以运行安全可靠，无故障运转时间长；自控系统采用微电脑控制，控温准确，操作简单，机组有自动和手动双位运行功能，设有多种自动保护装置，同时配有电子温度显示器，方便用户观察冷库的库内温度；机组采用热气或电热除霜方式，除霜时间短，除霜期间库内温度波动小。

微型节能冷库最常用的规格有两种：90 立方米和 120 立方米容积，建筑投资一般为 1.5 万 ~2.0 万元，根据微型节能冷库的设计要点建造的库房，降温速度快，保温性能好，冷库库温波动小，空库一般在开机 48 小时内冷库库温可由 20℃降至 0℃；果实前期预冷和降温阶段，设备日耗电量一般为 40 ~50 度，冷库库温稳定后日耗电量仅 7 ~8 度，北方地区在冬季可采用自然冷源通风降温，月耗电量很低。

微型节能冷库具有投资少、能耗低的特点，符合国际上以及我国冷库节能的要求，未来发展前景广阔。

任务二 冷链运输技术设备

一、冷链运输装置

我国地域广阔，物产丰富，随着货物运输的种类不断增多，其中大部分为易腐食品，在运输过程中易受到外界温度、湿度等条件影响而发生腐烂变质。为了保持易腐货物的本来品质和使用价值，实现最佳经济效益，所以在运输途中必须将易腐货物置于其保鲜所需的温度条件下。因此，冷藏运输对人类生活和社会经济发展有着重要的作用。

冷藏运输是食品冷藏冷链中不可缺少的环节。在食品运输和储存、加工过程中，货物运输的合理组织和制冷交通工具的状况很大程度上决定了食品的储存质量和其损失的程度。冷藏运输工具分为铁路、汽车和水上运输、冷藏集装箱等。

目前常用的冷藏运输装置应当满足的要求有：第一，能产生并维持一定的低温环境，保持食品的最佳贮藏温度，使各处温度分布均匀；第二，有良好的隔热性，尽量减少外界热量的传入；第三，可根据食品种类或环境变化调节温度；第四，制冷装置质量轻、安装稳定，不易发生故障；第五，车厢内保持卫生、安全；第六，运输成本低。

二、冷藏集装箱运输技术

（一）冷藏集装箱

冷藏集装箱是易腐货物的理想运输工具，也是冷链运输的最佳运输方式，在世界冷藏运输中得到了广泛的应用。冷藏集装箱以其特殊结构和优点，已对陆路及水上冷藏运输工具等产生了巨大的冲击，并促使传统的运输工具向冷藏集装箱运输的方式转变。我国冷藏集装箱制造业迅速发展，已跨入世界冷藏集装箱生产大国。

1. 冷藏集装箱的结构

由角柱、上下端梁通过焊接组成的框架结构，侧面板、顶板、箱门由内侧为不锈钢薄板作内衬，外部是铝合金板，中间夹有 75 mm 厚聚氨酯泡沫保温层，底板上铺有 T 型铝合金板，具有承重和导风的作用，底板外侧是铝合金板，外接工字型铝合金底梁，中间夹有 75 mm 聚氨酯保温层。

2. 冷藏集装箱的优点

（1）运输便利、快捷

在（新鲜食品的）连续低温运输系统中广泛应用的制冷集装箱可以通过对装载货物实现"门到门"的传送，尤其是通过汽车运输就可以直接向贸易公司零售。通过对装载、卸载和贮藏采用最佳方案，使各种交通运输路线达到最优化，并且可以对装载运输采用电脑控制。此外，在综合运输和在分配冷库的短期存放中，采用这种方法就无需重新装载、运输易腐货物，缩短了运输时间，加快了运输工具的运输速度，同时也减轻了手工劳动强度。

（2）能确保货物质量

能保证货物安全、节省货物包装、提高装卸效率、减少货物送达时间。冷藏集装箱应以机械制冷为主，采用计算机控制，具有温度、湿度自动控制和气调功能，还可通过卫星定位进行全程监控，提高运输效率和货运品质，从而防止货物的质量受到影响。

（3）适于国际联运

海上冷藏运输中，逐渐出现了专门用来装运冷藏集装箱的货舱以及专为冷藏集装箱供电设置的电源插头、供冷量配置的制冷设备等，使得冷藏集装箱进出口货物能适合国际联运。

（4）适用小批货物的运输

小批货物一般量小价值高，对运输条件要求高，可以采用冷藏集装箱运输，保证其质量和安全。

3. 集装箱的分类

冷藏集装箱的分类可以按照货物的运输量，制冷方式，运输方式的不同等进行分类。

（1）按运输量分类

根据货物的运输量，冷藏集装箱可分为大型、中型和小型三种，其中大型集装箱的总质量为 10～30 吨、容积为 10～50 m^3；中型集装箱的总质量为 2.5～5 吨、容积为 3～8 m^3；小型集装箱的总质量小于 1.5 吨、容积小于 3 m^3。

①大型集装箱

大型集装箱是目前应用最广泛的集装箱，可以应用于任何运输工具。使用装载机可以相对较容易地把集装箱从一种运输工具搬运到另一种运输工具上。集装箱也可作为独立的临时储存冷冻室。

制冷集装箱的作用是控制箱内的温度，集装箱内的温度能够被控制在 −18℃～16℃。有些集装箱仅用于装载冷藏、冷冻物品。大型制冷集装箱广泛应用于国际货品运输领域。

大型制冷集装箱内含有隔热箱和工作室，工作室有一台自动化的氟利昂制冷机和一台柴油发电机或一套液氮冷却系统组成；制冷集装箱中隔热层的传热系数不会超过 0.29～0.35 W/（$m^2 \cdot K$）。氟利昂由外部电网系统或安装在集装箱内部的柴油发电机提供动力，其基本结构如图 9−2 所示。

②中型和小型集装箱

用于短距离运送易腐货物，主要通过汽车运输。中型集装箱可以是制冷或是绝热的，小型集装箱是绝热的。

（2）按制冷方式分类

根据制冷方式不同，冷藏集装箱主要分为无制冷装置和有制冷装置两大类产品。

①无制冷装置的冷藏集装箱

a. 保温集装箱，无任何制冷装置，但箱壁具有良好的隔热性能。

b. 外置式保温集装箱，无任何制冷装置，隔热性能很强，箱的一端有软管连接器，可与船上或陆上供冷站的制冷装置连接。在集装箱的端部开有进风口和回风口，从制冷设备送来的冷风经进风口和回风口进出集装箱，使冷风在集装箱内循环，达到制冷效果，一般能保持 −25℃ 的冷藏温度。

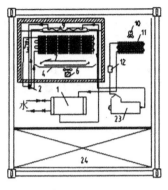

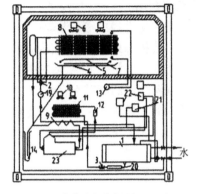

（a）安装在为柴油机制冷的机组室内　　　（b）安装在外部供冷的机组室内

图9－2　大型制冷集装箱的制冷机组

这种集装箱采用集中供冷，容积利用率高，重量轻，使用时机械故障少。

②有制冷装置的冷藏集装箱

a. 冰冷式冷藏集装箱

采用冰或冰盐冷却的集装箱。在集装箱的顶部装有两个盛冰的冰箱，两个冰箱是互相连通的，两个冰箱中冰水或盐水保持同一水平，同时在集装箱顶部设有加冰口，一般最低温度只能保持在 －8℃。

b. 冷板式冷藏集装箱

其原理和结构与铁路冷藏车、冷藏汽车相似，箱内有一块提供冷量的冷板。一块冷板可装共晶溶液220～560 kg，充冷时间约为 8 小时，最低温度可达到 －18℃。我国已出现的两种冷板式冷藏集装箱有活动冷板式和固定冷板带制冷机组式。

c. 机械冷藏集装箱

是目前国际上使用最普遍的冷藏箱，这种集装箱是一种配带制冷装置的保温箱，可自行供冷。制冷机组安装在箱体的一端，冷风通过风机从一端送入箱内。如果箱体过长，则采用两端同时送风的方式，以保证箱内温度均匀。为了加强换热，可采用下送上回的冷风循环方式。

这种集装箱温控精度高，温度调节范围大，可在 －25℃～25℃之间调节，但造价高。

d. 一次扩散式冷藏集装箱

利用液氮、液体空气及液体二氧化碳等物质制冷，其原理与铁路冷藏车、冷藏汽车相似。在集装箱的一端设有贮液罐，将液氮、液体空气及液体二氧化碳等装入贮液罐，一旦箱内温度超过设定温度，制冷液体被喷出，通过汽化吸热使箱内温度降低。

该种冷藏集装箱初投资少、设备简单，无噪声；但贮液装载量有限，途中补给困难，只适合短途运输。液氮喷淋冷藏集装箱制冷速度快；喷出的氮气能有效地抑制果蔬类食品的呼吸作用，以防止货物被氧化；但液氮成本高。液体空气喷淋冷藏集装箱没有窒息的危险，预冷后装货或到站卸货时不需要对箱体通风换气，可节省时间且减小冷耗，但液体空气有爆炸性，使用时必须注意安全。液体二氧化碳喷淋冷藏集装箱由于二氧化碳有窒息性，当箱内二氧化碳超过10%时，就可能危害工作人员和货物，所以在装卸货物前必须将箱内二氧化碳排净。

e. 气调冷藏集装箱

是目前世界上最先进的冷藏集装箱，它是同时利用人工制冷制造低温环境和调节气体介质成分的方法，使新鲜果蔬处于最佳保鲜状态，保持原有品质。冷藏气调保鲜是指在特定的气体环境中的冷藏方法。正常大气中氧含量为20.9%，二氧化碳含量为0.03%，冷藏气调保鲜是在低温贮藏的基础上，调节空气中氧、二氧化碳的含量，即改变贮藏环境的气体成分，降低氧的含量至2%~5%，提高二氧化碳的含量到0.03%~5%。

该种集装箱可保证易腐果蔬不受损坏，达到长时间保鲜的目的，并可大大提高货物的装卸率，但结构复杂、制造成本高。

f. 低压冷藏集装箱

由制冷系统、真空系统和加湿系统三部分组成。制冷系统提供冷量维持箱内的低温，采用温控器控制箱内温度，保持在-2℃~16℃范围内。真空系统保持箱内的低压，利用真空泵将箱内气压控制在6.6 kPa~10.7 kPa之间。加湿系统由贮水箱、过滤器和加热器构成，将箱内空气的相对湿度维持在90%~95%以内。该冷藏集装箱能控制箱内的气体成分和相对湿度，抑制果蔬的呼吸作用，但果蔬经低压贮藏后不能顺利成熟。

三、公路冷链运输技术设备

公路冷藏运输是城市内部运输货物的唯一方式，也用于城市间、区域间和乡村间的运输。公路运输的一个优点在于能（不需要再装运）将货物直接由货物生产商运送给销售商，比铁路运输更灵活、便利，但公路运输的成本比较高。

（一）公路冷藏运输分类

汽车冷藏运输有两种主要的车辆形式：保温车（没有制冷装置）和制冷车（带有制冷装置）。

1. 按汽车冷藏运输的货物运载量分类

它包括轻型（达到1吨），中型（2~5吨），和重型（5~20吨）。轻型和中型车厢用于城市内的货物运输，中型也用于区域间运输，重型用于长距离的运输，尤其是国家间的运输，保温车一般是轻型和中型量，而制冷车往往是中型或重型。

2. 按车身结构分类

有的保温车厢和制冷车厢与汽车做成整体，有的是一个半挂车。汽车的车身主要包括以下几部分：框架，内外层，绝热层，门框和门，地板。

（二）制冷方式不同分类

1. 保温车

保温车的温度能保持在特定的范围内，利用货物本身蓄积的能量或者另外增加的冷源（冰水混合物、冰盐混合物、共晶溶液）保持车内温度在设定的范围内。因保温车厢货物的温度实际上无法严格控制，同时运输过程中冷气不可能长时间储存，故保温车厢主要用于短距离的运输。保温车厢可以配备电加热器，为了在冬季运输时货物温度保持在零摄氏度以上。

2. 制冷车

制冷车按冷却方式的不同可分为：冰冷式、冷板式、机械式、液氮和干冰式冷藏汽车，在制冷车厢中最常用的冷却系统有机械式、机械蓄冷式、干冰式和气液交换式系统。

(1) 机械式冷却系统（如图9-3）

用于重型、中型制冷车厢，少量用于轻型制冷车厢。车厢体的温度一般控制在 -20℃~12℃之间。制冷机的动力由汽车发动机、独立的内燃机或柴油发电装置提供，用汽车发动机驱动的方式普遍使用于中型和轻型的制冷车厢，因为它相对其他类型而言占有较小的面积和体积，另一种情况下，制冷机的动力由电动机提供，电动机与外界的电网相连；用独立的内燃机驱动的方式只用于重型制冷车厢，重型制冷车厢有时也使用柴油发电机。开启式压缩机用于前两种情况，闭式压缩机用于有电动机驱动的情况下。制冷装置包括压缩机，驱动机（内燃机或发动机），冷凝器和空气冷却器（蒸发器）。该装置安置在一个框架上，此框架固定在车厢体的前壁，空气冷却器在车厢内，通过一个开口与室外机相连，而制冷装置的其他部件都在外侧。冬季用于车厢体的加热器和空气冷却器的除霜设备都是通过制冷机的逆向运行或管式电加热器起作用的。

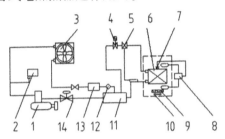

图9-3 一个制冷车厢内制冷设备的主要结构

1—压缩机；2—压力继电器；3—冷凝器；4—电磁阀；5—温度调节阀；6—空气冷却器；7—解冻循环末端温度继电器；8—压差继电器；9—电加热器；10—风机；11—再生热交换器；12—观察窗玻璃；13—过滤干燥器；14—吸气压力调节器

(2) 机械蓄冷式冷却系统

主要使用于小型制冷车，这种制冷车是短距离托运易腐食品的。机械蓄冷式冷却系统包括一个压缩冷凝装置（安装在车厢体外侧）和此类型系统配套的蓄冷设备（安装在车厢体内侧），这种蓄冷设备由不锈钢做成平板式容器，其间充满了钠钾化合物，此容器与制冷机的蒸发器合为一体，例如做成平板型壳管式热交换器，管内为制冷剂，用来冷却盐水混合物。有些机械蓄冷式冷却系统，在车内没有设置制冷机，例如：蓄冷板式冷藏汽车。在这种情况下，蓄冷设备与冷站的制冷机连接，通过一台内有制冷剂和不断循环的乙烯、乙二醇溶液在中间的热交换器，在停车场有制冷站充冷，冷站能同时为8~10辆制冷车服务。

蓄冷板冷藏汽车示意图如图9-4所示。蓄冷板冷藏汽车的蓄冷板可装在车厢顶部或车厢侧壁上，蓄冷板距厢顶或侧壁要有一定的距离，有利于车厢内的空气形成对流，使车厢内温度均匀，部分汽车冷藏车内还安装有风扇。

蓄冷板冷藏汽车内换热主要以辐射为主，为了利于空气对流，应将蓄冷板安装在车厢顶部，但这会使车厢的重心过高，不平稳。蓄冷板汽车的蓄冷时间一般为8~12小时（环

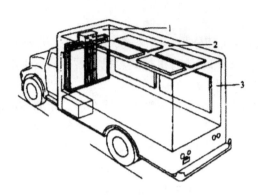

图9-4 蓄冷板冷藏汽车示意图

1—前壁；2—厢顶；3—侧壁

境温度35℃，车厢内温度-20℃），特殊的冷藏汽车可达2~3天，保冷时间取决于蓄冷板内共晶溶液的量和车厢的隔热性能，因此选择隔热性较好的材料作厢体可以延长保冷时间。

蓄冷板冷藏汽车的优点是：设备费用比机械式的少；可以利用夜间廉价的电力为蓄冷板蓄冷，降低运输费用；无噪声；故障少。缺点是：蓄冷板的数量不能太多，蓄冷能力有限，不适于超长距离运输冻结食品；蓄冷板减少了汽车的有效容积和载货量；冷却速度慢。

（3）干冰式冷却系统

主要用于运输冰激凌。干冰放置于车厢内的容器、地板和天花板的储存装置内。它们与货物只是瞬间接触，部分干冰车厢也采用通风设备。这种冷却系统的缺点是车厢的有用容积减少；此外，对于温度的控制有限。第二个缺点在一定程度上是可以消除的，通过采用比较复杂的干冰冷却系统可以实现。这种系统使用闭式氟利昂回路，在这种情况下，干冰注入一密闭容器内，它与车厢体隔离。闭式回路由中空的金属板——蒸发冷凝器组成，它们用管道连接，蒸发板设置在车厢体内，由于热虹吸作用氟利昂在蒸发器与冷凝器之间循环，将厢体内的热量传给干冰。

（4）其他制冷方式

在气液交换式冷却系统中，一般用液氮来冷却。此种类型的冷藏车具有无噪声、车厢内快速预冷、打开车门后温度迅速恢复、温度的精确控制以及车厢内温度分布均匀等优点，在运输过程中防止某些货物失水和质量损失。冷藏车厢中的另一种制冷方式是，使用液化的丙烷和丁烷的混合气体。这种混合气有双重作用：作为冷却车厢体的冷却器和作为汽车发动机的燃料。液化气被吸收防止其进入安装在车厢体内冷却设备的盘管，由于从车厢体内吸收大量的热，液化气在一定的低温下就可以沸腾，致使车厢体内温度下降，在盘管中形成的蒸汽通过降压器进入车厢发动机，这种丙烷和丁烷的混合气体的冷却系统有如下这些优点：发动机靠这种气体能完全地运转而不需要其他燃料；这种设备的设计很简单、体积小；丙烷和丁烷的燃料排放物对大气的污染大大小于汽油。缺点是需要很长的时间给车厢体进行预冷和温度的控制范围很小。

四、铁路冷链运输技术设备

铁路冷藏运输工具有加冰冷藏车、机械冷藏车、冷板冷藏车、液氮或干冰制冷冷藏车、特殊冷藏车。

（一）加冰冷藏车

加冰冷藏车，也称冰冷车，是我国铁路承担冷藏货物运输的主要车种之一。我国铁路保有的冰冷车大多数为 B6 系列，该种车辆在使用过程中，由于长期的冰、盐腐蚀，造成车体、冰箱腐蚀严重，保温性能、气密性严重下降，大部分已失去冰冷车的功能。随着机械冷藏车的不断发展，加冰冷藏车将逐渐淘汰。冰冷车按盛冰容器的位置可分为端装式和顶装式两种。

端装式的基本结构是在车厢两端各设两个贮冰箱，每个贮冰箱可盛碎冰块 2 吨左右，贮冰箱下部约 1/3 的容器内只加冰不掺盐，上部约 2/3 的容积内加入冰盐混合物，加料口设置在车厢顶上。车厢内的热空气通过循环挡板和车顶之间的进气口进入贮冰箱与冰盐混合物表面接触而进行热交换，融化的盐水先流到无盐冰层，然后经虹吸管排出。贮冰箱所占体积较大，使得载货体积减少约为 25%。这种冷藏车常采用空气自然对流的方式换热，因而车厢内温度分布很不均匀，各处温差有时达 10℃ 以上，对易腐货物的质量不利。因此，通常在车厢内安装通风机以加强空气循环，改善厢内温度分布的不均匀性。

顶装式一般车顶部装有 6 ~ 7 只马鞍形贮冰箱，2 ~ 3 只为一组。为了增强换热，贮冰箱侧面、底面设有散热片。每组贮冰箱设有 2 个排水器，分左右布置，以不断清除融解后的水或盐水溶液，并保持贮冰箱内具有一定高度的盐水水位。由于冷空气和热空气的交叉流动，容易形成自然对流，加之冰槽沿车厢长度均匀布置，能保证车厢内温度均匀，一般各处的温差约为 2℃ ~ 3℃，但结构复杂，且箱底易积存杂物而导致传热效率下降，车内温度最低只能保持 −5℃ ~ −6℃。

比较而言，顶装式比端装式温度分布更均匀，但顶装式比端装式传热效率低。

（二）机械冷藏车

机械冷藏车（简称机冷车）一般包括多节货物车厢和几节编挂车厢。

例如：一辆 23 节车厢的机冷车包含有 20 节货物车厢和 3 节编挂车厢：柴油发电车厢，机车室和列车服务人员的休息车厢。

冷藏车厢采用集中供冷方式。通过中央盐水冷却系统进行冷却，盐水由安装在机车室内的氨水制冷装置冷却，并通过管道输送到各个车厢的制冷设备，厢内空气用风机强制循环。

机械冷藏车一般采用 5 节车组单元，该单元一般采用的三种类型分别为：俄罗斯制造的 4 节货物车厢和一节编挂车厢的车组单元；德国制造的相类似的车组单元；德国制造的 5 节货物车厢的车组单元。在德国制造的 5 节货物车厢的车组单元中，柴油发电装置占据一部分 4 号车厢，休息间为 3 号车厢邻近的一部分；这两节车厢与通廊平台相连接。每节车厢的制冷装置包括 2 个制冷设备及 1 个直接空气冷却器，压缩机——冷凝器装置安装在机车室的后部，空气冷却器安装在车厢的货物区内。

分散制冷车厢一般长度为 19 m 或 21 m。这节车厢有 1 个货物室（在中间部分）和 2 个机器间（在后部）。每个机器间有 1 台柴油发电装置和 1 套供冷和供热的装置用来调节 1/2 间制冷货物室的温度，空气冷却系统中的空气冷却器设置在货物室内，冷空气在轴流风机的作用下经端墙上孔、吊顶风道或天花板分配到车厢各个部分。

以上提到的铁路机械冷藏车的车厢都有 1 个电加热系统，它一般将空气温度控制在 4℃~5℃左右。因冷暖两用装置是可以自动控制的，所以货物车厢内的温度能控制在 ± 0.5℃的精度范围内。

机械冷藏车的优点是温度调节范围大，能达到较低的温度；车厢内温度分布均匀，能较好的控制车厢内的温度。但成本高，维修复杂；使用技术要求高。

（三）冷板冷藏车

冷板冷藏车作为新型的冷藏运输工具，是 20 世纪 80 年代初期投入使用的。目前国内已出现了第一代和第二代冷板冷藏车，第三代正在研制中。

1. 第一代冷板冷藏车

该种冷藏车所需冷量是在开车前就蓄集在冷板内，开车后，冷板不断地将冷量传递到车内，在运输过程中不能控制冷量。冷板冷藏车车内温度范围基本取决于冷板内蓄冷剂的结晶温度，车内的温度调节只是在冷板和货物中间增加一层调温隔板，在上面开通风窗口，通过控制开启通风窗口的数量，改变冷冻板传递到货物间的冷量。

这种冷藏车是靠地面充冷站为冷板充冷的，受地面充冷站分布的影响，目前只能在部分铁路线上运用；加上充冷站的设置又涉及到投资和合理布局等问题，使得其发展受到很大的限制。同时，冷板冷藏车靠冷板蓄冷来控制冷藏温度，由于冷量有限，不能根据车内货物的情况进行冷量自动调节，一般用来运输需要冷藏保鲜的食物，而不能运输需要冷冻的食物。

2. 第二代冷板冷藏车

即机械冷板冷藏车，在车上设置了制冷机组，利用地面电源驱动制冷机组为冷板充冷。它克服了第一代冷板冷藏车需要地面充冷站进行充冷的缺点，在冷藏车上设置制冷机组，只要供给电源就可以进行充冷，在任何车站都可以进行，使其大范围的使用成为可能。

3. 第三代冷板冷藏车

第一、第二代冷板冷藏车只作为企业自备车和试验车，由于构造速度低，货运距离短，不能挂特快专用列车，且因存在泄漏、调温隔板调节困难等缺陷，一直未批量使用。目前，研制了带活动充冷车的第三代新型冷板冷藏车。新型冷板冷藏车对共晶溶液、冷冻板结构、温控系统、车体隔热性能等关键技术进行了重点研究。

冷板冷藏车优点是结构简单，制冷费用低，节约能源，无盐水腐蚀，造价与运营成本低，能保持车内温度均匀，波动范围小，且操作简单、维修方便，克服了机械冷藏车和加冰冷藏车的缺点。

4. 液氮或干冰制冷冷藏车

此种冷藏车的制冷剂是一次性使用的，常用的制冷剂包括液氮、干冰等。

（1）液氮制冷冷藏车

主要由液氮罐、喷嘴及温度控制器组成。

液氮冷藏车装好货物后，通过温度控制器设定车厢内的温度，感温器则把测得的实际温度传回温度控制器，当实际温度超过设定温度时，则自动打开液氮臂道上的电磁阀，液氮在液氮罐中从喷嘴喷出降温，当实际温度降到设定温度后，电磁阀自动关闭。液氮由喷嘴喷出后，立即吸热汽化，体积膨胀高达600倍，氮气进入货堆内，冷的氮气下沉时，在车厢内形成自然对流，使温度更加均匀。为了防止液氮汽化时引起车厢内压力过高，车厢上部装有安全排气阀，有的还装有安全排气门。液氮制冷时，车厢内的空气被氮气置换，可抑制减缓果蔬类货物的呼吸作用，还可防止货物氧化变质。

液氮冷藏车的优点是装置简单，初始投资少；降温速度很快，可较好地保持食品的质量；无噪声；与机械制冷装置比较，重量大大减小。但液氮成本高，运输途中液氮补给困难，液氮容器占用容积大，减少了有效载货量。

（2）干冰制冷冷藏车

该种冷藏车在我国不多见。制冷方式为：在车厢内先使空气与干冰进行换热，再借助通风使冷却后的空气在车厢内循环，吸热升华后的二氧化碳由排气管排出车外。有的干冰冷藏车在车厢中装置四壁隔热的干冰容器，干冰容器中装有氟利昂盘管，车厢内装备氟利昂换热器，在车厢内吸热汽化的氟利昂蒸气进入干冰容器中的盘管，被盘管外的干冰冷却，重新凝结为氟利昂液体后，再进入车厢内的蒸发器，使车厢内保持设定的温度。

干冰制冷冷藏车的优点是设备简单，投资费用低，故障率低，维修费用少，无噪声。缺点是车厢内温度不够均匀，冷却速度慢，时间长；干冰的成本高。

（3）特殊冷藏车

这种冷藏车包括：牛奶带绝热容器的运输车（货物运输容量31吨）；葡萄酒、啤酒带绝热容器的运输车（货物运输容量55.4吨）；葡萄运输冷藏车（货物运输容量32吨）；新鲜鱼类运输冷藏车（总共8吨鱼，24吨水）。在运输过程中，特殊冷藏车由于有良好绝热效果的保温层可保持低温状态，货物一般的温度升高（或降低）范围是在2℃~4℃。货物温升到达最大限度的时间可以决定此运输过程的极限时间。

5. 冷板冷藏车的研究状况

我国地域广阔，物产丰富，货物运输量大，铁路运输前景良好，其中蔬菜、水果等易腐货物的运输主要依赖各种铁路冷藏车。随着低温冷链的不断完善，冷藏运输也越来越受到人们的重视。

随着我国货运市场的发育和完善，货主对货物的运送条件和保鲜要求越来越高，冷板冷藏车作为新型货运车辆，近年来发展迅猛，其运输货物的质量不断得到有关部门和消费者的关注。机械冷板冷藏车是由隔热车车体加装改造的，该车具有如下特点：无盐水腐蚀车辆及线路、车内温度稳定、无废气污染、装运货物种类广、运输成本低、节约能源。新一代的机械冷板冷藏车无需依赖地面固定的大量充冷站充冷，它自带制冷机组，只需要外接电源即可工作，充冷灵活方便。但是，由于外界热环境的影响，冷板冷藏车中货物温度不断升高且分布不均匀，导致微生物的生长和大量繁殖，严重影响了冷藏货物的质量，所以合理的控制货物温度场分布，能有效地提高冷藏货物的保鲜效果。

（1）多孔介质模型的引入

目前，对冷板冷藏车货物区的数值模拟，主要采用通度系数法，将计算区域内的货物作为固体、空气为流体，用固、流体区域整体式求解的通度系数法来计算温度场。通度系数指流体可流通区域在整个区域中所占的比例，通度值在 0～1 之间变化。此外，有学者将货物区作为一个复合物单元进行模拟，将空气作为货物的填充物，综合计算此单元的参数。冷藏货物可分为冷冻货物和冷却货物，国内有学者对冷冻牛肉作了数值模拟，取得了满意的结果。对于新鲜果蔬类冷却货物温度可采用多孔介质：①采用多孔介质模型，对有较规则几何形状的果蔬货物进行温度场数值计算，为此类货物的研究提供了一种新的方法；②对有较规则几何形状的果蔬货物，采用间隔排列与平方间隔排列两种不同堆码方式，其温度场不同，堆码方式也将影响果蔬类货物的运输质量，值得注意。

（2）堆码方式对冷板车内温度场的影响研究

目前，冷板冷藏车在运行过程中，车体内货物由于受到热环境的影响及货物本身的呼吸作用，使得货物温度场分布不均匀，促使微生物的生长和大量繁殖，导致运输货物的大量腐烂，严重地影响了冷藏货物的质量。因此，研究车内的温度场分布和货物的合理堆码方式，使货物处于温度均匀分布、气流组织合理的车内环境下，是保证货物质量的关键。可通过对运输过程中，货物传热过程的分析，建立车厢内复杂耦合传热的 $k-\varepsilon$ 数学模型；采用数值模拟的方法，计算四种不同堆码方式情况下货物的动态温度场，指出采用货物中间留有一定间隙的堆码方式，能有效改善冷藏货物的运输质量。

通过研究得出：

①当冷却番茄紧密堆码时，由于番茄的导热系数小，内部呼吸热不能及时带走，造成内部温度高，温度分布很不均匀。

②通过不同堆码方式模拟分析可知，可以通过改变货物的堆码方式来改善货物的温度场；货物中间的间隙越大，货物温升越小，冷空气波及范围越大，但间隙大到某一定值后，冷空气波及范围并不大，间隙为 200 mm 时的范围大于间隙为 300 mm 时的波及范围。可推断，间隙 100 mm～300 mm 之间存在某一定值使得番茄受冷空气影响最大，同时考虑到增大间隙将导致货物区的装载量减少，货物装栽的稳定性下降，因此，采用间隙 200 mm 左右即可，若再增大间隙则货物温升减小程度不明显。

③为了保证冷板冷藏车运输冷却货物的质量，同时考虑冷板冷藏车货物运载量的要求，建议带有呼吸热的货物堆码时中间留一定间隙装载。

（3）调温隔板、环境温度对冷板冷藏车货物区的影响

冷板冷藏车内调温隔板的开启可以有效地控制车内货物区的温度，但不少学者在作冷板冷藏车内温度场模拟时基本上没有考虑调温隔板的存在。一般开启调温隔板是为了保持货物区低温环境，以冷藏冷冻货物（没有呼吸热），关闭调温隔板一般是为了保持货物区相对高的冷藏环境，便于冷藏有呼吸热的货物。外部环境温度对室内热环境影响较大，许多学者就如何改善室内热环境提出了相应的措施，目前，列车空调系统的设计仍使用传统的设计方法，将列车作为静物处理。本文通过对运输过程中，货物传热过程的分析，建立了车厢内复杂耦合传热的 $k-\varepsilon$ 数学模型；采用数值模拟的方法，考虑了调温隔板及环境温度等因素计算了货物动态温度场，并对计算结果进行分析、比较，指出夏季没有经过预

冷的番茄在冷藏车上经过 14 小时的冷却后，可以关闭调温隔板，这样能有效改善冷藏货物的运输质量。

通过研究得出：

①冷板冷藏车内调温隔板的开启可以有利地控制货物区的温升，使货物区温度降低到一较低的温度值，而关闭调温隔板，可以较好得保持这一低温环境。

②在运输番茄类带有呼吸热的货物，且没有经过预冷而直接放入冷藏车上的货物时，可以考虑先将调温隔板全开，当货物处于最佳的冷藏环境内后，再关闭调温隔板可以使之保持在最佳的冷藏环境，而有利于保证货物的质量。

③在进行列车方面的模拟计算时，环境温度采用动态温度边界条件，使模拟结果更能符合实际情况。

五、水路和航空冷链运输技术设备

（一）水路冷键运输设备

水路冷链运输的主要工具是冷藏船。冷藏船上都安装有制冷设备，船舱具有隔热保温性能，用冷藏货舱装运货物。在许多航线上，常规的冷藏货物运输舱已逐渐被冷藏集装箱所取代。

1. 冷藏船的分类

货物贸易中一般用冷藏海、河船运输易腐货物。其中多用途的船能运输不同贮藏温度的货物，可以同时运输普通的和易腐的货物（冷藏货舱占整个货舱空间的 40%）；特殊船只能用来运输在一定的贮藏温度下保鲜的特殊种类货物；低温船用来运输冷冻货物和低温货物，运输的货物在 0℃ 左右；冷藏船已在捕渔船队中得到了应用，特殊冷藏船用于运输冷藏集装箱和液化气体。

冷藏船货舱容积是不同的。例如：3 500 立方米的冷藏船，9 000 立方米的渔业冷藏船，22 000 立方米的冷藏母船，货舱中气体温度保持在 -30℃ ~15℃ 之间，冷藏装置的制冷量为 110 kW ~ 1 100 kW，一般采用工质为氨或氟利昂，制冷机组为单级活塞式或双级活塞式、滑片式或螺杆式压缩机。采用盐水冷却系统、直接空气冷却系统或混合式冷却系统。冷却设备通常是一排或两排光滑或带有翅片的管子、薄管板或空气冷却器。

2. 制冷机组的布局

制冷机组的布局有集中式和分散式两种，后一种布局方式比较可取，因为制冷设备更靠近冷藏舱室。

（二）航空冷链运输设备

航空冷链运输的主要工具——冷藏飞机也是冷藏运输工具中的一种，近年来国际上较多采用它作为低温运输工具。它是将货运飞机的货舱低温化，当飞机的飞行高度达到 1 000 m 以上时，由于高空气温较低，可关闭冷冻机，也能保持低温。但随着冷藏集装箱的普遍使用，有的飞机上的货舱改为直接装航空集装箱。

任务三　先进技术在冷链物流中的应用

一、信息技术

冷链物流的信息技术中最主要是采用可追溯系统监控追溯信息。

可追溯系统中的关键技术之一是可追溯信息链源头信息的载体技术，由此产生和发展起来一门重要技术——标识技术。目前，同内外使用的个体标识技术主要有：条码、电子纽扣式标签、塑料标签、血型鉴定、视网膜图像识别、基于蛋白质、脂类化合物的标识方法、红外线光谱法、GPS 和 GIS 技术、DNA 指纹技术、卡识别技术等。

目前，针对动物个体，在饲养场常用的标识有文身、射频标识和抗体等。其中，应用最多的就是 RFID 技术。在屠宰加工厂常用的标识有条码（纸质和塑料）、分子标记、微波雷达和智能托盘等。在蔬菜等种植业产品上，主要运用条码技术。

（一）条码技术

条码自动识别技术是以计算机、光电技术和通信技术的发展为基础的一项综合性科学技术，是信息数据自动识别、输入的重要方法和手段。国内常用的是一维条码，如 UPC 码、EAN 码、交叉 25 码、39 码、codabar 码等。这些一维条码共同的缺点是信息容量小，需要与数据库相连，防伪性和纠错能力差。

（二）RFID 技术

射频识别技术是 20 世纪 90 年代开始兴起的一种自动识别技术。它是一项利用射频信号通过空间耦合，实现无接触双向信息传递并通过所传递的信息达到自动识别目标对象并获取相关数据的技术，具有精度高、适应环境能力强、抗干扰、操作快捷等许多优点。

最基本的 RFID 系统由三部分组成：标签、阅读器、天线。标签进入工作区后，接收阅读器发出的射频信号并获得能量进而发送存储在芯片中的有用信息，或主动发送某一频率的信号；阅读器读取信息解码后，传至后端的信息系统进行数据处理。

RFID 技术的优势在于：①消除了手写所出现的数据记录错误，数据准确可靠；②可以快速地进行物品追踪和数据交换；③节省劳动力并减少了处理数据所需要的文书工作；④由于信息更精确，可以更有效地控制肉类食品供应链；⑤可以在潮湿、布满灰尘、满是污迹等恶劣的环境下正常工作，具有很强的环境适应性；⑥免接触、感应距离远且抗干扰能力强，可以识别远距离物体；⑦用无线电波来传送信息，不受空间限制。

将 RFID 技术引入到冷链物流中，可以通过 RFID 技术的电子代码（EPC），监控到一个集装箱内不同包装单位的不同温度，可连续记录温度变化的数据和相应的时间记录，可以准确掌握冷链管理中最重要的运输环节中的温度变化。应用 RFID 技术后，食品从生产开始，它在供应链上的整个流动过程都会被及时、准确地跟踪，做到透明化。

冷链物流的目标就是要保持特殊物品，如食品、药品等始终处于规定的低温状态，从而保证它们的质量和品质，减少物流过程中的物品损耗。因此，冷链物流过程中对温度控制的要求非常高，而任何一个环节的温度出现问题，都可能会造成物品的变质、腐烂或受污染。

与发达国家相比，我国在RFID技术应用于冷链物流跟踪和追溯方面还具有一定的差距，处于起步阶段。自2009年以来，国家发改委出台了《农产品冷链物流发展规划》，使得冷链物流发展有了政策支持，但是其发展还具有很多的阻碍因素。

1. 成本因素

相对于传统条码技术，RFID技术有着很多无可比拟的优势，但是高昂的价格让许多人止步于门前，有些企业即使在采用此技术后，迫于成本压力，最终不得不转而寻求投入更低廉、回收更快捷的解决方案。

2. 安全因素

RFID安全问题集中在对个人用户的隐私保护、对企业用户的商业秘密保护、防范对RFID系统的攻击以及利用RFID技术进行安全防范等多个方面。

3. 标准化问题

RFID标准大致包含四类：技术标准、数据内容标准、一致性标准、应用标准。现阶段国际上主要有三大阵营，分别是ISO组织的ISO/IEC18000，美国的EPC Global和日本的UID。

在中国，企业信息化意识差、如何与用户业务结合优化管理、如何让企业认清效益等，都是摆在从业者面前的一道道难关。由于中国标准的缺位，就使得很多从业者在实际应用中，增加了成本投入，从而极大地阻碍了冷链物流在我国的发展。

4. 冷链市场发展需要完善

目前，我国冷链物流还没有形成完整的体系，而且使用冷藏运输食品的运输企业少之又少，一方面是很多货主没有意识到冷藏运输的重要性，另一方面是食品运输方面的投入产出问题。

二、蓄冷保温技术

冷链的蓄冷保温材料主要用于冷库和冷藏车厢等设备。蓄冷冷库保温设计主要是为了阻止外界的热量渗入到冷库内。冷藏车厢是冷藏汽车的重要组成部分，其既具备普通厢式汽车的共性，又具备良好的隔热保温性能。

20世纪80年代以前，我国常用的隔热材料有稻壳、软木、炉渣和膨胀珍珠岩等，80年代后，新型保温材料迅速发展，岩棉、玻璃棉、聚苯乙烯泡沫塑料（EPS）和聚氨酯泡沫塑料等越来越广泛使用。目前我国广泛使用的保温材料主要有聚苯乙烯泡沫塑料、挤塑聚苯乙烯泡沫塑料（XPS）和聚氨酯泡沫塑料（PU）。

在这三种材料中，聚氨酯泡沫是目前应用最广泛的隔热材料。因为它传热系数低、隔热性能好、强度高且工艺性好。

（一）聚苯乙烯泡沫塑料

聚苯乙烯泡沫塑料的导热系数低，吸水性较高，因其价格低廉，保温性能相对较好，是目前用得较多的保温材料之一。用这种材料制成的复合夹芯板已被广泛应用于现代冷库中，特别是高温冷藏库中。

（二）挤塑聚苯乙烯泡沫塑料

挤塑聚苯乙烯具有致密的表层及闭孔结构内层，其导热系数大大低于同厚度的聚苯乙烯，具有更好的保温性能。由于其内层的闭孔结构，其抗湿性较好，在潮湿的环境中仍能保持良好的隔热性能。

（三）聚氨酯泡沫塑料

聚氨酯泡沫塑料的汽泡结构属于闭孔泡沫材料，几乎全部不连通，在常温下，其静态吸水率很低。在各种保温材料中，硬质聚氨酯泡沫塑料因其导热系数小、吸水率低、压缩强度大、耐久性能高等优点，而成为冷库保温材料的首选。缺点是材料价格相对较高。

三、杀菌保鲜技术发展

（一）食品低温储藏原理

食品低温储藏就是利用低温技术将食品温度降低，并维持住低温状态以阻止食品腐败变质，延长食品保存期。低温储藏不仅可以用于新鲜食品物料的储藏，也可以用于食品加工品、半成品的储藏。

食品低温储藏的一般工艺流程为：食品物料→前处理→冷却或冻结→冷藏或冻藏→回热或解冻。这是低温储藏食品大概需要的工艺流程，因为不同物料的特性不一定相同，所以具体的工艺流程也不一定相同，具体操作具体对待。

低温储藏食品的原理是：在温度较低的范围内，当温度高于食品的冰点时，食品中微生物的生长速率减缓，低于冰点时一般微生物都停止生长。

1. 植物类食品储藏的一般技术要求

植物类食品一般指果蔬等农产品。这些产品主要特点是有生命力，本身有控制体内酶和抵御微生物侵袭的能力，与采摘前不同的是不能再从母体上得到水分和营养。因此植物类食品在冷藏中基本要点是维持它的活动状态。

植物类食品在冷库内堆放时，必须使其周围通风良好。这样散发的热量能及时排除，新鲜的空气能供应，以保证它的呼吸。对这类食品的温度绝不能降到它们的冰点以下，否则会使植物冻死。有的不能降到冰点附近，以免产生冷害。

2. 动物类食品冷冻冷藏的一般技术要求

动物类食品，一般都是宰杀后冷藏。这类食品是非活体，没有控制酶及抵御生物活动的能力，因此对这类产品降温越低，质量保持越久。在理论上，若将冷库温降至 -273℃，动物类食品可永久储存下去。因为达到这一温度值后，分子将会停止运动，不可能再发生各种化学反应。但是在现实生活中，冷库温度达不到这样的效果。

国际制冷学会推荐冷冻食品的实用储藏温度要求不得高于 -18℃，冷藏食品最长时间一般不得超过 1 年。一旦时间过长，肉类产品的水分、色泽、风味和营养成分都发生缓慢的能量消耗和变质。

目前，我国冷库冷藏温度要求保持在 -18℃，在此温度下，微生物的繁殖几乎全部停止。食品内部生化变化很大程度上受到抑制，其营养价值得到良好保持。

（二）植物类食品储藏主要技术及发展趋势

1. 植物类食品储藏主要技术。

植物类食品主要是果蔬类食品。国内外在水果和蔬菜保鲜领域采用的保鲜手段主要有冷库保鲜、化学保鲜、气调保鲜、涂膜保鲜、保鲜包装等。虽然各种保鲜手段各有优劣，但对其保鲜起关键作用的有三个要素：一是控制其衰老过程，主要是靠控制呼吸作用来调控；二是控制微生物；三是控制内部水分蒸发，主要是靠控制环境湿度和温度来实现。

（1）冷库储藏保鲜

冷库保鲜主要是为果蔬储藏提供低温环境，以抑制其呼吸，从而延缓其变质。冷库保鲜可以根据所储藏果蔬的种类和品种的不同，进行温度调节和控制，以达到长期储藏的目的。但是，冷库是一种永久建筑，需要大量能源做支撑，费用较高，而且不同果蔬对温度的要求不同，因此储藏品种比较单一。优点：满足不同果蔬对不同温度的需要，可以全年进行储藏。缺点：保险成本较高。

（2）气调保鲜技术

气调储藏简称 CA，其原理是把果蔬放在特殊的密封库房内，同时改变储藏环境的气体成分，在果蔬储藏中降低温度，减少氧气含量、提高二氧化碳浓度，降低果蔬的呼吸强度和自我消耗，从而达到长期储藏保鲜的目的。目前，常用的气调保鲜方法主要有四种：塑料薄膜帐气调、自然降氧法、混合降氧法和人工改变空气组成。

气调保鲜库其实质是在冷藏库的基础上增加了气体成分调节设备。气调库库体主要由气密层和保温层构成。气调库采用专门的气调门，该门应具有良好的保温性和气密性。气调库建好后，要进行气密性测试。气密性应达到 196Pa 压力以下，降压时间不低于 10~20 分钟。

（3）防腐剂保鲜技术

防腐剂按其来源不同可分为两类，即化学合成防腐剂和天然防腐剂。化学合成防腐剂由人工合成，包括有机和无机的防腐剂 50 多种，其中世界各国常用的主要化学合成防腐剂有苯甲酸钠、山梨酸钾、二氧化硫、亚硫酸盐、丙酸盐及硝酸盐和亚硝酸盐等。我国批准可使用的化学合成防腐剂只有苯甲酸、苯甲酸钠、山梨酸钾和二氧化硫等少数几种。

天然防腐剂是生物体分泌或体内存在的防腐物质。经人工提取后即可用做食品防腐，具有安全、无毒等特点。目前，常用的天然果蔬保鲜剂主要有茶多酚、蜂胶提取物、橘皮提取物、魔芋甘露聚糖、鱼精蛋白、植酸、连翘提取物、大蒜提取物、壳聚糖等。

此外，美国研制出一种由焦磷酸钠、柠檬酸、抗坏血酸和氯化钙四种安全无毒的成分组成的高效多功能果蔬保鲜剂，可延缓果蔬氧化和酶促褐变。英国研制出一种可食果蔬保鲜剂——森柏保鲜剂，是由植物油和糖组成，可抑制果蔬呼吸作用和水分蒸发。

（4）薄膜保鲜

薄膜保鲜是在果蔬表面或内部异质界面上人工涂一层薄膜，一方面阻塞果蔬表面的气孔和皮孔以抑制其对气体的交换，减少水分的蒸发；另一方面果品表面形成一层薄膜，大大改善其色泽，提高其商品价值。

国家农产品保鲜工程技术研究中心采用天然高分子聚合物虫胶为主要原料，成功地独立开发出了"超亮"果蜡保鲜涂膜剂。

涂膜技术的缺点在于膜层厚度难以控制，而膜层厚度是影响保鲜效果的关键因素。因此，改善涂膜的涂布技术，是涂膜保鲜的关键。

（5）减压保鲜法

减压储藏又称低压储藏、负气压储藏或真空储藏等，是在冷藏和气调储藏的基础上进一步发展起来的一种特殊的气调储藏方法。目前英、美、德、法等一些国家已研制出了具有标准规格的低压集装箱，已广泛应用于果蔬长途运输中。

（6）微生物保鲜法

科学家经过筛选研究，分离出一种"NH—10菌株"，这种菌株能够制成除去乙烯的"乙烯去除剂"，可防止果蔬储存中发生的变褐、松软、失水，有明显的保鲜作用。

（7）陶瓷保鲜袋保鲜法

该方法是由日本一家公司研制的一种具有远红外线效果的果蔬保鲜袋，在其袋的内侧涂上一层极薄的陶瓷物质，陶瓷释放出来的红外线与果蔬中所含的水分发生强烈的"共振"运动而使果蔬保鲜。

（8）辐照保鲜技术

辐照保鲜技术是利用电离辐射产生的射线及电子束对产品进行加工处理，使其中的水和其他物质发生电离，生成游离基或离子，产生杀虫、杀菌、防霉、调节生理生化等效应，从而达到保鲜目的的一种方法。

辐照技术作为一项新兴的绿色加工技术，与保守的食品保藏方法（冷藏、化学处理等）相比，具有杀虫灭菌完全、不破坏食品结构和营养成分、不破坏原有包装、无污染等显著特点。食品辐照被世界卫生组织列为确保食品安全的重点推广计划。

我国目前已有上百个小型食品辐射器，上海、四川、北京、吉林、天津等地先后取得了一些研究成果，并在上海建成了全国最大的辐射基地。

（9）基因工程技术保鲜

基因工程技术保鲜主要通过减少果蔬生理成熟期内源乙烯的生成以及延缓果蔬在后期成熟过程中的软化来达到保鲜的目的。

（10）电子技术保鲜

该方法是利用高压负静电场所产生的负氧离子和臭氧来达到保鲜目的。臭氧是一种强氧化剂，又是一种良好的消毒剂和杀菌剂，既可杀灭消除果蔬上的微生物以及其分泌的毒素，又能抑制并延缓果蔬有机物的水解，从而延长果蔬储藏期。

2. 植物类食品储藏技术发展趋势

未来植物类食品储藏技术发展具有两个趋势：

（1）注重食品安全性

食品发展的主题是卫生、安全、健康和营养。随着居民对食品安全越来越高的要求，近几年国内外保鲜技术主要集中在生物和物理领域，比如，微生物保鲜、基因工程保鲜、辐射保鲜等。

（2）技术复合利用

关于果蔬保鲜技术已经逐渐向材料学、食品化学、有机化学、遗传生物学等方向发展。为延长果蔬的保鲜时间、降低成本、提高经济效益，果蔬保鲜技术正在由单一技术向复合技术发展，各种保鲜技术的综合应用将会是果蔬保鲜的发展趋势。

（3）动物类食品冷冻冷藏主要技术以及发展趋势

近几年，我国肉类消费经历了冷冻肉、热鲜肉、冷却肉的发展过程。其中热鲜肉和冷却肉为主。冷却肉又称冷鲜肉，是指对严格执行检疫制度屠宰后的畜禽胴体迅速进行冷却处理，使胴体温度（以后腿为测量点）在24小时内降为0℃~4℃，并在后续的加工、流通和零售过程中始终保持在0℃~4℃范围内的鲜肉。

①动物类食品冷冻冷藏主要技术

目前，国内冷却肉主要的保鲜技术有保鲜剂保鲜、包装技术（真空包装、气调包装、托盘包装）、辐射保鲜、高压保鲜、紫外线杀菌保鲜等。

a. 保鲜剂保鲜

保鲜剂的作用是对冷却肉中微生物繁殖、蛋白质氧化等进行控制，从而延长冷却肉的货架期。主要分为化学保鲜剂、天然保鲜剂和生物保鲜剂等。

国内研究的化学保鲜剂主要有有机酸（乙酸、甲酸、丙酸、柠檬酸、乳酸、抗坏血酸、山梨酸）及其盐类（乳酸钠、磷酸钠、乙酸钠等）、二氧化氯和臭氧等；天然保鲜剂有乳球菌肽（Nisin）、溶菌酶、壳聚糖、香辛料及中药提取物等。在肉品保鲜中，乳球菌肽对主要能产生内生弛子的腐败微生物（梭菌和芽孢杆菌）有抑制作用。生物保鲜剂溶菌酶可溶解许多细菌的细胞膜而起到杀死细菌的作用。

b. 包装保鲜

真空包装（VP）：真空包装是采用非透气性材料，将包装内的空气抽出降低氧含量，从而控制肉中肌红蛋白和脂肪氧化及好氧性微生物的生长繁殖。

气调包装（MAP或CAP）：气调包装是在包装中放入鲜肉，抽掉空气，用氧气、氮气和二氧化碳等气体代替包装内的气体环境，以抑制微生物的生长和酶促反应，抑制新陈代谢以及保持鲜肉色泽，从而延长冷却肉的货架期。

托盘包装：托盘包装是将肉切分后用泡沫聚苯乙烯托盘包装，上面用PVE（聚乙烯基乙散）或聚乙烯覆盖的包装形式。这种形式是超市冷柜中冷却肉最常用的销售形式，冷却肉在冷柜中的货架期为1~3天。

c. 辐射保鲜

辐照处理肉及肉制品能有效地提高肉品的卫生安全质量、延长保质期。目前国际上在冷却肉保鲜中常采用三种剂量，即高剂量、中等剂量和低剂量。

d. 高压保鲜

高压可使酶蛋白失去活性，抑制微生物的生长。高压技术逐渐被用于食品的保鲜储存中，延长产品货架期。

e. 紫外线杀菌保鲜

紫外线是波长介于可见光与X射线之间的一种电磁波。通过紫外线的照射，破坏及改变微生物的DNA（脱氧核糖核酸）结构，对细菌生长进行遏制或使其不能繁殖后代，达到杀菌的目的，其中以254纳米致死效果最强。

冷却肉通过紫外线杀菌，抑制微生物的生长繁殖，从而相对延长冷却肉的货架期。

②动物类食品冷藏技术发展趋势

随着研究人员对肉类保鲜研究的深入，对于保鲜理论有了更加深入的了解。天然保鲜剂、包装、非热力杀菌等保鲜技术能够有效地抑制或杀灭低温肉制品中的有害微生物，保证产品的鲜度、营养品质，延长产品的货架期。但是没有任何一种保鲜措施是完美无缺的，未来肉类的保鲜必须采用综合的保鲜技术，发挥各自的优势，达到最佳的保鲜效果。

四、制冷技术

（一）我国冷链物流制冷技术的应用现状

从冷藏、保鲜、节能和自动化技术来看，国际上普遍运用的冷藏、冷凝、气调、冷藏集装箱多式联运等先进的制冷技术在国内一些行业龙头企业已成熟应用，各类保鲜、先进的包装技术以及涉及节能方面的技术在国内大型的果蔬基地和冷藏基地，如"上海名特农产品国际物流与交易基地""宁波远东冷藏物流基地"已得到成功运用，自动化冷藏技术、各类传感技术、自动化测量温控技术、无线射频识别技术、空间定位技术、动态信息监控技术也逐步从局部尝试向更大范围推广。总体而言，国内冷链制冷技术体系随着冷链物流需求市场的快速发展已初步确立。

（二）国际冷链物流制冷技术的发展

国际上对食品质量与安全提出了越来越高的要求，并积极探索先进的制冷技术以保障易腐食品对冷链运输的需求。当前有关制冷新技术的发展表现在如下几方面：

1. 空气制冷技术的发展

空气制冷系统在低温下的宽温度范围内，具有运行性能优良、无臭无害且制冷速度快的特性，非常适合于食品的冷冻冷藏。传统的单级蒸汽压缩制冷技术，很难满足易腐食品冷藏及运输的低温要求和运行工况；多级压缩或复叠式蒸汽制冷，则导致系统制冷效率（COP）的降低和投资的增加。因此随着冷藏运输对制冷技术需求质量的不断提高，以及运输过程中环保问题的日益突出，空气制冷技术又一次成为世界关注的焦点。先后有美国、澳大利亚、德国、日本、英国等进行了空气制冷装置的研究试验，研究范围涉及食品冷冻、冷藏储存及冷藏运输等冷链物流的各个环节。

2. 温容器隔热结构的发展

随着科学研究、工业技术、生物技术的不断深入，越来越多的物品需要通过低温冷藏容器进行运输。在这些行业中，不仅要使用 $-24℃ \sim -80℃$ 冷藏箱，同时还需要 $-80℃$ 以下超低温冷藏箱、$-80℃ \sim -120℃$ 的低温冷却器、低温循环器等工作温度在干冰温度以下的设备。这些设备的共同点是：其工作温度低于常用的 PU 泡沫塑料的冷缩温度，且此低温容器必须进行隔热。一般的隔热材料难以满足干冰温度以下低温容器的要求。

为了防止常用的、隔热性能较好的 PU 泡沫塑料在 $-80℃ \sim -90℃$ 的温度下产生冷缩，国外低温容器采用双层的隔热材料来处理；对于工作温度高于冷缩温度的外部，用 PU 泡沫塑料隔热；对于工作温度低于冷缩温度的内部，以耐低温隔热材料隔热，从而较好地实现了干冰温度环境下物品的冷藏运输。

3. 气调运输技术及设备的发展

20世纪80年代初，国外开始利用气调集装箱进行海上或陆上长途运输，将本国水果运至世界各地，从而占领更大的市场份额。采摘后的果蔬采用冷藏集装箱运输，对保持果蔬品质起到了很好的作用。但是，随着消费者对新鲜果蔬品质要求的不断提高，对其运输过程也提出了更高的要求。

按照降氧方法的不同，气调集装箱可分成充气法气调集装箱和依靠制氮机降氧的气调集装箱两类。充气法气调集装箱的早期代表产品是美国加州Transfresh公司推出的Tectrol CA系统，主要通过调节箱内二氧化碳与氧气的含量，保障运输物品的质量。依靠制氮机降氧的气调集装箱，主要通过调节箱内氮气与氧气的含量以保障运输物品的质量。由于海上或是陆上的运输环境远比气调库内恶劣，所以对气调集装箱及其内部设备有很高的坚固性（能经受路途颠簸）、可靠性（无需在路途维修）和方便性（操作人员往往非专业人士）要求。针对经常出现的气体泄漏问题，制造商们采取的措施有：靠磁力将一层塑料帘吸在门框内部（意大利ISOCELL公司）；将双扇门改为特制的单门（美国Freshtainer公司）等，从而将漏气率从$5\ m^3/h$降至$1\ m^3/h$。

另外，一家名为Cronos Containers的英国公司推出的Cronos气调系统，可以把标准冷藏集装箱临时性或永久性地改装成气调集装箱。该系统外形尺寸为$2\ m \times 2\ m \times 0.2\ m$，所有气调及控制设备均安装在铝质外壳内，仅占据$0.8\ m^3$的空间，可以很容易地安装在大多数冷藏集装箱的地板和内壁上。它由制冷系统的电源驱动，可以将氧气、二氧化碳及相对湿度维持在预先设定的水平上，还能脱除乙烯。

目前，国外开始研究膜分离技术在气调集装箱领域的应用。其工作原理为：用半透膜作为选择障碍层，允许氧气、二氧化碳等透过而保留混合物中的氮气，从而达到分离的目的。实践证明，气调运输不仅能够减少果实内部生理紊乱和各类病害的出现，降低损耗率，而且在有效降低运输成本的同时，可以使果实抵达销售地时状态均匀、货架期长，更受销售商欢迎，具有很大的发展空间。

4. 相变材料在冷藏运输制冷系统中的应用。

澳大利亚研制了一种应用相变材料制成的新型制冷系统。该制冷系统实现了与车体的分离，可以在停车场等地点补充制冷材料后，安装在车体上实现制冷功能。与传统制冷装置相比，该系统具有噪音低、耗能少、污染小等优势，适用于短途、区域内的配送。

研究人员对该制冷装置的性能及优点进行了研究，并对一种基于水的无机盐进行了试验，初步证明了该物质具有合理的耐热性，具备变相材料的基本条件；但在长期稳定性方面，试验的次数尚显不足，提出有必要在未来的工作中，进行更多的冷热循环试验来证明其性能是否稳定。相变材料制冷系统结构如图9-5所示。

3. 冷链物流系统制冷技术发展的前景与展望

随着我国国民经济和居民收入持续性稳定增长，今后我国冷藏冷冻食品以及医药产品依旧能保持年10%以上的产销增长，冷链物流市场增长潜力仍然巨大。从冷链物流系统制冷技术体系来看，我国目前正处于培育上升期，许多国外成熟的技术在我国还处于尝试起

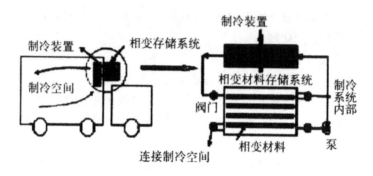

图 9 – 5　相变材料制冷系统结构

步阶段，譬如国内目前分级清洗、整理机械等设备、新型低温包装材料、冰温贮藏、气调储藏技术和无线射频识别技术等的推广应用以及快速冻结装置等核心关键设备和新型制冷系统及制冷剂的研制研发等，因此发展空间极为广阔。可以预见，未来随着国外成熟技术在国内的快速推广、国内技术的不断深入以及相关政策法规的不断完善，国内冷链物流制冷技术体系将日趋完善。

五、自动化技术

　　物流自动化，是把先进的科学技术成果广泛应用于物流活动的各个方面，实现物流管理、物流作业、物流控制过程的无人与省力，以达到提高物流作业效率，减低物流成本的目的。

　　物流自动化区别于传统的物流配送方式有以下几个特点：第一，它是多种运输方式的集成，把传统运输方式下相互独立的海、陆、空的各个运输手段按照科学、合理的流程组织起来，从而使客户获得最佳的运输路线、最短的运输时间、最高的运输效率、最安全检查运输保障和最低的运输成本，能有效地提高企业在现代商业活动中的竞争力；第二，它打破了运输环节独立于生产环节之外的分业界限，通过供应链的概念建立起对企业供产销全过程的计划和控制，从整体上完成最优化的生产体系设计和运营，在利用现代信息技术的基础上，实现了货物流、资金流和信息流的有机统一，降低了社会生产总成本，供应商、厂商、销售商、物流服务商及最终消费者达到皆赢的战略目的；第三，它突破了运输服务的中心是运力的观点，强调了运输服务的宗旨是客户第一，客户的需求决定运输服务的内容和方式，在生产趋向小批量、多样化和消费者需求趋向多元化、个性化的情况下，物流服务提供商需要发展专业化、个性化的服务项目；第四，在各种运输要素中，现代物流更着眼于运输流程的管理和高科技和信息情报，使传统运输的"黑箱"作业变为公开和透明的，有利于适应生产的节奏和产品销售的计划；第五，现代物流是基于互联网的一种商务活动，互联网本身具有开放性、全球性。它正在全球范围内加速集中，并通过国际兼并与联盟，形成愈来愈多的物流巨无霸。物流的自动化可为企业个人提供丰富的信息资源，为企业创造更多商业机会。冷链物流中的追溯系统实现了物流的自动化，下面介绍追溯系统。

（一）追溯系统概述

国际标准化组织对"可追溯性"的定义是通过标识信息追踪个体的历史、应用情况和所处位置的能力。可追溯性是食品、饲料、畜产品和饲料原料，在生产、加工、流通的所有阶段具有的跟踪追寻其痕迹的能力。

根据以上概念，冷链物流监控追溯系统数据是建立包含生产、收购、运输、储存、装卸、搬运、包装、配送、流通加工、分销，直到终端用户的物流全过程，并在每一环节进行严格记录的系统工程。

食品可追溯系统是在以欧洲疯牛病危机为代表的食源性恶性事件在全球范围内频繁爆发的背景下，由法国等部分欧盟国家在 CAC（国际食品法典委员会）生物技术食品政府间特别工作组会议上提出的一种旨在加强食品安全信息传递、控制食源性危害和保障消费者利益的信息记录体系，主要包括记录管理、查询管理、标识管理、责任管理和信用管理五个部分。

冷链物流监控系统可对冷链产品从生产到销售，进行全方位跟踪，以确保产品质量安全，为消费者提供一个可以可靠获取产品信息的渠道，极大地保护了消费者的利益。对于政府来说，建立冷链物流监控系统能够迅速识别食品安全事故责任，大大降低产品召回成本，就整个冷链市场而言，可以促进企业通过正当和可靠的途径来进行生产分销，有利于市场竞争环境的改善。对于我国当前冷链发展阶段而言，对冷链进行温度监控越来越有必要性，具体表现在以下几个方面：

1. 可以树立企业的品牌形象

向消费者提供"放心"服务，树立品牌形象受到越来越多优秀企业的重视，从某种意义上讲，一个企业的品牌就决定了一个企业的命运。因此，要求冷链物流提供温度数据记录，提升核心竞争力，满足较高层次的"绿色食品消费"需求。

2. 可以减少物流损失

冷链温度监控利用冷链实时监控和预警机制，减少生鲜食品的变质损耗；有了明确的温度记录，可以确定药品环境温度是否超标，减少估计和推测造成的不必要的损失。

3. 对冷链进行温度监控也符合食品、药品的安全监管要求

温度是有关食品安全的一个非常重要的参数。根据 HACCP 体系（国际上共同认可和接受的食品安全保证体系）的要求，原料采购接收时除了检验食品的保质期、外包装、食品外观等，还必须对食品的内部温度及运输过程中温度的连续性进行严格检查。

4. 符合医疗和计划免疫要求。

国务院颁布的《疫苗流通和预防接种管理条例》要求，为确认注射前疫苗质量，保证免疫接种效果，在疫苗、菌苗等生物制品从制药厂成品仓库发运，到给有关人群接种的冷链储运过程中，保留其所处环境温度的监测记录。另外，由于第一类疫苗接种单位扩大至所有有条件的医疗卫生机构，第一类疫苗则从流通到使用全部放开，这使得对疫苗的监管范围和群体扩大，有关部门必须提升监管能力。要保证疫苗从生产企业到接种单位流转过程中的质量，需要一套严格的冷链系统，而现有疫苗的冷链系统运行并不乐观，缺乏温度监控和记录机制。

（二）追溯系统构建过程

农产品以及其他产品在构建追溯系统时，首先要明确追溯系统的产品和目标，其次根据产品的供应链模式、质量安全要求的基础上对系统进行空间构架、功能结构、总体构架、数据库等方面来进行设计。

1. 要明确追溯系统产品和目标

比如，农产品追溯系统，其设计目标是让生产者方便入市销售产品，实现优质、优价以及增加收入，让管理者能够及时准确地掌握农产品质量安全状况，让消费者能够进行农产品质量溯源和获取相关信息，建立农产品生产、加工、流通全过程的安全监督检测、预警控制等信息的记录、传递与管理功能，实现农产品质量安全从"田头到餐桌"的全程控制和质量溯源。

2. 产品类型的确定

在农产品体系中，种类多种多样，不可能一个追溯系统适合每种产品，所以追溯系统要根据其产品的类型来决定其系统的可操作性。

3. 系统用户的确定

一般农产品追溯系统用户有原料提供单位、养殖单位、加工企业、流通企业、消费者等，此外还有系统管理机构、监督检测单位等机构。

（1）原料提供单位

泛指产品的原料供应商，畜牧业指的是饲料供给，农产品业指的是种子、化肥等原料。

（2）养殖单位

在农产品业，主要包括一般农民、农场等，对其信息进行录入并负责向下游供应链企业和数据中心传递数据。

（3）屠宰企业

一般是指政府指定的定点屠宰企业。企业要核对畜产品信息，并对屠宰分割的信息进行登录，并负责将向下游供应链企业和数据中心传递数据。

（4）消费者

消费产品的个人或企业。

（5）系统管理机构

负责系统运营的机构组织。配合以上用户进行信息登录，并进行数据信息的监控，实现信息的有效传递，负责系统数据的日常维护工作。

（6）监督检测单位

负责农产品质量安全的机构。对企业内部作业以及外部的流通过程进行有效监督与核查，保证登录数据的正确与有效。

4. 明确追溯的范畴

这包含系统的时间范畴、区域范畴和对象范畴。其中时间范畴是畜类生物的整个生命周期，包括出生信息、出生的时间、母体情况、生物的屠杀分剖，直至到达消费者手中的各个环节。

5. 信息系统数据的构建

信息系统主要有信息的获取、传递、存储、加工和信息的输出五个主要的关键任务。

（1）信息获取

是将分散在供应链内外各处的数据收集并记录下来，整理成农产品供应链追溯信息系统要求的格式和形式。信息获取及录入是整个信息系统的基础。

（2）信息传递

可追溯系统需要将产品的物流和信息交换联系起来，为了确保信息流的连续性，每一个供应链的参与方必须将预定义的可跟踪数据传递给下一个参与方，使后者能够应用可跟踪原则。供应链各个节点之间信息交换根据实际情况可有多种方式，包括电子数据交换、电子表格交换、电子邮件、物理电子数据支持介质和确切信息输入方式等。

（3）信息存储

信息系统必须具有存储信息的功能，发挥提供信息、支持决策的作用。

（4）信息加工

系统需要对已经收集到的数据信息进行某些处理，以便得到更加符合需要的数据。

（5）信息输出

信息系统的服务对象是管理人员或者客户。所以信息输出要根据不同的需要有不同的输出方式。

6. 追溯方法的确定

不管用什么样的追溯方法，一定要做到当某一件产品出现了问题，根据出现问题的环节，可以有效地查询到本批产品的去向，利于产品的及时召回。从目前来看，追溯模式有成批追溯模式和个体追溯模式。

7. 构建系统

建立一个良好、有效的农产品追溯系统需要遵循的基本原则，主要有以下几个方面：

（1）科学系统原则

既要从整个管理系统出发，遵循农产品质量安全管理的一般规律，又要从信息收集、加工、传递、储存等工作系统出发，周密地进行系统设计。

（2）经济效益原则

应努力做到以最小的耗费提供效益大、数量多、价值高的管理信息。

（3）适应性原则

在实施的过程中，我们应把各种变化因素尽可能地考虑进去，以提高系统的应变能力。

（4）可行性原则

全面考虑人力、财力和物力，衡量其是否具有一定的可行性。

（5）通用性原则

考虑与其他通用追溯系统相结合的原则。统一规划、局部实施的原则。对整个系统进行统一规划，避免重复规划与建设。

现代物流的自动化，把分散在千家万户的物流由合理化布局的社会物流网点集中组织，形成产业，实现物流的规模效应，减轻和分担企业的供应压力，实现企业零库存生产。我们要克服实际困难建立起全国性的物流体系，专门从事物流配送，实现物流真正的自动化，以及社会化、产业化，只有这样才能开展优质高效、功能齐全的服务，才能解决制约我国现代流通业发展的问题。

本章练习

一、单选题

1. 下面不是节流阀的是(　　)。

A. 手动节流阀

B. 水阀

C. 热力膨胀阀

D. 浮球调节阀

2. 不是冷库运行管理基本目标的是(　　)

A. 满足使用要求

B. 增加效益

C. 降低运行成本

D. 延长使用寿命

3. 减少消耗就是有效节能，其主要措施为(　　)

A. 增加制冷装置的耗水量

B. 减少制冷装置的耗油量

C. 增加制冷装置的制冷剂消耗量

D. 增加制冷装置的耗盐量

二、多选题

1. 下面是冷库制冷设备的是(　　)。

A. 压缩机

B. 冷凝器

C. 蒸发器

D. 节流阀

2. 信息系统主要有信息的(　　)关键任务。

A. 获取

B. 传递

C. 删除

D. 加工

3. 下面是(　　)国内冷却肉主要的保鲜技术。

A. 保鲜剂保鲜

B. 包装技术

C. 辐射保鲜

D. 高压保鲜

4. 建立一个良好、有效的农产品追溯系统需要遵循的基本原则有(　　　)。

A. 科学系统原则

B. 经济效益原则

C. 单一性原则

D. 可行性原则

三、思考题

1. 常用的冷库制冷设备有哪些?

2. 对制冷设备的节能管理有哪些措施?

3. 冷藏集装箱的结构和特点是什么?

4. 冷链物流中 RFID 技术的优势有哪些?

5. 简述动、植物的保鲜杀菌技术?

项目十 中国农产品冷链物流产业发展对策及发展趋势

任务导入

农产品不仅是人类的生存之本，也是我国社会经济发展的基础。由于农产品本身的生物特性是含水量高、保鲜期短，这使其在采后流通过程中极易腐烂，造成经济损失。农产品冷链物流的现代化和专业化，大大降低了农产品的损耗率。发展冷链物流是实现产后减损、提高农产品质量、促进农民增收最有效的途径，因此势在必行。

学习大纲

1. 学习如何构建冷链物流基础设施网络。
2. 了解中国农产品冷链物流产业体系改进的措施。
3. 了解冷链促进节能减排的方法。

任务一 构建冷链物流基础设施网络

《中国农产品冷链物流发展规划》中提出，今后的主要任务之一就是加强冷链物流基础设施建设。规划中提出，要从关键环节入手，重点加强批发市场等农产品冷链物流节点的冷藏设施建设，在大中城市周边规划布局生鲜农产品低温配送和处理中心，改善农产品加工环节的温控设施，建设相关农产品预冷设施，配备相关运输车辆，推广全程温度监控设备，完善配套的查验与检测基础设施建设等。

一、冷库网络布局的影响因素

（一）自然环境条件因素

在冷库的选址中，需要考虑的气象因素包括温度、风力风向、无霜期、年平均蒸发量等指标，这些因素对于冷库的运营成本有相当大的影响。冷库本身的重量会给地面造成一定的压力，尤其是多层冷库，因此冷库选址的时候还要考虑当地的地质条件，主要是地下是否存在淤泥层、流沙层、松土等，要求地面的承载能力达到一定的要求。此外，冷库的选址也要考虑地形条件，建设地址应地势平坦，避免河道、洪泛区和地势起伏的陡坡等。

（二）经营条件因素

首先，在冷库的选址上要考虑当地的交通状况。大型冷库相当于一个冷冻冷藏产品的集散中心，应尽量选在交通比较发达的地区，靠近城市交通枢纽和大型物流节点，如大型铁路货运站、集装箱中心站、城市交通主通道出入口、机场、港口等。同时应靠近相关农产品的产地和销售地，以便降低运费等相关物流费用。冷库的选址还要考虑农产品的产地，一般来说在生鲜农产品产地，以及大型加工地，如工业园区、仓储区、出口加工区、大型批发市场和购物中心等企业分布较集中的区域，冷库的建设相对集中；尤其是在沿海地区水产品产量较大的地区，冷库的建设更多。

其次，在冷库的选址问题上还要考虑人力资源因素，人员的素质、人力资源的价格对冷链物流服务都有很重要的影响。一般来说经济发达地区，人员素质相对较高，但是相应的，员工的工资水平也高，但是如果选在不发达地区，虽然人力资源成本不高，但是需要企业进行较多的培训。此外，由于冷库的建设需要大片的土地，考虑到未来发展的空间预留，需要的土地面积就更大，因此，地价的高低直接影响冷库的建设成本，这也是一个非常值得考虑的问题。

（三）环境条件因素

冷库建设用地周围的已建成设施对冷库也有一定的影响，如果冷库周围都是居民区，那么冷库的运转产生的噪声和污染就会对周围的居民生活带来影响，如果周围建有木材厂、冶金工业等易散发火种的设施，也会给冷库带来安全隐患。因此一般冷库都会建设在远离城市的郊区，一方面缓解城市的交通压力，另一方面也使得城市环境有所改善。同时，冷库建设用地周围的配套设施应有良好的安排，或者已经建设完毕，方便冷库在建成后马上就可以投入运营。

二、冷库网络布局与构建方法

鉴于我国目前冷库的布局，东部沿海地区较多、南部地区较多的情况，建议在东部和南部地区采用已有的冷库网络，适当增加新的冷库，更多地应该大力发展中西部地区和北部地区的冷库，构建冷库网络。

（一）东部地区和南部地区的冷库网络布局构建

由于东部地区和南部地区有良好的冷库网络基础，建议在现有的冷库中选择一些规模适当、条件适当的冷库进行改建和扩建，从而起到示范作用。假定使用现有的冷库来构建网络，那么问题就转变为已有的冷库的选择问题。假设大部分的生鲜农产品产地距离预冷站或冷库的距离较近，其间的短途运输成本和时间不予考虑，假设预冷站或冷库的采购周期为 3 天，每个需求点的需求量固定且确定，那么以一个采购周期物流总成本最小为目标函数。

(二) 中西部地区和北部地区的冷库网络构建

根据上述，可以对东部和南部地区的冷库网络进行构建，但是对于中西部和北部地区，由于其基础设施相对薄弱，因此需要重新进行相关的布局。在选址的过程中除了要考虑前述的一些影响因素之外，可以利用GIS系统进行配送中心选址。①需要确定冷库选择的目标和要求，如要求冷库交通方便，或者距离供应地较近等；②明确冷库的规模，不同规模的冷库要求的地点条件也不一样，大型集散型冷库和小型中转型冷库的建设要求也是不同的；③利用mapinfo平台进行地理数据资料的收集、分析和整理，确定冷库待选地点；④构造数学模型，对候选点进行选择；⑤现场勘察和评议，对候选点进行确定。

在确定了几个待选地点之后，即可按照第一个模型的基本方法进行冷库的选择，从而最后确定网络中的具体节点。当然在现实中，对冷库位置的选择有多种方法，常见的如离散模型法、德尔菲法、模糊层次分析法等，都可以在这里进行应用。

在冷库网络中，冷库的规模应该是不同的，既有大型的加工型、储存型冷库，也有中小型的流转型冷库。从布局上考虑，应该以大型加工储存型冷库为中心，辐射周围的中小型流转型冷库，从而形成网络。如图10-1所示。

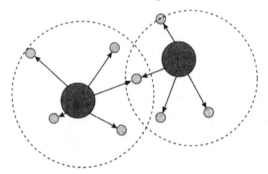

图10-1 中西部地区和北部地区冷库网络构造示意

图中深色大圆点为大型加工储存冷库，浅色小圆点为中小型流转型冷库，可以看到，以大型冷库为中心形成了一个小型网络，两个小型网络又相互交织、相互覆盖。

在确定冷库规模的问题上，应考虑几个原则：第一，总体来说大规模冷库规划数量少，中小规模冷库规划数量多；第二，产地冷库规模大，销地冷库规模小；第三，城市边缘冷库规模大，城市中心冷库规模小。

一个完整的冷链网络不仅包括了冷库，当然也包括了运输的路线，一般来讲，冷冻冷藏农产品的运输方式包括三种，即铁路运输、公路运输和水路运输，目前只有出口冷冻冷藏农产品采用水路运输的方式，大部分国内的生鲜农产品都采用公路运输和铁路运输，其中公路运输占绝大部分。可见，公路路网的建设对于农产品冷链物流产业的发展是至关重要的。

任务二 中国农产品冷链物流产业的体系改进

一、完善冷链物流相关法律法规，建立统一的冷链物流标准化体系

从目前的情况来看，我国农产品冷链物流产业标准化体系建设比较落后，虽然各级政府近年来做了大量的工作，出台了大量的农产品质量标准，但是针对农产品冷链物流的标准却非常少，只有上海等个别城市有相关的质量标准，由于缺乏相关的国家标准，地方标准也很难贯彻执行，同时，国家标准的缺失也使得地方标准的制定缺乏依据。因此，目前亟待解决的问题就是农产品冷链物流标准体系的建设问题。

（一）我国实施农产品冷链物流标准化建设的重要意义

农产品冷链物流的运作效率与运作质量关系到人民群众能否吃到便宜又安全的农产品，而运作效率与运作质量又与冷链物流的标准有关。没有规矩，不成方圆，没有农产品冷链运作的标准，冷链运作的效率和质量就无从考虑，因此农产品冷链物流标准化体系的建设事关重大，它是现代农产品冷链物流的基础和核心。

1. 有利于企业降低冷链物流成本，提高效益

农产品冷链的总成本较常温冷链要高，这是不争的事实，冷链的高成本导致企业的运营成本提高、利润下降，冷链成本向后传导，消费者购买冷链食品的价格也会升高，进而损害消费者的社会福利水平。现实中企业经常会面临一个困扰，那就是农产品冷链的全程温度控制是否有必要？如果不用冷链车辆运输，而采用常温车辆运输是否违反相关规定？如果商品不产生融化现象，外观又没有变化，那么是否可以认定商品品质良好？不同企业对这些问题有不同的回答，因此不同的企业对待产品的低温运输的态度也不一样。

在这样的情况下，农产品冷链物流标准体系的建立将对企业进行农产品冷链物流的相关运营起到重要的指导作用。对于一些不必要使用冷链运输的产品，改用普通车运输，可以极大地降低企业的运输成本，对于必须使用冷链运输车的农产品，适当的温度控制也可以起到降低成本的作用。车辆的制冷系统所耗费的燃油因为温度的不同而有所不同，一般来说温度越低，耗油越高，因此确定商品合适的运输温度后，企业也可以改变相关的运输温度，进而达到节约成本的目的。

从另一个角度来讲，农产品冷链物流标准体系也可以帮助企业透彻地了解农产品的品质保证措施，减少农产品的腐烂变质所带来的损失。

2. 有利于扩大我国农产品出口，从根本上提升农产品的国际竞争力

我国是农业大国，农产品是出口创汇的主力产品，但是，我国农产品的出口中很大一部分是水产品和肉类的出口，都需要冷链的保证，问题在于我国对某些冷冻水产品的冷冻温度没有规定，而国外有非常详细的规定，一旦出口农产品的冷冻温度不达标，或者没有全程冷链温控记录，那么就面临被退货的危险。此外，很多冷冻冷藏农产品由于温度控制不当，运达国外港口的时候已经出现了品质的变化，导致商家不得不降价销售，降低了我国农产品的国际竞争力。因此，我国农产品冷链物流标准体系的建设是非常必要的，而

且，这个标准体系必须与国际接轨，与国际标准统一，才能够使得我国的出口商家可以有章可循，才能够使得我国的出口商家与国外其他的供应商站在相同的起跑线上进行竞争。并且有了与国际接轨的农产品冷链物流标准体系，我国农产品的出口就会大大减少退单的概率，从而提升我国农产品的国际竞争力。尤其是我国加入 WTO 以后，在国际竞争越来越激烈的情况下，农产品冷链物流的标准化体系建设更是当务之急。

3. 农产品冷链物流标准化体系的建设有利于人民群众生活质量的提高

蔬菜水果等农产品的品质对人民群众的生活质量有非常重要的影响，尤其是某些腐败的食物，不仅会造成食物中毒，严重的更可以危及生命。冷冻冷藏农产品在超市销售的时候，外观上是看不到任何问题的，因为一旦外观出现问题，那么商品就无法销售，或者只能折价销售了，因此消费者无法分辨产品本身的品质究竟如何。如果没有严格的标准对冷链进行全程控制，那么运输和仓储过程中很可能发生商品化冻后，又经过冷冻才摆上超市的货架，这样的商品品质势必发生了变化，消费者购买这种商品，对身体健康也会带来一定的损害。目前的情况是，很多商品都经历了反复的解冻和冷冻过程，从外观上看不出任何品质的区别。

如果有了相对完整的农产品冷链物流标准化体系，冷链的全过程控制得以保证，那么商品从生产到销售的全过程温度区间消费者都可以清晰地看到，不但可以保证商品的全冷链，更可以让消费者放心地购买。

（二）国家农产品冷链物流标准体系相关标准的构建原则及基本框架

国家农产品冷链物流标准体系相当复杂，包含众多子体系，每个子体系中又有若干标准，这些标准的制定现在还不完善，有些标准还是空白。鉴于笔者能力有限，先提出一个标准体系的基本框架。国家农产品冷链物流标准的制定原则主要包括指导性原则、规范性与国际性原则、适用性原则、发展性原则和科学性原则。

1. 国家农产品冷链物流标准的制定原则

（1）指导性原则

国家农产品冷链物流标准应该对全国的农产品冷链物流标准的建设具有指导意义。一般而言，农产品冷链物流标准中应该包含哪些内容？相关标准的重要性如何？具体的作用因子和相关参数有哪些？应具体由哪些部门负责制定？这些在国家级农产品冷链物流标准中都应该有一般性的界定，这样，相关的地方标准的制定才有了可靠的依据。

（2）规范性与国际性原则

农产品冷链物流标准体系应该是符合国际和国内相关标准规范的。冷链物流标准的构建首先应符合中华人民共和国国家标准，同时，还应该符合国际标准。国际标准包括国际标准化组织（ISO）、国际电工委员会（IEC）和国际电信联盟（ITU）制定的标准，以及国际标准化组织确认并公布的其他国际组织制定的标准。我国农产品冷链物流标准体系只有与国际接轨，才能从根本上保证国际竞争的公平性。

（3）适用性原则

在与国际接轨的同时，构建农产品冷链物流标准的时候还应该考虑我国的国情。在某些商品上，我们的生产力水平暂时还达不到相应的质量水平，在制定标准的时候，就应该留有宽松的余地，相反，如果可以适用较高的标准，那么就不应该为了留有余地而适用较低的标准。

（4）发展性原则

随着科技进步的发展，生产力水平不断提高，标准也会不断地提高。因此在制定标准的同时就应该为未来的修订留下充足的空间。同时，由于环境的改变导致的标准变化也应该被充分考虑。

（5）科学性原则

冷链物流标准的制定应该具有充分的科学性。尽管国外的很多相关标准已经非常成熟并应用多年，但是地域不同，农产品的性质也会有所不同，因此对于某些标准的使用不能盲从，要充分考虑到客观的实际情况，制定相关的标准，不能盲目地认为国外使用了什么标准，我们就要使用什么标准。国外很多标准的制定是具有歧视性的，有些标准内外不一的情况非常严重，也就是说，对内是一套标准，对外是另外一套标准，我们看到的大部分是对外的标准，因此相应地提高了我国国内的相关标准，这是完全没有必要的。某些情况下，我们也应该学习国外两套标准的做法，提高进口商品标准，稳定国内产品标准。

2. 农产品冷链物流标准体系的基本框架

要做出一个合理的农产品冷链物流标准体系框架，首先就需要对农产品冷链物流的相关领域进行研究，了解目前农产品冷链物流相关领域标准制定的情况，同时，需要针对农产品冷链物流运行的具体情况和特点进行系统的研究，参照相关的国家标准和国际标准的编制要求建立相关体系框架。

根据农产品冷链物流运行的具体特点，提出农产品冷链物流标准体系框架如图所示。

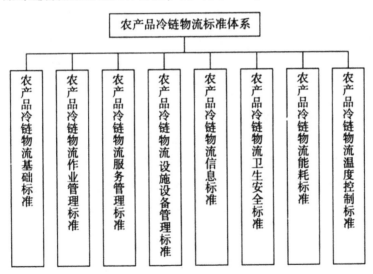

图 10－2 农产品冷链物流标准体系示意

（1）农产品冷链物流基础标准

农产品冷链物流基础标准包括冷链物流术语和冷链物流基本包装标志。

中华人民共和国国家标准物流术语已经发布，但是由于行业发展迅速，目前的物流术语已经不符合实际情况，而且，其中针对冷链物流的术语很少，需要重新进行编撰。冷链物流基本包装标志与一般货物包装标志有部分类似，如易碎品、此端向上等，但是也有区别，如对运输和储存温度的标志，对存储时间的标志等，还需要进一步完善。

（2）农产品冷链物流作业管理标准

农产品冷链物流作业管理标准包括农产品冷链加工作业标准、农产品冷链包装作业标准、农产品冷链装卸与运输作业标准、农产品冷链储藏作业标准、农产品冷链销售技术标准、农产品冷链温度检测技术标准、农产品冷链预冷作业标准等。第一，针对农产品冷链加工作业标准，其内容应包括农产品进入车间的温度监控，冷加工车间温度标准、卫生标准、加工时间标准、加工人员素质标准等。第二，针对农产品冷链包装作业标准，其内容应包括包装材料的隔热标准、包装材料的规格标准和模数标准、包装耐久性和保温性标准、包装密封标准、包装人员操作规程等。第三，针对农产品冷链装卸与运输作业标准，其具体内容包括装卸操作规程、运输车辆制冷能力标准、运输车辆温度控制标准、车辆能耗标准等。第四，针对农产品冷链储藏作业标准，其内容包括冷库分类标准、冷库制冷能力标准、冷库容量标准、冷库能耗标准、冷库农产品储存时间标准、冷库建筑材料节能标准等。第五，农产品冷链销售技术标准内容包括冷链销售设备制冷能力标准、冷链销售设备温度控制标准、冷链设备能耗标准、冷链农产品存储期标准等。第六，农产品冷链物流温度检测技术标准内容包括全冷链农产品温度的检测与监督，具体包括农产品预冷温度标准、冷加工温度标准、储藏温度标准、运输温度标准、销售温度标准等。第七，农产品冷链预冷作业标准内容包括农产品预冷前拣选作业标准、预冷时间标准、预冷温度标准、预冷环境标准、预冷后温度控制标准等。

（3）农产品冷链物流服务管理标准

农产品冷链物流服务管理标准包括农产品冷链物流服务质量及考核标准、农产品冷链物流服务企业资质标准。农产品冷链物流服务质量及考核标准内容包括农产品冷链物流服务流程、温度控制标准、订单反应时间标准、订单完成率标准、冷链物流服务人员绩效标准、订单服务满意度标准等。农产品冷链物流服务企业资质标准的内容包括企业的规模标准、运营能力标准、人员数量标准和素质标准、资金能力标准等。

（4）农产品冷链物流设施设备管理标准

农产品冷链物流设施设备管理标准包括冷冻冷藏运输车辆技术标准、冷冻冷藏设备技术标准、冷冻冷藏包装技术标准、冷冻冷藏温度控制设备技术标准。冷冻冷藏运输车辆技术标准包括车辆的数量标准、运行周期标准、制冷能力标准、车辆能耗标准、车辆维修保养标准等。冷冻冷藏设备技术标准包括冷机能效标准、冷机制冷温度标准、冷负荷标准、制冷设备能耗标准等。冷冻冷藏包装技术标准的内容包括包装机械运行标准、包装机械封装能力标准、包装机械能耗标准等。冷冻冷藏温度控制设备技术标准的内容包括温度控制设备的种类、温度控制设备精确度标准、温控设备信息传输标准、温控设备运行和能耗标准等。

（5）农产品冷链物流信息标准

农产品冷链物流信息标准包括冷链物流信息格式标准、冷链物流信息披露标准、冷链物流信息管理标准。冷链物流信息格式标准包括收集信息的类型、字段的类型、字段的长度、字段录入方法等。冷链物流信息披露标准包括信息披露周期、信息披露内容、信息披露的程度等。冷链物流信息管理标准包括信息系统的建设标准、信息系统日常维护标准、信息系统安全标准、信息系统更新升级周期、信息维护人员素质标准等。

（6）农产品冷链物流卫生安全标准

冷链物流卫生安全标准包括冷链农产品菌群标准、农产品冷链物流运输车辆卫生标准、农产品冷链加工车间卫生标准、农产品冷链销售卖场卫生标准。冷链农产品菌群标准主要包括致病菌菌群数量、种类，危害程度标准，有益菌菌群数量、种类，菌群品质等。农产品冷链物流运输车辆卫生标准包括运输车辆车厢卫生标准、消毒周期标准、相关灭菌设备标准等。农产品冷链加工车间卫生标准包括车间工作环境卫生标准、车间工作人员着装标准、车间工作人员工作消毒标准、机械设备消毒标准和消毒周期等。农产品冷链销售卖场卫生标准包括冷藏柜卫生标准、冷藏柜消毒周期与消毒标准。

（7）农产品冷链物流能耗标准

农产品冷链物流能耗标准包括冷冻冷藏运输车辆能耗标准、冷库设施设备能耗标准、卖场冷链销售设施设备能耗标准。冷冻冷藏运输车辆的能耗标准包括车辆运行单位耗油量、耗电量或天然气消耗量、车辆制冷能耗标准、车辆温度维持冷负荷标准。冷库设施设备能耗标准包括冷库密封性标准、冷机制冷能力标准、降温冷负荷标准、维温冷负荷标准等。卖场冷链销售设施设备能耗标准包括封闭式冷柜能耗标准、开放式冷船能耗标准、风幕机能耗标准等。

（8）农产品冷链物流温度控制标准

农产品冷链物流温度控制标准包括农产品预冷温度标准、农产品冷冻冷藏运输温度控制标准、农产品冷库温度控制标准、农产品冷链加工温度控制标准、农产品冷链销售温度控制标准等。农产品预冷温度标准具体标明了所有需要进行预冷的农产品预冷后应达到的温度，以及预冷需要的大概时间。农产品冷冻冷藏运输温度控制标准针对不同类型的农产品，给出具体的冷冻运输温度范围与冷藏运输温度控制范围，以及冷冻冷藏运输的时间控制标准。农产品冷库温度控制标准内容包括农产品冷冻温度、冷库储存温度、冷库储存期标准。农产品冷链加工温度控制标准包括农产品加工温度标准、加工车间温度标准、加工车间暂存温度标准等。农产品冷链销售温度控制标准包括卖场冷机温控标准、农产品销售温度控制标准等。

二、推广农产品冷链物流信息系统，推动行业内信息技术的升级和发展

目前我国农产品冷链物流产业的信息化程度还相对偏低，加快产业信息系统建设是非常必要和重要的，尤其是通过信息系统建设，推广产业内信息技术的升级换代，对于产业未来的发展具有战略意义。

（一）加快农产品冷链物流信息系统建设的必要性

随着经济的发展和技术的进步，信息技术得到了前所未有的发展，互联网技术、无线识别技术、GPS技术等都有了长足的进展，其对冷链物流行业的支持作用也越来越凸显出来。人们越来越认识到信息技术在冷链物流行业的重要作用，网络技术、计算机等开始普遍应用于现代物流企业，使得物流过程发生了巨大的变化。传统的物流过程是支离破碎

的，因为没有完善的信息传递系统，每一个物流部门各自为政，只从自己的利益出发进行相关的操作，使得物流的总成本居高不下。信息技术的应用可以使我们更多地了解上下游的相关运作信息，从供应链的角度来考察整体的运营，因此冷链物流信息系统的应用对于整个产业的发展是非常重要的。

农产品冷链物流信息系统对于整个农产品冷链来说起到了重要的支撑作用。任何一个产业的发展没有信息化的助推都是不可能实现的，而目前的情况是，不仅仅在农产品冷链物流产业，在整个农产品物流产业都普遍存在物流信息平台建设不足、相关标准不统一、物流信息追溯系统缺乏的情况。因此，对于冷链物流信息系统的建设是非常必要的。

（二）农产品冷链物流信息系统的特殊要求

农产品冷链物流属于低温物流，整个物流过程与一般物流活动有所不同，因此农产品冷链物流信息系统与一般的物流信息系统相比，也有不同的要求。

1. 农产品冷链物流信息系统要求的反应更灵敏

农产品冷链物流系统中的运行主体是需要冷冻冷藏保温的农产品，这些农产品对温度的变化是非常敏感的，有些农产品在温度发生微小变化的时候就可能产生品质的变化，因此对于冷冻冷藏农产品来说，非常重要的是温控系统，通过温控系统，商品的微小的温度变化都可以被侦测，同时将相关信息上传到信息处理平台，因此，温控系统如果不能接入一个物流平台，那么这个温控系统的作用相对来说就小了很多。同时，这个大型物流信息系统或者平台应该能够敏感地对温度的变化进行分析，也就是说，可以分析温度变化1℃的时候，商品的品质可能发生的变化，并为商品的经销商和消费者提供相关的建议。这个系统中较为关键的是临界点的设定，也就是说，我们需要首先分析某种商品从一个温度变化到另外一个温度的重要性，例如，冻带鱼从−18℃到−10℃的变化，可能其品质不会发生很大的变化，但是如果从−10℃到−2℃，那带鱼的品质变化将是非常巨大的。因此要建设农产品冷链物流信息系统，需要非常多的基础性工作。

2. 农产品冷链物流信息系统要求农业生产者参与信息系统

农产品冷链物流信息系统要保证其完整性，就必须有农业生产者的参与，可现实的情况是，广大农村对于信息化的重视程度非常低，将农户连接入农产品冷链物流信息系统比较困难。在这个环节上，需要一个中介组织将农产品冷链物流信息系统与农户连接起来，但是由于中介组织能够给农民带来的直接实惠是不可见的，而且其所提供的信息的真实性也无从考察，因此现实的情况是农民更希望能够从政府得到相关的服务，也就是说，现阶段应该考虑由政府提供此类的中介服务，例如通过媒体发布相关信息、利用行政系统发布冷链相关通知、利用乡村的信息发布平台进行信息发布等。

3. 农产品冷链物流信息系统要求针对具体的信息实现可追溯

通常的物流信息平台中，信息的流向都是从生产地流向销售地，但是农产品冷链物流系统却有所不同，有些时候，信息会有回溯的过程。在冷冻冷藏农产品售出之后，如果消费者在食用后引起了不适，那么针对农产品品质的追溯就可能随时开始，主要是对冷冻冷藏农产品储存、加工和运输温度的追溯，信息逆流而上，通过研究不同环节的温度变化来确认问题所在。尤其是，要确认温度变化的原因及责任人，就需要在每一个环节都有相关的温度、责任人员记录，可见，该系统的信息量非常庞大，需要从生产、包装、预冷、加工、冷藏、运输等各个环节进行信息的相关记录才能实现可回溯。同时，该系统应该有自动预警功能，也就是说，如果某种商品的温度与预设的保存温度发生了较大的出入，那么系统应该可以自动报警，提示相关人员注意产品的品质变化。

（三）农产品冷链物流信息系统的构成

农产品冷链物流信息系统是一个相对复杂的系统，这个系统由若干个子系统构成，包括冷链温度管理及预警子系统、车辆跟踪管理子系统、冷库管理子系统、客户服务管理子系统、决策分析子系统等。冷链温度管理及预警子系统监控冷链全过程农产品温度的变化及变化范围，对于超出合理温控范围的情况发出预警信号，同时提出改善措施。车辆跟踪管理子系统利用 GPS 全球卫星定位系统对冷链运输车辆进行运输全程跟踪，确定车辆位置和冷链农产品温度状况，并实时传递相关信息。冷库管理子系统对冷库进行具体的管理，包括冷库的具体运营、冷库温度控制、冷库库容分配和货位的调整等。客户服务管理子系统负责记录、处理所有的订单，确认货物的数量、货位、货物出库、订单的跟踪、客户的回访、客户信息的维护等。决策分析子系统根据系统收集到的所有相关数据，针对一些具体指标进行统计，作为决策分析的依据，如冷链温度范围的统计、车辆运行的平均时间统计、冷库运行温度统计、订单完成率和客户满意率的统计等。

1. 冷链温度管理及预警子系统

该系统包含的模块包括预冷温控模块、冷加工温控模块、冷冻冷藏库内温控模块、冷链运输温度监控模块和销售温度监控模块。冷链温度管理及预警子系统的核心是温度信息的传输，各个模块将相关商品的温度按规定的时间间隔上传至信息系统后，系统根据预先设定的临界温度判断商品是否处于温度失控状态，从而判断商品的状态正常与否。

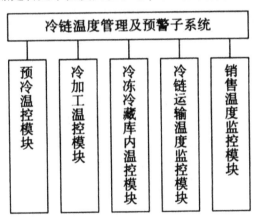

图 10 - 3 冷链温度管理及预警子系统结构示意

在这个子系统中，主要应用的是 RFID 技术（无线射频识别技术）和传感技术。通过在预冷场地、车辆、冷库等相关位置安装温度传感器和电子标签读写器，将设备感知到的农产品温度即时写入 RFID 标签中，当 GPS 向射频识别设备发出信号后，射频识别设备将读入的信息通过 GPS 传递到信息系统，从而完成一次信息传递的过程。该系统可以实时掌握农产品的温度信息，一旦出现临界温度，马上做出预警反应，同时也可以将温度信息生成动态温度变化图表，方便决策者进行相关的分析。

对于装配在运输车辆上的温度监控系统，由于需要 GPS 发送查询信号才能将信息发出，因此，需要在沿途设置若干个蜂窝式信号基站，覆盖整个货物运输的路线，基站在货物运行至距离基站最近的位置发出查询信号，同时也可以设置固定时间间隔发出查询信号，车辆安装的监控系统就可以发出相关信息到基站然后反馈到系统平台上。

2. 车辆跟踪管理子系统

车辆跟踪管理子系统主要是针对运输车辆的安全信息、事故信息、运行线路信息和车辆运行速度信息进行相关的控制。该系统可以通过集成 GPS 系统和 GIS 系统，为运输途中的车辆提供即时定位服务、导航支持，运输线路规划和优化等相关服务，同时还可以提供电子地图，方便司机在出现意外情况的时候进行灵活的路线选择。信息处理中心可以根据相关的货运单，派出较为合适的车辆和司机进行作业，同时，该系统对车辆运行的状况也进行相关监控，具体包括车辆的位置、车辆运行速度、油耗、车辆装载货物的详细状况等。

车辆在运行的过程中，通过传感器采集相关的运行数据，如货物的温度信息、车辆行驶的速度信息、车载冷机运转信息等，通过车辆的终端可以显示在司机面前，同时，这些信息也可以通过 GPS 系统传递给冷链信息处理中心，冷链信息处理中心也可以通过 GPS 系统给车辆以一定的指示，方便司机和中心的联系，一旦遇到危险的情况，该系统可以自动向信息处理中心发出报警信号，同时如果车辆偏离了预定的运行路线，在信息处理中心也会有相应的报警，保证了货物的安全性。

3. 冷库管理子系统

冷库管理子系统主要针对货物本身和货物的温度进行管理，具体包括库存管理模块和温度控制模块。库存管理模块主要是日常的货物出入库管理、货位管理、移库管理和货物保质期管理等。温度控制模块主要是对冷库内货物的温度进行控制，该模块还可以控制冷机的启动和关闭，针对各个控制点进行温度监控，保证商品处于合适的储存温度之下。

4. 决策分析子系统

决策分析子系统的主要功能就是通过对多方数据的汇总和分析，自动生成分析报告，为科学管理提供依据。但是信息系统不是万能的，如果不给系统提供临界温度等关键数据，系统就不能进行相关的分析判断。因此，这个子系统要发挥作用，主要靠前期的相关数据的录入和后期数据的采集。决策分析子系统所能提供的分析报告全部是针对数据的，能够提供决策的依据，但不能直接进行相关决策，现实中主要的功能是提供各类相关的报表。

(四) 农产品冷链物流信息系统关键问题分析

1. 农产品冷链物流系统的数据采集技术

农产品冷链物流信息平台的数据来源非常重要，只有可靠的、客观的数据来源才能保证后面的决策分析的有效性。在农产品冷链物流信息采集技术上，主要采用 RFID 电子标签技术。在农产品外包装、仓库、车辆等贴上电子标签，用于所标志物品的监控和跟踪，当然如果将电子标签固定在人身上，也可以实现对人的跟踪和监控。

在农产品采收后，如果要对农产品进行个体的跟踪，就需要给农产品的个体贴上 RFID 标签，并将农产品的品名、质量、产地、采收人员姓名、收购人员姓名等相关信息输入到标签中，经过分类后进入预冷环节，在预冷车间的整个预冷过程都有温度的实时监控，预冷后，信息将被继续写入电子标签，明确标出预冷的时间和温度；预冷后，生鲜农产品装入运输车辆运往冷链加工中心。运输过程的起止时间和运输过程中的温度都被写入电子标签，成为存档数据。生鲜农产品运至加工中心后，进入加工车间的时间和温度以及相关加工人员名单也将被记录在电子标签中。在加工车间中可以通过安装 RFID 无源读写器来实现多标签的同时读写。加工完成后，货物在运入冷库的同时，冷库入口门安装的电子标签读写器自动将入库时间写入商品的电子标签中，相关的工作人员名单也将被写入电子标签。冷库中的电子标签读写装置可以定时将温度信息写入电子标签，从而实现温度的可追溯。货物在离开冷库的时候，冷库出口门安装的电子标签读写装置自动将离库时间写入电子标签，并将相关责任人名单写入电子标签，从而完成库存阶段的温度记录。在货物运输过程中，车辆上的 RFID 读写装置可以将货物运输的起运时间、起运地、运输过程中的温度信息写入商品的电子标签中，并在货物到达目的地后将运达时间、运达地点和运达时货物的温度记录入电子标签。货物到达卖场后，通过读取从生产到运达的所有与物品温度相关的信息，确认货物品质良好，然后进入卖场的销售冷柜后，并通过冷柜安装的读写装置，实时记录冷柜内商品的温度，消费者在购买冷链农产品的时候，只要通过一个阅读终端，就可以看到货物从生产到销售全过程的温控记录，让消费者可以放心消费。

由于电子标签目前的价格相对昂贵，实际的操作中可以扩大电子标签的单位，也就是不以单个商品为单位粘贴电子标签，而是以整箱为单位或者以托盘为单位来对商品的冷链温度进行记录，同时可以配合电子显示屏滚动播放相关商品的冷链信息，让消费者放心购买。

消费者购买冷链农产品后，相关的销售数据立即上传到信息平台，确认销售信息，如果消费者购买后出现了质量安全问题，也可以实现相关信息的追溯。

2. 农产品冷链物流数据更新问题

有些农产品在经过加工后，其商品的外观已经发生了变化，此时需要对商品进行数据的更新。更新的过程包括两个方面：一方面是商品本身的 RFID 电子标签中数据的更新，另一方面就是物流信息系统里的数据更新。

虽然电子标签的存储量相当庞大，但是如果只是简单的记录信息，那么庞大的数据量会使电子标签中的信息膨胀，因此，在进行电子标签的设置时应将标签的读写设置成读出后自动删除原来的信息，信息从电子标签读出后，可以通过 GPS 系统上传到信息平台进行存储，同时将新的信息存储入电子标签，这样就避免了越到冷链的末端，信息读取速度越慢的问题。

从信息系统的角度来讲，由于信息量非常巨大，一些不必要的信息应予以删除，同时最新的信息应该替代原有的落后信息。针对不同的商品，信息保留的时间应有所设定，例如某些新鲜蔬菜的信息保留时间可以在一周左右，某些冷冻肉制品的信息保存时间可以在销售后的一个月左右，农产品被购买并消费后，如果没有不良的消费者反映，信息的保存也应该适时的结束，为新的信息留出存储空间。具体的数据更新流程如图 10 - 4 所示。

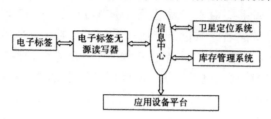

图 10 - 4　数据更新流程

3. 共享的数据库系统

农产品冷链物流信息平台应该是一个开放的系统，相关的企业和个人凭借一定的商品信息就可以查询到该商品的全程冷链温度控制信息。

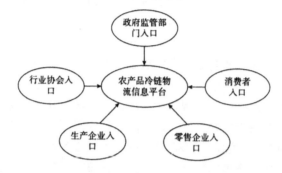

图 10 - 5　农产品冷链物流信息平台入口示意

首先，农产品冷链物流信息平台应可以对信息进行整合，提供政府监管的入口、行业协会查询信息的入口、生产企业和零售企业的查询入口和消费者查询入口，并且不同类型的查询人应具有不同的权限，例如消费者查询人的权限仅限于对某种具体商品的冷链信息的查询，而生产企业和零售企业可以进行批次的查询，政府监管机构则可以对全部数据进行监控，具有全权限等。

其次，通过电子数据交换技术，农产品冷链物流信息平台可以实现与国家机关和供应链企业的数据交换和处理，相关的数据可以方便的导入和导出。该平台综合地理信息系统（GIS）、全球卫星定位系统（GPS）等先进的物联网技术，共同实现信息的实时传递和共享。

政府的相关监管部门与农产品加工企业之间实现信息同享，政府就可以实时地监督农产品的加工生产等环节，不用到企业实地考察就可以通过反馈信息发现问题所在，可以为政府出台相关的农产品冷链物流政策提供依据，从而对农产品冷链质量问题进行良好的监督和控制。同时冷链上的其他企业之间也可以通过信息平台实现信息的共享，提高企业和企业之间的协调、协作水平。

消费者利用信息平台，可以即时查询购买商品的冷链过程控制信息，一旦发现商品有任何温度失控，进而导致商品品质的变化时，消费者可以依据此信息进行索赔，通过信息平台，可以让消费者放心地购买冷链农产品，减少信息不对称所导致的损失。

4. 追溯系统的植入问题

农产品冷链物流信息系统是个庞大的信息收集与处理系统，功能强大，但是其最重要的功能就是信息的追溯功能。在该系统中，应该有一个单独的模块是针对商品温度信息追溯的，并且该模块具有简单的判断功能，也就是说从农产品冷链断链的时刻开始，就应该在后续运行的每一步都发出预警，提示相关人员农产品曾经发生过温度失控的情况，而这样的农产品是无法在商场超市里正常销售的。整个生产加工过程如果没有冷链脱链的情况，那么理论上讲消费者买到的就是安全、卫生的农产品，但是如果消费者食用后发生了问题，那么依然要向前追溯商品的温度控制过程，如果能够保证商品本身的生产和运输过程没有问题的话，那么商品本身就不是因为温度的变化所导致的品质变化，而是由于消费者在购买后没有及时食用，常温放置时间过长所导致。可见，追溯系统对于划分责任也有非常重要的作用。

农产品冷链物流信息系统的建立是冷链产业发展的必然趋势，但是信息系统的建设需要大量的资金支持，尽管国家在政策上已经给冷链产业以一定的支持，但是政策面上的支持何时可以传导到资金层面的支持，我们仍拭目以待。

综上所述，农产品冷链物流信息系统的建立已经成为必然趋势，它的建立不仅是实现农产品冷链物流合理化与效率化的关键，也是解决三农问题、增加农民收入、保障食品安全的重要手段。

三、综合运用多种手段将农产品冷链物流成本控制在一个合理的水平

（一）农产品冷链物流成本的特点

单就物流成本本身而言，其具有成本的隐蔽性、成本削减的乘数效应、效益背反等特点。这些特点在农产品冷链物流的成本问题上也有体现，但是农产品冷链物流成本由于更多地考虑到了温度的因素，其特点与一般物流成本也就有所不同。

1. 农产品冷链物流成本显性与隐性并存

日本早稻田大学的西泽修教授于1970年提出了物流成本的"冰山学说"，他指出，人们对于物流成本的总体状况并不掌握，说到物流成本的时候，往往只能看到露出海面的冰山的一角，而对于隐藏在海中的巨大的冰山体却看不到，而隐藏的部分才是物流成本的大部分，这是物流成本隐性问题的典型体现。尤其是现行的会计科目中，仅仅将支付给第三方运输企业和仓储企业的费用列入物流成本，而对于使用企业自己的车辆进行运输，使用自己的仓库进行存储和使用自己的工人进行相关操作的成本计入其他科目，不列入物流费用科目内。因此我们所能看到的仅仅是物流成本很小的一个部分，这在冷链物流行业也有明显的体现。

农产品冷链物流成本同时又具有显性。原因在于冷链物流本身具有鲜明的特点，那就是温度的全程控制，因此，所有与温度控制相关的成本都应列入冷链物流成本，这是显而易见的，也是被绝大多数冷链物流企业所接受的。并且在实际的工作中，显性的温度成本计算也较为简单。

2. 农产品冷链物流成本削减的乘数效应

农产品冷链物流活动与一般的物流活动一样，都具有成本削减的乘数效应，也就是说，当企业的销售额为 2 000 万时，如果物流成本占销售额的 10% 的话，那么物流成本就是 200 万元，在这样的情况下如果可以降低 10% 的物流成本，也就是说，减少 20 万的物流成本的话，那么其实减少的物流成本都是企业增加的利润。此时如果企业的销售利润率是 5%，那么要创造 20 万元的销售利润，实际上需要增加 400 万元的销售额，也就是相当于销售额增加 25% 的作用。我们进一步考虑，如果在物流成本中，冷链的温控成本占物流总成本的 50%，那么冷链的温控成本就是 100 万元，如果温控成本可以降低 10%，也就是说减少 10 万元的温控成本，实际上等于企业增加了 10 万元的净利润，假定企业的销售利润率仍为 5%，那么增加这 10 万元的销售利润实际上需要增加的销售额就是 200 万元，占到企业销售额的 10%，现实中，增加销售额远比降低物流成本的成本要高得多，可见成本的削减对于企业经营意义的重大。

3. 农产品冷链物流成本不完全的效益背反

在一般物流研究中存在的效益背反现象在冷链物流中也普遍存在，但情况有所不同。通常情况下，运输和仓储之间是存在效益背反的情况的，也就是说，增加运输车次，企业运输成本上升，就可以减少目的地存储的仓库数量，从而减少仓储成本，而减少运输车次，企业运输成本下降，则势必要增加目的地仓库的数量，提高了仓储成本，两方面成本存在此消彼长的情况，我们称为效益背反。

反映在农产品冷链物流上，情况有所不同。因为农产品的生产者大部分是个体农户，他们不具备储存生鲜农产品的环境条件，因此对于收购农产品的加工厂商来说，他们需要自行解决生产地的存储问题，也就是说，冷库的建设是必不可少的。对比一般物流活动，实际上厂商可以通过供应商管理库存的方式来消灭库存，进而消灭仓库。如果是普通的商品，那么可以根据订单进行相关的生产，企业不需要自己的仓库，而农产品的生产是具有季节性的，只在固定的季节收获，这就要求厂商必须有自己的仓库，在一段时间之内进行大量的存储，然后分阶段进行加工和销售。由于冷库的建设和租赁成本相对较高，因此一般厂商倾向于按照订单进行生产，经过运输后直接进入卖场，或者进入批发商仓库，而不会自行租赁仓库进行冷链存储活动。加之农产品冷链物流设施的缺乏，在当地不易找到合适的仓库，生产商的选择就显而易见了。一般物流活动可以有选择地进行相关的运输和存储活动的组合，而冷链物流活动则基本上只存在一种选择，没有运输与仓储活动的组合选择，实际上也就谈不上效益背反问题。

在物流服务水平和物流成本之间也存在着效益背反关系，在这方面，冷链物流活动与一般物流活动一样具有效益背反关系。

可见，一般物流活动与冷链物流活动在效益背反问题上的区别在于，冷链物流活动的效益背反关系是不完全的，只是在部分的活动中存在效益背反。

（二）农产品冷链物流成本的局部控制

针对农产品冷链物流成本的局部控制，可以采取目标成本控制法，对各部门、各环节的物流成本进行控制。

目标成本控制是在企业的生产经营过程中，按照预先制订的成本计划来调节影响成本费用的各种因素，使企业内部各部门各种费用消耗控制在计划范围内，从而使企业的成本得到有效的控制，并提高经济效益。

目标成本控制法以顾客需求为导向，以市场价格为上限，从产品的设计和研发阶段就注重成本的控制，结合企业自身状况确定成本水平，在不减少产品功能、不降低产品质量的前提下降低产品成本。

依据目标成本法，对成本控制步骤的具体设计为：第一，研究消费者需求、消费者购买能力和消费者购买意愿，根据消费者能够接受的价格水平确定农产品成本水平，也就是成本目标。第二，将目标成本进行分解，落实到每个有关责任部门，使得总目标成本分解为每个责任部门的具体目标成本，同时找出现实成本与目标成本之间的差距。由于农产品的生产成本控制能力较弱，主要的成本控制环节存在于仓储和运输部门。第三，各部门提出降低物流成本的方案，对比分析各种物流成本条件下的经济效益。第四，综合平衡后选择最优方案并正式确定物流成本目标。

1. 对冷链仓储和库存成本的控制要点

仓储成本主要是指企业进行一系列的仓储活动所投入的各种要素的货币总和。主要内容包括仓库的租金或折旧、相关仓储设备的折旧、库内相关人工费用、货物包装材料费和管理费等。针对冷库，除了上述成本之外，还包括温度成本。对仓储成本的控制主要有以下几种方法。

（1）控制冷库租金和设备成本

从冷库租赁的角度来看，租金很大程度上取决于仓库的位置和规模，一般来说，仓库规模越大，租金成本越高。同时仓库的位置也非常重要，一般来说，大规模的仓库都建在城市外围或郊区，而小型仓库才有可能靠近市区，因而靠近市区的小型仓库可能比远离市区的大规模仓库租金更高。从局部控制的角度来说，应该尽量降低仓库的租赁费用，权衡冷库的规模与冷库到销地的距离成本之间的背反关系。自营冷库还要考虑设备成本，冷库相关的设备是专用设备，如制冷机械等，从经营的角度选择经济适用的相关设施设备也可以达到成本控制的目的。

（2）控制员工成本

通常对于外租仓库而言，员工成本已经包含在仓库的租金内，不需要进行特别的讨论，但是，对自营仓库而言，员工成本就很重要，对于不同规模的仓库，配置不同数量和素质的员工，相应的员工成本也有所不同。目前的企业倾向于减少工人的使用，增加自动化机械设备的使用，从成本的角度考虑，自动化设备的投入是一次性投入，后续的维护费用相对较低，但是人员的投入是具有持续性的，而且需要不断增加（工资的刚性），因此在考虑员工成本的时候要进行充分的权衡。

（3）控制仓库温度成本

冷库与一般常温仓库最大的区别就在于冷库的温度控制，而低温所需的成本是巨大的。一般来说，冷库内不同的商品对温度的要求是不同的，通常生鲜食品要求温度在0℃~4℃，而水产品要求的冷冻温度则达到−30℃以下，而个别的水产品要求的温度更低。因此一般情况下为了控制温度成本，需要对冷库进行分区，针对不同的区域提供不同的温度。在保证合适的温度的前提下，尽量降低温度成本。同时，可以考虑使用先进的节能高效型冷机，但是这其中必然存在设备成本提高与温度成本降低之间的效益背反关系，需要进行经济上的度量。由于某些商品的季节性生产和销售的问题，冷库也存在旺季和淡季的差别。旺季冷库的库容利用率可以达到100%，但是到了淡季只有60%左右，但是不能因为货物的减少而降低温度要求，因此可以考虑对冷库进行适当的隔断，将大冷库变成小冷库的组合，在淡季的时候减少小冷库的开机量，进而达到控制温度成本的目的，实现冷库储存量与冷库能耗的匹配。

（4）提高储存密度和仓容利用率

目前冷库比较严重的问题就是容积利用率较低的问题，降低成本就要从提高仓容利用率入手，采用高层货架、立体式货架，增加空间的利用，增加堆垛高度，同时用节省空间的装卸设备，合理地缩小库内通道宽度，增加存储面积。当然也可以考虑适当地减少通道的数量，采用密集型货架和驶入式货架，增加仓储面积的同时减少通道面积，或者建立自动化立体仓库系统，最大限度地利用空间，减少人力的使用。

库存成本一般由购买成本、库存持有成本、订货成本、缺货成本构成。这其中，购买成本与企业的经营相关，购买的品种和数量都由订单决定，因此对购买成本的控制主要是针对所购买商品的成本控制，也就是采购控制，这里不进行详细的讨论。

库存持有成本是为保有和管理库存而必须承担的费用开支，主要包括库存运行成本、机会成本和风险成本三个部分。其中，库存运行成本可以划入仓储成本，因此针对库存持有成本的控制主要是对机会成本和风险成本的控制。机会成本是指企业为了持有一定的库存而丧失的流动资金所能带来的投资收益，如果企业是通过借款来购买库存，那么机会成本还应该包括借款的利息支出。因此对机会成本的控制主要是考虑是否有必要保有库存以及保有多少库存。目前比较流行的方法是使用供应商管理库存的方法来规避库存持有成本，将原本必须由企业负担的成本转化为供应商的经营行为，从而实现双赢。风险成本的内涵就更广泛了，首先就是库存保险的费用，其次还包括了由于不恰当的产品库存所导致的产品品质变化、滞销、失窃、损毁等。因此风险成本与机会成本关系也非常密切，要控制风险成本，首先就是控制仓库的运营，其次是控制库存商品的数量和相关保质期，从而控制库存的损失。

订货成本是指从订单发出到货物收到整个过程中的成本，包括订单处理成本、相关运输费用、保险费以及装卸费用等。在定量订货法下，如果要降低订货成本，就要减少订货的次数，而减少订货的次数意味着增加单次订货量，从而增加库存订购成本。实际的工作中，订货的方法分为定期订货法、定量订货法和定期定量订货法，不同的订货方法，订货成本也不尽相同，因此，如果从订货成本的局部控制角度来说，应该从中选择订货成本最低的方法进行订货。

缺货成本是指由于存货供应中断而造成的损失。对于通常的农产品冷链物流企业来说，缺货成本分为内部短缺和外部短缺。内部短缺是指企业内部某个部门得不到全部的订货，而外部短缺是指企业的客户得不到全部的订货。而内部短缺如果不能妥善解决最终将导致外部短缺。外部短缺的成本首先就是客户无法得到的农产品订购额，其次还包括信用受损所带来的远期损失，而这一损失是很难衡量的。控制缺货成本主要是从管理的角度，尽量与供应商保持良好的关系，防止内部缺货，同时协调与下游的关系，减少失销和延期交货的情况。

2. 对冷链运输成本的控制要点

冷链运输成本主要包括两个部分。第一部分：人工费用，包括司机和相关装卸人员的工资、福利费、奖金、津贴等。第二部分：营运费用，包括车辆的燃料费、折旧、维修租赁费等。如果企业选择了运输外包，那么冷链运输成本就是相关的外包运输成本。

第一，运输成本有时间经济和距离经济两大效应，因此对冷链运输成本的控制也应从时间和距离入手进行控制。

从时间考虑，要尽量缩短冷链运输的时间，这就需要恰当选择运输方式。航空运输的时间最短，但是其运输成本也最高，不适合大宗的货物运输。铁路运输时间相对较长，适合进行大宗货物的运输，但是无法实现门到门服务，公路运输有其合理的经济半径，可以实现门到门的服务。实际工作中需要根据货物的批量和性质进行选择。

第二，从距离考虑，要对运输路线进行规划，使得单次运输的里程最短。目前经常应用的方法就是模糊算法、蚁群算法和遗传算法。但是在实际工作中，一般来说会综合考虑运输路线的里程和通行情况。相关路段的拥堵情况通常会被考虑，因此，定量的进行路线的规划在这里仅作参考，而不会完全按照定量的路线规划来安排运输。

除了考虑时间和距离之外，冷链运输还需要考虑很重要的一点就是温度成本的控制。通常在整个冷链过程中要经历两次运输过程，一次是从产地到加工地或冷库的过程，一次是从加工地或冷库到销售地的过程。从产地到加工地或冷库的运输过程，温度成本相对固定，难以控制的是从加工地或冷库到销售地的过程。由于经销商在订货的时候经常会不考虑温度的差别，需要冷藏的货物和需要冷冻的货物要同时订购和同时到达，因此，在运输的时候就会出现用同一辆车运输温度要求截然不同的多种货物的情况。而且这种情况在现实中是普遍存在的。目前的解决办法是需要冷冻的商品通过冷藏车运输，而需要冷藏的商品则用保温车运输，在不足整车的情况下，只能为了提高服务水平而牺牲运输成本。解决这一问题的办法就是通过集运，将同一方向的冷冻和冷藏货物集合起来，通过整车运输，但是集合货物需要时间，无形中降低了企业的客户服务水平。某些时候可以考虑通过改进车辆来处理这个问题，比如对冷冻冷藏车辆车厢安装活动隔板，将不同温区的货物隔开等。

第三，对冷链包装成本的控制要点：冷库的日常经营成本中很大一部分来自包装材料成本，要保证商品运输过程中温度保持在一定区域范围内，对包装的要求比较高，因此包装材料的成本也相应较高。针对包装成本的控制，首先考虑的是尽量选用适合的包装，也就是说不进行过度包装。对于一些保温要求不高的商品，可以考虑使用普通包装。但是对于某些对温度特别敏感的农产品，包装的选用就特别重要，如果为了降低成本而降低了包装的质量，那将会给商品本身带来损失。

（三）从供应链的角度对农产品冷链物流总成本进行综合控制

正是由于农产品冷链物流处处存在着效益背反问题，因此，对于农产品冷链物流成本的局部控制往往不能够从整体上降低冷链的成本，只有从供应链的角度，综合考虑各种成本构成，对效益背反进行控制，才能从根本上降低冷链的总成本。

1. 通过一体化流程管理降低冷链总成本

通常来说，成本来自生产经营活动，没有生产经营活动也就不会产生成本，并且成本会抵消利润，因此要降低成本，围绕这个核心，我们更多地考虑的是成本的局部控制。而供应链管理更多地考虑的是上下游之间的关系，为了实现冷链总成本最低，可能在某些环节是无法实现局部成本最低的，因此需要更多地衡量企业和企业之间的关系，将成本的概念从局部推广到全冷链，对全冷链进行成本控制，这里降低成本的核心问题在于如何利用成本控制加强供应链上企业之间的合作，从而加强链上企业的竞争能力，从全冷链竞争的角度获得优势。但是，必须认识到，供应链的成本实际上并不是各个企业成本的简单加总，这是一个流程成本的概念，也就是说，需要通过一体化的流程管理来体现对成本控制，那么对冷链的成本管理也就是对整个供应链的流程和业绩的控制。

2. 从需求端出发控制成本

成本规定了价格的下限，现代化生产方式对于成本的控制已经非常严格，但是消费者的接受能力却有所不同，因此现代生产更注重从消费者的角度考虑成本，也就是说，从产品还没有生产的时候开始，成本水平和价格水平就已经确定了，因此对于成本的控制就是严格按照限定的成本水平进行生产的过程。对于农产品冷链来讲，首先，应该确定的是冷链农产品的价格水平，其次，根据消费者可以接受的价格水平确定农产品的成本水平，最后，从农产品产地开始对各个流通环节进行成本控制，保证农产品以可以接受的成本水平进入消费流通环节。

3. 通过战略合作伙伴关系化解效益背反，达到冷链总成本最低

效益背反广泛存在于企业的经营活动中和企业与企业之间的经营活动中，由于各自的经济利益不同，导致各个企业都希望实现自身利益的最大化，而局部利益的最大化与冷链整体利益的最大化有着很大的区别，因此供应链整体成本上升，利润下降。如果企业从供应链的角度出发，企业与企业之间通过协商达成某种利益的协调，形成战略合作伙伴关系，那么企业在其经营活动中就不会仅仅考虑自身利益，也会考虑到商业伙伴的利益，如果冷链成员之间的这种协调机制能够有效地发挥作用，那么效益背反关系就可以部分消除，进而从供应链的角度实现成本的控制。

4. 谨慎对待物流业务外包

一般认为，物流业务外包可以有效地降低企业物流成本，但是从供应链的角度来看，物流业务外包实际上是增加了供应链的成员，因此需要对外包企业成员进行慎重的选择。如果外包企业的竞争力、服务水平、成本水平与整体供应链的要求不符，那么外包的结果很可能是提高了冷链的整体成本，而不是降低。因此，对于物流业务外包，不论是运输环节、加工环节还是仓储环节、销售环节，都需要对外包企业进行详细的了解，对外包企业的效率、效益、成本等进行周密的考察之后，才能做出是否外包以及外包给谁的判断。

任务三　改进冷链装备，促进节能减排

现代冷链物流属于控温型物流，为了实现冷链物流的信息处理及时、配送流程优化，

以及存取选拣自动化、物流管理智能化，冷链物流需要信息化技术作为辅助手段。例如，某些公司将 RFID 技术与 GPS 技术和信息技术相结合，将运输过程中冷藏车中的货物温度进行记录后上传至信息平台，供客户随时查看货物的温度状况，不仅实现了货物的在途查询，同时也可以有效地对货物温度进行监控。再如，利用同方冷库无线监控管理信息系统，建设冷库无线设备监控和数据分析平台，实现对冷库的整体运行监控；自动输出相关报表，对历史数据进行对比，实现冷库的实时无线控制；使冷库能够在管理部门的指挥下更好地完成资源调配、组织生产、部门结算、成本核算等日常工作。

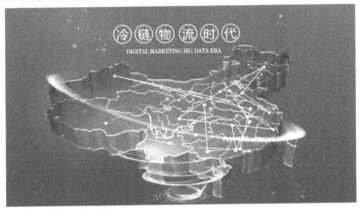

图 10 - 6　冷链新时代

一、加快冷链物流设施的改造

在目前的冷链物流系统中，还存在着相当一部分老旧的冷库、冷运车辆、冷链展示销售设施等，需要尽快完成更新改造工作。《农产品冷链物流发展规划》中提出，鼓励冷库建设工程、低温配送处理中心建设工程、冷链运输车辆及制冷设备工程的建设。因此，可以考虑从以下几方面进行冷链物流设施的改造工作。

（一）加快冷库和低温配送处理中心建设。

冷库和低温处理中心是冷链基础设施中的基础，因此应该尽快建成一批新的冷库和低温处理中心，以替代原有的老旧设施，保证冷链的正常运行，之后再对老旧设施进行更新改造。由于原有的设施规模较小、设备陈旧，因此可以考虑在原址上进行新冷库的建设。新型冷库的建设过程中，应使用先进的自动化冷库技术和冷库信息管理系统，保证新的冷链基础设施建成后可以长时间稳定运行。

（二）冷冻冷藏车辆的技术进步。

要提高冷冻冷藏车辆的技术水平，首先应该从技术的研发开始，由于我国一直以来只注重商用和家用轿车的发展，忽略了冷冻冷藏汽车的技术研发，车用冷冻冷藏技术落后，因此，加大研发力度和投入，引进国外先进车用冷冻冷藏技术是非常必要的。

（三）先进的信息技术的应用。

目前很多先进的信息技术在物流领域都有应用，尤其是在国外，国内目前应用相对较多的是 GPS 技术，主要应用在车辆的跟踪上。此外，遥感技术、RFID 技术等在国外应用也很广泛，但是在国内，由于成本的原因应用比较少，国家如果能够在高新技术的应用上给予一定的支持，那么新技术的推广将非常迅速。尤其是在全程温度控制系统的应用上，更应该加大扶持的力度。技术的应用需要信息平台的支持，信息平台的建设也是非常必要的。

二、高新技术的应用和推广

目前，我国主要的保鲜技术是冷冻冷藏技术，对栅栏技术、生物酶技术、可食性包装膜技术、超高压储藏技术等的应用非常少。因此要推广高新技术，首先应该从这些技术开始。

（一）栅栏技术的应用

栅栏技术是应用多种因子的协同作用，阻止食品品质的恶性变化，将食品在加工和销售过程中的品质恶化降到最低程度。主要的栅栏因子包括温度、酸碱度 pH 值、水分活度 AW、氧化还原值 EH、气调、包装材料及包装方式、压力、辐照、物理法、微结构、竞争性菌群和防腐剂等。这些栅栏因子相当于栅栏的一根木条，任何一个因子的标准降低都有可能导致食品的腐败，但是，由于食品特性不同，针对不同的食品，其主要作用栅栏因子也不一样，例如，针对冷冻的猪肉，主要的栅栏因子包括猪肉的温度（冷冻温度、加工温度，影响猪肉的品质本身）、pH 值（影响微生物的生长与否）、水分活度（影响微生物的繁殖速度和微生物群种类）、EH 值（影响腐败菌的生长代谢）、防腐剂（如乙酸、柠檬酸、山梨酸及钾盐等）、包装、辐照技术（利用射线进行杀虫、消毒等）、高压处理（使微生物和酶丧失活性）。不同商品的栅栏因子不同，需要有针对性地来进行研究。目前国内研究和应用比较多的就是肉类，对蔬菜、水产、鲜花的研究还比较少。

（二）生物酶技术的应用

利用生物酶技术可以去除食品包装中的氧气，减少氧化作用，而且生物酶本身具有良好的抑菌作用，可以抑制有害菌的生长，同时使不良酶失去活性，从而达到保鲜的作用。生物酶技术的工艺主要体现在酶钝化处理、生物酶制剂处理和包装装料密封处理 3 个方面。酶钝化处理是将生鲜农产品中的某种酶钝化，使之对环境反应不敏感或丧失反应。生物酶制剂处理是将生物酶制剂与要进行保鲜处理的农产品一起放入包装中的处理过程。包装装料密封处理是用包装材料将农产品和酶组合体密封处理的过程。主要应用在农产品保鲜上的酶类包括葡萄糖氧化酶（利用葡萄糖的氧化消耗包装中的氧，防止产品氧化变质）、纤维素酶（利用纤维素酶进行处理，干燥后加水具有复原性，方便果蔬的运输和储存）、溶菌酶（有选择性地使微生物细胞失去活性，达到保鲜目的）等。生物酶技术简便易行，且可以保持产品的风味，在农产品冷链技术中可以进行大力的推广。

（三）可食性包装膜技术的应用。

可食性包装膜技术以天然可食性物质为原料，加入适当的添加剂，通过分子间相互作用而形成薄膜，起到食品保鲜防腐的作用。可食性果蜡广泛应用于水果的保鲜，目前主要应用的可食性包装膜包括多糖薄膜、蛋白质薄膜、脂质薄膜、复合膜等。可食性包装膜技术由于其自身的优点必然会替代塑料包装，成为包装的主流产品。

栅栏技术、生物酶技术和可食性保鲜包装膜技术在国外应用非常广泛，但是在中国受到科研、技术、试验场地等多方面的限制，应用还比较少，国家应该从资金、人力、场地等多方面对新技术的推广进行支持。

首先，将高新冷链技术列入国家重点科研计划，从政策上给予适当的倾斜，从资金上保证相关研发计划可以顺利进行，同时规划高新冷链物流园区，对相关研发和应用企业给予税收和经济上的优惠政策，保证这些企业的正常运行和可持续发展。

其次，加强相关专业人才的培养。在相关高校设立冷链技术专业，培养专才，同时采取各种辅助措施，保证人才培养的数量和质量。政府支持建立冷链技术国家和地方重点实验室，组织专业科研人员进行跨学科的联合研究，同时积极与国外的相关实验室进行交流活动，了解行业最新动态，积极引进国外成熟的先进技术，为我所用。

冷链物流系统从预冷环节开始，到销售给消费者结束，整个过程非常复杂，任何一个环节的低效率或失控都会导致整条冷链的失灵，目前我国冷链节点存在的主要问题就是现代技术应用不够广泛，整个供应链低效率运行，当然这需要从人们对冷链的认识入手，加强宣传，让人们认识冷链、了解冷链，同时也需要各级政府相互配合，共同促进冷链物流产业的发展。

知识链接：

低碳发展对于农产品冷链物流产业的重要性

随着低碳经济越来越被重视，农产品冷链物流产业的低碳发展问题也被提上了议事日程。农业生产活动是主要的温室气体来源，我国是农业大国，因此面临巨大的减排压力，同时，能源危机的出现也使节能减排成为一个必然的趋势。但是，节能减排不能也不应该成为经济发展的障碍，虽然过去的时间里我们靠能源发展经济，但是未来这种经济增长模式必须被新的增长模式所替代。

农产品冷链物流产业发展低碳经济是非常必要的。首先，从资源禀赋上看，我国虽然地大物博，但目前探明的能源可采储量大约是煤炭80年、石油15年、天然气30年，能源的稀缺使得我们必须走低碳经济的发展道路。其次，从我国农产品冷链物流行业所处的阶段来看，这一时期正是农产品冷链物流产业迅速发展的时期，也是对能源需求最高的时期，如果按照过去靠石油发展的路径，产业内将消耗大量的不可再生能源，高碳发展的历史将被重演，因此，我们必须引进国际先进的技术设备，降低产业碳排放，争取产业的跨越式发展。最后，从避免"锁定效应"的角度来看，由于我国一直以来都采取高碳的经济发展模式，在农产品冷链物流产业发展过程中，也产生了高碳途径依赖，例如在新增冷库的能源使用上，习惯性地依赖国家电网提供能源，而不是考虑其他新型清洁能源。要避免被锁定，就必须拓宽思路，与国际先进技术接轨。

本章练习

一、单选题

1. 在冷库的选址中，需要考虑的气象因素不包括(　　)。

A. 温度

B. 风力

C. 无霜期素

D. 降雨量

2. 加快冷链物流设施的改造不包括(　　)。

A. 加快冷库和低温配送处理中心建设

B. 冷冻冷藏车辆的技术进步

C. 先进的信息技术的应用

D. 信息平台的支持

3. 国家农产品冷链物流标准的制定原则不包括(　　)。

A. 指导性原则

B. 规范性与国际性原则

C. 适用性原则

D. 单一性原则

二、多选题

1. 冷库网络布局的影响因素(　　)。

A. 自然环境条件因素

B. 经营条件因素

C. 环境条件因素

D. 社会条件因素

2. 加快冷链物流设施的改造包括(　　)。

A. 加快冷库和低温配送处理中心建设

B. 冷冻冷藏车辆的技术进步

C. 先进的信息技术的应用

D. 信息平台的支持

3. 高新技术的应用和推广有(　　)。

A. 栅栏技术的应用

B. 生物酶技术的应用

C. 先进的信息技术的应用

D. 可食性包装膜技术的应用

4. 实施农产品冷链物流标准化建设的重要意义(　　)。

A. 有利于企业降低冷链物流成本，提高效益

B. 有利于扩大我国农产品出口

C. 从根本上提升农产品的国际竞争力

D. 有利于人民群众生活质量的提高

三、思考题

1. 冷链安全监管处的主要职责是什么？

2. 农产品冷链物流管理处主要职责是什么？

3. 冷库网络布局的影响因素有哪些？

4. 我国实施农产品冷链物流标准化建设的意义是什么？

5. 农产品冷链物流信息系统的特殊要求是什么？

6. 可以考虑从以下几方面进行冷链物流设施的改造工作要考虑哪些方面？

参考文献

[1] 周叶，郑家文．农产品冷链物流碳减排的机理、路径与策略研究［M］．北京：经济科学出版社，2019.

[2] 张晓明，孙旭．物流信息化与物联网发展背景下的农产品冷链物流优化研究［M］．北京：经济管理出版社，2019.

[3] 白世贞，曲志华．冷链物流［M］．中国财富出版社，2019.

[4] 郑健民，周洁红．农产品物流管理实务［M］．国家开放大学出版社，2019.

[5] 王丽娟．基于物联网的生鲜农产品供应链集成系统研究［M］．北京：人民邮电出版社，2019.

[6] 王先庆．智能商业技术丛书智慧物流打造智能高效的物流生态系统［M］．北京：电子工业出版社，2019.

[7] 龚英．电子商务物流［M］．北京：科学出版社，2019.

[8] 谢晶．食品低温物流［M］．北京：中国农业出版社，2019.

[9] 李伟越，艾建安，杜完锁．智慧农业［M］．北京：中国农业科学技术出版社，2019.

[10] 张玉华，王国利．农产品冷链物流技术原理与实践［M］．北京：中国轻工业出版社，2018.

[11] 蔡晓莹．农产品冷链物流管理体系［M］．吉林出版集团股份有限公司，2018.

[12] 李学德．高科技下的农产品冷链物流［M］．北京：现代出版社，2018.

[13] 吴砚峰．农产品检验与物理安全［M］．北京：北京理工大学出版社，2018.

[14] 王茂春，俞媛；王茂春．农产品仓储与运输管理实操［M］．贵阳：贵州大学出版社，2018.

[15] 程琦．三产融合背景下生鲜产品安全供应体系研究［M］．北京：科学技术文献出版社，2018.

[16] 艾永梅．我国农村流通体系现代化研究［M］．北京：中国商业出版社，2018.

[17] 温卫娟．行业物流管理研究［M］．中国财富出版社，2018.

[18] 蔡源，陈锦华．智能物流系统设计与应用发展研究［M］．长春：吉林大学出版社，2018.

[19] 吕建军，侯云先．冷链物流［M］．北京：中国经济出版社，2018.

[20] 杨清，吴立鸿．冷链物流运营管理［M］．北京：北京理工大学出版社，2018.

[21] 张玉华，王国利．农产品冷链物流技术原理与实践［M］．北京：中国轻工业出版社，2018.

［22］刘斌．冷链物流供冷关键技术研究［M］．天津：天津大学出版社，2018.

［23］王茂春，俞媛；王茂春．农产品仓储与运输管理实操［M］．贵阳：贵州大学出版社，2018.

［24］丁俊发．供应链产业突围中国供应链研究［M］．北京：中国铁道出版社，2018.

［25］吴砚峰．农产品检验与物理安全［M］．北京：北京理工大学出版社，2018.

［26］王之泰．新编现代物流学第4版［M］．北京：首都经济贸易大学出版社，2018.

［27］张滨丽，卞兴超．农产品物流实务［M］．哈尔滨：哈尔滨工程大学出版社，2017.

［28］范炳絮．现代农村农产品物流研究［M］．哈尔滨：东北林业大学出版社，2017.

［29］何华编．农村电子商务基本理论与运营实践［M］．北京：科学普及出版社，2017.

［30］丁俊发．供应链产业突围［M］．北京：中国铁道出版社，2017.

［31］翁心刚，安久意，胡会琴．冷链物流［M］．中国财富出版社，2016.

［32］施维．新农人电子商务一点通［M］．广州：广东教育出版社，2016.

［33］白世贞，詹帅，霍红．农产品市场体系研究［M］．北京：科学出版社，2016.

［34］周全申；屈少敏，李凤廷．现代物流工程技术与装备［M］．中国财富出版社，2016.